Das Erbe der Druiden

Die Geschichte der Geheimbünde:

Über die Kelten, Druiden, Pythagoräer, Essäer, Heilige, Barden und Freimaurer

von

Anton Memminger

Weitere Bücher aus dem Bohmeier Verlag:

Deutsche Mythologie von Prof. Dr. F. Kauffmann, ISBN 978-3-89094-454-8

Die Edda - Die Götter- und Heldenlieder der Germanen nach der Handschrift des Brynjolfur Sveinsson von Karl Simrock, ISBN 978-3-89094-565-1

Germanische Religionsgeschichte und Mythologie - Die Götter, Dämonen, Orakel, Zauber- und Totenkulte der Germanen von Dr. Eugen Mogk, ISBN 978-3-89094-637-5

Geschichte der Hexen und Hexenprozesse von Carl Lempens, ISBN 978-3-89094-407-4

Über deutsche Runen von Wilhelm Carl Grimm, ISBN 978-3-89094-608-5

Die Götterwelt der deutschen und nordischen Völker von Wilhelm Mannhardt, ISBN 978-3-89094-631-3

Germanische Mythologie - Geschichte, Religionssystem und Mythen des Altdeutschen Heiden- und Christentums von Wilhelm Müller, ISBN 978-3-89094-554-5

Indogermanische Mythologie von Prof. Dr. Ernst Siecke, ISBN 978-3-89094-472-2

Die Christianisierung der heidnischen Bräuche und Gottheiten - Die germanischen Ursprünge der deutschen Kirchenheiligen und Heiligenfeste von Walburg, Verena und Gertrud von Ernst Ludwig Rochholz, ISBN 978-3-89094-513-2

Kleine Einführung in die nordische Götterlehre von Dr. H. A. M. Berger, ISBN 978-3-89094-615-3

Anton Memminger, Pseudonym von Oswald Stein (* 02.04.1846 in Straubing; † 30.09.1923 in Schonungen) war ein deutscher Verleger, Autor und Politiker. Das Buch erschien ursprünglich unter dem Titel „Das Erbe der Druiden – Beiträge zur Geschichte der Geheimbünde“ von A. Memminger, Verlag Würzburg Gebrüder Memminger Verlagsbuchhandlung 1922.

Gesamtherstellung: Bohmeier Verlag, Printed in Germany

ISBN 978-3-89094-647-4

Inhaltsverzeichnis

Anmerkung des Verlages

Alle *kursiven Fußnoten* sind vom Verlag. Sie sind also ausnahmslos Ergänzungen zum ursprünglichen Werk.
Die Schreibweise der Erstausgabe wurde beim Neusatz geglättet. Korrekturen auf inhaltliche Fehler wurden vorgenommen, jedoch ohne den Charakter der Erstausgabe zu verfälschen oder den Text inhaltlich zu ändern.

Bohmeier Verlag

Vorwort

Die erste Veranlassung zum Studium des Druidentums erhielt ich als Soldat im Jahr 1870, als ich nach der Rückkehr aus dem Krieg in der Kaserne zu Straubing mit den dort untergebrachten Iren bekannt wurde, die mit der irischen Legion gefangen genommen worden waren. Vornehmlich waren es die zwei Fenier – Finigan und Odonavan – zwei gebildete Männer, mit denen ich täglich verkehrte. Sie waren es, die mich auf die irische Vergangenheit, die Bedeutung der keltischen Kultur und das Druidentum mit seinem geheimnisvollen Inhalt und seinem geistigen Einfluss auf die europäische Kultur hinwiesen. So oft sich mir später Gelegenheit bot, in die Geschichte der geheimen Orden und Gesellschaften mich zu vertiefen, machte ich davon ernsthaften Gebrauch. Im Jahr 1886 wurde ich in Bad Kissingen mit amerikanischen Druiden bekannt. Sie fanden Gefallen an meinem historischen Wissen und baten mich, bei Veranstaltung eines Festes im Druidenhain zu Mainberg die Festrede zu halten, die in der Einleitung dieser Schrift abgedruckt ist. Dreißig Jahre später richtete der neue Schlossbesitzer zu Mainberg, Herr Geheimrat Sachs, an mich das Ersuchen, die Geschichte der Burg zu schreiben. Ich kam dem ehrenvollen Auftrag nach. Nach zweijähriger Arbeit glückte es mir, das große, mit 30 Bildern ausgestattete Prachtwerk „Schloss Mainberg“ erscheinen zu lassen. Ich konnte darin meine Kenntnisse des Kelten- und Druidentums verwerten, da das Schloss und Amt Mainberg zu jenem Teil Deutschlands gehört, in dem die Kelten ihre Spuren in den Fluss-, Flur-, Orts- und Personennamen wie in dem Wesen der Bevölkerung selbst hinterlassen haben. Mein Werk war trotz des hohen Preises von 25 M rasch vergriffen. An eine Neuauflage war aber bei der steten Verteuerung der Druckkosten und dem Papierwucher nicht zu denken. Dies bestimmte mich, ein Kapitel aus meinem Werk herauszuheben und mit anderen Abhandlungen über die Geschichte der Geheimbünde unter dem Titel „Das Erbe der Druiden“ herauszugeben. Ich gab ihm das Geleit mit folgenden Worten: „Das vorliegende Werk ist wie alle Bücher des Verfassers so geschrieben, dass es jedermann leicht verstehen kann. Vermöge der umfassenden Studien, die er im Laufe zweier Menschenalter im In- und Ausland gemacht hat, könnte er wohl damit prunken, dass er mit den einschlägigen Schriften von sieben Nationen sich bekannt gemacht hat. Aber um Raum, Papier und Kosten zu sparen, zwang der Verlag den Verfasser, den ganzen wissenschaftlichen Apparat der Literaturnachweise und gelehrten Anmerkungen samt Personen- und Sachregistern über Bord zu werfen. Der Not gehorchend, nicht dem eigenen Trieb, muss also der Verfasser auf den Anspruch verzichten, ein gelehrtes Buch geschrieben zu haben, gleichwohl hofft er, dass es ungeachtet dieser rituellen Beschneidung ebenso viel gelesen und begehrt wird wie die früheren Schriften des Verfassers.“

Der bisherige Erfolg hat meine Erwartungen weit übertroffen. Aus allen Teilen Deutschlands liefen Bestellungen ein. Hervorragende Männer der Wissenschaft wie Geheimrat Dr. Schweninger (der Leibarzt Bismarcks), Geheimrat Dr. Limpach, Professor Dr. Stölzle, Rektor der Universität Würzburg, der Altertumsforscher Professor Dr. Hock, der ehem. württembergische Staatspräsident und Schriftsteller Wilhelm Blos, der bekannte Architekt und Gelehrte Professor Dr. Oelenheinz u. a.,

sowie bedeutende Vertreter der Presse und vor allem die Mitglieder des Druidenordens hießen mein Buch willkommen. Innerhalb vier Monaten erlebte es drei Auflagen und jetzt kann ich in meinem 75. Lebensjahr die unverhoffte Freude genießen, mein Werk trotz der Not der Zeit und trotz dem lausigen Stand des deutschen Büchermarktes in neuer Auflage mit einigen Verbesserungen erscheinen zu lassen. Aus den bisher veröffentlichten Zeitungskritiken erwähne ich nur einige Sätze:
In der „Nordbayer. Ztg." (Nürnberg) brachte deren Hauptschriftleiter *Dr. Wolfgang Riepl* eine drei Spalten lange Besprechung, aus der wir folgende Stellen entnehmen:
„Der frühere Herausgeber der „Bayerischen Landeszeitung" A. Memminger hat sich in seinen Mußestunden viel mit des deutschen Volkes Wirken und Werden beschäftigt. Er ist wohl wie keiner befähigt, gerade über dieses Gebiet seine Ansichten kundzugeben, denn über fast zwei Menschenalter erstrecken sich seine Forschungen und Studien und seine Kenntnis aller Literaturen ist derartig verblüffend, dass man weit gehen darf, bis man ein solch allumfassendes Wissen wieder findet. Das große Verdienst Memmingers bleibt, dass hier die klaren Zusammenhänge zwischen den einzelnen Geheimbünden aufgezeigt werden, und es ist nur bedauerlich, dass der leidige Platzmangel es nicht zugelassen hat, durch umfassende Quellenangaben die einzelnen Behauptungen, die oft weit vom Landläufigen abweichen, zu erhärten."

Im Stuttgarter „Neuen Tagblatt" schreibt der Schriftsteller *Max Osterberg*:
„Schriften über Geheimbünde übe stets einen lockenden Reiz aus. Nur zu oft werden sie auch aus Spekulationsgründen verfasst, um aus der Neugier des Publikums Kapital zu schlagen. Diese Vermutung ist bei einem Werk aus der Feder *Anton Memmingers* von vornherein ausgeschlossen. Er hat im politischen Leben stets als wackerer, aufrechter Kämpfer seine Ansichten verfochten, hat selbstlos seiner Überzeugung die größten Opfer gebracht und ist stets für alles recht Erkannte eingetreten, mochte es ihm auch persönlich zum Nachteil gereichen: ein solcher Mann schreibt nicht in seinen alten Tagen, um die Neugier zu reizen, sondern um andere an den Früchten seiner Studien und Erfahrungen teilnehmen zu lassen … „Das Erbe der Druiden" ist ein Werk, das im Kern rein wissenschaftlich und dabei doch volkstümlich ist. So zeigt es den erfahrenen Tagesschriftsteller, der weiß, wie man zum Volke zu reden hat, um richtig verstanden zu werden … Besonders in unserer Zeit, wo so vieles zusammengebrochen, Ideale zertrümmert, Hoffnungen vernichtet wurden, kann ein Buch wie „Das Erbe der Druiden" befruchtend und erhebend wirken, denn es zeigt den Zusammenhang der Dinge und es beweist, wie edle Gedanken, mögen sie auch vorübergehend erloschen scheinen, immer wieder neu erstehen."

In der „Coburger Zeitung" schreibt *Professor Dr. Oelenheinz*:
„Das neueste Werk Memmingers vereinigt aufgrund umfassender Studien eine Unsumme von Wissen und Theorien über das dunkle Dasein der Druiden, deren Ursprung und Fortwirken von den Zeiten der Pythagoräer mit ihren Symbolen bis zu den Freimaurern und dem heutigen Druidenorden verfolgt wird. Dabei wird vieles bisher Unbeachtete aus Völker- und Namenkunde, Religions- und Kulturgeschichte abweichend von der gewöhnlichen schulmäßigen Darstellung und als Ergebnis freier

und selbständiger Forschung vorgeführt. Was über die Beziehungen Jesu zum Essäerbund, seine Abstammung und die Einwirkung der Druidenschulen auf die ältesten christlichen Missionen und Bardenorden, die Troubadoure und Tempelritter, die Steinmetzbruderschaften, Freimaurer und Illuminaten gesagt wird, kann überraschen. Das Buch ist fesselnd geschrieben.“
In schwedischen, englischen und amerikanischen Zeitungen sind meinem Buch, das auch in schwedischer und englischer Übersetzung erscheint, ebenfalls rühmende Besprechungen gewidmet. Die „Deutsche Druidenzeitung“ bringt einen mehrere Spalten langen Artikel aus der Feder des prakt. Arztes *Dr. A Wachter* in München, aus dem wir folgende Sätze entnehmen:
„Mit strenggeschichtlicher Wahrheitsliebe, jedoch spannend geschrieben wie ein Roman – zwei Tugenden, welche das ganze Buch beherrschen – wird berichtet, dass auch heute noch viele keltische Nachkommen und Gebräuche in Süddeutschland bestehen, nicht zuletzt in der Sprache, besonders aber in der Mundart. Ebenso wertvoll erscheint die Darstellung des keltischen Geheimbundes, des Druidentums, welches nicht nur örtliche Spuren bis in die Neuzeit hinterlassen hat, sondern vor allem mit seiner hochwertigen Grundidee heute noch vorbildlich ist und bleiben wird für alle Zeiten, so dass man dies alles als das Erbe der Druiden bezeichnen muss, ‚weil dieser Stand vermöge seiner Bildung, Organisation und Tätigkeit der hervorragende Träger der nationalen Kultur war‘.“
Dr. Wachter geht die einzelnen Kapitel des Werkes durch und kommt dann zu dem Schlussstück, das „Freimaurer“ überschrieben ist und „alles umfasst, was Geheimbünde und geistige Zustände seit dem 18. Jahrhundert anlangt. Auch hier bewahrt der Verfasser seine Eigenart der Geschichtlichkeit und spannenden Schreibweise und macht uns mit dem Wesen, Inhalt und Wirken sowie mit hervorragenden Mitgliedern des Freimaurerbundes, des Illuminatenordens, aber auch des elenden Mopsordens bekannt. Seine Wahrheitsliebe hindert den Verfasser nicht, auch manches Bedenkliche aufzudecken, wie denn überhaupt Gerechtigkeitsliebe ein hervorragender Zug eines Werkes ist, auch den Juden gegenüber.“
„Dem groß angelegten, stofflich gedrängten Werk Memmingers“ – so schließt Dr. Wachter seine Abhandlung – „konnte ich mit vorstehender Übersicht inhaltlich auch nicht annähernd gerecht werden, denn gerade der ungemein reiche Inhalt gibt dem herrlichen Geistesbau seinen Vollwert. Wenn demnach die Abhandlung schon für jeden wissenseifrigen Menschen ein Grundlehrbuch darstellt, so ist es für den Druiden geradezu *das* Buch. Schon allein das druidische Gebot des Strebens nach Wissen erfüllt es, wie kein anderes, und zwar so, dass es dem Gelehrten wie auch dem einfachen Handwerksmann vollauf genügt zur weitgehenden Wissensbereicherung. Mehr aber noch als alle ethischen Ergüsse gewährt es die innerliche Ausbildung und Festigung eines Lesers, und zwar dadurch, dass alle Lehren geschichtlich begründet sind und sich so als notwendige Ergebnisse dem Inneren einprägen.“
Diese Zitate mögen dem Leser zum Geleite dienen, wie sie dem Verfasser zur Befriedigung für jahrelanges Forschen und Schaffen dienten.

Schonungen a. M., im September 1920. *A. Memminger*

Die Druiden

Was vor Jahrtausenden gerauscht
Im Hain der alten Eichen,
Das wurde einst von mir erlauscht
Samt Zeichen und Geräuschen.
Auch flog manch Blatt vom Sturm verweht
Auf meinen Tisch durchs Fenster.
Ich hab' entziffert, wie ihr seht,
Die Runen der Gespenster.

Erkennst du den Gedankengang
Der Geister aller Zeiten,
Kannst du aus dem Zusammenhang
Dir ein System bereiten.
Bei allem aber, was man denkt,
Darf man nicht übersehen,
Warum die Menschheit irr' gelenkt
Sich niemals konnt' verstehen.

In dem uralten Eichenhain beim herrlich gelegenen Schloss Mainberg, in dem vor mehr als zweitausend Jahren die Druiden, die Priester der keltischen Ureinwohner, ihren Gottesdienst feierten, versammelte sich am Johannistag des Jahres 1886 eine Anzahl von etwa sechzig fremden Männern in weißen Mänteln zu einer geheimnisvollen Feier. Die meisten Teilnehmer waren von Bad Kissingen gekommen, die Mehrzahl von ihnen bestand aus Amerikanern. Nach Absingung eines Liedes traten nacheinander zwei Redner auf. Der erste sprach englisch und begrüßte die Versammlung. Der zweite sprach deutsch, erklärte den Zweck der Zusammenkunft und setzte den aufmerksamen Zuhörern auseinander, dass sie sich hier an einer heiligen Stätte befänden, die von den Druiden und Barden, den Priestern und Sängern der hier seit urvordenklichen Zeiten angesiedelten Kelten, der Abhaltung ihres Gottesdienstes geweiht und gefeit war. Dann fuhr der Redner fort:

„Wie bei allen Kulturvölkern gab es bei den Kelten zweierlei Religionen: die eine war die Volksreligion, die sinnlich wahrnehmbare Bilder als ihre Stammes- und Ortsheiligen, Nothelfer und Beschützer verehrte, ihre Umgebung mit guten oder bösen Geistern belebte und einem vielseitigen Aberglauben huldigte. Die andere Religion war die der Auserwählten, der gebildeten und gelehrten Leute, die nur an den einen und einzigen Gott glaubten, der für jene, die Gesicht, Gehör und Gefühl haben, überall in den Werken und Geschöpfen sichtbar, dessen Stimme tausendfach in den Stimmen der Natur hörbar und für alle, die reinen Sinn, ein gutes Herz und Gewissen haben, allerwege fühlbar ist. Die Wissenden waren durch diesen Glauben mit der Vergangenheit, durch die Liebe mit der Gegenwart, durch die Hoffnung mit der Zukunft verbunden. Darum waren die Druiden auch Seher, keine Schwindler, wie die jetzigen Wahrsager, sondern erleuchtete Propheten, die in einer langen Schule mit allen Wissenschaften und Kenntnissen vertraut, durch geheime Bande mit ihren Brüdern aller Orten verbunden und von ihnen über alle möglichen Dinge unterrichtet waren. In dem Namen Druiden drückt sich der Inhalt ihrer Lehre aus. Denn das keltische Wort Dru oder Tru heißt: *Wahrheit, Weisheit, Treue*. Das war der Inhalt ihres Strebens, Glaubens und Lebens. Sie waren auch die erhabenen Sänger, die mit ihren Liedern den Gottesdienst zu veredeln, die Großtaten der Helden zu überliefern, die Volkssitte, den Volksgesang und die Volksbildung zu heben suchten. So stellten sie als wirklicher Adel die Kette dar, die die Vergangenheit mit der Gegenwart verband und die Unterlage für die geistige Fortdauer von Geschlecht zu Geschlecht schuf. Der Glaube an Gott war der Vater; der Glaube an die Unsterblichkeit der Seele der Sohn. Und aus beiden entsprang der Heilige Geist, der in einer geläuterten Sittenlehre sich offenbart. Sie ist uns von dem griechischen Philosophen Diogenes von Laerte aus dem dritten Jahrhundert in der Vorschrift aufgezeichnet worden: *Ehre Gott, scheue das Böse, sei ein Mann!*"

Der Redner ging dann auf die Geschichte des Druidenbundes ein und sagte weiter:

„Als die Druiden von den römischen Gewalthabern auf dem Kontinent verfolgt und vertrieben wurden, haben sie ein Asyl in Britannien und Irland gesucht und dort ihren Geheimbund und ihre Geheimlehre durch der Zeiten Not und Drang in den Bardenbund gerettet. Zwar musste auch der Bardenbund der Zeit den Tribut des hohen Alters entrichten, aber er lebte noch eine Zeitlang in Frankreich in den Troubadouren, wie in Deutschland in den Minnesängern fort, während der aus dem gleichen Stande des Adels gebildete Templerorden, der die philosophisch-theologische Geheimlehre des Druidenbundes in sich aufgenommen hatte, den nämlichen Verfolgungen der weltlichen und geistlichen Gewalthaber erliegen musste, wie einst das Druidentum selbst unter den römischen Kaisern und englischen Königen. Aber gute Ideen und Gedanken sterben nicht, sie erleben immer wieder eine Auferstehung. So übernahmen die bürgerlichen Zünfte mit ihren Meistersingern die Stelle der adeligen Minnesänger wie die mittelalterlichen Bauhütten die Geheimlehren der Tempelritter. Und als in der Neuzeit die Zünfte veralteten und die Bauhütten zerfielen, da übernahmen die Freimaurer in England die Geistesarbeit der Werkmaurer. Gleichzeitig ging im 18. Jahrhundert die Sonne der Aufklärung und Duldung über der alten Welt auf und ergoss ihre Strahlen auch über die neue Welt, wo der aus dem Dunkel der Vergangenheit zum Licht empor getragene Druidenbund ihr Träger und Missionar wurde. Dieser Bund umfasst heute diesseits und jenseits der Meere bereits zweihunderttausend Mitglieder, die miteinander verbunden sind durch das Bekenntnis des alten Druidenglaubens, auf dem im letzten Grunde auch der Glaube und die Moral jener Bekenner beruht, die den Lehren der großen Religionsstifter Moses, Jesus und Mohammed, Buddha, Zoroaster und Konfuzius aufrichtig anhängen. Nicht Religionen oder Kirchen zu bekämpfen ist ihre Aufgabe, sondern unter Achtung der Gewissensfreiheit Andersdenkender die alte philosophische Grundlehre in ihrer Ursprünglichkeit, Reinheit und Lauterkeit zu erhalten und sie zum Fundament ihres Strebens und Wandels, der Kindererziehung und Geselligkeit zu machen – das ist die Aufgabe des Druidenbundes. Darum pflegt er auch nach Druidenart als eine Pflanzstätte alles Edlen, Guten und Schönen den Gesang, indem wir uns auch heute an dieser ältesten Weihestätte vereinigen zu dem gemeinsamen Liede: Brüder, reicht die Hand zum Bunde!"

Nach Absingung dieses alten Freimaurerliedes sprach der Oberdruide, ein ehrwürdiger Mann im weißen Bart, der eine goldene Kette auf dem weißen Mantel trug, den Segensspruch über die Gemeinde Mainberg und das bayerische Land aus, die den ehrwürdigen Hain in treuer Hut erhalten und nicht der Entweihung und Ausrottung preisgegeben hätten, wie dies in anderen Ländern mit den Weihestätten der Druiden geschehen sei. „Der Segen des Bundes" – so schloss der Oberdruide – „ruhe auf dir, du ewig schönes Land, das viele Männer unseres Bundes oder schon ihre Eltern das Weltenlicht erblicken ließ, der Segen des Himmels beschirme auch die alte Burg und das gute Dorf Mainberg, zu dessen Markung dieser Wald gehört und dessen Huld wir getrost diese älteste Kultur- und Kultusstätte des Druidenbundes empfehlen dürfen. Der Geist Gottes schwebt über euch und um euch, sein Hauch weht durch den Hain und zieht in eure Brust, er durchleuchte und erleuchte euer Hirn und Herz, dass wir dem Bund die beschworene Treue halten in seinem Geiste und in der Wahrheit. Amen!" – Und alle Teilnehmer stimmten in das Amen ein. – –

I. Die Kelten

Der Hain, in dem die Druidentagung des Jahres 1886 stattgefunden hat, liegt auf der Höhe gegenüber dem Schloss Mainberg, der gegen Süden von Weinbergen, gegen Osten vom Bachtal begrenzt wird. Der Hain ist ein herrlicher Eichenwald, der an seinem südlichen Rand einen prachtvollen Ausblick auf das Maintal bis zum Steigerwald und Schwanberg eröffnet. Dieser Hain bildete einst den Mittelpunkt eines Reiches, das vor der deutschen Völkerwanderung von den über Mittel- und Süddeutschland, Belgien und Frankreich, die Alpen und Oberitalien ausgedehnten ***Kelten***, einem zweifellos hochbegabten Volk, bewohnt war. Äußerlich glichen sie den Germanen, sprachlich aber waren sie in ebenso viele Abarten geteilt wie die Landschaften, die die einzelnen Stämme bewohnten. Ein englischer Forscher will sechzig verschiedene Mundarten erkannt haben. Die durch Jahrhunderte währende Nachbarschaft, Handelschaft und Vermischung von Kelten und Deutschen hat, nach den überkommenen Fluss-, Flur-, Orts- und Personennamen zu schließen, in unserer Gegend ein eigenes Sprachidiom erzeugt, wie es auch bei anderen Völkern unter ähnlichen Verhältnissen sich herausbildete. Deutsche Namen wurden keltisiert, keltische Worte hinwiederum ins Deutsche umgemodelt, so dass oft schwer zu sagen ist, von welchem Ursprung sie sind. In sozialer Beziehung unterschieden sich die Kelten in Priester (Druiden) und Edelleute einerseits, in Handwerker und Bauern andererseits. Die Druiden standen im gleichen Rang mit den Edelleuten und nahmen vornehmlich aus diesen Familien ihren Ersatz. Sie waren also die herrschende Aristokratie, die nicht bloß durch ihren materiellen Besitz und ihre politische Macht, sondern auch durch ihre religiöse Bedeutung und überragende Bildung den maßgebenden Einfluss auf das gesamte Volkstum ausübte. Aber auch die Götter sterben.

Zahlreiche Ausgrabungen liefern die urkundlichen Beweise für das Dasein der Kelten im Maingebiet, wenn auch die Gelehrten nicht von einer keltischen, sondern von der Hallstattzeit sprechen, so benannt von dem Ort Hallstatt bei Ischl, in dessen Nähe im Jahr 1846 ein ganzes Gräberfeld mit allen möglichen Fundstücken aufgedeckt wurde. Unter der Hallstattzeit versteht man jene Periode in der Entwicklung des Menschengeschlechtes, die etwa die Jahre von 1200 bis 550 vor Christus begreift und durch die Einführung des Eisens neben der Bronze sich kennzeichnet. Die deutschen Gelehrten betrachten sie weniger vom völkergeschichtlichen als vom kultur- und stilgeschichtlichen Standpunkt. Wenn aber einige von ihnen die Hallstattzeit gar den Deutschen zuweisen, die in der Kultur noch sehr rückständig waren, so ist das der Ausdruck eins falschen Patriotismus. Gewiss sind an der Kultur dieser Periode keltische Elemente am stärksten beteiligt. Eine ausgesprochene keltische Kultur mit vielfach neuen eigenartigen Formen haben wir in der Latènezeit, etwa 500 – 100 vor Christus vor uns. Diese Bezeichnung nach dem Fundort Latène in der französischen Schweiz scheint mir ebenso unglücklich wie die Bezeichnung Hallstattzeit. Mit größerem Recht dürfte man doch die beiden Zeiten als keltische zusammenfassen, wenn auch unter den Funden solche sich befinden, die auf illyrische oder rhätische Herkunft schließen lassen. Wer kann denn behaupten, dass diese Völker nicht stammverwandt waren, zumal es kaum geleugnet werden kann, dass die Kelten in dem Jahrtausend vor Christus die Länder von Spanien bis Ungarn und von Oberitalien bis Mitteldeutschland besessen haben?! Auch geben die Depotfunde (versteckte Warenniederlagen aus der Keltenzeit) von den regen Handelsbeziehungen, die zwischen den Völkern südlich und nördlich der Alpen bestanden haben, Zeugnis davon. Einsicht in diese Funde geben die Sammlungen in Würzburg. Die größten Verdienste um die Erforschung dieser Kulturperiode im Maingebiet hat sich der Konservator der staatlichen Sammlungen Herr Universitätsprofessor Dr. Georg Hock erworben, von dessen unermüdlicher Tätigkeit auch die sehr interessanten Sammlungen des städtischen Museums zu Würzburg mit seinen Töpferarbeiten, Schmucksachen, Waffen und Geräten aus Bronze und Eisen rühmliches Zeugnis ablegen.

Zweifellos waren die Kelten in unserem Mainland ein bodenständiges, geistig regsames, wirtschaftlich entwickeltes, gewerblich tätiges, künstlerisch veranlagtes und bildungsfähiges Volk, das die Nachbarn an Kultur überragte. Als die Nation auf der Höhe stand und vom Thüringer Wald bis zu den Alpen herrschte, vereinigte wohl noch ein König die zentrale Macht in seiner Hand. Dafür zeugt, dass heute noch sein Titel „Kini“ für König in Altbayern allgemein gang und gebe ist. Im Englischen heißt der König King, die Königin Queen (sprich Kin). Zwar hatten die westlichen Kelten keinen König, als Julius Cäsar die Eroberung Galliens in Angriff nahm; dort war aber das Druidentum noch lebendig und unter seiner Beihilfe gelang es der Tatkraft des Verzingetorix, die Kelten zur Verteidigung ihres Vaterlandes zu sammeln, so dass der Römer acht Jahre benötigte, um den Widerstand der hartnäckigen Gegner vollends zu brechen. Und auch das gelang ihm erst, als er einen zwischen den Druiden und dem Adel ausgebrochenen Zwist zu seinen Gunsten nutzen konnte. Um eine neue Erhebung zu verhindern, forderte er die Auslieferung des Verzingetorix, den er im Triumphzug zu Rom aufführen und dann hinrichten ließ. Den östlichen Kelten war kein solcher Führer erstanden. Wohl hatten sie wie alle keltischen Völker einen ausgebildeten Wachpostendienst und dieser genügte auch, um die Bevölkerung vor Gefahren zu warnen und sie zur Abwehr aufzurufen, nicht aber um den Mangel einer umfassenden Wehrorganisation zu ersetzen. So wurden sie allmählich auf das mittlere Maingebiet zusammengedrängt und erlagen dann den von Norden her vordringenden Deutschen.

Französischen Historikern gebührt das Verdienst, in die verworrene Geschichte der Kelten Ordnung und Zusammenhang gebracht zu haben. Nach ihrer Darstellung sind die Deutschen aus militärischen und wirtschaftlichen Gründen zuerst in die Rheinebene und erst dann in das Berg- und Hügelland des Maingebietes vorgedrungen, weil dieses ihnen größere Hindernisse bereiten konnte. Ohne einen solchen gewaltigen Druck von feindlicher Seite hätten die senonischen Gallier sich kaum dazu veranlasst gesehen, ihre schöne Heimat, eines der fruchtbarsten und gesündesten Gefilde des mittleren Frankreichs, das von den Vogesen bis ins Yonnegebiet reichte, zu verlassen und ums Jahr 390 v. Chr. mit Kind und Kegel den abenteuerlichen Zug über die Alpen zu unternehmen. Sie schlugen die Römer, erschienen vor Rom und steckten es in Brand, verschafften aber den Gänsen des Kapitols den unsterblichen Ruhm, durch ihre Wachsamkeit dieses gerettet und hierdurch den Römern einen Friedensvertrag verschafft zu haben, der in seiner Ausführung als Vorbild des von den Nachkommen der Kelten erzwungenen Versailler Friedens von 1919 gelten kann. Als nämlich dem Häuptling Brennus das ausbedungene Gold vorgewogen wurde, warf er sein Schwert in die Waagschale, um noch mehr zu erpressen. Nach ihrem Abzug von Rom nahmen die Kelten in Mittelitalien Besitz von dem ertragreichen Lande Umbrien. Hundert Jahre später schlossen sie ein Bündnis mit den Etruskern und anderen benachbarten Völkerschaften gegen die Römer, von denen sie aber diesmal besiegt und dauernd unterworfen wurden. Ihr Land wurde Provinz unter dem Namen Sena Gallia (heute Sinagaglia).

In der nämlichen Zeit, da die Gallier im nördlichen Italien gegen Rom sich erhoben, rückten die Deutschen vom Norden her in Thüringen vor. Ein Teil der Eingeborenen wendete sich zur Flucht, während ein anderer Teil blieb. Deutsche Geschichtsschreiber nehmen nun an, dass die Flüchtlinge den Weg nach Westen zu ihren Stammesgenossen jenseits des Rheins eingeschlagen haben. Französische Militärschriftsteller hinwiederum halten das für unwahrscheinlich, weil bereits deutsche Völker entlang dem Rheinstrom zwischen die westlichen und östlichen Kelten sich geschoben hatten, wodurch die Flüchtlinge wohl aus den Krallen des Teufels entronnen, aber in die Hände des Beelzebub gefallen wären. Glaubhafter ist wohl die Annahme, dass die Flüchtlinge vom Main zu ihren aus Oberitalien nach Südungarn und Bosnien ausgewanderten Landsleuten gezogen sind und dort jene Bewegung in Fluss gebracht haben, die in der Geschichte als der Zug Brennus II und seiner 200.000 Kelten nach Mazedonien und Griechenland bekannt ist. Von den Griechen im Jahr 279 v. Chr. bei Delphi geschlagen, wandte sich ein Rest in der Stärke von 20.000 Mann nach Kleinasien. Nach wiederholten Kämpfen mit den Eingeborenen, dann mit den Römern, ließen sie sich in der ihnen zugewiesenen Provinz Galatien nieder. Dank ihrer natürlichen Begabung, einem keltischen Erbteil, erlernten sie bald die in Kleinasien geltende griechische Verkehrssprache, so dass sie von den Römern

Gräcogalli (griechische Gallier) genannt wurden. Dahin kam dann auch der Apostel Paulus auf seinen Missionsreisen. Sein Brief an die Galater ist ein Beweis, dass die von ihm Bekehrten nicht wie anderwärts Juden, sondern Heiden waren, die von den ihm überall nachreisenden Sendboten der orthodoxen Pharisäer, zum Abfall von der neuen Lehre gebracht werden sollten. Durch den heiligen Hieronymus erfahren wir, dass die Galater noch im vierten Jahrhundert außer griechisch noch keltisch sprachen. Er war erstaunt, in Trier die gleiche Sprache zu treffen wie bei den Galatern in Kleinasien. Wie einst in unserem Franken, so trieben die Kelten auch in Kleinasien Ackerbau und Viehzucht und pflegten besonders alle Zweige des Handwerks.

Deutsche Geschichtsschreiber verlegen die gänzliche Besitznahme des Maingebietes durch den deutschen Volksstamm der Thüringer in das 3. Jahrhundert. Der Franzose Déchelette, der hervorragendste Forscher auf diesem Gebiet, verlegt in seinem „Manuel d'Archéologie préhistorique" dies Ereignis in das zweite und erste Jahrhundert vor Christus. Der Sturz des Druidentums war aber schon vorher erfolgt. Der Pariser Akademiker Salomon Reinach spricht in seiner vortrefflichen „Histoire des Religions" die Meinung aus, dass die aristokratische Druidenherrschaft rechts des Rheins ungefähr im dritten Jahrhundert vor Christus beseitigt wurde, als der durch das Vordringen deutscher Völkerschaften hervorgerufene äußere Druck eine demokratische Bewegung im Innern hervorrief. Diese mehrfach angezweifelte Meinung des französischen Gelehrten, dessen Buch noch vor dem Weltkrieg erschienen war, erfuhr bald eine Bestätigung in der jüngsten Zeit. Haben wir sie doch an uns selbst in Deutschland als eine Wirkung äußerer Einflüsse erlebt. Hier wurde der erste Stand, der Offizierstand, ebenso ausgeschaltet, wie die Kelten ihre Standesherrschaft abgeschüttelt haben, als deren Ansehen und Gewicht durch den Druck von außen schwand. Mit dem Sturz des Druidentums, in dem ebenso viel Selbstbewusstsein wie Bildung vereinigt war, ist aber sicher der nationale Zusammenhalt des Keltentums gelockert, die Eigenbrötelei der selbständigen Gemeinden vergrößert und die militärische Widerstandskraft des sonst kampftüchtigen Volkes vermindert worden. Die höhere Kultur ist eben nicht immer das Element, um ein älteres Kulturvolk vor der höheren Gewalt jugendkräftiger Barbaren zu schützen, zumal wenn jahrhundertelange Nachbarschaft und Handelschaft die wirtschaftlichen Beziehungen gefördert, die geschlechtlichen Verbindungen begünstigt und hierdurch die Eigenart der einheimischen Rasse geschwächt haben. Im Gegensatz zu den Kelten rechts des Rheins erhielt sich das Druidentum links des Rheins noch durch längere Zeit. Denn als der römische Feldherr Julius Cäsar Gallien (das heutige Frankreich) eroberte, traf er es dort noch als eine einflussreiche Kaste an. Die römischen Kaiser bereiteten allerdings auch dort der Druidenherrschaft ein gewaltsames Ende, aber ihre Geschlechter bestanden fort und mit ihnen hat sich dort vieles von dem vorrömischen Glauben und Gebrauch erhalten. Auch bei uns deuten manche Namen und Erinnerungen an, dass die Druiden nicht mit Stumpf und Stiel ausgerottet wurden.

Über die Abstammung des Wortes Druiden sind schon viele Deutungen versucht und ganze Doktorschriften darüber verfasst worden. man hat, wie das noch heute bei der Erforschung der Völker-, Orts- und Personennamen geschieht, die Erklärung weit hergeholt und sich bis nach Persien, Indien und China verirrt, statt sie in der nächsten Nähe ihrer Heimstätte zu suchen. Wahrscheinlich stammt, wie englische Forscher meinen, der Name von dem keltischen Dru oder Tru ab, das Wahrheit, Weisheit, Treue, Glauben, Gott und Herr bedeutet. Die Druiden sind also die Gelehrten und Priester, deren Streben nach dem Guten, Edlen, Schönen und Erhabenen gerichtet ist. Der römische Feldherr und Staatsmann Cäsar schildert sie in seiner Schrift über den Krieg in Gallien (dem heutigen Frankreich) als die durch geistige und wissenschaftliche Überlegenheit herrschende Klasse. Pomponius Mela, ein Zeitgenosse Cäsars, der sein Buch über die Lage des Erdkreises um 43 v. Chr. verfasst hat, nennt die Druiden magistri sapientiae, Lehrer der Weisheit. Der Naturforscher Plinius, der beim Ausbruch des Vesuvs 79 umgekommen ist, nennt sie Medici, d. h. Ärzte, Suetonius (70 – 140) Mathematiker, Tacitus (64 – 117) nach dem Vorgang des Plinius Magier d. h. Astronomen, Seher, Wahrsager.

Diodor, ein Zeitgenosse Cäsars, hatte die Druiden Saroniden genannt. Philologen haben das Wort von dem altgriechischen Wort Saronis, das eine alte Eiche bedeutet, aber zur Zeit Diodors längst verschollen war, abgeleitet, ja sogar mit dem Saronischen Meerbusen und der mittelalterlichen Hautkrankheit Sarreuna in Verbindung gebracht. Saronides ist aber die griechische Form für das keltische oder altbritische Seronyddion, womit die großen Astronomen bezeichnet wurden. Der griechische Schriftsteller Strabo (geb. 60 v. Chr.) bezeichnet die Druiden einmal mit dem griechischen Wort Mantes, ein andermal mit dem gleichbedeutenden lateinischen Wort Vates, das einen Seher, Sterndeuter, Weissager und Propheten bedeutet, genau wie das ähnlich lautende keltische Wort Fad oder Faidh (der Wahrsager), das sich als Personennamen Fath, Vath, Veth mit zahlreichen anderen keltischen Worten bis auf den heutigen Tag in unserem Franken erhalten hat.

Diogenes Laertius im 3. Jahrhundert nennt die Druiden mit dem griechischen Wort Semnothei, das so viel wie Gottesmänner oder Priester bedeutet. Karl Barth erwähnt in seiner Schrift „Die Druiden der Kelten“, dass Semnos ein keltisches Wort sei und im Wallischen den Erforscher der Zukunft (also auch einen Vates) bezeichnet. Die anderen Deutungen sind kaum haltbar. Auf einem in der Pariser Kathedrale Notre Dame 1711 ausgegrabenen Stein sind die Druiden Senani genannt. Französische Philologen brachten das Wort mit Senex (der Alte) und Senior in Beziehung. Richtiger ist wohl die Bezeichnung Senani als Semnothei des Diogenes zu betrachten. Ammianus Marcellinus setzt an die Stelle der Semnothei das griechische Wort Eubarges (Euarges) d. h. die Reinen, die Heiligen. Ammianus starb um 390, lebte also in einer Zeit, da die Druiden längst aus Frankreich vertrieben waren. Aber die ihnen von griechischen und lateinischen Schriftstellern nachträglich verliehenen Ehrentitel sind der Beweis, welch ausgezeichneten Ruf die Druiden als Lehrer in den von ihnen unter der römischen Herrschaft in Gallien begründeten Kollegien wie als Menschen durch ihre vorbildliche, tugendhafte Lebensführung hinterlassen hatten.

Französische Forscher leiten den Namen von den keltischen Worten De und Rhouid ab, das einen von Gott (De, lateinisch Deus) Redenden, also einen Theologen bedeutet. Im Isländischen heißt Truthia Gott, daher der Name Trutmann, Gottesmann. Im Irischen wurde in der christlichen Zeit aus dem Drui, Draoithe der Zauberer. Wie in anderen Ländern machten auch in Irland die Priester der herrschend gewordenen

Religion aus den Göttern und Priestern der unterdrückten Religion verächtliche Wesen, Götzen und Zauberer. Im mittelalterlichen Latein erhielt sich aber der Drut, Drutes in der Bedeutung als Freund, Vertrauter, Vormünder. Auch im althochdeutschen Evangelienbuch des Mönches Otfried, der im 9. Jahrhundert im Kloster zu Weißenburg gelebt hat heißt Druttines, Druth der Vertraute des Herrn Jesus. Karl der Große spricht in einer Verordnung (Capitulare Caroli C tit. 23 § 4) von dem comitatu drudorum et vassorum, dem Gefolge der getreuen Herren und ihrer Vasallen. Von dem Trudert und den Druden, die im späteren deutschen Hexenglauben eine Rolle spielten, wird noch die Rede sein. Ebenso von den Barden, jenen Erben der Druiden, die Gesang und Dichtkunst pflegten.

Die Druiden waren, um es in einem zu sagen, die Gottesgelehrten, die Lehrer und Sänger, die Inhaber des gesamten Wissens Astronomen und Astrologen, Propheten und Wahrsager, Gesetzgeber und Richter, Mathematiker und Baumeister wie die Chaldäer bei den Babyloniern, die Brahmanen bei den Indern, die Rabbiner bei den Juden, Pythagoras, Solon und andere Philosophen bei den Griechen. Ihr Gottesdienst war ein reiner Naturdienst. Die Kelten bauten so wenig wie die Deutschen Tempel, ihr Tempel war ein Hain, das ist eine geheiligte, gegen das Betreten von Unbefugten gefeite Waldstätte, wie sie uns bis zum heutigen Tag auf der Mainberger Markung erhalten blieb. Hain ist ein keltisches Wort wie der Main, beide sind eines Stammes und gehören zusammen. Main heißt im Französischen die Hand, im Englischen die starke Hand und wird in unserem Volksmunde heute noch ebenso wie im Französischen als Mähn ausgesprochen. Der Main mit seinen fünf starken Krümmungen ist die symbolische Hand, die ihre fünf Finger segnend über das schöne Frankenland ausstreckt und den Berg mit dem heiligen Hain liebreich umfasst, ein poetischer Gedanke, der zu dem Empfindungen sich eignet, die uns an diesem wundersamen Ort umwehen und unseren berühmten Landsmann, den Dichter Friedrich Rückert, zu der Ode begeisterten:

Dir im Scheiden einen Gruß,
Mainberg, dessen Zinne blinket
Golden über'm Silberfluss.
Wenn nicht diese Berge wären,
Wäre nicht der Fluss so schön.
Und nur weil sie sich verklären
In dem Fluss, sind schön die Höh'n.
Weil sich mit dem Main der Weinberg,
Mit dem Weinberg schmückt der Main,
Darum heißt die Stelle Mainberg,
Schönster Berg- und Stromverein!

Die Erinnerung an den Druidenhain ward im Volke durch allerlei Sagen festgehalten, so durch das öftere Erscheinen von drei Gestalten in langen weißen Gewändern, aus denen die Dichtung drei geisterhafte Jungfrauen gemacht hat. Eine andere Sage erzählt uns Johann Heinrich von Falkenstein in seinen Nordgauischen Altertümern und Denkwürdigkeiten (Schwabach 1734). In der Umgebung von Schweinfurt habe

in einem Hain nächst dem Main eine Erzfigur gestanden, der die Bewohner den Namen **Lollus** gegeben hatten. Sie habe einen nackten Jüngling mit gelbem krausem Haar dargestellt. Um den Hals trug er auf die Brust herabhängend einen Kranz von Mohnsamenkapseln. Mit der linken Hand hielt er einen Weinbecher, in dem Kornähren steckten. Mit der rechten Hand griff er nach dem Mund und fasste mit Daumen und Zeigefinger die Zunge. (Loll heißt heute noch im Englischen etwas heraushängen lassen.) Der Hain sei mit einer Umzäunung umgeben gewesen, wo das Volk zu gewissen Zeiten Trauben und Kornähren zu opfern pflegte. Johann Lorenz Bausch zitiert in seiner chronologischen Sammlung über Schweinfurt einen Brief des Priesters Sebastian Franck, Pfarrer zu Geroda, vom Jahr 1651, eine Beschreibung des Lollus, der ein Götze der Franken gewesen sei und die Jugendkraft, die Fruchtbarkeit und Zufriedenheit versinnbildlicht habe. Das Halten der Zunge deute die Schweigsamkeit an, denn viel Reden mache so wenig glücklich wie viel Reichtum. Nützlicher sei, die Zunge im Zaum und in allem Maß zu halten.
Auch andere Gelehrte bemächtigten sich dieser Überlieferung. Wenn aber die Figur wirklich einmal im Hain gestanden hat, so war sie sicherlich kein Frankengötze, da die fränkischen Eroberer, die im 8. Jahrhundert das mittlere Maingebiet besetzten, bereits Christen waren und christliche Priester mitbrachten. Dass das Haupthaar des Lollus gelb war, ist noch kein Beweis, dass er deutscher Herkunft war. Denn auch die Kelten hatten gelbe oder rote Haare oder färbten sie rot. Das Festhalten der Zunge war zudem eine Eigenart keltischer Bildwerke. So schildert der griechische Schriftsteller Lukian (ums Jahr 170) ein keltisches Götzenbild, das er als einen Herkules bezeichnet, der an einer Kette die Schar seiner Gläubigen an sich gezogen habe und diese Kette sei an seiner Zunge befestigt gewesen. Der französische Gelehrte Salomon Reinach meint in seiner Geschichte der Religionen, durch die an der Zunge befestigte Kette habe der Künstler die Beredsamkeit bezeichnen wollen, die bei den Kelten hochgehalten wurde. Die keltischen Priester und Lehrer aber, die Druiden, hielten ihre Schüler vor allem auch zu strenger Verschwiegenheit an.
Heinrich von Falkenstein berichtet weiter, dass die vom hl. Kilian zum Christentum bekehrten Einwohner den Lollus umgestürzt und im Main versenkt haben. Als sie aber von der Ermordung ihres geliebten Apostels hörten, seien sie zu den alten Göttern zurückgekehrt, hätten sich ein neues Götzenbild des Loll gießen und es auf dem Platz aufstellen lassen, das noch heute im Kataster der Schweinfurter Markung den Namen Löllein trägt. Später sei die Figur vernichtet worden, aber der Name Loll hat sich im fränkischen Volksmund als verächtlicher Ausdruck für einen geistig minderwertigen Menschen – den Lölli – erhalten. In Passau zeigt man einen in der Außenmauer des Domes eingefügten Lölli, der dort den Namen Passauer Tölpel führt. Beide Namen sind gleichbedeutend und ihre Gleichheit ist auf die Verachtung zurückzuführen, die von den christlichen Priestern den heidnischen Götzenbildern gewidmet wurde. Man findet diese Erscheinung in allen Landen, wo das Christentum die herrschende Religion wurde. Der Geistlichkeit musste doch alles daran liegen, die Neigung zum Rückfall ins Heidentum zu unterbinden.
Man braucht nicht an solchen Sagen hängen zu bleiben. Aber die klassischen Örtlichkeiten, an denen sie stehen, bilden für den geistigen Beobachter Etappen, um

ihre Umgebung mit Bildern und Gestalten zu beleben, die den gewöhnlichen Augen verborgen sind und dazu anregen, dem Zusammenhang der Religionen und Kulturen nachzugehen. So führt uns der Aufenthalt in dem Eichenhain bei Mainberg den von den Druiden gepflegten Gedanken an die Unsterblichkeit nahe, der sich in anderen Religionen in dem Glauben an die Seelenwanderung oder an die Wiederauferstehung ausdrückt, ein Glaube, der viel älter ist als das griechisch-römische Schrifttum, auf dem unser ganzer humanistischer Bildungsbetrieb seit einem Jahrtausend beruht. Die meisten unserer Religions- und Kulturhistoriker beschränken sich freilich darauf, die Ähnlichkeit christlicher Lehren mit griechisch-römischen Kulten und deren orientalischen Vorfahren nachzuweisen, statt das uns näher liegende Druiden- und Bardentum zum Vergleich heranzuziehen. Einzelne von ihnen versteifen sich noch darauf, das germanische Heidentum mit einem idealen Nimbus zu umgeben. Gewiss war die stärkere Betonung des Deutschtums bei dem Mangel nationalen Bewusstseins eine erzieherische und politische Notwendigkeit. Aber sie erzeugte doch eine gewisse Einseitigkeit und Voreingenommenheit in der Behandlung und Erfassung der höheren Zusammenhänge der Geisteskultur. Vor allem ließ sie uns verkennen, dass die Menschheit vielleicht eine andere schönere und bessere Entwicklung genommen hätte, wenn das Druidentum in Deutschland erhalten geblieben oder wenigstens in Frankreich nicht durch die römischen Gewalthaber vertrieben worden wäre. Die klösterliche Abgeschlossenheit, die der Druidenschule eigen war, hat doch auch in Griechenland die Verallgemeinerung des Wissens und der Moral, die der Schule des Pythagoras eigen waren, nicht zu hindern vermocht.

Julius Cäsar hat uns mit einigen Strichen ein Bild von der eigentümlichen Tätigkeit der Druiden als Lehrer und Erzieher hinterlassen. Ammianus Marcellinus spricht von ihren Unterrichts- und Bildungsanstalten, die wohl förmliche Gelehrtenschulen waren, ähnlich den ägyptischen Mysterien, dem pythagoräischen Bund, den Bauhütten und Baubrüderschaften der Steinmetzen oder „Freimaurer“ im Mittelalter. Er verglich die Brüderschaft der Druiden ausdrücklich mit jener der Pythagoräer, setzte also eine Art von Lebensgemeinschaft voraus. Über den Inhalt und die Art ihrer Lehre deckten die Druiden den Schleier des Geheimnisses. Die Schüler mussten gleich den Jüngern des Pythagoras alles durchs Ohr lernen. Die Druiden wollten wahrscheinlich verhindern, dass etwas von ihrer Lehre und ihrem inneren Wesen unter das Volk dringe. Offenbar wollten sie den alten Volksglauben nicht erschüttern, noch hierdurch Verwirrung unter die minder gebildeten Geister bringen, die die philosophischen Lehren kaum fassen konnten. Aber sie wirkten trotzdem durch ihr Beispiel auf ihre Umgebung unverkennbar und nachhaltig. Cäsar musste dies erfahren, als die Gallier unter Verzingetorix zum vereinten Aufstand gegen die römischen Legionen sich erhoben. Cäsar spricht auch öfter von einem Divitiakus, doch erfahren wir erst durch seinen Zeitgenossen Cicero, dass dieser ein Druide und berühmter Wahrsager war. In seiner Beschreibung des Gallischen Krieges weiß indessen Cäsar nichts von den bösen Nachreden über das Druidentum zu berichten, die später auftauchten. Man sagte ihnen nicht bloß einen tollen Aberglauben nach, der ihrem Wissen und Lehren gar nicht gleich sah, sondern beschuldigte sie auch, dass sie Menschenopfer darbringen. Sie sollen ihre Opfer in dichte Weidengeflechte eingebunden und dann verbrannt haben. Richtig ist, dass sie ihre Toten, die sie nicht beerdigten, verbrannt und deren Überreste dann der Erde übergeben haben. Daher stammt der Name des im Weltkrieg vielgenannten Berges „Toter Mann“ bei Verdun. Schon der erste römische Kaiser, Oktavianus Augustus, erließ strenge Weisungen gegen die Druiden. Kaiser Claudius (41 – 54) hatte einen besonderen Zorn auf sie, da er sie wohl für die Organisatoren des starken Widerstandes halten mochte, den der unfähige Herrscher bei seinem ehrsüchtigen Unternehmen, Britannien zu erobern, fand. Er maßregelte die Druiden und erließ ein Verbot gegen die angeblichen Menschenopfer. Sein Zeitgenosse Lukanus gibt in seinem Gedicht „Pharsalia“ eine phantastische Schilderung eines Druidenhains und der unheimlichen Blutopfer:

Siehe, da stand ein Wald, seit urvordenklichen Zeiten
Nie vom Beile verletzt, mit dicht verschlungenen Ästen
Wehrt er in schattiger Kühle dem Strahle der Sonne und hütet
Heilige Nacht. Nicht Pane, der Bauern Beschützer, beherrschten,
Nicht die mächtigen Sylphen noch gütige Nymphen den Urwald.
Nein, ein barbarischer Kult mit grausam dampfenden Altar.
Jeglicher Baum troff menschliches Blut unheimlichen Göttern.
Ja, wenn Glaube verdient der Wunderglauben der Vorzeit,
Mieden die Vögle sogar auf seinem Gezweige zu sitzen,
Mied es das Wild zu lagern im Hain. Nie wagte der Wind sich
Rüttelnd an ihn, nie zuckte ein Blitz aus schwarzem Gewölke
Nieder zu ihm, nie regt in den Blättern sich säuselnd ein Lufthauch,
Sondern es zittert das Laub in eig’ner Bewegung erschauernd
Während aus schwärzlichen Quellen und trüb das Wasser dahinrinnt.

Traurig starren geformt aus unbehauenen Stämmen
Ohne Kraft und Gewalt die Bilder der finsteren Götter.
Schauder erregt die Verlassenheit, der vermorschenden Stöcke
Bleichere Färbung. Noch größere Furcht verbreitet die Gottheit
Ungewohnte Gestalt, denn fremde Götter erzeugen
Durch das Geheimnis heilige Scheu. Auch meldet die Sage,
Von Erdbeben durchhöhlt aufstöhne die Wölbung des Bodens.
Aber vom Falle erhöben sich neu die Bäume; im Feuer,
Ohne zu brennen, erstehe der Hain, es ringelten Drachen
Sich um die Stämme und flögen umher, die Leute vermieden
Hier in der Nähe den Boden zu bau’n, den Ort des Entsetzens
Überlassend der göttlichen Macht. Ob die Sonne im Laufe
Schreite zur Mittagshöh’, ob finster über dem Himmel
Brüte die Nacht, – es scheue sogar der Priester des Ortes
Nähe, aus Sorge, er möge dem Herrn des Waldes begegnen.

Diese gräuliche Schilderung einer Weihestätte der Druiden stimmt freilich nicht mit den Bemerkungen des römischen Feldherrn Julius Cäsar überein, der bloß von heiligen Stätten der Druiden spricht. Cäsar war eben ein nüchterner Soldat, der die

Dinge in der Wirklichkeit beobachtete, Lukanus ein Dichter, der sie in der Phantasie sah und an phantastische Sagen glaubte. Lebte er doch zu Zeiten des Kaisers Nero, da bereits auch die Christen beschuldigt wurden, dass sie Menschenopfer darbringen. Übrigens war das Druidentum damals in Gallien bereits im völligen Verfall. Sein Hauptsitz war außer Irland das südliche und westliche Britannien geworden. Dorthin wanderten auch die aus, die sich tiefere Kenntnis von der Lehre der Druiden verschaffen wollten. Cäsar hatte die Druiden als einen trotz ihrer Bescheidenheit und Zurückgezogenheit mächtigen und einflussreichen Stand bezeichnet und dieser Umstand scheint mehr als die ihnen nachgeredete Grausamkeit die Ursache gewesen zu sein, weshalb die Nachfolger Cäsars, die Kaiser Augustus und Claudius, die doch gegen griechische und orientalische Religionen sehr duldsam waren, aus politischen Verdachtsgründen gegen die keltischen Mysterien Maßregeln ergriffen. Das Geheimnis, die Abgeschlossenheit und der Zusammenhalt, der diese in gleicher Weise umgab wie die Liebesmahle der Christen, erregten den Verdacht der römisch-heidnischen Priesterkonkurrenz wie der zahlreichen politischen Spitzel, die die unwahrsten und unsinnigsten Verdächtigungen aufnahmen und den Behörden hinterbrachten.

Der Druidenbund hielt eben den nationalen Geist der Bevölkerung gegenüber der Fremdherrschaft aufrecht und bildete einen Kitt, der die Hoffnung auf Befreiung vom römischen Joch nicht absterben ließ. Da die geheime Arbeit des Bundes zwar nicht fassbar, aber fühlbar wurde, so ordneten die Kaiser Maßregeln an, die sich auch auf die Ordnung des Schulwesens in Gallien erstreckten. Vermöge ihrer höheren Kultur und Bildung hatten nämlich die Druiden die Sprache der Eroberer sich zu eigen gemacht und überall in den Städten lateinische Schulen errichtet, in denen sie auch unter der römischen Herrschaft ihren Einfluss und Geist auf die Jugend weiter übertrugen. An den blühenden Druidenschulen wurden die Schüler des Wissens ihrer Lehrer nur dann vollkommen teilhaftig, wenn sie sich nach mehrjähriger Probezeit – Cäsar sprach von einer zwanzigjährigen Dauer – des Vertrauens ihrer Vorgesetzten würdig erwiesen hatten und in die Mysterien (Geheimlehren) eingeweiht waren. Mit der Verbreitung des Christentums entstand aber den Druiden und ihren Schulen in Gallien ein neuer Feind. Und schließlich sahen sich die Kaiser veranlasst die Druiden über den Kanal nach England zu vertreiben, wo sie dank ihrer Bildung wieder als Professoren auftreten konnten und ihre Kollegien als Akademien bezeichneten. Gegen Ende des 3. Jahrhunderts verließen die letzten Druiden vor dem vereinten Hass der heidnischen und christlichen Gegner das gallische Land, das sie wohl mehr als tausend Jahre beherrscht hatten. Aber mit ihrem Abzug starb in Gallien ihr Geist nicht aus. (Über das fernere Schicksal des Druidentums wird bei den Barden berichtet.)

Von der Lehre der alten Druiden selbst ist keine einzige schriftliche Mitteilung auf uns gelangt – ein Beweis für die Treue, womit sie das Schweigegebot hielten. Durch die mündliche Art zu lehren sollte die Aufmerksamkeit der Schüler angeregt, ihre Auffassung gestärkt, ihr Verstand geschärft, das Heilige der Lehre dem Geiste tief und unvertilgbar eingeprägt und vor jedem Missbrauch geschützt werden. Der bloß mündliche Unterricht mit Ausschluss schriftlicher Aufzeichnungen erforderte vor allem beim Lehrer die Ausbildung des Vortrages. Der Ton macht die Musik, den Gesang und die Rede. Daher erklärt sich auch die große und erfolgreiche Tätigkeit der irischen Missionare in Deutschland. Bei uns entscheidet noch heute selbst bei Besetzung der Hochschulkatheder der Nachweis einer schriftlichen Arbeit, weshalb es öfter vorkommt, dass die Schüler mit den ersten Prüfungsnoten sich (um ein Bismarckwort zu gebrauchen) dumm studieren und selten eine fremde lebende Sprache, ja nicht einmal die eigene Muttersprache, schön und richtig sprechen lernen, eben weil sie diese nicht durchs Ohr, sondern durch die Schrift lernen mussten. Indessen lernten auch die Druidenschüler schreiben. Ihre Schriftzeichen glichen den griechischen, weshalb man auf den Gedanken kam, dass die Druiden bei dem griechischen Philosophen Pythagoras, der im 6. Jahrhundert vor Chr. in Unteritalien lebte, in die Schule gegangen sind. In der Tat bestand zwischen den Lehren und Lebensgewohnheiten beider Schulen eine große Ähnlichkeit. Auch erstreckte sich der Unterricht der Druidenschüler nicht etwa bloß auf die Theologie, sondern wie in der griechischen Philosophenschule des Pythagoras auf das Gebiet der Mathematik, Physik, Astronomie und Philosophie, ja sogar auf Arzneikunst und Politik. Die Unterweisungen und Lehrergebnisse wurden in dreifache und dreigegliederte Sätze oder Verse gefasst. Von diesen Triaden sind uns einige überliefert, so das Gesetz:

„Ehre Gott, scheue das Böse, sei ein Mann."
„Richtig denken, richtig sprechen, richtig handeln, empfiehlt den Mann."
„Der Gesang soll den Verstand bilden, das Herz veredeln, die Leidenschaft mäßigen."

Nach den römischen Schriftstellern umfasste die Hauptlehre der Druiden: ***Gott, Welt, Seele***. Diese Lehre musste vor dem abergläubischen Volke geheim gehalten werden und war nur den Eingeweihten bekannt. Schält man den Kern der druidischen Theologie aus den Mitteilungen der Römer und Griechen heraus, so ergibt sich der Glaube an einen ewigen allmächtigen Gott, dessen Vorsehung die großen Geschicke der Menschheit lenkt und dessen Verehrung neben der Ausübung des Guten eine Hauptpflicht des Druiden ist. Der zweite Glaubenssatz umfasst die Welt, die aus Nichts entstanden, aber unvergänglich ist, bis einst Feuer und Wasser alles überwältigen. Das dritte Dogma lautet: die Seele ist unsterblich, doch hat sie nach dem Tode des Menschen Wanderungen durchzumachen, um nach einer bestimmten Zeit zu neuem Leben wiedergeboren zu werden. Die druidische Lehre von der Seelenwanderung unterscheidet sich von jener der Inder, Ägypter und späteren Rabbiner dadurch, dass sie es nicht gleich diesen für gleichgültig hielten, ob die Seele in den Körper eines Menschen, eines Tieres, einer Pflanze oder gar eines Steines gekleidet sie. Die druidische Lehre zielte darauf ab, dass die seelische Gedanken- und Gefühlswelt nicht mit dem einzelnen guten und schöpferischen Menschen sterbe, sondern in anderen als bewusstes oder unbewusstes Erbstück auferstehe und fortlebe. Der Tod erscheint als eine Wiedergeburt, die eine Kette der Unsterblichkeit des Menschengeistes bildet. Aber auch der böse Menschengeist stirbt nicht mit dem körperlichen Tode seines Inhabers. Er muss als Mensch auf Erden wandern und pilgern, büßen und sich reinigen, bis er wirklich gereinigt und befähigt sei, wieder in den Himmel und das Licht einzuziehen. Das ist die Lehre der alten Druiden. Ihr dritter Glaubenssatz ist nur eine andere Form der christlichen Lehre von dem Fortleben der Seelen, von der Bestrafung der Bösen und der Auferstehung der Toten. In einem uralten christlichen Gedicht aus der britischen Bardenzeit, die an die Druiden sich anschloss, finden sich über die Religions- und Morallehre der letzteren mehrere gleichreimige Vierzeiler, die einem Abkömmling eines Druidengeschlechtes in den Mund gelegt werden und lauten:

Mit Vorsatz das Schlechte begeh'n,
Im bösen Entschluss besteh'n,
Das heißt man Sünde und Vergeh'n.
Gott lieben mit rechtem Mut
Und beten mit wahrer Glut
Schafft ewig Heil und zeitlich Gut.
Über Vergehen innige Reue
Auf Gnade hoffen in Treue,
Dass Frieden stets die Seel erfreue.

Da die Druiden auch die ärztliche Kunst betrieben, so legten sie großes Gewicht auf die Kultur der Medizinalpflanzen, die sich als keltisches Erbteil bis heute in Franken erhalten hat. Zu den alten vegetarischen Heilmitteln, deren Gebrauch sie in die Volksmedizin einführten, gehörten u. a. drei Pflanzen, deren Namen von den Druiden stammt: Die Grindwurz oder der spitzblättrige Ampfer (rumex acutus), im deutschen Norden die Bardenwurzel genannt; die Alpraute (fumaria officinalis), im deutschen Drud oder Thrud genannt; der Drudenfuß oder keulenförmige Bärlapp (Lycopodium clavatam), dessen Samenstaub das bekannte Blitzpulver gibt. Außerdem werden bei Plinius u. a. noch genannt: das Benediktenkraut (centaurea benedicta), ein kräftiges Gegengift; die Tollkirsche (Belladonna), die Alraunwurzel (Mandragora), die als magische Pflanze noch bis in die Neuzeit im Gebrauch war, der Knoblauch, das Blutkraut, der Blätterschwamm, die geheimnisvolle Pflanze Selago, die Veronika (Ehrenpreis oder Grundheil), die bei Unterleibsleiden als Tee gebraucht wird, der Kümmel, dessen Absud bei Harnbeschwerden von Mensch und Tier gute Dienste leistet, der Saft der Arnika (Wohlverleih), der als Wundmittel Wunder wirkt, die Hauswurz (Sempervivum), die bei Verbrennungen den Schmerz lindert und das Allheilmittel Eisenkraut. Bei Krankheiten der Rinder und Schweine wurde das schwarze Bilsenkraut, die Semiole oder Küchenschelle und andere Pflanzen angewendet. Als meist gepriesenes Heil- und Zaubermittel benützten die Druiden die Mistel der Roteiche, der sie magische Kraft zusprachen. Die Mistel der Steineiche, die sehr selten ist, wurde unter heimlichen Zeremonien von den Druiden in weißen Gewändern gesammelt, mit einer goldenen Sichel losgelöst und in weiße Stoffe gefüllt. Die hohe Meinung von der Mistel erhielt sich als Erbteil der Druiden bei uns bis durch das ganze Mittelalter und in England bis zum heutigen Tage. In einem uralten Kodex der Münchner Staatbibliothek wird uns der Gebrauch der Mistel, die heute noch in England zu Weihnachten die Stelle des deutschen Christbaums vertritt, also beschrieben: „Das sybendt Gericht von Backwerk was (war) ain garrten umbzeintt (umzäunt) und auf dem zawn (Zaun) saßen Vögel, und in der Mitt gieng ain guldener myßlpawm (Mistelbaum) auff, daran hiengen pirne und confect und ain klaine wälische nuß." – Als mit der fortschreitenden Forstkultur und der Ausrottung der alten Eichbäume die Mistel mehr und mehr in unseren Wäldern verschwand, trat die Tanne an ihre Stelle. Wir dürfen also in der Mistel den Vorläufer und Stammvater des Christbaumes erblicken. Mit dem immergrünen Mistelzweig aus dem heiligen Eichenhain begrüßten einst die Druiden die winterliche Sonnenwende, wie wir heute zur nämlichen Zeit unterm Tannenbaum den aufsteigenden Stern aus dem Osten feiern. Der Christbaum ist uns auch ein Beweis, dass wohl herrschende Stände und Geschlechter vergehen, dass aber ihr Geist und ihre Sitten eine Wiederauferstehung feiern. So bewährt sich auch hier das Wort des altgriechischen Philosophen Heraklit des Dunklen: Panta rhei – alles fließt, alles bewegt und verändert sich, doch geht es nicht verloren.

II. Das Erbe der Alten

Unsere Altphilologen, denen die Gegner des humanistischen Gymnasiums den Garaus machen wollen, verteidigen **das Erbe der Alten**, unter dem sie vor allem den lateinischen Sprachschatz verstehen. Sie verweisen auf die Menge der lateinischen Worte, die in die deutsche Sprache übernommen wurden. Diese Übernahme datiert nicht etwa erst aus der Zeit, da die klassische Bildung bei uns allenthalben gepflegt wurde, sondern begann schon lange vor der Geburt des alten Reiches deutscher Nation, als die deutschen Völker am Rhein Untertanen des römischen Imperiums wurden. So wird es verständlich, dass fast alle Worte, die mit dem Staat, dem Militär, dem Rechts-, Steuer- und Münzwesen, der Religion und Kirche zusammenhängen, römischen Ursprungs sind, da diese Gebiete den mit jenen Kulturerrungenschaften nicht gesegneten Deutschen fremd waren. Unter den lateinischen Lehnworten begegnen uns deshalb auch solche, die mit der Bodenkultur zusammenhängen. Nicht bloß Pflanze und Frucht sind römischen Ursprungs, sondern auch Birne, Kirsche, Pflaume, Kohl und Rettich, Rose und Lilie, Wein und Most. Zum Gartenbau gehören die Küche und das Kochen. Beide Worte stammen aus dem Lateinischen, ebenso Butter und Semmel, Essig und Öl, Pfeffer und Senf. Auf den Hausbau beziehen sich die Worte Weiler, Platz, Markt, die Pfalz, Straße, Pflaster, Mauer, Dom, Pforte und Pfosten, Keller, Turm, Kalk, Ziegel, Schindel, tünchen u.a.m. Dazu kommen Namen der Hauseinrichtungen wie Tisch, Kiste, Sack, Spiegel, Kette, Becher, Schüssel usw. Die den deutschen Ansiedlern unbekannte Schreibkunst ist vertreten durch die Worte Papier und Karte, Tafel und Brief, Griffel, Tinte und Siegel. Selbst das Wort schreiben stammt aus dem Lateinischen. Die Heilkunde wird durch die Worte Arzt, Pflaster und Büchse als ein römischer Sprössling bezeichnet. Von den zahllosen lateinischen und griechischen Worten, die in unsere wissenschaftliche, technische und Handelssprache noch in der Neuzeit übernommen wurden, wollen wir gar nicht reden, da auch andere moderne Sprachen die gleiche Eigentümlichkeit aufweisen.

Das Erbe der Alten umfasst aber, was selbst den wenigsten Gebildeten bekannt ist, noch mehr als die Überreste des lateinischen und griechischen Sprachschatzes. Denn vor den Römern und vor den Deutschen saß in unseren Gauen das Volk der ***Kelten***, das zahlreiche Spuren seiner Kultur in unserem Lande und in unserer Sprache, insbesondere in der Mundart unseres Frankenlandes hinterlassen hat. Ich nenne es *das* ***Erbe der Druiden***, weil dieser Stand vermöge seiner Bildung, Organisation und Tätigkeit der hervorragende Träger der nationalen Kultur war. Von dem Dasein der Kelten und ihrer Einwirkung auf die deutschen Nachbarn und nachherigen Herren zeugt noch heute die Menge der keltischen Fluss-, Flur-, Orts- und Personennamen, die sich im ehemaligen Ostfranken, wie die fränkischen Könige das von ihnen eroberte Maingebiet einschließlich Thüringen benannten, erhalten hat. Aus der Menge der ***Personennamen***, die ich bei meinen Forschungen zur Herausgabe meines Werkes „Schloss Mainberg" in Urkunden, Akten und allerhand Schriften gefunden, habe ich ein Verzeichnis angelegt und mit entsprechenden Bemerkungen versehen. Diese keltischen Sprachreste sind ein Beweis, dass die Deutschen für viele Dinge, Berufe und Hantierungen keine eigenen Namen hatten und darum die Bezeichnungen des kulturell höher stehenden Volkes in ihre Sprache übernahmen. Andererseits wurden auch Worte und Namen deutscher oder anderer Abstammung keltisiert, so dass ihre Herkunft oft schwer zu bestimmen ist. Mit Recht sprechen darum unsere Geschichtsschreiber von einer keltisch-thüringischen Periode. Selbst die im siebten Jahrhundert einsetzende Eroberung des Landes durch die Franken änderte daran nicht viel, nur traten zu den keltischen noch die lateinischen Lehnworte, die die neuen Eroberer mit den Errungenschaften der römischen Kultur aus Frankreich mitgebracht hatten. Obschon sie auf ihre deutsche Rasse und Sprache etwas hielten – sie gaben ihren Ansiedlungen wie ihren Zwingburgen nur deutsche Namen – so erhielt sich trotzdem der alte Dialekt mit dem keltischen Einschlag bei der Masse des unterworfenen Landvolkes, was aber von den Sprachforschern viel zu wenig oder gar nicht beachtet wurde.

Der keltische Einschlag zeigt sich aber noch in anderen ***völkischen Eigentümlichkeiten***. Gerade in Franken lassen die Merkmale des Typus, der Kopf- und Körperbildung, der Haar- und Hautfarbe, der Aussprache und Tongebung, dann die Äußerungen des Temperaments und Charakters, Einrichtungen und Gewohnheiten der Wirtschaftsführung, auch gewisse geistige Anlagen und Richtungen, Lebensart, Sitten, Gebräuche, Trachten und Mundarten die keltischen Spuren erkennen. Es ist zum Beispiel ein großer Unterschied zwischen den Gestalten und Gesichtern der weiblichen Bevölkerung rings um Bamberg und jener in unserer Gegend. Dort erkennt man an den drallen Körperformen, den schwarzen Stichelhaaren, den breiten Stirnen, den hervorstehenden Backenknochen und gelblichen Gesichtern die Abstammung von der slawisch-wendischen Bevölkerung, deren Verdeutschung erst im zwölften Jahrhundert begonnen hat. Noch im fünfzehnten Jahrhundert wurde in der Bamberger Gegend wendisch gepredigt. Die Verdeutschung der keltischen Bevölkerung liegt um Jahrhunderte hinter jener der wendischen zurück. Aber die Merkmale der älteren Kulturrasse sprechen noch heute aus den meist schlanken Gestalten, den kleinen Füßen, den länglichen, fein geschnittenen frischen Gesichtern, den dunklen, schelmischen Augen der Dorfschönen mit ihrer Vorliebe für farbige Kleider, dem glänzenden Schmuck und den eleganten, frei getragenen Haarfrisuren, während die Frauen wendischer Abkunft ihre Haarbüschel unter einem großen Kopftuch verbergen. Wer viel unter fremden Völkern gereist und sich aufgehalten hat, dem ist sicher die Ähnlichkeit vieler von unseren fränkischen Bauernmädchen mit jenen in der Bretagne, Wales und Irland aufgefallen.

Bezeichnend für Charakter, Beruf und Kultur der im Frankenland angesiedelten Völkerschaften ist, dass die meisten Namen keltischer Abkunft, die nach der Angabe des gelehrten Augustinervaters Alfons Abert in seiner von den kirchlichen Oberen verpönten Schrift „Franken" auf bert, fert, gert, ert , bret, fred und fried endigen, von einer landwirtschaftlichen oder gewerblichen Beschäftigung abgeleitet wurden, während die auf ward, wart, hart, art, halt, bald, bold, polt endigenden fränkischen Namen eine militärische oder amtliche Tätigkeit bezeichnen. In diesem Unterschied drückt sich der Charakter der fränkischen Eroberer, die ein unterjochtes Volk beherrschten, zur Genüge aus. Auch belehrt uns die Forschung, dass Namen keltischer Herkunft auf ert, bert usw. vor dem Jahre 1400 höchst selten in den Städten, die nur von fränkischen Ansiedlern bewohnt wurden und auf die Reinheit ihrer Rasse hielten, auftauchen. Erst nach dem fränkischen Städtekrieg 1400, in dem der gewalttätige Würzburger Fürstbischof Gerhard von Schwarzburg mit dem reinrassigen fränkischen Bürgertum aufräumte, sehen wir die Träger keltischer Namen in den Städten in größerer Zahl auftauchen. Manche dieser Namen sind ganz verschwunden, da deren Träger ausgestorben sind oder deutsche und christliche Namen sich beigelegt oder nach der Sitte des Reformationszeitalters ihre Namen latinisiert oder gräzisiert haben. Eine größere Anzahl der keltischen Personennamen hat auch durch Weglassung des Schlussbuchstabens oder der ganzen Endsilbe oder durch Austausch mit einer fränkischen Endung (art, bold usw.) die Spuren ihrer Herkunft und ihres aufgezwungenen Untertanenverhältnisses verwischt. So wurde aus Eckert ein Eck, aus Blümert Blüm oder Blum, aus Gressert Kreß, aus Höpfert Hopf oder Höpflinger, aus Schackert Schack, aus Humbert Humbold, aus Rossert Rossat oder Rosa, aus Bullert Bull oder Buhl, aus Herbert Herbart, aus Burkert Burkard oder Burk, aus Hebert Heberer, aus Possert Possart, aus Bollert Boll, aus Schuckert Schuck, aus Buchert Buch, aus Markert Mark oder Merk, aus Beckert Beck, aus Baggert Back, aus Engert Engel, aus Trabert Trapp, aus Bronsert Bronsart, aus Billert Bill, aus Kippert Kipp, aus Klaibert Klebert, aus Ruckert Ruck und Rock, aus Dippert Dippold, aus Rauschert Rauscher, aus Roschert Roscher, aus Dennert Dennerlein, aus Tannert Tanner und Tannera, aus Seibert Seifried, aus Krackert Krakhard, aus Weckert Weck, aus Wigert Weigert, aus Tellert Tell oder Till, aus Gäbert Gäb usw.

Die Namensbildung ist noch viel mannigfaltiger, als uns in den gelehrten Werken von Kleinpaul, Bähnisch, Lexer u. a. vorgetragen wird. Mit dem Aufschwung der mittelalterlichen Städte, die Zuzug fremder Handwerker erhielten, wurden viele Leute lediglich nach dem Heimatland benannt, von wo sie herstammten. Da treffen wir die Sachs, die Schwab, Baier, Heß, Brandenburger, Rhein und Rheinisch, Böhm, Österreicher, Unger, Ruß, Welsch und Welscher, Schweizer, Elsässer, Holländer u. a. Ihre ursprünglichen Familiennamen wurden in der neuen Heimat durch ihre

Herkunft ersetzt. So berichtet der berühmte Nürnberger Künstler Albrecht Dürer in seiner 1524 niedergeschriebenen Familienchronik, dass sein Großvater in Ungarn beheimatet war, sein Vater nach Nürnberg auswanderte, während dessen Bruder Niklas Dürer als Goldschmied in Köln sich niederließ und dort den Namen Unger annahm. Noch häufiger wurde der Personenname nach dem Heimatort gebildet. Es gibt deren nach Hunderten, bei uns in Bayern namentlich solche auf ing und inger. Der Name Mainberger findet sich schon vor Jahrhunderten in Nürnberg. Die nach Ortsnamen gebildeten Judennamen stammen erst aus dem 18. Jahrhundert, als die Israeliten aus polizeilichen Gründen gezwungen wurden, deutschen Namen zu wählen. Sie wählten aber nicht nur wirkliche Ortsnamen, sondern auch erdichtete wie Goldstein, Veilchenstein, Nordschild, Silberstein, bei denen es wohl vergeblich wäre, eine Karte zu Rat zu ziehen. Als nach dem Aufblühen der deutschen Städte die bürgerlichen Berufe und Handwerke in Aufschwung und Ansehen kamen, wurde auch die ständische Beschäftigung wieder zum wichtigen Unterscheidungsmerkmal. Anstelle der Bezeichnungen keltischer Herkunft traten jetzt die deutschen: Ackermann, Baumann, Futterer, Meder (Mähr), Fischer, Bader, Bäcker, Brauer, Schneider, Schuster, Zimmerer, Küfer, Binder oder Büttner, Maurer, Glaser, Müller, Schreiner, Wagner, Hafner, Schmied, Amtmann, Kannengießer, Keller (Verwalter der Zehentböden und Weinkeller), Freibot (Kuppler), Hauptmann, Kammerer (Kassenverwalter), Richter, Schreiber usw. Auch altdeutsche Namen fanden sich, vor allem sämtliche fränkische Namen, die im Nibelungenlied vorkommen und auch in fränkischen Ortsnamen sich finden. Daneben gab es Namen, die mit dem Christentum zu uns kamen, so z. B. Adami oder Adel, Endres (Andreas), Donle (Anton), Bartelme (Barholomäus), Christl (Christof), Dietz (Dietrich), Feh oder Feyh (Sophie), Balzer (Balthasar), Simmerl (Simon), Jäckle (Jakob), Hans (Johann), Heiner und Heinz (Heinrich), Steffel (Stefan), Jörg (Georg), Leisel und Leyß (Elisabeth), Marx (Markus), Karches (Eucharius), Lenz (Lorenz), Jobst (Jodokus), Mathes (Mathäus), Melcher (Melchior), Klaus (Nikolaus), Ambros (Ambrosius), Rudi (Rudolf), Veit und Veitl (Vitus); Bastl (Sebastian), Wenz (Wendelin), Hardl (Leonhard). Es gibt bei uns sogar Bauern deutscher Abstammung und Rasse, die Kohn heißen. Der Name ist aber nicht gleichbedeutend mit dem hebräischen Namen Cohen, Kochem, Kahn oder Kohn, sondern ist die Abkürzung für Konrad, wie Fritz für Friedrich, Sepp für Joseph, Mart oder Mert für Martin.

Wie man hieraus sieht, hatten unsere Ahnen das Bestreben, auch die fremdsprachigen Namen zu verdeutschen. Erst mit der völligen Herrschaft der römischen Sprache in der Kirche, Justiz und Schule, ganz besonders im Zeitalter der Renaissance, das heißt der wiederauflebenden Begeisterung für die alten Griechen und Römer, die man den Humanismus nannte, fingen die Gebildeten an, fremdsprachige Namen sich zuzulegen und die deutschen Namen lateinisch und griechisch umzumodeln und so wurde aus dem Schneider ein Sartor, aus dem Schuster ein Sutor, aus dem Wagner ein Rutor, aus dem Schwärzer ein Melanchthon, aus dem Holzmann ein Xylander, aus dem Zimmermann ein Faber, aus dem Hirt ein Pastor, aus dem Bäcker ein Pistor, aus dem Maler ein Piktor, aus dem Senf ein Sinapius, aus dem Bauer ein Agrikola. Mit der Reformation und ihrer eifrigen Verehrung der Bibel nahmen

besonders fromme evangelische Leute auch altjüdische Namen wie David, Josua, Samuel, Saul usw. an. Als nach dem Dreißigjährigen Krieg der französische Einfluss in Deutschland das Bürgertum übertünchte, gab es Familien, die ihre Namen französisierten und mit ihrer Anbetung des Fremdtums bis auf den Hund und die Katze kamen, die sie Ami, Scholi, Lotte und dergleichen tauften. Mit dem Jahr 1870 besann sich das deutsche Volk wieder auf sich selbst und sein Reichskanzler *Bismarck* brachte als Staatsmann die deutsche Sprache wieder zu Ehren. Nach seiner Entlassung trat aber ein Rückfall ein, indem anstelle der Französelei die Engländerei trat, die uns aber im Weltkrieg mit Skorpionen heimgezahlt wurde. So zeigt uns auch die Namensforschung das Deutschtum in aufsteigender und erniedrigender Stellung.
Den Franken war das Deutschtum im Blut gelegen, sonst hätten sie nicht vor zwölfhundert Jahren die überlegene Kraft besessen, alle deutschen Stämme zu umfassen und ihnen ihr Gebot aufzuzwingen. Und ihrem deutschen Bewusstsein und Willen gaben sie auch durch die Namen Ausdruck, die sie den von ihnen im eroberten Lande gegründeten Orten und Burgen gaben. Während es bei uns noch in der neuesten Zeit Mode war, Schlösser, Landhäuser, Gasthöfe, Bäder und Geschäftsschilder mit französischen oder englischen Namen und Aufschriften zu verschandeln und dadurch den bedientenhaften Geist vor aller Welt zu zeigen, besaßen die alten Franken die stolze Eigenart, vor allem ihren Burgen deutsche Namen zu geben, die sie dem Boden entnahmen, wo sie einst die rote Fahne mit dem Schwarzen Adler aufgepflanzt hatten. Darum bestrebten sie sich auch in Ostfranken die keltischen Worte und Namen möglichst zu verdeutschen und die verschiedenen Gewerbe mit deutschen Bezeichnungen zu benennen. Trotzdem blieb der seit Jahrhunderten wirkende Einfluss der keltischen Sprache in unserer fränkischen Volksmundart fortbestehen. Er zeigte sich besonders in der Menge der einsilbigen Wörter und namentlich in der auffälligen Gewohnheit, dass beim Infinitiv der Zeitwörter nur der einsilbige Stamm gesprochen und die bei den eigentlichen Franken und den übrigen Deutschen übliche Endsilbe „en“ weggelassen wird. So sagt man nicht: machen lassen, sondern lass mach usw. Diese Redeform, ein Erbteil aus der keltischen Zeit, findet sich auch noch in England und Frankreich. Es fehlt auch bei uns nicht an keltischen Ausdrücken, so sagt man statt „hüben und drüben“ häufig noch „häßt agäst“ (das englische against = gegen, gegenüber). In der Rhön befielt der Bauer seiner Tochter: Hol a Läpper Brönn – das heißt einen Krug Wasser. Usw. usw. Wer vergleichende Sprach- und Dialektstudien getrieben hat, der wird mir beipflichten, dass außer der Volkssitte und dem Volksaberglauben nichts standfester ist als die Volksmundart, die die Worte in der ursprünglichen Aussprache, Satzstellung und Bedeutung von Geschlecht zu Geschlecht überliefert, selbst wenn sie in Schriftstücken amtlich geändert oder irrtümlich verdorben wurden. So hat sich der ursprüngliche Dialekt der bayerischen, sächsischen, fränkischen und schwäbischen Auswanderer, die sich vor Jahrhunderten in Ungarn und Siebenbürgen angesiedelt hatten, unversehrt erhalten. Weil man aber bei uns auf diese Besonderheiten der Aussprache keine Rücksicht nahm, fand man für viele Namen gar keine, für andere eine ganz falsche Deutung. Darum wurde die Forschung nach der Herkunft vieler Familiennamen ungemein erschwert. Sie leidet eben immer noch an der deutschen Erbsünde, dass sie nicht

beim Volk in die Schule geht, nicht an ihm und aus ihm lernt, sondern in die Ferne schweift, obschon das Gute und Richtige am nächsten liegt. Hierdurch wurde eine heillose Verwirrung angerichtet. Statt die für die Volkskunde so wichtige Namensforschung zu erleichtern, wurden deren Schwierigkeiten noch gehäuft. Allerdings wird es für Gelehrte norddeutscher und fremdländischer Abkunft – und gerade diese gelten auch für die mitteldeutsche Sprachforschung als Autoritäten – kaum möglich, die verschiedenen mitteldeutschen Mundarten mit ihrer eigenartigen Aussprache, Betonung und Wortdeutung mit dem Ohr zu packen, mit dem Verstand zu fassen und mit der Feder zu erklären.

Daher kommen dann die schiefen Ansichten und falschen Darstellungen in gelehrten Werken. So findet der Sprachforscher Dr. Albrecht Wirth bayerische Ortsnamen im Kaukasus (!) wieder und will damit die Völkerwanderung vom Kaukasus in die Alpenländer erklären. Der Gipfel des Unsinns wird von ihm erstiegen, indem er den Ort Leoni am Würmsee mit den Lebuini im Kaukasus in Verbindung bringt, obschon es feststeht, dass der königlich bayerische Kapellmeister Leoni in dem Ort Assenbuch ein Landhaus besaß, das später als Wirtshaus Leonihaus hieß und dem Ort seinen Namen gab. Sogar den Münchner Schimpfnamen Pazi leitet der Professor Wirth von dem kaukasischen Batsi und der Silva Bacenis des Tacitus, statt vom – Lumpazi ab. Andere Gelehrte leiten viele Bezeichnungen unterfränkischer Personen-, Orts- und Flurnamen, statt ihrem Ursprung auf dem heimischen Boden und Volke nachzugehen, von lateinischen, angelsächsischen, gotischen und wendischen Wortstämmen ab, obwohl die Römer, Angelsachsen, Goten und Wenden unser Unterfranken niemals besetzt, also auch hier ihre Sprache nicht verbreitet haben. Selbst der fränkische Pfarrer Anton Schumm, der Verfasser des Unterfränkischen Ortsnamenbuches, hat in der Mundart seines Volkes nicht den Urquell seiner Forschungen erkannt. So kam er auch nicht dazu, die Irrtümer in den Wörterbüchern der nichtbayerischen Gelehrten, welche ihr Licht über Mittel- und Süddeutschland erstrahlen ließen, noch die argen Fehler der Katastereinträge und Kartographen zu korrigieren. Um nur einige markante Ortsnamen zu erwähnen, leitet er das Dorf Eckarts von „Eckhard", das heißt von Eck (die Eiche) und Hard (der Wald) ab. Das Dorf hat aber bis zur Katasteranlegung Mäckers (von dem Mäckern der dort heimischen Ziegen hergeleitet) geheißen und heißt heute im Volksmunde nicht anders. Zeitlofs leitet Schumm von dem Personennamen „Zeitlof, Diedlof und dieses von dem gotischen Thiud oder Theut, einem den Kelten und Thüringern unbekannten Gott oder sagenhaften Helden", ab. Das Dorf hieß aber bis zur Geburt des Katasters und heißt heute noch im Volksmund Zeiles (von Zeile, nach der Bauart des Dorfes). Detter leitet Schumm gleichfalls von Theut, „Ort eines Deutschen", ab, statt von Detter (dem Euter der Kühe und Ziegen), wovon auch Dettelbach, Dettingen und Duttenbrunn abstammen, denn Detter hat wie Dutten die gleiche Bedeutung und heute noch heißt in Altbayern Dutten das Euter. Die Gelehrten behaupten aber, dass all diese Ortsnamen von Thiud oder Theut abstammen. Und Einer schrieb es vom Anderen ab. Die Summe dieser übereinstimmenden Meinungen und Behauptungen kristallisieren sich dann in der gelehrten Welt und bei ihren Nachbetern zu einem feststehenden Zeugnis der unfehlbaren wissenschaftlichen Autorität. Eine Änderung und Besserung trat bei uns erst mit der Gründung des „*Vereins für Volkskunde*" durch den Würzburger Professor Dr. Brenner († 1920) und den leider zu früh verstorbenen Volksschullehrer Schmidtkonz ein, die beide um die Erklärung der Orts- und Flurnamen ein großes Verdienst sich erworben und auch mir wertvolle Anregungen gegeben haben. Das Verständnis des Volksmundes ist und bleibt die Voraussetzung für die Sprach-, Heimat- und Volkskunde. Sehr schön sagt Ludwig Bechstein:

> Es ist ein Völkergut, dir aufgespart,
> Was Volkesmund durch mich dir offenbart,
> Vertrauend leg ich das in deine Hut,
> Veracht es nicht und halt es treu bewahrt:
> Das ist der Volksmund, der bedeutsam spricht,
> Oft in der Rede schüchtern, einfach, schlicht;
> Doch streuend reichliche Gedankensaat,
> Oft reicher als manch prunkendes Gedicht.

Die ***noch lebenden Träger keltischer Namen*** brauchen sich ob ihrer Herkunft keineswegs zu schämen. Im Gegenteil dürfen sie sich rühmen, dass ihre Stammbäume so alt sind wie unsere Zeitrechnung, also um tausend Jahre älter als die der ersten fränkischen Adelsgeschlechter, die keineswegs aus der ursprünglichen Bevölkerung hervorgegangen sind, sondern aus der Führer-, Beamten- und Nachkommenschaft der fränkischen Eroberer. Der Mangel an schriftlichen Urkunden und Quellenwerken ist kein Beweis gegen unsere Annahme. Denn sichere und über jeden Zweifel erhabene Dokumente liegen nicht einmal der Genealogie unserer ältesten Dynasten- und Adelsgeschlechter zugrunde. Bei den bäuerlichen und bürgerlichen Familien, sogar bei solchen, welche seit drei oder vier Jahrhunderten zum Ritterstand oder Patriziat zählen, lassen sich Stammbäume nur selten und schwer für das 15. Jahrhundert, viele kaum bis ins 16. und 17. Jahrhundert zurückführen, da die pfarramtlichen Matrikelbücher erst auf Anordnung des Konzils von Trient in der zweiten Hälfte des 16. Jahrhunderts angelegt, nicht selten ungenau und lückenhaft geführt oder durch Elementarereignisse, Kriege, Unverstand, Fahrlässigkeit oder andere Ursachen zu Verlust gegangen sind. Die keltischen Namen legen andererseits Zeugnis dafür ab, dass die Ahnen ihrer Träger von Urbewohnern abstammen, die die ersten Lehrmeister der deutschen Eroberer waren. Sie widerlegten auch jene Gelehrten, die behaupten, dass es in unserem Lande niemals Druiden gegeben habe. Ich will hier nicht einmal die alten überlieferten Sagen als Beweismaterial vorführen, auch keinen besonderen Wert darauf legen, dass Hartmann Schedel (um 1500) sechs in der Pfortenmauer der Kirche des Klosters Spainshart befestigte Statuen für Druiden hielt und dass vor 200 Jahren in der Nähe von Zwickau eine antike Tafel mit der griechischen Inschrift gefunden wurde: Dürbaleus Druidoon Megistos, d. h. Dürbaleus, Großmeister der Druiden.[1] Mehr Beachtung verdienen die bereits er-

---

[1] Auf der Tafel stand noch folgendes druidische Gebot: Verehret die Gottheit! Haltet am väterlichen Gesetz! Seid verschwiegen! Verrichtet mit Fleiß, was euch befohlen!

wähnten Pflanzennamen, sowie Ortsnamen wie Trunstadt, Trudering u. a. Ein echt keltischer Personenname ist der bei uns vorkommende Name *Trudert*, den auch ein bei Freiburg im Breisgau um das Jahr 650 ermordeter irischer Missionar führte. Er stammt von Tru ab, dem Stammwort der Druiden. Da nach ihrer Vertreibung zweifellos der religiöse Opferdienst fortdauerte, so war der Trudert ein Ersatz für die verjagten Priester. Der Trudert war wohl auch ein Nachfolger im ärztlichen Beruf, den die Druiden ausgeübt hatten. Sicher war ihnen auch die Anwendung der von griechischen Priester-Ärzten angewandten Suggestion und Hypnose bekannt, womit sie Hysterische und Geisteskranke heilten, böse Geister beschworen und bannten. Darum wohl galt in Altbayern der „Truder“ als Hexenmeister oder Hexenbanner. Außerdem war er auch nach dem Vorgang der Druiden der Wahrsager, auf den schon in der Schrift des Römers Tacitus „Germania“, dann in einem Erlass Kaiser Karls des Großen hingewiesen wird. Danach riss der Trudert einen Zweig von einem fruchtbringenden Baum ab, brach von ihm mehrere Reiser ab, zeichnete sie durch gewisse Merker, warf sie auf ein weißes Tuch, hob sie nach verrichtetem Gebet mit gegen Himmel gewandten Augen auf und sagte dann aus der Lage der Merkzeichen seinen Spruch her. Diese Art der Wahrsagerei hat sich noch bei den Kelten in England erhalten, wo aus Mistelzweigen am Heiligen Abend ebenso geweissagt wird wie bei uns in der Neujahrsnacht beim Bleigießen. Mag aber aus dem Trudert wie aus anderes Ersatzleuten der verjagten Druiden im Laufe der Zeit ein Zerrbild der druidischen Bildung und Vornehmheit geworden sein, so zeugt doch auch der Name an sich für das Dasein des Druidentums.

Mehr noch als der Trudert reden mehrere bei uns vorkommende Familiennamen von dem einstigen Dasein der Druiden. Diese waren nämlich in ***drei Klassen*** abgeteilt, deren eine die eigentlichen Druiden – die Priester – bildeten, die andere die ***Foidh***, die als Propheten weissagten, während die dritte Klasse, die Barden, die Sangmeister bildeten. Der Name Foidh hat sich in dem Personennamen *Voit* erhalten. Die Voit sind keine Voigt oder Vogt. Dieser Name stammt von dem lateinischen Titel advocatus, dem Rechtsvertreter und Sachwalter eines Grafen, der dessen Amt als Stellvertreter, meist als Burghauptmann oder Burgvogt, versah. Außer den Voit kommen noch die ***Bard*** oder *Barth* bei uns vor. Der Name *Veth* oder *Väth*, der ebenfalls bei uns vorkommt, ist gleichbedeutend mit Voit. Die Bezeichnung Foidh hatte sich im Bardenbund, dem Erben und Nachfolger des Druidenbundes, in ***O'Fith*** umgemodelt. Die O'Fiths oder Ovaten waren die Ehrenmitglieder des Bardenbundes. Das O vor den Personennamen bedeutet im Keltischen, wovon es auch in den irischen Sprachgebrauch übergegangen ist, den Sohn. O'Connel ist der Sohn des Connel, O'Donowan der Sohn des Donowan usw. Die deutschen Soldaten aus Frankenland, die den Namen Voit, Feth oder Väth tragen und in englischer Gefangenschaft waren, erzählen, dass sie von den englischen Offizieren und Unteroffizieren nur als Fith angesprochen und gerufen wurden. Gebildete Engländer sprachen gelegentlich ihre Verwunderung über diese Namen aus und fragten unseres Soldaten, ob ihre Voreltern irischer oder keltischer Abstammung seien.

Von den Druidinnen, die nach dem Niedergang des Druidenordens auftauchten, aber keine angesehene Stellung als Priesterinnen hatten und, wie Pomponius Mela berichtet, als Zauberinnen und Hexen galten, stammen die ***Druden oder Truden*** ab, die in unserem Volksaberglauben, der neben der Volksmundart und Volkssitte das zäheste Leben hat, heute noch fortleben. Die Druden sind weibliche Unholde, die sich in allerlei furchtbaren Gestalten nächtlicher Weile auf die Brust der Schlafenden legen und das so genannte Alpdrücken verursachen. Der Aberglaube an die Druden wird in kirchlichen und kaiserlichen Kundmachungen aus der Zeit des heiligen Bonifazius und Karls des Großen näher geschildert. Die Leute glaubten, dass sie die Lüfte zu beherrschen, Kieselstürme zu verursachen, die Früchte und die Milch hinwegzunehmen oder wiederzugeben und die Zukunft vorherzusagen vermöchten. Um sich selbst vor Schaden zu schützen, zogen sie bei ihren Geisterbeschwörungen zirkelförmige Furchen um sich, um sich die Geister vom Leibe zu halten, eine Vorsicht, die auch heute noch jene albernen Leute gebrauchen, die das Christofeles- oder Kolmanusgebet beten, das bekanntlich hieb-, schuss- und stichfest macht und gegen alle Gefahren schützt. Viele trugen auch Figuren aus Messing oder Holz oder Säckchen mit Alraunwurzeln oder Heilkräutern am Hals, um Unglück und Krankheiten abzuwenden, eine Gewohnheit, die sich in Form von Skapulieren und Amuletten ins Christentum übertrug, weil die neu angehenden Christen, wie Bonifaz, der Apostel der Deutschen, an den Papst Zacharias schrieb, sich weigerten, solche Gehänge abzulegen, da sie selbst in Italien und Rom getragen wurden. Der Glaube an die Druden beherrschte trotz aller Verbote das ganze deutsche Mittelalter und zur Zeit des 30-jährigen Krieges erschien in Nürnberg sogar eine „Druidenzeitung", die viele Abnehmer und Nachbeter fand.

Den Druiden oblag auch der Beruf als ***Ratgeber und Lehrer***. Auch dieser Beruf ist nach ihrer Vertreibung nicht ganz verloren gegangen. Ein Überbleibsel der Druiden war der *Kunert*, der Weise oder Ratgeber, der eine ähnliche Rolle spielte wie die Weisen oder Philosophen im alten Griechenland. Darum wohl ist auch der Name Kunert so selten, er begegnete mir nur ein einziges Mal in einem alten Lehenbrief. Er stammt von dem keltischen Wort kun, englisch con = wissen, raten. Kunert ist der gleiche Name wie Konrad. Es gibt bei uns, wie bereits bemerkt, uralte deutsche Bauernfamilien, die Kohn und Kuhn heißen. Der Kunert war auch der Geschlechtsführer, das Haupt einer Sippe. Das altdeutsche Wort Künne heißt Geschlecht. – Ratgeber in der Gemeinde war noch der *Meinert*. Der Name stammt von Min, englisch mean (sprich mien), das glauben und raten, meinen heißt. Das altdeutsche Wort menen, d. i. führen oder lenken, vielleicht auch Minne und Minnesänger steht damit in Beziehung. – Ein anderer Ratgeber war noch der *Gisbert* (von gis, englisch guess, das güß ausgesprochen wird und raten, vermuten, glauben, meinen, denken heißt). Außer dem Kunert, Meinert und Gisbert erscheint noch der *Tellert* als Volkslehrer. Wie die Druiden schriftliche Aufzeichnungen verschmähten und ihre Schüler nur redend unterrichteten, so lehrte auch der Tellert. Der Name kommt von dem keltischen Tell = der Erzähler, ein Wort, das heute noch im Englischen die gleiche Bedeutung hat und als Personenname in der Schweiz wie im Norden Deutschlands – auch als Till – bekannten sagenhaften und historischen Persönlichkeiten eigen war. Sein Beruf erklärt sich aus der Vorliebe der Kelten für schöne Rede und Vortragskunst. Wie die Inder und Araber ihre Märchenerzähler, die Griechen ihre wandern-

den Rhapsoden und Rhetoren hatten, so die Kelten ihre Barden, die zugleich Dichter und Sänger waren. Als sie mit dem Priesterstand, dessen Mitglieder sie waren, das Land verlassen mussten, trat als Ersatz der Tellert auf. Er war der Mann, der durch eine ausgebildete Sprechweise ebenso vorbildlich auf seine Zuhörerschaft wirkte wie die Philosophen im alten Hellas auf ihre Schüler. Der Tellert war auch der volkstümliche Gesangslehrer, der mit einer eigentümlichen Harfe, die mit drei Saitenreihen bespannt war, seine Lieder und Sagen begleitete. Dieses Instrument, womit auch die alten Barden spielten, heißt nach dem Tellert bei den Kelten in Wales heute noch das Tellyn. Es hat einen Umfang von fünf Oktaven und ist im vorigen Jahrhundert durch Pedale verbessert worden. Bei dem Volk in den Bergen von Wales ist es heute noch das Lieblingsinstrument, um das sich Jung und Alt – im Sommer im Freien, im Winter in den Spinnstuben – zu Tanz und Gesang versammeln. Sie fingen im Chor oder auch abwechslungsweise nicht selten Spottverse aus dem Stegreif nach Art der Schnadahüpfeln in Altbayern. Die goldene Harfe mit silbernen Saiten auf blauem Grund war auch von jeher das Wappen von Irland.
Die Pflege der ***Musik***, die zum Beruf der Druiden gehört hatte, erhielt sich nach deren Vertreibung bei uns nicht bloß durch den Tellert, sondern auch durch den *Baggert* oder Backert. Das Wort hat nichts mit Beckert, dem Bäcker zu tun, sondern stammt von bag = Sack. Der bei uns noch häufige Personenname Backert erinnert an den Dudelsack, das nationale Instrument der Kelten, das in Franken sich noch bis ins 18. Jahrhundert erhielt, heute noch bei den ländlichen Tanzmusiken in Irland und Wales gespielt wird und auch noch in England wie in Schottland gebräuchlich ist. Der Dudelsackpfeifer ist sogar der eigenartige Spielmann bei den schottischen Regimentern. Der Dudelsack heißt bei den Kelten Bagtell und bei den Engländern Bagpipe = Sackpfeife. Bei uns hat sich das Wort als Backpfeife für Ohrfeige (Ohrpfeife) erhalten, deren Wirkung manchmal in einer dem Dudelsack ähnlichen Schwellung des Backens besteht. Alle diese Worte sind stammlich verwandt. – Eine Ergänzung zum Tellert und Baggert war der *Gäbert*, Gebert oder Geipert, von dem Keltischen ins Englische übergangenen Wort gab (sprich gäb), das schwätzen und fabulieren bedeutet und eine Verwandtschaft mit dem englischen Wort gay = fröhlich, lustig hat. Die Druiden erzogen ihr Volk nicht zu trübseligen Ohrenhängern, denen die Welt als ein Jammertal erschien, sondern ließen dem angeborenen Frohsinn der Leute sein Recht. Darum erscheint der Gäbert als der Spaßmacher, der Humorist, der durch drollige Einfälle, launige Späße, lustige Lieder, witzige Anekdoten und allerlei Zauberkünste seiner Umgebung einen munteren Zeitvertreib verschaffte. Der Name Gäbert und andere Namen keltischer Abkunft sind auch in Frankreich ebenso heimatberechtigt wie bei uns. Vielleicht in Erinnerung an die ursprüngliche Herkunft des Namens Gäbert legten die Franzosen ihrem berühmtesten Gelehrten des 10. Jahrhunderts, dem Bischof Gebert oder Gerbert, der als Papst den Namen Silvester II. (999 - 1003) führte, die Eigenschaft eines Zauberers bei und die Römer behaupteten gar, dass ihn der Teufel geholt habe. Der deutsche Gäbert hat sich bis zum Ende des vorigen Jahrhunderts in den Spinnstuben unserer Frankendörfer erhalten, wurde aber samt den Spinnstuben durch die fanatischen Umtriebe, Hetzereien und Verfolgungen weltfremder Zeloten, die gegen den natürlichen Ver-

kehr der Geschlechter maßlos eiferten und geiferten, ausgerottet. Durch die Zunahme der geheimen Sünden, widernatürlichen Laster und die traurigen Folgen des Weltkrieges (Heiratsflucht, Geburtenrückgang usw.) wurden jene verkehrten und übertriebenen Anschauungen gedämpft und allmählich wieder zur Vernunft und Natur zurückgeleitet. – Außer dem Gäbert sorgte in jeder Gemeinde ein *Vollert* (von fol, englisch fool) als Poltergeist und Auftreiber, namentlich bei Hochzeiten, für Spaß und Scherz, außerdem noch der *Laffert* (von laff), ein anderer Eulenspiegel, der die Leute zum Narren hielt.

Die Druiden übten auch die ***ärztliche Kunst*** aus, die sie wie alle ihre Wissenschaften mit dem Schleier des Geheimnisses umgaben. Nach der Vertreibung der Druiden sank der ärztliche Beruf zum Handwerk und Pfuschertum herab. Unter den Medizinmännern nahm der Beineinrichter, der die gebrochenen Glieder einrichtete, die erste Stelle ein. Er hieß *Limbert*, von dem keltischen Wort limb, das im Englischen zergliedern heißt. Für die inneren und Hautkrankheiten gebrauchten die Kelten die volkstümlichen Haus-, Sympathie- und Zaubermittel, von denen mancherlei noch heute gebraucht werden. Unter ihnen befanden sich außer dem Pfriemenkraut namentlich noch geistige und gärende Getränke. Eine hervorragende Bedeutung hatte das Gill (Erdefeu), wovon der *Gilbert*, der Apotheker, seinen Namen hatte. Aus den Blättern, Blüten und Früchten des Gill wurde eine Universalmedizin bereitet und außerdem zu einer Universalsalbe verwendet, die bei uns noch bis ins 18. Jahrhundert gebraucht wurde. – Neben dem Menschenarzt erscheint der Tierarzt, der *Lippert*, der nicht bloß die Pferde und Schweine lippelte (beschnitt) und die Tierarzneikunde betrieb, sondern auch nach der alten Meinung „was für die Tiere gut ist, das kann auch für den Menschen gut sein“ die Menschen in die Kur nahm, sowohl gebrochene Glieder einrichtete, als auch Medizinen, Salben und Zaubertränke für Mann, Weib und Kind bereitete. Als Spezialarzt übte der *Helfert* (von help = helfen) als Geburtshelfer die ärztliche Praxis aus. Später ist aus ihm ein Helferich geworden. Für alle möglichen Gebresten des Leibes und Geistes wurde auch der *Witschert* oder Wütschert, der Hexenmeister oder Hexenbanner beigezogen. Der Wütschert kommt als Personennamen bei uns noch öfter vor, ohne dass jemand eine Ahnung von seiner Herkunft hat. Er stammt nämlich von dem keltischen Wort Witsch ab, englisch witch, das noch heute die Hexe heißt. Was eine Witsch ist, das erzählt uns in Buchers „Karfreitagsprozession“ ein Pater Kapuziner: „Ist zu mir auch einmal eine gekommen und hat's gewagt und sich schon hinaufg'legt g'habt auf mich nach aller Schwere. Ich merk's aber, rumpl auf und gleich I.N.R.I. (im Namen Jesu) und nach dem Weihbrunnkrügel tappt. *Witsch* ist's draus g'wesen.“ – Bruder Berthold von Regensburg, der im 13. Jahrhundert seine Predigten niedergeschrieben hat, erwähnt neben dem Gickelvech (Gockelvieh) den Wütschenbrün (das Totenkäuzlein). Etwas später führt Konrad von Megenberg, der seinen Namen von seiner Geburtsstätte Mainberg oder Majenberg abgeleitet hat, in seiner Naturgeschichte, dem ersten deutsch geschriebenen Werk dieser Art, den Wütsch oder Wutsch als den Nachtvogel, Steineul, Strix oder Ama an, der bekanntlich heute noch von den abergläubischen Leuten als Totenkündiger gefürchtet wird. Das Mittelalterliche Hausbuch nennt den gelbblühenden Ginster (Pfriemenkraut, Spartium) das Witschen, das

stellenweise auch Hexenkraut genannt wird. Auf Besen aus Pfriemenkraut fahren die Hexen in der Trudennacht – Walpurgisnacht, 1. Mai – aus und halten auf Kreuzwegen und gewissen Orten wie auf dem Blocksberg ihre Kränzchen und Tänze ab. Das junge Volk auf dem Lande pflegte bei diesem Anlass auf dem Kuhhorn zu tüten und mit der Geißel zu schnalzen, um die Unholde auszuplatschen. Eine aus der keltischen Zeit stammende Sitte, auf den Türschwellen, Türen und Bettstellen das Fünf- oder Sechseck – den Drudenfuß – anzubringen, um die bösen Geister und Hexen abzuhalten, ist bis heute geblieben. Nur wird seit längerer Zeit anstelle des Drudenfußes ein dreifaches Kreuz mit den Anfangsbuchstaben der Hl. drei Könige C. M. B. (Caspar, Melchior, Balthasar) angebracht. (Über das Fünf- oder Sechseck siehe Näheres in dem Kapitel über die Pythagoräer und ihre Zahlenmystik.)
In einem altflamischen Volkslied, dem Toveressenlied (Zauberlied) wird der Hexenspuk geschildert. Darin kommt die Stelle vor:

Om middernacht by mondenscheen
Der Druiden lag oft zynen steen,
Daar kwam de jonckvrouw door den bosch
De rave kraayt, den uil vliegt los!

Zu Deutsch:
Um Mitternacht bei Mondenschein
Der Druide lag auf seinem Stein,
Da kam die Jungfrau durch den Busch,
Der Rabe krächzt, die Eul' fliegt husch!

Julius Cäsar hat uns wohl von den Druiden berichtet und ihren großen Einfluss angedeutet, aber sie nicht in Verbindung mit den Auswüchsen des Volksaberglaubens gebracht, denen nachher die Kelten und ihre Besitznachfolger verfallen sind. Das war die eine der bösen Folgen, die überall eintreten, wo die Intelligenz gewaltsam ausgeschaltet wird. Mit der Vertreibung der Druiden war anstelle des gebildeten Priestertums der Aberglaube, anstelle der wirtschaftlichen Bildung die Einbildung, anstelle der ärztlichen Kunst die Pfuscherei, anstelle des gesunden Menschenverstandes die Hexerei getreten. Während die orientalische Kirche von den zahlreichen Hexenprozessen und Massenbränden verschont blieb, mit denen die römische Kirche ihren Ruf schändete, hat ein französischer Bischof sogar die Jungfrau von Orleans, die Retterin des Vaterlandes und Nationalheilige, auf den Scheiterhaufen geliefert. Die meisten Opfer aber hat der Hexenwahn gerade in den Fürstentümern des ehemaligen Keltenlandes im ganzen Gebiet des Mains, insbesondere in der fränkischen Hauptstadt Würzburg gefordert, bis der Schwedenkönig Gustav Adolf 1631 dem abscheulichen Unfug und Unflat ein für allemal ein Ende machte. Auf den Hexenwahn trifft das Wort des Dichters Geibel zu:

Glaube, dem die Tür versagt,
Steigt als Aberglaub ins Fenster:
Wenn die Götter ihr verjagt,
Kommen die Gespenster.

III. Entwicklung der Wirtschaft

Die Erklärung der Personennamen keltischen Ursprungs gab mir auch die Anregung und Wegleitung zum Entwurf des Bildes einer großen ***keltischen Gemeinde***. Bekanntlich hat der große französische Geograph Reclus den Unterschied zwischen den deutschen und keltischen Ansiedlungen dahin bestimmt, dass die Deutschen als Hirtenvölker das Einzelgehöft vorzogen, während die Kelten als bodenständige Ackerbauer und Handwerker in geschlossenen Siedlungen zusammenwohnten. Eine solche Gemeinde mit ihrer selbständigen Verwaltung, ihrem gemeinschaftlichen Grundbesitz, ihrer gegliederten Arbeitsteilung, ihrem vielseitigen Handwerk und ihrem inneren Leben zeugt auch für das organisatorische Talent und das soziale Verständnis ihrer Schöpfer, unter denen man doch nur die Druiden suchen kann. Es muss wohl selbst für Laien, die ihre Kenntnisse in der Kulturgeschichte erweitern wollen, interessant sein, einen Blick in eine der Gemeinden zu werfen, wie sie einst in der Druidenzeit vor der deutschen Eroberung unseres Landes bestanden haben.

Eine namhafte Hilfe zum Aufbau der Keltengemeinde habe ich in deutschen Werken leider nicht zu finden vermocht. Eine Wegleitung hierzu gaben mir zuerst zwei kriegsgefangene gebildete Iren, Mr. Finigan und Mr. O'Donavan, mit denen ich während des Krieges 1870/71 bekannt wurde. Alsdann noch ein englischer Ingenieur, der lange Zeit bei mir wohnte, und als geborener Kelte nicht bloß wusste, was auch wir wissen, dass nämlich eine Anzahl keltischer Worte ins Französische und eine noch ungleich größere Menge ins Englische übergegangen ist, sondern auch die verschiedenen stark abweichenden keltischen Mundarten kannte und deshalb Auskunft auch über Worte zu geben vermochte, die in keinem Wörterbuch der keltischen Sprache zu finden sind, noch in den mittelhochdeutschen Wörterbüchern von Lexer u. a. eine richtige Erklärung gefunden haben. Bessere Hilfsmittel zur Erklärung der Namen boten englische Wörterbücher, ungleich mehr als französische. Obschon die Franzosen großenteils keltischer Abstammung sind, so haben sie sich doch unter römischem Einfluss völlig romanisiert, wie auch die nach Kleinasien ausgewanderten Kelten mit Leichtigkeit die griechische Sprache erlernt haben. Einen ähnlichen Prozess deutet auch Tacitus in der „Germania" (Kapitel 28) von den Treverern und Nerviern im heutigen Rheinland an, die doch zweifellos keltischer Abstammung waren, aber (wie Tacitus schreibt) „eifrig die Ehre deutscher Abkunft beanspruchten, gleich als ob dieser Adel des Blutes sie von aller Ähnlichkeit mit den schlaffen Galliern schiede". Auch die Kelten in Wales und Irland haben sich die englische Sprache zu Eigen gemacht, nachdem sie vermöge der nachbarlichen Beziehungen schon vor der Eroberung Irlands eine Menge keltischer Worte angenommen hatten. Einige Unterstützung bot mir Schmellers Bayerisches Wörterbuch und ganz besonders die Ausgrabung einer großen keltischen Ortschaft in der englischen Provinz Wales, die einen überraschenden Einblick in das ganze Gefüge und Getriebe unserer keltischen Vorfahren eröffnet hat. Die genaue Schilderung, die damals eine englische Zeitschrift darüber gebracht hat, war ein Behelf zur Erklärung von Personennamen und Berufsarten, die lange vor der fränkischen Landnahme in den Ortschaften des Maingebietes gang und gäbe waren.

Die Grundlage der keltischen Volksernährung und Gemeinden bildete die **Landwirtschaft**. Außer dem gemeinschaftlichen Grundbesitz gab es noch besondere Ortsbezirke für die druidischen Gemeinschaften und die Edelleute. Für jeden Zweig des landw. Betriebes wurde durch Wahl der Gemeindegenossen ein Leiter oder Vorsteher bestellt, während die Ausübung der verschiedenen Handwerke den selbständigen Meistern oblag. Das Handwerk hat aus diesem Grund eine fortschrittliche Entwicklung genommen, während vom Ackerbau die persönlichen Antriebe zur Verbesserung fehlten. Man sieht das noch bei uns in den Gemeinden, wo jährlich Teile der Gemeindeländereien nach keltischer Überlieferung an die Gemeinderechtler verlost werden. Dem einzelnen Losbesitzer liegt nichts an sorgfältiger Düngung und Behandlung, weil er davon weniger Nutzen hat, als wenn ihm das Grundstück auf eine größere Anzahl von Jahren zur Nutznießung überlassen wäre. Auch ist es eine alte Erfahrung, dass bei solchem Betrieb kein Teilhaber für seinen Nachfolger mehr tun und vorsorgen will, als er absolut muss. Der Fortschritt des Ackerbaus kam erst mit dem Eigenbesitz. Schon der hl. Hieronymus hat im 4. Jahrhundert diesen Unterschied erkannt, denn ihm kam der Ackerbau bei den keltischen Galatern in Kleinasien rückständig, das Handwerk dagegen als hervorragend vor. Immerhin waren die Kelten auch im Ackerbau den Deutschen überlegen, denn solange diese noch von Land zu Land wanderten und bloß nach Weide- und Jagdgründen Umschau hielten, überließen sie den dürftigen Ackerbau den Frauen und Leibeigenen, sie selbst erachteten die knechtische Arbeit unter ihrer Würde und ergaben sich dem Spiel und Trunk, der Jagd und dem Krieg. Die Deutschen mussten erst an feste Wohnsitze, andere Sitten und höhere Bedürfnisse gewöhnt werden, um an der Hand keltischer und römischer Vorbilder der Hand- und Geistesarbeit eine größere Wertung beizumessen und in die Reihe der Kulturvölker einzutreten. Die Erkenntnis der gewerblichen Überlegenheit der keltischen Bewohner, die die Deutschen seit langer Zeit aus der nachbarlichen Berührung und Handelschaft gewonnen hatten, war auch der Grund, weswegen sie bei der Besetzung dieses Landes die zurückgebliebenen Bewohner, die ihnen keinen Widerstand geleistet hatten, schonten und fortarbeiten ließen. Sie selbst hatten ja keinen Gewerbestand und darum haben sich die alten keltischen Bezeichnungen der einzelnen Handwerksbetriebe in den Personennamen erhalten, mit ihnen aber auch die Bezeichnungen der verschiedenen Zweige der landwirtschaftlichen Tätigkeit, da die ansässigen Handwerker zugleich auch Teilhaber am gemeinsamen Grundbesitz waren.
In der Landwirtschaft begegnet uns beim *Ackerbau* als erster Kultivator der *Hilbert*. Das keltische Wort Hill heißt heute noch im Englischen die Erde umbrechen und urbar machen. Nach dem Hilbert kommt der *Eckert*, der ackert oder eggt, woher auch das englische Wort acre (Acker) stammt. Der *Blümert* besorgt den Blüm, d. i. den Wieswachs und die Heuernte, der *Gressert* die Greß (= Grütze oder Korn), d. i. das Brotgetreide, der *Herbert* (Herb = Kraut) den Kohl und Gemüse, der *Linnert* den Flachs und Lein, eine Ölpflanze. Beide Pflanzen heißen heute noch im Englischen Line (sprich Lein). Der *Binert* hatte nicht etwa die Bienen (Imp) unter seiner Obhut, sondern die Bohnen (keltisch Bin, englisch bean, das ebenfalls bin gesprochen wird) sowie die anderen Hülsenfrüchte. Der *Höpfert* hatte den wilden Hopfen zu sammeln

und die Höpf (daher das Wort Hefe, die Bierhefe) zu bereiten. Der *Hudert* hat die Fluren vom Hud (Unkraut) zu säubern. Daher stammt das deutsche Wort hudeln, überhudeln und aushudeln, ebenso das Wort Huderer oder Hauderer, womit man einen Menschen bezeichnet, der es mit der Arbeit nicht genau nimmt und Schlamperei treibt, eine Erscheinung, die beim gemeinschaftlichen Ackerbau noch ungleich mehr als beim einzelnen Privatbetrieb vorzukommen pflegt. Bei der Ernte trat der *Dreschert* (keltisch tresch, englisch trash, sprich tresch) als Vormann beim Ausdreschen des Getreides in seine Rechte. Dieses wurde mittelst einer hölzernen Dreschmaschine, wie man sie noch heute in Kleinasien sieht oder auf einer großen Tenne von Pferden und Rindern, die im Kreise herumgetrieben wurden, ausgedroschen. Der *Gernert* oder Gannert hatte das ausgedroschene Getreide zu lagern und nach Bedarf an die Verbraucher abzugeben, die es selbst auf ihren Handmühlen zu mahlen hatten. Noch heute heißt der Kornboden im Englischen der Garner (sprich Gerner). – Die Kelten sollen bereits auch Weinbau getrieben haben, was nicht zu verwundern wäre, da sie schon vor den Römern in Südtirol und Oberitalien saßen, von wo die Rebe und ihre Pflege recht wohl nach dem Main getragen worden sein kann. Die bisherige Ansicht, dass sie erst durch die Römer nach Deutschland kam, wäre also noch zu beweisen. Die Traubenpresse trägt übrigens bei uns von den Kelten noch den Namen Kelter. – Der vornehmste landwirtschaftliche Betrieb war der Anbau der Färbe- und Medizinalpflanzen, wonach sich selbst der vorletzte Thüringer Herzog *Gozbert* benannte. Gozbert stammt nicht, wie schon behauptet wurde, von dem englischen Goosberry (Stachelbeere). Denn die Stachelbeere wurde wie die Zwetschge erst in den Kreuzzügen bei uns aus dem Orient eingeführt. Gozbert kommt von Goß, das heute noch im Englischen das Pfriemenkraut (Spartium) heißt. Die Blüte wurde wie die des Ginsters als Färbekraut benützt. Das Kraut wird heute noch von Kelten im frischen oder getrockneten Zustand statt des Tabaks gekaut und als Gegengift bei Vergiftungserscheinungen wie als belebendes Mittel gegen Herzschwäche, Herzstörungen, Blutarmut und Bleichsucht verordnet. Eine besondere wohlriechende Sorte des Pfriemenkrautes war bei den keltischen Frauen sehr beliebt. Die leidenschaftliche Vorliebe für „schmeckende Wasser" findet sich heute noch bei den Bauersfrauen im Bayerischen Wald. Die fränkischen Bauersfrauen legen das Pfriemenkraut in den Wäscheschrank. Kaiser Karl der Große hat die Pflege der Medizinalkräuter allen Königshöfen neben dem Gemüse- und Blumenbau als besondere Aufgabe aufgetragen. In unserer Gegend wurde die keltische Überlieferung bis in die neueste Zeit treu bewahrt und erst durch das Überwuchern exotischer und chemischer Mittel auf wenige Gemeinden eingeschränkt.

Wie der Gernert, Dreschert, Eckert, Hilbert so hatten die verschiedenen Leiter und Vorsteher der übrigen Betriebsarten in den anderen Teilhabern des Gemeindegrundes ihre Helfer und außerdem ***unfreie Knechte*** zur Verfügung. Der Knecht hieß der *Schackert*, von dem keltischen Schack, ein Wort, das in der gleichen Bedeutung im Englischen Jack sich erhalten hat. Der französische Schack wird Jacques geschrieben und Schack gesprochen. Die großen mittelalterlichen Bauernaufstände in Frankreich wurden in der Geschichte mit Schackerie bezeichnet. Seit uralten Zeiten hat der Schack in England die Nebenbedeutung dummer Teufel oder toller Jack. In

Frankreich bezeichnete man mit Schack den Bauern. Der Schack nahm in der sozialen Rangordnung die unterste Stufe ein, denn er war ein Höriger, ein Leibeigener, ein Sklave. Im Besitz aller Rechte waren nur die eigentlichen freien Gemeindegenossen. Die vornehmen Kelten, die einst ein eigenes abgegrenztes Haus mit Hof und eigenen größerem Grundbesitz hatten, waren die *Humbert* (von hom, deutsch Heim). Als die Thüringer das Land besetzten, traten sie an die Stelle der Humbert. Jeder Freie bekam je nach seinem Rang ein mehr oder weniger großes Grundeigentum, dem da und dort je nach dem Rang und Stand der Besitzer ganze Ortschaften der Ureinwohner als Untertanen untergeordnet wurden. Der diesen verbliebene Gemeindegrund wurde unter den Gemeindegenossen Jahr um Jahr zur persönlichen Nutznießung durch das Los verteilt und ein solcher Streifen (Feld, Wiese oder Gartenland) hieß und heißt in den um Mainberg liegenden Ortschaften heute noch die Lah im Englischen Label genannt, woraus dann in Altbayern die Lahner und Lehner geworden sind. Aus der Keltenzeit ist noch ein anderer Ausdruck geblieben. Die Kelten nannten sich nämlich nach der Unterwerfung durch die Deutschen selbst die *Goidil*, das heißt die Schutzbefohlenen. Aus dem Goidil ist der deutsche Godel, der Schutzbefohlene, geworden, eine Bezeichnung, die heute noch unsere Bauern ihren Patenkindern geben. Im Laufe der Jahrhunderte wurden aber durch Gewalt, List und Tücke auch die deutschen Bauern selbst zum Stande der Godel herabgedrückt und die also zusammengeworfene Masse die armen Leute genannt. Außer diesen gab es auf dem Lande nur mehr die herrschenden Städte der Adeligen und Geistlichen, bis die Französische Revolution den armen Schack befreite und damit auch den Anfang zur Befreiung des deutschen Michel machte.

Die ***Viehzucht*** stand bei den Kelten in hohem Ansehen. Zeugnis geben dafür ihre Münzen, die meist nur die Bilder von Pferden und Rindern zeigen. Die Zucht, Pflege und Dressur der Pferde, die bei den Kelten sehr wichtig war, weil ihre Kriegsmannen meist beritten waren, oblag dem *Rossert*. Vom dem keltischen Roos, wie heute noch in Altbayern allgemein das Pferd genannt wird, stammt das englische Horse = Pferd. Neben dem Rossert erscheint der *Schelbert*, der den Schel, d. h. den Beschälhengst hielt, während der *Bullert* oder Bollert den Gemeindebullen hatte. Bull bezeichnet heute noch im Englischen den Stier und der John Bull einen englischen Charakterzug. Die *Kuh* hieß Bott. Sie wurde wegen des Fleisches, der Milch und Haut sehr geschätzt. (Vergleiche auch den folgenden Abschnitt über die Milchwirtschaft und bei der Aufzählung der Handwerker den Schuhmacher.) Eine besondere Aufgabe hatte der *Lippert* oder Leipert, der lippert, d. h. die Pferde, Stiere und Schweine verschneidet. Das Wort lippeln ist heute noch für das Beschneiden der Pferde und Stiere in Altbayern und Österreich im Gebrauch. – Der *Lempert* war der Schafzüchter. Lempert stammt vom keltischen Läm, englisch Lamb. Lampel heißt heute noch in Altbayern das Schaf, lämmern Junge werfen. – Der Name *Burkert* stammt von Burk = Schwein. Burkert war wie der *Dauschert* oder Tauschert (von Dausch = Mutterschwein) der Schweinezüchter, ein damals wie heute noch angesehener Beruf. Selbst Fürsten erhielten bei den Iren den Ehrentitel Schweinehirten. Sie führten das Schwein (den Eber) als Talisman. Viele von diesen Glücksschweinchen wurden in Irland in der Neuzeit aufgefunden und aufbewahrt. Schwein heißt im

Englischen wie im Französischen immer noch Pork. Die Kelten waren schon damals große Feinschmecker und die feinen Römer der Kaiserzeit bezogen von den Galliern geräucherte Schweineschinken und Kapaunen. – Der Eberhalter hat bei den Thüringern den Namen *Ebert* oder Abert erhalten. – Hierher gehört noch der *Impert*, der die Imp (die Bienen) zu besorgen und den Honig zu sammeln hatte, der nicht bloß den Zucker ersetzte, sondern auch, mit Wasser vermischt, ein gärendes Getränk, den heute noch von den Altbayern gerne getrunkenen Met gab. Met ist ein keltisches Wort, das im Englischen Mead geschrieben wird. Ein notwendiger Schutz für Tiere, Pflanzen und Menschen wurde durch den *Göpfert* geboten. Denn sein Beruf bestand in der Bekämpfung des Ungeziefers, namentlich der Wespenplage, die früher in Franken eine arge Landplage war. Die Wespe hieß Göp oder Gäp und hat heute noch im Französischen den gleichen Namen (Guepe, sprich Gep). Der Göpfert war auch der Schärmauser, ein Beruf, der noch heute in der Schweiz existiert.

Die ***Geflügelzucht*** stand bei den Kelten besonders hoch. Das Huhn war bei einzelnen Keltenstämmen sogar ein heiliges Tier aus dessen Verhalten bei der Fütterung und aus dessen Eingeweiden auch die römischen Auguren im Krieg wie im Frieden ihre Weissagungen schöpften. Von den Inselbretonen, einem keltischen Stamm, berichtet uns Julius Cäsar, dass sie das Huhn aus Ehrfurcht vor dem heiligen Vogel nicht aßen. Bei den Kelten unserer Gegend wurde die Hühnerzucht ebenfalls gepflegt. Das beweist der Umstand, dass es einen besonderen *Schuckert* gab, der der Schuck, d. i. der jungen Brut, die heute noch im Englischen ähnlich (chick), während die Gluckhenne chuck heißt, seine besondere Aufmerksamkeit zu widmen hatte. Das keltische Boll ist auch das Stammwort für das französische poule, das Huhn, und das englische pullet, das kleine Huhn. Unsere Hausfrauen locken die Hühnerschar heute noch mit dem Ruf: Bulle, Bulle. Von der Verehrung, die das Huhn bei den Kelten wie bei den Römern genoss, zeugt heute noch der Hahn auf den Kirchtürmen. Das Huhn diente auch den geschickten keltischen Metallarbeitern als Modell zu Trinkgefäßen, die später auch in den christlichen Kirchen als Wasserbehälter beim Gottesdienst in Gebrauch standen. Noch heute heißt die Öffnung eines solchen Gefäßes der Hahn. Das Wort Boll in dieser Bedeutung hat sich in mehreren Sprachen erhalten und bezeichnet im Englischen die Schale (Bowle) und den Becher (Bole), im Italienischen die Blase (Bolla). Bezeichnend ist auch, dass kochen im Englischen heute noch *boil* heißt; französisch *bouillir*, die Fleischbrühe *bouillon*; italienisch *boilire*, *far boile* kochen. Auch die Kochkunst der Franzosen ist ein keltisches Erbstück. Außer den Hühnern wurde auch der Gans und Ente die Fürsorge zugewendet. – Der *Wiebert* hatte seinen Titel von der Wieb (der Gänsehut), der *Duckert* von der Duck (der Ente), die heute noch ganz gleich im Englischen lautet. Auch bei uns haben sich diese keltischen Worte erhalten. Denn Wieb oder Wieberle ist der Lockruf für die Gänse, Bolle oder Buttle für die Enten und Hühner. Die Ableitung des Wortes Weib von Wieb (Gans) ist dagegen ein schlechter Witz, Weib stammt von weben.

Besondere Beachtung bei den Kelten war der ***Weidewirtschaft*** zugewendet, über die der *Häbert* oder Hebert gesetzt war. Das Wort stammt von dem keltischen Hay = Heide. Hay heißt im Englischen das Heu und wird wie bei uns in Franken Hä gesprochen. Der Name Häbert existiert noch im Englischen als Hayward (sprich Häwerd) und bedeutet den Heidewart, den Hirten. Von Hay stammt auch die Häbe oder das Häberle (die Geiß oder Kitz). Der Hebert war in Gallien (Frankreich), wo sich der Name gleich anderen bei uns vorkommenden keltischen Namen vielfach erhalten hat, als Gemeindehirte und Flurschütz tätig. Die Kelten hielten, wie heute noch ihre Nachkommen, die Franzosen, große Hammelherden. Denn sie liebten das Hammelfleisch. Zudem kleideten sie sich in Wollstoffe. Die Schafe begnügten sich mit mageren Weiden und lieferten den Dung für die jährlich brach liegenden Felder sowie für die nach der Heuernte betriebenen Wiesen. Das Schaf hieß Schip (englisch sheep), der Schäfer *Schipert*, der auch hölzerne Löffel fertigte. Noch heute heißt der Löffel, womit er den Schafen Salz reicht, die Schippe. – Der *Wiedert* hatte die Obsorge über die Wied, das heißt die Weidenpflanzungen. Er musste das Schneiden, Sammeln und Verteilen der Weiden überwachen. Die Verwendung der Wied war ein wichtiger Zweig der Wirtschaft. Die Korbflechterei lieferte die Körbe für das Haus und den Verkehr. Der Korb ist heute noch in Franken ein allgemeines Arbeits- und Transportmittel. Flechtwerk aus Weiden und anderen Zweigen diente auch beim Hausbau zur Aufführung der Wände, wofür die Ausgrabungen des Herrn Dr. Frickhinger im Ries zeugen. Der Widert hieß in den Gegenden, wo die Weiden zum Teil durch andere Zweige ersetzt werden mussten, auch *Buschert*. (Bush heißt im Englischen Gebüsch.) Die Korbflechterei hat sich von den Kelten als Heimarbeit bei den Bauern in unserem Frankenlande wie in Frankreich erhalten. Bei uns ist eine Bauernfrau ohne Huckelkorb kaum zu denken.

Die alte Weidewirtschaft führte notwendig auch zur Anlage von größeren ***Milchwirtschaften*** mit verschiedenen Sparten. So hat der *Schweigert* oder Schweickert die Schweig unter sich, d. h. die Sennerei und Molkerei. Die keltischen Käse standen bei den römischen Herrschaften in ebenso gutem Geruch wie die keltischen Schinken. Unsere alten Zisterzienserklöster hatten die Bereitung ihrer trefflichen Käse aus Frankreich mitgebracht. Heute noch heißen die großen Viehhöfe der ehemaligen altbayerischen und österreichischen Klöster die Schweigen. Von den Gehilfen des Schweigert hat der *Memmert* oder Mammert die Kühe zu melken. (Memm oder Mamm = Euter). Der *Possert* (später Possart) macht die Milch gerinnen. Noch heute bezeichnet im Englischen und Französischen das Wort „posset“ etwas gerinnen machen, im Englischen auch „Molken“. Die Kelten verstanden aus der Milch ein gärendes, ebenso nahrhaftes wie wohlschmeckendes und heilsames Sommergetränk zu bereiten, wie die Kirgisen ihren Kumys oder Kefir oder die Bulgaren ihr bekömmliches Joghurt. Ein griechischer Forscher meint, diese Art der Milchbereitung sei wohl von den Kelten auf ihren Wanderungen nach der Donau, dem Balkan und Kleinasien dorthin verpflanzt worden. Der dritte Gehilfe des Schweigert war der *Dumpert*, der die Milch dumpert oder ausrührt, bis aus ihr die Butter gewonnen wird. Zur Arbeit des Rührens wurden wohl geistig minderwertige Leute verwendet. Hiervon stammen die Worte dump, stumpf, dumm, Dümpel, Bierdümpel, die im Englischen wie im Deutschen sich erhalten haben. Dumb heißt im Englischen stumm.

Die Weidewirtschaft hing mit der ***Waldwirtschaft*** eng zusammen. Vom Hebert, dem Aufseher über die Viehweiden, war bereits die Rede. Der Förster und Waidmann, der den Wald und die Jagd unter sich hat, ist der *Wolpert*. Das keltische Wort Wolb bezeichnet heute noch im Englischen die Waid oder Heide. Für uns bemerkenswert ist, dass der zum ehemaligen Amt Mainberg gehörige Ort Waldsassen heute noch im Volksmunde Wolsum heißt. Der *Kliebert* oder Klübert kliebt, d. h. fällt und spaltet das Holz. Der Ausdruck klieben (englisch cleave) ist heute noch in Bayern überall in Gebrauch. – Der *Reisert* macht im Wald das Reisig, womit das Herdfeuer angeschürt wird und sammelt das zu verschiedenen gewerblichen und medizinischen Zwecken dienende Baumharz, das heute noch im Französischen résine, im Englischen resin heißt. – Neben dem Wolpert hatte der *Buchert* – das Frankenland ist ja die Heimat der großen Buchenwaldungen – den Beruf, aus Buchenholz Lichtspäne zu schnitzen, dann die Laubstreu zu sammeln, die zur Lagerung für Mensch und Vieh diente, endlich auch die Buchteln, die Früchte der Buchen, einzuheimsen und Öl daraus zu gewinnen. Die Eicheln wurden nicht gesammelt, weil die Pork, die Schweine, ihre Schnabelweide im Wald suchen mussten.
An der Spitze der ***Gewerbe*** standen bei den Kelten die ***Metallarbeiter***. Und an erster Stelle darf hier der *Engert* genannt werden. Das Wort hat sich in dem englischen Wort engird, d. h. umgürten, erhalten. Der Engert war der Gürtler, der kostbare Gürtel und Geschmeide, goldene Armbänder, Halsketten und andere Zierraten fertigte, womit sich nicht bloß die Frauen, sondern auch die Männer je nach ihrem Stande schmückten. Zahlreiche Ausgrabungen bestätigen dies. – Der *Bossert* (von Boss, das im Englischen Buckel, Knopf, Beschläg heißt) war der Meister, der die großen geschliffenen Glasknöpfe für die Kleider machte. In Nordamerika heißt der Handwerksmeister heute noch allgemein Boss, ein Wort, das die Iren dorthin verpflanzt haben. – Die keltischen Metallarbeiter waren sehr geschickt, sie formten auch Figuren, namentlich Götterbilder, Prunkgeschirre, Anhängsel und Talismane. Die keltischen Münzen zeigen als Wappenbilder das Pferd, den Stier oder den Eber, die Sinnbilder der Viehzucht, des Landbaues und der Jagd. – Der *Lampert* (von Lamp = Leuchter) war der Lampenfabrikant. – Dem Engert zunächst stand der *Bronsert*, der Kupferschmied, der aus Bronze, Kupfer und Eisen kunstvolle Waffen, insbesondere Panzer und Schwerter, auch Pfannen, Urnen und Kessel fertigte. – Der *Keynert* (Key heißt heute noch im Englischen der Schlüssel) war der Schlosser, der die Türriegel und Türbeschläge fertigte. Diese heißen im Englischen Boss. Der gleiche Ausdruck bezeichnet in Nordamerika den Meister. – Der *Schubert* war nicht etwa der Schuster, sondern der Hufschmied, der die Pferde mit dem Schuh, d. h. Hufeisen versah. (Englisch shoe.) die Kunst des Hufbeschlags erlernten die Deutschen erst von den Kelten. Diese waren Pferdezüchter und Reiter, die Deutschen kämpften meist zu Fuß. – Der *Englert* ist nicht gleichbedeutend mit dem Engert (Gürtler), sondern er war der Handwerker, der die Angeln (englisch angle), Haken, Schlingen, Wurfspieße und Fallen für die Fischerei und den Wildfang herstellte. Der Name der Angelsachsen und Engländer hängt mit Englert und Angel zusammen. – Der *Billert* machte die Bil, d. h. Beile und Äxte, der *Rappert* die Hämmer und Türklopfer. Noch heute hat das Wort Rapper im Englischen die Bedeutung Klopfer,

Schläger, Türhammer. – Der *Hubert* (von Hub, die Haue) lieferte der Landwirtschaft die Hauen, Hacken, Karste, Pickel und Spaten. Der Pflug mit dem Ochsengespann kam erst bei den Franken in Übung, die dieses Ackermittel von den Römern erlernt hatten. Die Kelten bearbeiteten den Boden meist mit der Haue und dem Karst. Bei den Alemannen der Schweiz heißt heute noch das Feldmaß das Manngrab. Das ist eine Fläche, die ein Mann an einem Tage umgraben kann, während das Feldmaß Joch und Juchert eine Fläche betrifft, die an einem Tag von einem Ochsenjoch umgepflügt werden kann. Der Name unseres Gaues Grabfeld stammt von den Deutschen, weil die von ihnen unterworfenen Kelten ihr hügeliges Kulturland mit der Haue und dem Karst bearbeiteten. Die Hube oder Hufe war ein Stück Land, das ein Mann mit der Haue an einem Tage umarbeiten konnte und so groß war wie die Fläche, die ein kleines Bauernanwesen mit Haus und Stall einnahm. Aus Hube und Hufe wurde der Hof, dessen Begriff unter deutscher Herrschaft auch auf die anderen zugehörigen Grundstücke sich erstreckte. Aus der Hube wurde der Huber, aus dem Hof der Hofer. Der in Bayern ebenso häufige Name Meier ist späterer Herkunft, er kam mit den fränkischen Eroberern zu uns, die ihn mit dem lateinischen Major (französisch Maire, sprich Mär, der Ortsvorstand) übernommen hatten. Der Meier war wie der Graf ein Amt, denn es gab Bachmeier, Waldmeier, Obermeier, Mittermeier, Niedermeier usw. Die Meierhöfe dienten zuerst als Entlohnungen für öffentliche Beamtungen und Dienste, da das heutige Besoldungswesen noch nicht bekannt war.

Unter den ***Holzarbeitern*** nennen wir zuerst den *Juckert*. Der Name hat nichts mit jucken zu tun, wie einige Gelehrte wähnen, sondern stammt vom keltischen Juck (Joch, Ochsenjoch) ab. Der Juckert ist also der Handwerker, der die Zugjoche und hölzernen Dreschmaschinen fertigte. – Der *Schaufert* fertigte aus Holz Schaufeln und Tröge. – Der *Schleichert* (Schleich = Schlitten) machte Schlitten. – Vom Schipert war schon unter Weidewirtschaft die Rede. – Der *Weippert* oder Weppert ist der Peitschenmacher. Das keltische Wort Weip für Peitsche hat sich im Englischen (whip) erhalten. – Der *Kübert* (von küp, englisch coop = Kübel) war der Küfer oder Binder, der Kübel, Kufen und Wasserbutten und Eimer fertigte. – Der *Reifert* schnitzte die für diese und die Tragkörbe nötigen Reifen. – Der *Emmert*, der die Emm (Eimer) machte, fungierte auch als Eichmeister, der das Maß und Gewicht zu kontrollieren hatte und im Mittelalter Schoppelreier oder Visierer genannt wurde. Denn es gab auch früher Betrüger, Kipper und Wipper. – Zu den Holzarbeitern zählt noch der *Kippert*, der die Kipp (daher das Wort umkippen), d. h. die zweiräderigen Schnappkarren machte, die heute noch in allen ehemaligen keltischen Landen, bei den Kärnern in Würzburg so gut wie bei den Bauern in Frankreich in Gebrauch sind. Der Kippert baute in Gallien auch besonders schöne Streitwagen, da die Ritter angesichts des Feindes die beherztesten Gegner zum Einzelkampf zu Pferd oder zu Wagen herausforderten.

Das ***Bauhandwerk*** war vornehmlich durch den *Klebert* oder Klaibert (von Klaib = kleben) vertreten. Die einfachen Behausungen bestanden nur aus Pfählen und Flechtwerk, deren Zwischenräume mit Lehm, der zum besseren Halt mit Spreu oder Stroh vermischt wurde, ausgefüllt wurden. Der Lehm (englisch Loam) wurde vom

Lammert baufertig hergerichtet. Der Kochherd wurde aus Lehm und Steinen errichtet. – Der *Grubert* (von grub = graben) schaffte aus den Gruben den Bausand. – Diese Bauart wurde auch von den Thüringern und Franken fortgesetzt und selbst in den Städten angewendet. Da bei den Kelten Haus und Stall unter einem Dach waren, so erklärt es sich, dass bei ihnen die häusliche Reinlichkeit geringer war, als bei jenen germanischen Völkern, deren freie Bauern auf eigenem größeren Grundbesitz ihre Höfe errichteten und das Haus, Stall und Scheune getrennt in Hufeisenform anlegten. Die Nachkommen der Kelten stehen auch heute noch in der Reinlichkeit zurück. Es erben sich nicht bloß Gesetze und Rechte, sondern auch Mängel und Untugenden wie eine ewige Krankheit fort. Dieser Erscheinung ist es auch zuzuschreiben, dass die Bevölkerung der eng zusammengebauten Ortschaften von der Tuberkulose stetig heimgesucht wird, die neben der Inzucht wie ein Holzwurm im Getäfer an der Volksgesundheit nagt und die Degeneration der Ureinwohner fördert. – Die Häuser der Kelten wurden vom *Deckert* mit Stroh, später auch mit Holzschindeln und Schieferplatten gedeckt. – Der *Klemmert* (von Klem, englisch clam = leimen) war der Schreiner, der *Sewert* (Saw ist heute noch im Englischen die Säge) war der Säger. – Der *Gumpert* war der Pumpenmacher. Gumpen heißt heute noch im Altbayerischen so viel wie pumpen. – Mit der Verbesserung und Vergrößerung der Häuser, die durch den gemeinsamen Haushalt der Familie, zu der auch die verheirateten Söhne zählten, und die Vermehrung des Viehstandes nötig wurde, trat später bei den Franken an die Stelle der Pfähle ein regelrechter Fachbau mit behauenen Balken. Dieses Riegelwerk wie den Dachstuhl und die Leitern fertigte der *Dellert*, das ist der Zimmermann, der die Balken und die Delle (Diele, englisch deal, sprich diel) zurichtete.

Der Hausbau aus Stein kam erst spät unter der deutschen Herrschaft auf. Wurden ja selbst die Kirchen, wie der Dom zu Würzburg, noch im 10. Jahrhundert aus Holz aufgeführt. Die befestigten Plätze waren mit Erdwällen umgeben, der Burgenbau aus Stein begann bei uns erst im 11. oder 12. Jahrhundert. Noch viel später war ein steinernes Haus selbst in Städten eine besondere Merkwürdigkeit, ein Zeuge dafür ist das alte Bamberger Gasthaus, zum Steinernen Haus genannt. – Der *Ruckert* (von Ruck = der Stein, englisch rock, französisch roche) war anfänglich nicht ein Steinbrecher, denn es lagen überall so viel Steine und Findlinge herum, dass man sie nur aufheben und an Ort und Stelle schaffen durfte, wo sie zu Wehrbauten und Einhegungen zum Schutz gegen wilde Wasser und Tiere sowie zur Fassung von Quellen Verwendung fanden. Wo das Trinkwasser aus größerer Entfernung zu den bewohnten Orten geleitet werden musste, war der *Teuchert* oder Deuchert der berufene Sachverständige, der die Teuch, d. i. die Wasserrinne (Teuchel) kunstgerecht anlegte. – Zur Hauseinrichtung gehörte jederzeit die Küche, für die der *Bronsert* die Pfannen und Kessel lieferte. Der Hauptlieferant war aber der *Deppert* oder Dippert. Der Ausdruck Dippe für Topf wird heute noch in einzelnen Gegenden Frankens gebraucht. Von dem Manne, der deppert, stammt der deutsche Töpfer oder Hafner ab. Bei den Ausgrabungen fanden sich auch Geschirre, die aus südlichen Gegenden stammen und im Wege des Handels zu uns kamen. Auch das bei den Kelten gut ausgebildete Gewerbe der Töpfer, die nur in solchen Orten ansässig waren, wo Ton vorhanden war, betrieb den Handel im Umherziehen und hatte bis in die Neuzeit eine eigne zunftmäßige und standesgerichtliche Organisation. Auch andere Handwerke waren in verschiedenen Orten nicht vertreten. Das richtete sich nach der Größe der Ortschaften, der Menge der Kundschaften und der Beschaffung des Materials.

Die ***Weberei*** war bei den Kelten, die sehr viel auf äußere Erscheinung und elegante Kleidung gaben, zu einer Entwicklung gelangt, die den Deutschen völlig fremd war. Denn diese kleideten sich in Felle und behielten diese deutsche Tracht noch lange bei. In ihr erschien sogar *Karl der Große* im Jahr 800 bei der Kaiserkrönung in Rom. Die Kelten kleideten sich vom Kopf bis zum Fuß in farbige und gemusterte Stoffe. Der Spinnmeister soll den Titel *Rockert* oder Ruckert, später Rockelmann (von Rock, der Spinnrocken) geführt haben. Diese gelehrte Annahme ist falsch. Denn Ruckert ist der Steinbrecher (siehe Bauhandwerk). Das Spinnen von Flachs und Wolle war lediglich Sache des weiblichen Geschlechts, eine Beschäftigung, die später auch von den deutschen Frauen, Töchtern und Mägden auf den Burgen wie in Stadt und Land bis in das vorige Jahrhundert mit Eifer betrieben wurde. – Der Zeugweber war der *Webert*, der im Englischen weaver (sprich Wiber) heißt. Eine besondere Art der Weberei vertrat der *Kützbert* oder Küspert, der die grobhaarigen Decken, Kützen oder Kotzen genannt, wob. Der Tuchmacher hieß der *Trabert*. Das Wolltuch heißt im Französischen heute noch drap und der Tuchmacher drapier. – Der Seiler hieß *Ruppert*. Rop heißt das Seil, englisch rope, der Seiler roper. Ruppert ist nicht gleichbedeutend mit Robert. Dieser Name war die Bezeichnung, die die Kelten in der Bretagne den Normannen gaben, die als Seeräuber galten. Der Schimpfname wurde bei den Normannen allmählich zum Ehrennamen, den auch ihr berühmtester Herzog Robert der Teufel trug.

Zur Weberei gehörte die ***Färberei***. Sie spielte bei den Kelten, die ein farbenfreudiges Volk waren und ihre Körper wie ihre Häuser in schreiende Farben kleideten, eine große Rolle. Die Vorliebe für bunte Kleidung, Schuhe und Schmucksachen, die bei unserem Bauernvolk sich erhalten hat, ist ein Erbstück aus der Keltenzeit. Die Färberei selbst zerfiel in mehrere Abteilungen, da ein Mann den verschiedenen und vielseitigen Anforderungen nicht genügen konnte, zumal die Gewinnung und Farbenbereitung ihre besonderen Schwierigkeiten hatte. Der Schwarzfärber war der *Gellert*. Er benützte die Gell oder Galläpfel (Früchte der Eichen). – Der *Waidert* oder Weidert betrieb mit Hilfe der Färbepflanze Waid die Blaufärberei. Der *Grünert*, Grunert oder Krienert (englisch green) stellte mit einer Mischung von Waid mit Ginster die grüne Farbe her und konnte mit Pfriemenkraut und Ginsterblüten auch gelb färben. Der vornehmste Färbereibetrieb war die Rotfärberei, die vom *Rauschert* oder Roschert mittelst Blut oder Krapp betrieben wurde. Rauschert stammt vom keltischen rosch = rot, das im Französischen (rouge) rusch ausgesprochen wird. Die rote Farbe diente auch zum Färben der Haare. Alle Färbepflanzen gediehen gerade in unserer Gegend besser als irgendwo in deutschen Landen und bildeten durch das ganze Mittelalter bis ins vorige Jahrhundert, neben den Medizinalpflanzen, einen hervorragenden landwirtschaftlichen Betriebszweig. – Die Ansicht, dass die Kelten mittelst der grünen Nussschalen Braunfärberei getrieben haben, ist falsch. Bei uns gab es bloß die Haselnuss. Der welsche Nussbaum (Walnussbaum) wurde erst in späterer Zeit bei uns eingeführt. – Die Farben für den Anstrich von Häusern wurden aus Erden und Mineralien (Kalk, Röthel, Ocker, Gips usw.) gewonnen.

Im ***Bekleidungsgewerbe*** spielte der *Seubott* oder Seybot (Schuster) deshalb eine besondere Rolle, weil das Tragen von Lederstiefeln (Schuhe trugen die Kelten nicht) den Deutschen unbekannt war. Diese gingen barfuß. Nach Eintritt der Kälte wickelten die Germanen ihre Beine in Felle ein. Der Seubott war zugleich der Sattler, der die Geschirre für die Pferde machte. Die Zugochsen hatten solche nicht nötig, da sie im Joch gingen. Außerdem fertigte er lederne Wagendecken, Schläuche und Dudelsäcke. Der Name stammt von der Bott, d. h. der Kuh, die die Haut liefert und von seuben (nähen). Der Name Bott hat sich auch bei uns erhalten, denn die kleinen Rinder aus der Keltenzeit, die in Bayern noch stellenweise, z. B. im Donaumoos bei Neuburg gezüchtet werden, werden hier Moosbotten genannt. Ihre Häute geben ein feines Leder. Im Englischen heißt der Stiefel Boot, im Französischen Botte (sprich Bott) und Bottine (der Schnürstiefel). Botter heißt im Französischen Stiefel machen. Auch der *Bottler* und der englische Butler (Kellermeister) stammen von der Bott ab. Denn die Bottle (Flasche) war den Alten nicht bekannt, der Wein und andere Flüssigkeiten wurden in Schläuchen aus Leder abgezogen und befördert. Bottle hieß darum auch im Englischen ursprünglich der Schlauch, erst in der Neuzeit erhielt das Wort auch die Bedeutung Flasche. Aus Bott wurde auch Pot, ein Wort, das im Englischen wie im Französischen Hafen und Kanne, also einen Flüssigkeitsbehälter wie den Schlauch bedeutet. Der fränkische Büttner wie der norddeutsche Böttcher samt der Butte, mit der der Wein und das Bier auf dem Rücken zum Keller getragen werden, stammen ebenfalls von der Bott ab. – Das Leder für den Schuster und Sattler wurde vom *Tannert* oder Tennert (Dennert) gegerbt, aus dem in der Neuzeit der Tannera geworden ist. Tanner heißt im Englischen der Gerber, im Französischen Tanneur (sprich Tannör). Dank der ausgebildeten Färbetechnik konnten die Kelten die Stiefel und das übrige Lederzeug rot, gelb, schwarz und grün färben.

Eine noch größere Rolle als der Seubott spielte der Schneider, der *Seubert*, der später durch falsche Schreibweise zu einem Seufert oder Seuffert wurde. Er war für seine Zeit ein wirklicher Künstler. Der Name stammt vom keltischen seub = nähen. Noch heute wird in Tirol die Frau Seu genannt, wie in Altbayern das Wei (von weben), weil dort diese Tätigkeit den Frauen oblag. Die Kelten gingen nicht in Fellen wie die Deutschen, sondern kleideten sich in gewobene Stoffe, trugen weite Hosen, anliegende Röcke und fliegenden Kragenmäntel. Sie nannten die Hose Brack (daher der lateinische Name Bracca und das altbayerische Wort abbracken d. h. einem die Hose abziehen und lederweich verprügeln). Den Mantel nannten die Kelten den Kelt (die Römer sagum).[2] – Zur Befriedigung ihrer Eitelkeit und Mode-

---

2 Das Zelt soll den Namen ebenfalls von den Kelten haben, da die Römer die Kelten als Celti schrieben. Hat doch das Zelt den einem Kelt ähnlichen Schnitt. Auch der Zelten, wie in Altbayern der Lebkuchen genannt wird, wird den keltischen Feinbäckern und Feinschmeckern zugeschrieben.

sucht hielten sich die Kelten eigene *Tressert* (von Treß = Putz, Schmuck). – Die von Professor Bähnisch in seinem Werk vertretene Ansicht, dass Seuffert und Seifert gleichbedeutend sei mit Siegfried und Seifried, ist ebenso falsch wie die von Professor Lexer in seinem Mittelhochdeutschen Lexikon vertretene Meinung, dass Seubert gleichbedeutend sei mit Seubott, Seybott, Seuschab, Seischab, Saffert, Siebert, Sewert, Seibert, Seiwert und Seiffert. Sie erklärt sich wie zahlreiche andere fehlerhafte Erklärungen in seinem dreibändigen Werk wohl daraus, dass er als geborener Kärntner kein genügend feines Ohr für den fränkischen Volksmund hatte. Die Schreibweise konnte sich verändern und verschlechtern, die Aussprache blieb aber beständiger. Wer den fränkischen Bauerndialekt genauer kennt, der hört zum Beispiel die Namen Seubert und Seibert deutlich erkennbar ganz verschieden aussprechen. Der Name Seubert kommt auch viel häufiger vor als Seibert und die ähnlich klingenden Namen. Auch der *Seuschab* oder Saischab war so wenig wie der Seubott ein Seubert, denn er nähte keine Kleider, sondern flickte nur Wunden. Zugleich war er der Bader oder Rasierer, der die Gesichter schabte und die Haare schnitt (von schab = schaben). Er war also Wundarzt und Bader in einer Person, ein Doppelberuf, der bis auf den heutigen Tag sich erhalten hat. Die alten Deutschen bedurften keinen Bader, da sie sich gleich den Juden die Haare lang wachsen ließen. Die Kelten dagegen ließen sich die Haare stutzen, die Gesichter schaben und bloß den starken Schnurrbart stehen. Diese Mode blieb auch nach der Unterwerfung der Kelten bestehen. Das lange Haar war das Abzeichen der freien Deutschen. Die Unfreien und Knechte trugen kurzes Haar.

Der *Saffert* soll nach gelehrter Annahme auch mit dem Seubert gleichbedeutend sein. Nichts falscher als das. Der Saffert war der Seifensieder und stammt vom keltischen Wort Soaf, das sich im Englischen Soap wie im altbayerischen Dialekt als Soafe erhalten hat. Im Französischen heißt die Seife Savon vom lateinischen Sapo. Auch hier tritt der keltische Ursprung hervor und das hat einen guten Grund. Die Kelten waren nämlich – und auch das ist bezeichnend für ihre höhere Kultur – die Erfinder der Seife. Die Römer haben sie von den Galliern übernommen. Mit dieser Tatsache fällt auch die Ableitung des Namens Saffert von dem keltischen und englischen Wort saf, das heil, frisch und gesund heißt. Man wollte also den Stammvater unserer Saffert zu einem Heilkünstler oder Gesundbeter machen. Ebenso wenig wie der Saffert ist auch der *Siebert* oder Siewert gleichbedeutend mit Seubert, Seibert, Seifert und den anderen ähnlich lautenden Namen. Der Siebert ist der Siebmacher. Das keltische Wort Sib ist noch im englischen Sieve wie im deutschen Sieb erhalten. Die Herkunft der Namen der Werkzeuge und anderer Gebrauchsgegenstände sind ein deutlicher Beweis, wem die Völker, die in der Kultur rückständig waren, die Elemente des technischen und wirtschaftlichen Fortschritts verdanken. Dass beispielsweise die Deutschen außer ihren Fellen andere Kleider nicht kannten, das geht auch daraus hervor, dass bei den Niederbayern das Hemd den wendischen Namen Pfoad trägt und dass sie überhaupt die von den Wenden übernommene Tracht – namentlich die der weiblichen geblumten Kopftücher – windische d. h. wendische Tracht nennen. Mit den Kopftüchern verhüllen sie ihre Haarbüschel, während die

Frauen und Mädchen in den unterfränkischen Dörfern viel auf ihre Frisur verwenden und diese frei tragen.
Im ***Ernährungsgewerbe*** nennen wir zuerst den Bierbrauer, den *Albert.* Ale (sprich El) heißt heute noch im Englischen das leichte Bier. Die Kelten tranken außer Bier auch Wein, Joghurt und Met. (Näheres unter Landwirtschaft.) Bei den Kelten gab es Kommunebrauereien, eine Einrichtung, die noch heute in Franken ebenso besteht wie Gemeindebäckereien. Der Bäcker war der *Beckert* von bek = backen, englisch bake. – Neben dem Bäcker hatte der Metzger, der *Butschert* (englisch butcher, französisch boucher – sprich Buschee) heißt, für die Volksernährung zu sorgen. Der Mann, der das Fleisch auspfündelte, also die gemeindliche Fleischbank hält, ist der *Benkert* (von Benk = die Bank). – Der *Eisert* oder Isert ist der Jägersmann, der das Hochwild erlegt. Das Wort stammt vom keltischen Wort Isar (die Gemse), das im Französischen als Isart und im englischen als Izard (sprich Eiserd) erhalten ist. – Die Fischerei und Jagd waren bei den Kelten noch frei. Der *Fischert* (Fischart) kommt erst in deutscher Zeit auf. Ebenso der besondere Jägerberuf – der Waidmann. Hingegen war die Schifferei bei den Kelten schon stark betrieben. Schiffen hieß newern, also der Schiffer Newert, aus dem der *Neuert* oder Neubert wurde. – Eine eigenartige Sparte im Ernährungsgewerbe vertrat der *Liebert.* Das Wort stammt von Liw (Sauerteig, englisch leaven, sprich lewn, französisch livain, italienisch lievito). Dass die Kelten einen eigenen Sachverständigen für die Bereitung des Sauerteiges hatten, ist nicht verwunderlich. War doch bei ihnen die Kochkunst weit vorgeschritten, sodass, wie bereits erwähnt, keltische Köche ebenso wie verschiedene Leckerbissen und Esswaren, z. B. Schinken, Käse, Rettiche u. a. von den verwöhnten römischen Aristokraten und Plutokraten begehrt waren.
Unter den eigentlichen ***Gemeindebeamten*** stand der *Volkert* (von Folk = Leute), der Führer der Gemeinde im Frieden und Kriege voran. Im hohen Ansehen stand bei den auf schöne Reden vieles haltenden Kelten der *Seibert* oder *Seifert.* Der Seibert oder Seifert ist kein Seubert oder Seuffert. Hätten die genannten Gelehrten ein Ohr für den Volksmund besessen, so würden sie aus der Deutlichkeit, womit die verschiedenen Diphthonge gesprochen werden, den Unterschied bemerkt haben. Der Seibert war der Sprecher der Gemeinde, der Wortführer in den Ortsversammlungen, der Anträge zu vertreten, Berichte zu erstatten und am Gerichtstage Anklagen zu erheben oder Verteidigungen zu führen hatte. Die Einrichtung hat sich in England von den Kelten auf die Angelsachsen vererbt und bis zur Neuzeit erhalten. Der Name Seibert stammt vom keltischen seib = reden und hat sich bei uns in der Nürnberger Gegend erhalten (seiben = viel reden). – Ein anderer Beamter von Rang war der *Rickert* oder Rückert (nicht zu verwechseln mit dem Ruckert oder Steinsetzer). Rickert oder Rückert – der Richter – kommt von dem keltischen Wort rig d. h. rügen, richten. Auch das Wort reich (englisch rich, französisch riche, italienisch ricco) hängt damit zusammen, denn der Richter wurde aus dem Stand der wohlhabenden, reichen, unabhängigen Leute genommen. – Ein Mann besonderen Vertrauens war der *Markert* (von Mark = Grenze). Er hatte die Einhaltung der Wald- und Flurgrenzen anzumerken (daher das Wort Mark). Die Deutschen hatten diese Einrichtung nicht nötig, da sie hauptsächlich nur auf Weideplätze sahen und Wald und

Waid gemeinsames Eigentum war. Der Markert hatte die Zeichen zu setzen und zu legen, die die Grenzen der Grundstücke bezeichnen. Er streckte vor allem die jeder Familie jährlich durch das Los zufallende Lah (Gras- und Gemüseland) ab und berichtigte alle Grenzstreitigkeiten. Das Geheimnis der Zeichen, die unter die Grenzsteine gelegt wurden und eine überraschende Ähnlichkeit mit den Zeichen der bei den Deutschen üblichen Runenschrift haben, wurde streng bewahrt. Es vererbte sich in den Familien, die mit dem Amt betraut waren, unverbrüchlich von Geschlecht zu Geschlecht bis auf den heutigen Tag fort, denn die ganze Einrichtung hat die Jahrtausende überlebt und besteht noch heute als gesetzliches Institut der Fünfer oder Siebener in unserem Frankenland. – Zu den Gemeindebeamten gehört noch der *Wegert* oder *Wägert*, von dem keltischen Wort Way = Weg, das ins Englische übergegangen ist. – Weidewart und Flurwächter war der *Hebert*, der schon unter Weidewirtschaft erwähnt wurde. – Ein wichtiger Beamter in jeder Gemeinde war der *Brokert*, der die Gewässer und Brücken (Brook, das englisch Bach heißt) zu beaufsichtigen hat. Es war also der nordische Deichhauptmann, der altbayerische Bachmeier. Von Brook stammen auch die Brücke und der altbayerische Name Brücklmeier. Der Brokert hatte bei den Kelten, da er im weiten Umkreis herumkam, das Nebenamt als Heiratsvermittler, ein Name, der sich in England in der nämlichen Bedeutung als Broker, Makler, Vermittler und Trödler erhalten hat. – Als Organ der Gemeindebehörde und Ausrufer von Bekanntmachungen fungierte der *Kallert* (von call, das auch im Englischen ausrufen bedeutet).

Eine eigenartige Organisation hatte der ***Sicherheitsdienst***, bestehend in einem merkwürdigen Signalsystem, das sich von den Kelten auf die Germanen übertrug und bis in die Neuzeit bestehen blieb. Da treffen wir vor allem den *Weckert* (keltisch wek, englisch wake, das aber wek gesprochen wird). Eine oder mehrere Gemeinden errichteten einen hölzernen Wachturm. Solcher Türme gab es überall im Lande. Von seiner hohen Warte aus hielt der Wächter Auslug und warnte durch weithin hör- oder sichtbare Signale, bei Nacht durch Feuerzeichen die Umgegend und die nächsten Turmwachen vor drohenden feindlichen Gewalten und Gefahren. Bei Bränden, Wassernot, Feindesgefahr usw. trat dann in der Gemeinde der *Krackert* ins Amt, der ins Horn schmetterte und die Einwohnerschaft zur Hilfe rief. Das Wort stammt von dem keltischen Krack (englisch crack, französisch craquer), das krachen und schmettern bedeutet. Noch heißt bei uns Krack der Rabe. – Neben dem Weckert gab es noch den *Wigert*, auch Wikert und Wichert, nicht zu verwechseln mit dem Wegert oder Weigert, mit dem Wegmacher. Der Name Wigert stammt von dem keltischen wig, das im Englischen wight geschrieben wird. Es bedeutet schnell, flüchtig, hurtig, eilig. Der Wigert ist der Schnellläufer oder Eilbote, eine für jene Zeit wichtige Einrichtung, die auch bei den alten Griechen und Römern zur Besorgung von dringlichen Botschaften kriegerischen, politischen, geschäftlichen und sonstigen Inhalts diente. Dieses vorchristliche Postwesen hat sich bis tief ins Mittelalter erhalten. Wir treffen den Namen Wiker merkwürdigerweise in Verbindung mit dem Hof des Kaisers Friedrich Barbarossa in Würzburg, der als der Hof beim *Katzenwicker* bezeichnet wurde. Eigentlich sollte er Kauzenwecker heißen. Kauzen werden noch heute im Kanton Bern die uralten, schon in keltischer, dann in deutscher Zeit zur

Landwehr gehörenden Warttürme genannt, weil ihre Gucklöcher bei nächtlicher Beleuchtung wie die Augen von Kauzen oder Eulen aussahen, Kauzen genannt wurden. In alten Schriftstücken aus dem Frankenland werden die Wachtürme auch als Eulen oder Eilen bezeichnet. Aus den Kauzen sind dann Katzen geworden. Diese Bezeichnung erhielten im Mittelalter auch Wurfgeschosse und Steinschleudern, die bei den Wachtürmen, auf den Wehrmauern der Burgen und Städte aufgestellt waren. Beim Kaiserhof in Würzburg befand sich das Haupttor, das mit seinem starken und hohen Turm den Mittelpunkt der städtischen Befestigung bildete und eine ständige Wache hatte, um die wichtigen und dringenden Meldungen nach allen Richtungen an die Kauzen, auf die Burg wie in die Stadtviertel und in der äußeren Landwehr zu verbreiten. Auf dieser Wache waren zweifellos auch die Wikert, das sind die Eilboten und Stafettenreiter des kaiserlichen Hauptquartiers, untergebracht, denn in einer Urkunde ist ausdrücklich vom Katzenwighaus die Rede. – Der Nachtwächter, der im Dorfe und in der Gemeindemarkung den Wächterdienst und namentlich die Nachtwache besorgte, hieß der *Luckert* (in Tirol der Lueger), von dem keltischen luk, das im Englischen look heißt und die gleiche Bedeutung (schauen, spähen, kundschaften) hat.
Überblicken wir nochmals die ganze Namenreihe und ihre ständische und berufliche Gliederung, so erkennen wir den druidischen Geist, der zweifellos diese gemeindliche, wirtschaftliche und soziale Organisation geschaffen und das Volk schon vor der Zeit, da die Deutschen erst in die Geschichte eingetreten sind, auf eine höhere Kulturstufe gehoben hat. Die Kelten sind zwar als Nation in Deutschland verschwunden, aber sie haben sich mit den deutschen Anwohnern und Eroberern vermischt und ihre Besitznachfolger bauten auf dem alten Erbe weiter und schufen neue Werke des Geistes und der Kultur. Es ist, wie schon Homer, ein Zeitgenosse der Druiden, sang:

Gleich wie die Blätter im Walde, so sind die Geschlechter der Menschen:
Blätter verwehet zur Erde der Wind, doch andere treibt dann
Wieder der knospende Wald, wenn neu aufblühet der Frühling:
So des Menschen Geschlecht, das wächst und jenes verschwindet.

Die Pythagoräer

Ex oriente lux! Das Licht kommt aus dem Osten – ist ein altes Sprichwort. Unsere Schulweisheit haftet noch heute an diesem Satz. Wir halten noch immer die Griechen und Ägypter für die hauptsächlichen Urheber der Gottesgelehrtheit wie der Naturreligion, auf deren tieferer Erkenntnis auch das bessere Verständnis des Christentums beruhe. Aber die heidnische Naturreligion mit ihrem Götterglauben und ihrer erzieherischen Moral war keine besondere Eigentümlichkeit der Griechen, Ägypter, Perser oder Inder, sondern auch anderer Völker, die ihnen an geistigen Anlagen und natürlichen Voraussetzungen gleichkamen. Solche Völker hausten auch in weiter Entfernung von jenen Kulturvölkern, mit denen uns die Schulgeschichte des Altertums zunächst bekannt machte. So haben uns schon die Jesuiten, die im 18. Jahrhundert als Missionare in China tätig waren, darauf aufmerksam gemacht, dass zwischen der Lehre des **Fohi**, des Begründers der chinesischen Religions- und Morallehre, die gleich dem Pentateuch des Moses in fünf Büchern auf uns gekommen, und der Lehre des **Pythagoras**, der wenigstens um ein Jahrtausend später gelebt hat, eine nicht bloß zufällige, sondern wesentliche Übereinstimmung bestehe, da in beiden alle Einklänge und Gegensätze im Weltgebäude auf das Verhältnis der geraden und ungeraden Zahlen zurückgeführt werden. Auch wird die Verwirklichung eines musikalischen Prinzips im Universum metaphysisch veranschaulicht. Danach ist dem Fohi, der wohl älter ist als Moses, ebenso wie dem Pythagoras Gott die ewige Monas (Einzahl), die Welt die Dias (Zweizahl), Gott und Welt in eins bilden die göttliche Allheit, die Dreizahl, die Anfang, Mitte und Ende in sich schließt und der Schlüssel des Weltganzen ist. Auf bestimmte Verhältniszahlen gründet sich das Himmelssystem wie die Staatsordnung. Die Familie bildet bei den Chinesen die Monas des Staatswesens, die Grundlage des Staates und der Nation.

Was für die Chinesen gilt, das trifft auch auf die ***Kelten*** zu, die schon das herrschende Volk in Mittel- und Westeuropa waren, als die Griechen in die Geschichte eintraten. Gelehrte, die im Griechentum den Ursprung aller Weisheit und Wissenschaft suchten, haben allerdings in dem Philosophen Pythagoras den Stammvater der druidischen Kultur erkennen wollen. Sie gingen dabei von der Meinung aus, dass die griechische Kultur um die Wende des 6. Jahrhunderts vor Christus, da der Philosoph seine Schule zu Kroton in Unteritalien eröffnete, weit über der keltischen stand. Diese Meinung ist nicht voll berechtigt. Freilich war Großgriechenland, wie man das von den Griechen kolonisierte Unteritalien mit seinen verkehrsreichen und luxuriösen See- und Handelsstädten nannte, nicht minder eine Anzahl anderer griechischen Ansiedlungen im westlichen Mittelmehr wie am Ausfluss des Nils und in Kleinasien in wirtschaftlicher und kultureller Entwicklung dem Mutterland nicht bloß ebenbürtig, sondern in manchen Dingen überlegen. Aber die griechische Landbevölkerung auf den Inseln wie im Inneren des Festlandes war selbst noch Jahrhunderte nach dem Tod des Pythagoras zumeist ein rückständiges Hirtenvolk, während die Kelten Ackerbau, Handwerk und Handel trieben und in manchen technischen Hantierungen und Betrieben sogar noch zur Zeit Cäsars und der römischen Kaiser den Römern keineswegs nachstanden. Sie hatten auch in Massilia (Marseille) einen Stapelplatz, der zu den bedeutendsten am ganzen Mittelmeer zählte. Schon ums Jahr 600 v. Chr. hatten dort die Griechen eine große Handelsniederlassung begründet. Unter den mehreren Orten, die als Geburtsstätte des Pythagoras bezeichnet werden, wird auch Massilia genannt. Zweifellos ist, dass dieser Platz die lebhaftesten Handelsbeziehungen mit den übrigen griechischen Seestädten, aber auch mit dem keltischen Hinterland unterhielt. Dass hierbei auch ein lebhafter geistiger Verkehr sich anknüpfte und stellenweise vertiefte und verbreiterte, ist bei so regsamen und wissbegierigen Völkerschaften, wie es die Griechen und Kelten waren, eigentlich selbstverständlich. Zeichnete doch Cäsar die Kelten als ein Volk, das auf neue Dinge erpicht war.

Ob das Druidentum seine Entstehung dem Philosophen Pythagoras oder seinen Sendboten verdankt, ist nicht zu erweisen. Die Übereinstimmung seiner Lehren und Gebräuche mit denen der Druiden ist allerdings auffallend, aber sie trifft auch auf die ägyptischen Priesterkollegien zu. Da Pythagoras seine Bildung großenteils in Ägypten geholt hatte, so mag er mit seiner Lehre und Schule als das Bindeglied zwischen den ägyptischen Mysterien und dem druidischen Geheimbund erscheinen. Der Philosoph **Thales**, bei dem Pythagoras zuerst in die Schule ging, war zwar nach der deutschen Schulmeinung ein Grieche. Der älteste griechische Geschichtsschreiber Herodot aber, der 484 v. Chr. geboren war, bezeichnet Thales als einen Semiten, nämlich als Abkömmling der Phönizier, die ältere Kulturträger sind als die Griechen und schon früher mit den Ägyptern enge Handelsbeziehungen unterhielten. Pythagoras, ein reicher Kaufmannssohn, der von Wissensdrang getrieben den 89-jährigen Thales in Milet aufsuchte, erhielt von diesem den Rat, sich an die Quelle des Wissens, aus der er selbst geschöpft, nach Ägypten zu begeben. Der Mittelpunkt von Thales' wissenschaftlicher Tätigkeit war die Beobachtung des Himmels, die Ausübung der Sternkunde und der aus ihr abgeleiteten oder ihr dienenden mathematischen Forschungen, die Bestimmung des Jahres zu 365 Tagen, die Einführung des Sonnenjahres im Gegensatz zu dem bei den Griechen gebräuchlichen Mondjahr, die genaue Bestimmung der Tag- und Nachtgleichen und der Sonnenwenden, die Fähigkeit, Sonnen- und Mondfinsternisse zu bestimmen, die Lehre, dass der Mond sein Licht von der Sonne empfange und dass die Sonne und Sterne erdähnliche, aber feurige, leuchtende Weltenkörper seien. Diese gesamte Wissenschaft wie die Lehre von der Unsterblichkeit der Seele hatte Thale von den Ägyptern.

Mit Thales beginnt die Reihe jener Philosophen, auf deren Lehren und Versuche die modernen Entdeckungen und sogar die Grundlagen der modernen Erfindungen zurückzuführen sind. Die Anregungen, die Thales seinen Schülern gab, erkennen wir besonders aus den Lehrmeinungen seines Schülers **Anaximander**, der 611 zu Milet geboren war und um 547 v. Chr. starb. Sein Forschergeist trieb ihn zu der Annahme, dass nicht Wasser, Luft, Feuer und Erde die Elemente seien, aus denen alles entstanden sei, sondern er setzte an deren Stelle eine Urmaterie, die ihrer Beschaffenheit nach unbestimmt sei und die er deshalb als das Apeiron (das Unbegrenzte) bezeichnete. Aus ihr sei das Begrenzte und Bestimmte (die Welt der besonderen Naturdinge) entstanden. Durch die nie rastende Bewegung habe sich das Kalte von dem Warmen, das Feuchte von dem Trockenen gesondert und kehre auch „nach der

Ordnung der Zeit“ wieder in seinen Urzustand zurück, um dann wieder seinen Kreislauf in endloser Aufeinanderfolge zu beginnen. Anaximander stellt sich sonach als der erste Vertreter des Monismus dar. In seiner Lehre liegt auch die Theorie von der Unvergänglichkeit des Stoffes, der nie verloren geht und sich immer wieder erneuert. Er war auch der Erste der die Entwicklung des Menschen aus einem niederen Wesen zu einem höheren lehrte. Wenn man das liest, so kann man wirklich dem Rabbi Ben Akiba Recht geben, der sagte: Alles schon dagewesen. Anaximander war der Erste der eine Himmelskugel zusammensetzte und darauf die zur Bestimmung der Himmelssphäre ersonnenen Linien verzeichnete. Auch soll er zu Sparte die erste Sonnenuhr aufgestellt und zur Messung der Sonnenhöhen so genannte Gnonome aufgestellt haben, um durch den Schatten die Sonnenwenden, die Tag- und Nachtgleichen zu bestimmen. Endlich machte sich Anaximander um die wissenschaftliche Ausbildung der Erdkunde verdient, indem er die ersten Erdplatten auf Erztafeln eingegraben, anfertigte. Nebenbei war er auch Schriftsteller und der Erste, der in seiner Schrift über die Natur die wissenschaftliche Prosa ausbildete, auf der nicht bloß die Prosa der griechischen Philosophen, sondern auch der römischen Gelehrten und ihrer Nachahmer in den europäischen Kulturländern fußt. Als Pythagoras bei Thales weilte, traf er auch mit Anaximander zusammen.

Der eigentliche Lehrer des Pythagoras war der Philosoph **Pherekydes** auf Lesbos, zu dem sich jener um 550 v. Chr. begab. Pherekydes hatte sein Wissen in Ägypten geholt, wohin auch Pythagoras seinen Kurs lenkte. Dieser scheint dort in Sprache, Sitte, Lebensweise und Streben ganz Ägypter geworden zu sein, denn sonst wäre es kaum denkbar gewesen, dass ihn die Priester, nachdem er sich der Aufnahmebedingung, der Beschneidung, unterzogen, sogar in ihre Gemeinschaft aufnahmen und in ihre Geheimlehren einweihten, die das ganze Gebiet des damaligen Wissens umfassten. Die Frucht seines Aufenthaltes im geheimnisvollen Land legte er in der Schrift ***„Der heilige Logos“*** nieder. Logos bedeutet im Griechischen nicht bloß das Wort, sondern auch die Tat und den Geist, der sie schafft und lenkt. Diese Schrift wurde die heilige Schrift seiner Schule, die viele Jahrhunderte lang das griechische Geistesleben beherrschte und bis auf den heutigen Tag in der philosophischen Wissenschaft wie in der freimaurerischen Literatur nachwirkte. Nach 22-jährigem Aufenthalt in Ägypten (von 547 – 525) wurde er auf Geheiß des Perserkönigs Kambyses, der Ägypten unterworfen hatte, samt den Priestern nach Babylon abgeführt. Babylon war wie Ägypten der Sitz einer alten und hohen Bildung, deren Träger der Priesterstand der Chaldäer oder Magier war. Pythagoras besuchte auch ihre Lehranstalten und erweiterte so seinen Ideenkreis. Nach zwölfjährigem Aufenthalt in Babylon erhielt er endlich seine Freiheit, kehrte nach Griechenland zurück und errichtete zu Kroton in Unteritalien die nach ihm benannte Schule, in der er jüngere Leute unterrichtete und zu seinen Jüngern erzog.

Die Schule beruhte auf den Grundsätzen der engen Zusammengehörigkeit von Lehrer und Schülern, auf strenger Auslese nach langer Prüfung und auf der Geheimhaltung der erlernten Kenntnisse. Außerdem gründete er die erste ***Volkshochschule***, indem er lernbegierigen älteren Männern, die Sinn und Verständnis für höheres Bildungsbedürfnis hatten, Vorträge über den Umgang mit den Menschen, über die

Pflichten gegen das Alter, über Geistes- und Herzensbildung, über die Freundschaft, die Schönheit der Natur, das Fortleben nach dem Tode, über wissenschaftliche Kenntnisse und Erfahrungen hielt. Durch den Erfolg seiner Bestrebungen hochgekommen, konnte er fern vom Getriebe und dem störenden Einfluss der Stadt eine ländliche Kolonie von Wohnhäusern und Kollegien anlegen, die er das ***System*** nannte. Mit diesem krönte er sein Werk, indem er in diesem Häuserkomplex, das gemeinschaftliche Zusammenleben ermöglichte und die Unkosten hierfür aus einer gemeinschaftlichen Kasse bestritt. Die Aufnahme in das System setzte eine sorgfältige Erkundung über Herkunft und Abstammung, Benehmen und Betragen, Gemütsart und Begabung, Bildungsfähigkeit und Arbeitsfreude der angemeldeten Knaben voraus. Die sehr strenge Lehrzeit umfasste in der Regel fünf Jahre, vom 12. bis zum 18. Lebensjahr. In den ersten drei Jahren wurden die Lehrlinge sehr streng gehalten, mussten Mäßigkeit und Selbstbeherrschung üben, von den griechischen Leibgerichten (Fleisch und Bohnen) wie vom Weingenuss sich enthalten, viel lernen und schweigen. Das Schwätzen während des Unterrichts war verpönt. Sie durften auch während der Vorträge und Unterweisungen keinen der Lehrer sehen, diese waren durch einen Vorhang von den Schülern getrennt. Erst nachdem sie diese harte Vorschule überstanden und allen Anforderungen an Fleiß, Erfolg und Betragen Genüge geleistet, wurden sie der Ehre der Aufnahme in den engeren Kreis gewürdigt, indem sie mit ihrem Lehrer von Angesicht zu Angesicht verkehren durften. Nun begann das eigentliche höhere Studium, bei dem der Kandidat durch Fragen und Unterredungen mit dem Meister seine im Unterricht erhaltenen Anregungen erweitern und seine Kenntnisse vervollständigen konnte.
Die Art, wie der durch Lehre und Wandel seine Umgebung beherrschende Meister seine Aufgabe erfasste und erfüllte, zeugt von seinem reichen Erleben. Während bei uns die Schule in der Hauptsache bloß auf das Erlernen von Kenntnissen sich erstreckt, sollte sie nach der Absicht des Pythagoras nicht bloß einen guten Unterricht, sondern namentlich auch eine bessere ***Erziehung*** bezwecken. Die Knaben mussten in den ersten Jahren den in kurze Lehrsätze gefassten Unterrichtsstoff in Form von Fragen und Antworten auswendig lernen. Haupterziehungsmittel war die religiöse Unterweisung, auf der die sittlichen Lebensansichten und Grundsätze aufgebaut waren. Die Erziehung legte das Gewicht nicht bloß auf den Verkehr mit der Gottheit, sondern auch auf den Verkehr mit den Menschen, auf den Anstand der Lebensführung, das Maßhalten im Genuss, die äußerliche Erscheinung, die körperliche Reinlichkeit, die weiße Kleidung, die Beobachtung der religiösen, gesellschaftlichen, häuslichen und sonstigen Bräuche, die mit sinnvollen Deutungen und geheimnisvollen Zeichen umrankt waren, ebenso auf das Gedächtnis wie das Gemüt wirkten, das ganze Sein und Tun der Jünger begleiteten und immer das Gedächtnis an den Meister und sein Werk wach erhielten. Ein weiteres Erziehungsmittel war die Pflege von Musik und Gesang, der Pythagoras einen erhebenden, läuternden und reinigenden Einfluss auf die Gemüter zuschrieb. Der ernsten Auffassung seines Berufes entsprach seine Meinung, dass die Musik in erster Linie der Verherrlichung des Gottesdienstes und der religiösen Bräuche zu dienen habe. Ein drittes Erziehungsmittel war die Mathematik, die das höhere abstrakte Denken anregen und

vorbereiten sollte. Nicht umsonst trägt der bekannteste mathematische Lehrsatz den Namen des Pythagoras.
Das Wissen selbst war aber für den großen Philosophen und Lehrer nur Mittel zum Zweck. Die ***praktische Verwertung des Wissens*** war für ihn das Ziel des Unterrichts und der Erziehung. Darum verstand er unter Mathematik nicht bloß die theoretische Geometrie und Astronomie, sondern auch die angewandte Messkunst, Physik und Mechanik. Die Wissenschaft von den Zahlen, Flächen und Körpern setzte den Gebrauch und die Anfertigung von Messinstrumenten und anderen Hilfsmitteln voraus. Neben dem theoretischen Unterricht wurde dessen Anwendung in Werkstätten betrieben. Cäsar und Mela bestätigen, dass auch die Druiden über die Gestirne, die Größe der Welt und der Erde Untersuchungen pflegten. Sie berechneten den Mondzyklus auf 19 Jahre, beobachteten den Mond in der Erdnähe und fanden Erhöhungen auf demselben. Aus diesen Mitteilungen des Hekatäus und Diodor vermutet man, dass sie zu ihren Beobachtungen schon der Vergrößerungsgläser sich bedienten. Eine besondere Rolle spielte bei den Pythagoräern auch die ***Zahlensymbolik***, von der noch später die Rede sein wird. Sie bildete eine eigene Art der ***Memnotechnik***[3], die Übung, mit den Zahlen und ihren Zeichen bestimmte Begriffe und Ideen festzuhalten. Bei allem aber hielt er den Zusammenhang der Wissenschaft streng aufrecht. Ihre einzelnen Zweige waren für ihn keine getrennten Spezialfächer. Darum auch war die ***Musik*** für ihn nur angewandte Mathematik. Mit Vorliebe betrieb er die musikalisch-mathematische Intervallenlehre der Tonleiter. Aus dem Abstand und der gleichmäßigen Bewegung der sieben Planeten leitete er die Sphärenmusik ab und glaubte in dem Zusammenklang der sieben Töne die Stimmen der Natur zu hören. Der Einfluss der Tonbewegungen auf die Empfindungen des Menschen war für Pythagoras, der ***Seelen- und Leibesarzt*** zugleich war, nicht bloß ein Mittel der sittlichen und religiösen Erziehung, sondern auch ein Mittel zur Beruhigung der angespannten Nerven oder auch zur Neubelebung der geistigen Kräfte. Gesang mit Begleitung durch Saiteninstrumente diente zur Verschönerung der religiösen Weihefeste und zur Erbauung aller Teilnehmer. Des Abends vor dem Schlafengehen ließ er die Schüler durch gemeinschaftliche Gesänge von den Leidenschaften des Tages sich reinigen und die zurückgebliebenen Aufregungen des Tages besser beschwichtigen, um zu einem ruhigen, die Reinheit des Geistes wiederherzustellenden Schlafe vorzubereiten. Nach dem Aufstehen am Morgen ließ er wiederum durch Gesänge die nächtliche Verschlafenheit und Verdrossenheit verscheuchen und zu frischer Tätigkeit aufmuntern. Die Gesundheit war ihm eines der höchsten Güter. Ihre Erhal-

---

3 *„Mnemotechnik (von griech. μνήμη mnémē, „Gedächtnis; Erinnerung" und τέχνη téchnē, „Kunst") ist ein Kunstwort, das seit dem 19. Jahrhundert für ars memoriae und ars reminiscentiae („Gedächtniskunst") benutzt wird, meist gleichbedeutend mit Mnemonik (griech. μνημονικά mnēmoniká). Die Mnemotechnik entwickelt Merkhilfen, zum Beispiel als Merksatz, Reim, Schema oder Grafik (Eselsbrücken). Neben kleinen Merkhilfen gehören zu den Mnemotechniken auch komplexe Systeme, mit deren Hilfe man sich an ganze Bücher, Listen mit tausenden von Wörtern oder tausendstellige Zahlen sicher erinnern kann." Quelle: Wikipedia.org*

tung war auch auf den Grundsatz der Selbstbeherrschung beim Genuss von Speise, Trank und Vergnügen gestellt. Um das Maßhalten zu gewöhnen, mussten die Schüler vom Genuss der Fleisch- und einiger anderen Speisen sich enthalten.
Mit der Liebe zur Wissenschaft ging die ***Liebe zur Natur und Kunst*** einher. Über diesen Zusammenhang gibt uns niemand bessere Auskunft als unser Altmeister Goethe, der seinen Sohn August nicht bloß studieren, sondern auch auf einem Gut die Landwirtschaft erlernen ließ und diesem Umstand die Fähigkeit zuschrieb, mit unverdorbenen, klaren, naturgeübten Augen die Gebilde der Kunst zu beurteilen. Ohne Naturbetrachtung keine Kunstbetrachtung und keine Kunstschöpfung – so meinte Goethe. Und so meinte schon der Altmeister der griechischen Philosophie, Pythagoras. Darum verband er mit dem naturkundlichen Unterricht die *praktische* ***Landwirtschaft***. Diese machte die Schüler mit der Natur, ihren Erscheinungen und Erzeugnissen bekannt. Die Bauernarbeit kräftigte die Körper und ertüchtigte die Geister. Daher stammt das Sprichwort: Nur in einem gesunden Körper kann ein gesunder Geist wohnen. Mens sana in corpore sano. Pythagoras nannte einen großen Grundbesitz sein Eigen. Ohne ihn wäre er auch gar nicht imstande gewesen, seine Schule mit ihren zahlreichen Insassen aufrecht zu erhalten. Ackerbau und Viehzucht waren die Lebensbedingungen für seinen vielköpfigen Haushalt. Die Muster zu diesen Betriebsarten hatte er schon in Ägypten kennen gelernt. Der Unterhalt so vieler Schüler allein machte es nötig, der Magenfrage für Menschen und Tiere eine ausgebreitete Sorge zu widmen. Der Eifer für die Naturkunde, die Physik, Wetter- und Sternkunde, die mit der Landwirtschaft eng zusammenhingen, gab den Antrieb zur Anfertigung von Sonnenuhren, astronomischen Instrumenten und technischen Fortschritten. Pythagoras selbst soll auch der Geologie seine Aufmerksamkeit zugewendet und noch im hohen Alter eine Karte der auf der damals bekannten Erde bekannten Erzlager entworfen haben. Den Befähigungsnachweis zu einer solchen Arbeit hatte er durch seine weiten Reisen, eifrigen Studien, tiefgründigen Beobachtungen und reichen Erfahrungen erbracht.

Eine besondere Rolle in der Lehre des Pythagoras spielte die ***Zahlensymbolik***, deren Kenntnis für uns deshalb von besonderem Interesse ist, weil sie auch in der mittelalterlichen Steinmetzzunft, die in Frankreich und England die Zunft der Freimaurer hieß, eine große Rolle spielte und dann im 18. Jahrhundert aus den Bauhütten der Werkmaurer in die Logen (Vereine) der Geistesmaurer überging. Die Zahlensymbolik ist nun keineswegs eine willkürliche Annahme oder Spielerei, sondern das mathematisch berechnete Ergebnis der Weltordnung. Für den Philosophen war die Harmonie das große Gesetz der Sterne und der Weltsysteme, darum auch der Menschheit und Geister. Der Demiurg, der Baumeister der Welt, hat alles harmonisch geordnet. **Äschylus**, der pythagoräische Dichter, spricht dies in seinem gefesselten Prometheus aus: „Nie können über die Harmonie des Zeus die menschlichen Ratschläge hinausgehen."
Dem Meister Pythagoras, für den die Philosophie die Suche nach dem Urgrund der Dinge war, erschien die ***Zahl Eins***, die Monas, als das Ursprüngliche, das sich selbst Gleiche, das für sich Bestehende, das für sich Gedachte. Die Einheit war ihm das

Prinzip aller Dinge, die Gottheit, der ewige Verstand, das ewig Gute, Wahre und Schöne. So erhielt die Lehre von der Einheit Gottes, die im Widerspruch mit der Vielgötterei der Zeitgenossen stand, ein mystisches Aussehen, wie es sich für den Geheimkult der damaligen Mysterien schickte.

Die Zahlensymbolik diente Pythagoras auch dazu, Zahlen als Vorbilder für die Naturerscheinungen zu betrachten und sie nicht aus der Körperwelt, sondern aus der intellektuellen Ideenwelt, wozu der Begriff der Zahl gehört, zu erklären. Die ***Zweizahl*** bedeutete ihm die sichtbare Welt. In den Zahlen 4, 7 und 12 drückt sich das göttliche Gesetz, die göttliche Weltordnung aus. Nach den vier Himmelsgegenden teilen sich Himmel, Erde und Weltenräume. Siebenfach ist die Zahl der Planeten. Der Harmonie im Weltengetriebe entspricht die Melodie in der Musik, denn in sieben Tönen erschallt der Erden- und Himmelsakkord. Mit zwölf Schritten – den zwölf Bildern des Tierkreises – schreitet das Jahr vorwärts, eilen der Tag und die Nacht, das Erden- und Weltenjahr der neuen Zeit und dem neuen Leben entgegen. Besonders heilig war dem Pythagoras die ***Vierzahl***, die auch durch das freimaurerische Quadrat, den Kubus oder Würfel mit der Inschrift Adhuc stat (Es steht noch fest) dargestellt wird. Nach den Vorstellungen der Alten war die Erde viereckig. Noch in einer Handschrift des Kosmos in der Florentinischen Bibliothek ist die Erde in dieser Form dargestellt. Nach einer Darstellung in der Zeitschrift „Ausland" vom Jahre 1861 Seite 738 dachten sich auch die Kelten die Erde als Quadrat. Der Kirchenschriftsteller Hieronymus vertritt die gleiche Ansicht von der Gestalt der Erde. Im Mittelalter wurden die vier Arme des Kreuzes als Sol, Luna, Terra und Mars (Sonne, Mond, Erde und Stern) erklärt. Dem Pythagoras war die Tetraktys (die Vierzahl) das Symbol der Natur, des Weltalls und der Schöpfung, die Wurzel und Quelle aller Dinge, nach seinen eigenen Worten die heilige Vierfältigkeit, der Gegenstand eines Eidschwures und die Quelle der Unsterblichkeit. Auf dem berühmten Gemälde Rafaels „Die Schule von Athen" wird Pythagoras mit einer Tafel dargestellt, auf der die Vierzahl als Summe der ersten vier Zahlen 1 + 2 + 3 + 4 folgendermaßen dargestellt ist:

```
         *
      *     *
   *     *     *
*     *     *     *
-------------------
         X
```

Die heilige Vierzahl ist auch in der Zahl 36 enthalten, weil sie aus 4 geraden und 4 ungeraden Zahlen (4 x 9) zusammengesetzt ist. Die Vierzahl stellt auch nach dem Katechismus der alten englischen Bauhütte den Inhalt der Religion und Moral vor, nämlich die Tugenden der Mäßigkeit, Standhaftigkeit, Klugheit und Gerechtigkeit. Schon der große griechische Gelehrte **Plato** bezeichnet ähnlich die vier Haupttugenden: Weisheit, Stärke, Mäßigung und Gerechtigkeit. Auch die indischen Brahmanen kennen vier Haupttugenden: Sanftmut, Duldung, Selbstbeherrschung und Freigebigkeit. Auch bei den Juden ist die Vierzahl heilig. Der Name ihres Gottes Jehova besteht im Hebräischen aus vier Buchstaben. Beim Propheten Ezechiel 14, 21 kündigt Jehova den Juden seine vier Strafgerichte an: Krieg, Hungersnot, Raubtiere und Pest. Jeremias 15, 3 droht: „Das Schwert zum Würgen, die Hunde zum Umherschleifen, die Vögel des Himmels und die Tiere der Erde zum Fressen und Vernichten." Ähnliche Stellen finden sich noch bei Jeremias. Nach der babylonischen Gefangenschaft verspricht Jehova laut Sacharja 2, 10 den Juden die Ausbreitung nach den vier Winden des Himmels.

Die Zahlensymbolik diente Pythagoras ferner dazu, Zahlen als ***Vorbilder*** für die Naturerscheinungen nicht aus der Körperwelt, sondern aus der intellektuellen Ideenwelt, wozu der Begriff der Zahl selbst gehört, zu erklären. Die in geometrischen Figuren dargestellten Zahlen sollten zugleich Begriffe verkörpern und dem Gedächtnis dauernd einprägen, waren also ein ***Mittel der Memnotechnik***, der Gedächtniskunst. An bestimmten Zahlen und deren Zeichen hafteten bestimmte Vorstellungen, Lehren, Ideen. So bezieht sich die ***Dreizahl*** vornehmlich auf die drei großen Himmelskörper, die der Menschheit Licht, Wärme und Nahrung spendeten: Sonne, Mond und Erde. Dreifach ist auch das Maß von Raum und Zeit. Das eine nach Länge, Breite und Höhe, das andere nach Vergangenheit, Gegenwart und Zukunft. Das gleichseitige Dreieck bezeichnete schon in der Geheimlehre der ägyptischen Priester, in die Pythagoras eingeweiht war, das Sinnbild der göttlichen Vollkommenheit, des Unendlichen, das auch ins Christentum überging. Das Dreieck mit dem Auge wurde das Symbol des allsehenden, allwissenden, allgegenwärtigen Gottes. Schon auf einem uralten Bilde im Kloster auf dem Berge Athos ist das Haupt Gott Vaters statt mit einem Strahlenkranz mit einem Dreieck umgeben. Nach der Idee des Philosophen **Plato** stellt das Dreieck in seinen beiden Seiten das männliche und weibliche Wesen der Lebewelt dar, während die Weltseele – er nennt sie den Nus, andere den Logos – die Unterlage des Dreiecks bildet. Dieses war für Pythagoras und seine Schüler auch das Sinnbild der religiösen, moralischen und sozialen Trias: „Ehre die Gottheit, übe die Tugend, liebe den Nächsten!" Diese bildet auch den Inhalt der essäischen und christlichen Lehre. Dieses Symbol ging dann auf den Orden der Tempelritter über und wurde am Fuße des Templerkreuzes angebracht.

Ein solches ist an einem Türpfosten auf der Salzburg, der Ruine der Kaiserpfalz bei Neustadt a. S. angebracht. Ein in Stein ausgemeißeltes Templerkreuz, das an der Gartenmauer neben dem Hause Nr. 1 der Domerpfarrgasse in Würzburg eingemauert ist, wurde vor Jahrzehnten, weil schadhaft, ausgebessert und das Dreieck mit Absicht oder aus Unkenntnis durch einen – Steigbügel ersetzt, eine unsinnige Verunstaltung.

Ein ineinander geschobenes Doppeldreieck, das also ein ***Sechseck*** vorstellte und mit der oberen Spitze das Feuer, mit der unteren das Wasser, also die zwei Grundelemente der Natur bezeichnete, war das Lehr- und wahrscheinlich auch das Erkennungszeichen der pythagoräischen Schule.

Merkwürdigerweise findet es sich auch in der Synagoge, wo es Salomos Siegel oder der Schild Davids genannt wird. Die Sage berichtet, dass Salomo den Diamant Schamir, den er seinem Siegelring einfügte aus einem Adlernest empfangen und durch ihn das Verständnis aller Dinge und die Fähigkeit empfangen habe, die bösen Geister, namentlich die Elementargeister, zu bändigen. Auf dem Siegelring befand sich das Sechseck. Er wurde von den Alchimisten und Rosenkreuzern, einer Freimaurergesellschaft des 17. Jahrhunderts, vielfach zu Schwindel und Zauberei ausgenutzt und von den Talmudisten wurde sogar behauptet, das Zeichen sei dem Grundstein des Salomonischen Tempels eingefügt worden. Der jüdische Geheimbund der Essäer stellte bei seinen Zusammenkünften das kabbalistische Siegel Salomos oder das pythagoräische Symbol der Gottheit und Schöpfung, umgeben mit einem Strahlenkranz auf. Bis auf den heutigen Tag herrscht die Sitte, die Synagogen mit dem Schild Davids zu schmücken und unter dessen geheimnisvollen Schutz zu stellen. Das gleiche Sechseck bildete auch das Gasthausschild unzähliger Herbergen von der Schweiz bis nach dem deutschen Norden. Endlich ist das Sechseck das alte Apothekerzeichen der vier Elemente (Feuer, Wasser, Erde, Luft), woraus der Schöpfer mithilfe des Lichts die Welt nach Maß, Zahl und Gewicht gebaut hat und auch die Mittel zur Heilung der Krankheiten zu gewähren vermag. Ein dreifaches Dreieck ist heute das Siegel und Erkennungszeichen der Neutempler, eines nordamerikanischen Freimaurerordens.

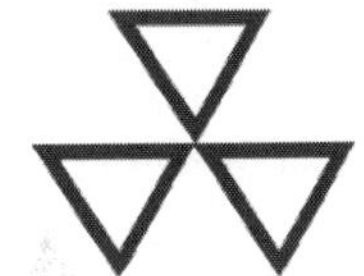

Übrigens spielte die ***Zahl Neun***, die dreifache Zahl drei, schon im Altertum eine Rolle. Denn sie war die letzte der ungeraden heiligen Zahlen, die bei den Freimaurern gewöhnlich durch 3 x 3 bezeichnet wird. Noch im 4. Jahrhundert gab es eine geheimnisvolle Art Gesundheit zu trinken. Der Dichter Ausonius berichtet darüber:

Ter bibe, vel toties ternos. Sic mystica lex est:
Vel tria potandi, vel ter tria multiplicandi.

Zu Deutsch:
Dreimal sollst du trinken, aber jedes Mal drei Schlucke. So erfordert es das geheimnisvolle Gesetz:
Du musst dreimal trinken oder dreimal die drei multiplizieren.

Schon die alten Mathematiker hatten auf besondere Eigentümlichkeiten der Zahl Neun ihr Augenmerk gerichtet. Es gaben alle Produkte der Neun, indem man sie quer addiert, wieder 9, z. B. 9 x 12 = 108: 1 + 8 = 9. 8 x 9 = 72: 7 + 2 = 9. 5 x 9 = 45: 4 + 5 = 9. 9 x 24 = 216: 2 + 1 + 6 = 9. (Vergl. Lat. III 269.)
Kein Zeichen hat außer dem Dreieck und Sechseck eine so alte und große Bedeutung in der Symbolik wie das ***Fünfeck***.

Diese Bedeutung erklärt sich daraus, dass das Pentagon, wie das Fünfeck von Pythagoras genannt wurde, zwei Fünfecke darstellt, von denen das innere die Welt und die Weltseele, das äußere den Menschen und die Einzelseele darstellt. Das Fünfeck versinnbildlicht auch die Verbindung von Stoff und Kraft in der Natur. Pythagoras nahm nämlich an, dass die vier Elemente (Feuer, Wasser, Erde und Luft) durch den Geist, den Äther, bewegt, gestaltet und geformt werden. Der Äther war also das fünfte Element, das die Weltkugel in Umschwung setzte und darin erhielt. Der Äther war die Weltseele, der selbstbewegende Motor und das ewig selbstbewegte Leben. Die Weltseele war ein ätherisches, licht- und feuerähnliches Wesen, das Licht, worauf im Altertum alle Vorstellungen und Bilder der Gottheit hinauslaufen. Den fünf Elementen des Pythagoras sollen die fünf Sinne des Menschen entsprechen: das Sehen dem Feuer oder Licht, das Schmecken dem Wasser oder Flüssigen, das Tasten und Fühlen der Erde oder dem Starren, das Riechen der Luft und das Hören dem Äther.

Der Philosoph **Empedokles**, der noch in die Zeit des Pythagoras hineinragt, hat uns diese Lehre in seinem Gedicht „Physika" überliefert. Und Alexander von Humboldt erinnert in seinem Kosmos daran, dass sie indischen Ursprung zeige. Die Inder hatten die Beobachtung gemacht, dass der Schall alles durchdringe, darum bezeichnen sie als Eigenschaft des fünften Elements den Ton. Die Inder bringen auch den Tod in Verbindung mit der Fünfzahl, indem sie ihn als eine Auflösung in die fünf Elemente betrachten. Das Totengericht erscheint ihnen daher als das Gericht der fünf Elemente, denn der Totenrichter, der das Urteil über die Seele des Verstorbenen spricht, ruft zu Zeugen des Gerichtes die Sonne, den Wind, das Feuer, das Wasser und den Äther an.

Der indische Religionsstifter **Buddha**, der vor Pythagoras lebte, fasste seine Sittenlehre in die fünf Sätze: 1. Nichts zu töten. 2. Nichts zu stehlen. 3. Keine Unkeuschheit zu begehen. 4. Nicht zu lügen. 5. Nichts Berauschendes zu trinken. Der pythagoräische fünfeckige Stern stammte aus Ägypten, wo der Philosoph in die Lehre gegangen war. Merkwürdigerweise ist aber dieser Stern auch eine indische Eigentümlichkeit und heute noch in China das Erkennungszeichen der geheimen Gesellschaften. Das Fünfeck war auch bei den Druiden im Gebrauch. Auf alten Abbildungen sind die Druiden in ihrer Tracht dargestellt, zu der Schuhe gehörten, auf denen das Fünfeck gestickt war, das noch heute nach ihrem Namen der Drudenfuß heißt. (Siehe das Kapitel „Druiden".) Man schließt dies auch daraus, dass die christlichen Nachfolger der Druiden, die Culdeer genannten Mönche, bei der Abfassung der Yorker Urkunde beteiligt waren, die bei einer allgemeinen Versammlung der Freimaurer (Steinmetzen und Baumeister) im Jahre 924 in der einst römischen Stadt Eboracum, nun York, der vornehmsten englischen Stadt nach London, abgefasst wurde. (Näheres hierüber siehe in dem Kapitel „Barden".)

Wie die alte Freimaurerbruderschaft oder Steinmetzkunst, so sollen auch die Tempelherren oder Tempelritter das Fünfeck als Wahrzeichen angenommen haben. Ein Gelehrter der neuesten Zeit ist bei der Erforschung des Templerordens zu dem

Schluss gekommen, dass das angeblich von den Tempelherren verehrte Götzenbild Baffomet nichts anderes als das uralte Pentagon der Pythagoräer, das Siegel Salomonis, der Stern der ägyptischen Weisen und der Talisman Mohammeds war, woraus dann der Name Baffomet geworden zu sein scheint. Aus der berühmten Würzburger Chronik des Fürstbischöflichen Kanzlers Lorenz Fries geht hervor, dass der Drudenfuß selbst noch von Würzburger Fürstbischöfen in Ehren gehalten wurde. So hat der Fürstbischof Gottfried Schenk von Limpurg (der 1443 auf den Thron kam und keineswegs einer der schlechtesten Bischöfe war), um der schon damals üblichen Geldhamsterei und Verschleppung außer Landes Abbruch zu tun, graue Münzen schlagen lassen, auf denen das Hexenzeichen, der Drudenfuß, angebracht wurde, wohl in der Absicht, die fremdländischen Leute vor der Annahme dieses Geldes abzuschrecken. Das traf denn auch ein, die Hauptschuld daran trug aber wohl der Umstand, dass die grauen Münzen geringwertiger ausgeprägt waren. Bei den mittelalterlichen Frei- oder Werkmaurern, unter denen man sich nicht etwa Mörtelpatzer vorstellen darf, sondern Bildhauer und geschulte Qualitätsarbeiter, galt das Fünfeck als hauptsächliches Wahr- und Herbergszeichen für die ungemein zahlreichen Zunftgenossen, die nach Ablauf ihrer Lehrlingszeit vorschriftsmäßig jahrelang in die Fremde wandern und bei auswärtigen Bauhütten Arbeit suchen mussten. Die Fünfzahl begleitete den deutschen Steinmetz durch sein ganzes Lehr- und Wanderleben. Wie in der Schule des Pythagoras betrug seine Lehrzeit fünf Jahre. Ebenso viel die Gesellen- und Wanderzeit. Der Meister durfte nur fünf Lehrjungen annehmen, da er mehr nicht gehörig unterrichten konnte. Das Fünfeck bezeichnete auch den Beginn und die Vollendung eines Baues. Noch heute hängen die Bauleute den rot bemalten Drudenfuß bei Neubauten und besonders bei Reparaturen für die Vorübergehenden als Warnungszeichen auf. An vielen Orten richten die Werkleute auch nach der Vollendung des Dachstuhles einen grünenden Tannenbaum auf und zieren ihn mit bunten Bändern und dem hölzernen Fünfeck. Das Richtfest der Bauleute ist ein Freudenfest für das glückliche Ende.

Die Fünfzahl ging von den Werkmaurern auf die Geistesmaurer über. Drei oder fünf Mann gehören zur Bildung einer Loge (eines Vereins). Tres faciunt collegium. Ungerade Zahlen bringen Glück. So lehrten schon die Alten, wie Festus, Plinius und Virgilius übereinstimmend berichten. In einem englischen Freimaurer-Ritual lautet die 15. Frage: Warum macht die ungerade Zahl eine Loge? – Weil sie dem Menschen glückbringend ist. Diese Meinung trifft man allenthalben auch im Orient. Fünf Dinge – schreibt der persische Dichter Dschami in seinem 1487 geschriebenen Rosengarten – gibt es in diesem Leben, die ihrem Besitzer Glück und Frieden geben: 1. Die Gesundheit. 2. Die Unabhängigkeit. 3. Wohlstand. 4. Ein treuer Freund. 5. Ein ruhig Herz. „Wer diese fünf Dinge verlor, dem schloss sich auf immer des Glückes Tor.“ Ebenso sagt ein indischer Dichter: „Folgsame Kinder und eine zärtliche Gattin, treue Genossen und gütige Herrn, Frohsinn im Herzen und feste Gesundheit, Güter, die von Vergänglichkeit fern. Dann einen Freund und Weisheit daneben, möge uns Wischnu der Himmlische geben!“ Unser großer Meister Goethe hat in seinem Westöstlichen Diwan die orientalischen fünf Regeln in folgende fünfgliedrige Sätze eingekleidet:

Fünf Dinge bringen fünfe nicht hervor:
Du, dieser Lehre öffne du dein Ohr:
Der stolzen Brust wird Freundschaft nicht entsprossen;
Unhöflich sind der Niedrigkeit Genossen;
Ein Bösewicht gelangt zu keiner Größe;
Der Neidische erbarmt sich nicht der Blöße;
Der Lügner hofft vergeblich Treu und Glauben;
Das halte fest und Niemand wird dir's rauben.

***

Was verkürzt dir die Zeit?
Tätigkeit!
Was macht sie unerträglich lang?
Müßiggang!
Was bringt in Schulden?
Harren und Dulden!
Was macht gewinnen?
Nicht lange besinnen!
Was bringt zu Ehren?
Sich wehren!

Die Fünfzahl hängt auch mit den astronomischen Zahlen zusammen, da ursprünglich bloß fünf Planeten – Saturn, Jupiter, Mars, Venus und Merkur – angenommen wurden, wozu dann durch Hinzutreten der Sonne und des Mondes die vollkommene Weltzahl, die ***Siebenzahl***, wurde. Nach dieser Einteilung benennen sich ähnlich auch im Deutschen die sieben Tage der Woche: Sonntag der Tag der Sonne, Montag der Tag des Mondes, Dienstag, in Altbayern Irda, d. h. Tag der Erde, Mittwoch die Mitte der Woche, Donnerstag der Tag des Gottes Donar oder Wotan, Freitag der Tag der Freia, Samstag oder Sabbat der Tag der Juden. Die Zahl 7 ist das Bild der Urschöpfung, der alle übrigen Schöpfungen nur nachgebildet sind und nachgebildet werden können. Sie ist, wie Cicero sagt, rerum omnium fere modus, der Angelpunkt und das Maß aller Dinge. In 7 x 4 Tagen vollendet der Mond seinen Lauf. Und danach richtet sich auch das Leben der Tiere. So dauert die Trächtigkeit der Stuten 7 x 7 Wochen, der Kühe 7 x 6, der Schafe und Ziegen 7 x 3 Wochen. Die Brutzeit der Hühner dauert 7 x 3, der Truthühner, Gänse, Enten und Tauben 7 x 4, der Schweine 17, der Hündinnen aber 3 x 3 Wochen. Die Zahl 7 ist neben den Zahlen 3 und 5 die wichtigste von allen, zumal sie aus den Zahlen 3 und 4, dargestellt durch das vereinigte Dreieck und Quadrat, hervorgegangen ist.

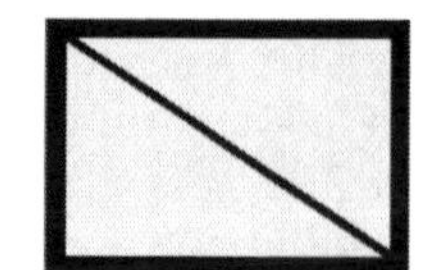

Durch die Geometrie, Astronomie und Astrologie ist sie eine geheimnisvolle Zahl geworden. Der Durchmesser des Quadrats ist zugleich der Durchmesser des um das Quadrat gezogenen Kreises. Die Wurzel des Quadrats steht zum Durchmesser wie 5 zu 7 im Verhältnis, der Durchmesser des Kreises zum Umfang wie 7 zu 12. Die

Hindus und Ägypter erkannten 7 Urkräfte der Natur, woraus die Welt entstand. Die Zahl Sieben ist der indische Brahma oder Mannus, der aus den sieben freien Körperelementen sieben unermesslich starker Geister gebildet ist. Nur durch die sieben Vorhöfe und sieben Ringmauern der indischen Tempel gelangt man zum Heiligtum. Selbst in China wie in Deutschland finden sich mythische Spuren von den sieben Mauern. Die Siebenzahl geht nicht bloß durch die Mythologie und Religion aller großen Kulturvölker des Altertums, sondern auch durch ihre Wissenschaft. Nach den sieben Planeten haben die Inder wie die Chaldäer und Ägypter, bei denen Pythagoras in die Lehre ging, die Phönizier und Juden die Woche eingeteilt und benannt. Die Griechen und Römer haben diese Einrichtung von den Semiten übernommen und auf die anderen Völker vererbt. Die Ägypter verehrten 7 heilige Kühe. Die heiligen Weihen oder Mysterien der Ägypter hatten 7 Grade. Die Griechen hatten 7 Weltweise, 7 Musen und 7 Weltwunder. Auf 7 Hügeln wurde die Stadt Rom gebaut. Deutschland hatte 7 Heerschilde und 7 Kurfürsten. Sieben Zeugen gehörten dazu, um vor Gericht einen Eid zu entkräften. Es gab sieben Frieden für Haus, Weg, Thing (Volksversammlung oder Gericht), Kirche, Wagen, Pflug und Teich. Bei den Kelten bestand das Gericht aus sieben Richtern. Sieben oder fünf Männer hatten in jeder keltischen Gemeinde das Amt, die Feldmarken zu bestimmen und dieses Amt vererbte sich in unserem Franken bis auf den heutigen Tag, ohne dass jemals ein Fall bekannt wurde, in dem das auf den Märkerzeichen ruhende Schweigegebot gebrochen worden wäre.
In der Symbolik der Freimaurerei hat die Zahl Sieben eine mehrfache Bedeutung. In einem uralten englischen Katechismus der Freimaurerei (Ausgabe vom Jahr 1764) findet sich folgende Auslegung:
Die Drei bezeichnet Glauben, Hoffnung und Liebe. Die Fünf bringt Klugheit, Gerechtigkeit, Starkmut, Mäßigkeit und Fleiß.
Die Sieben Weisheit, Stärke, Schönheit, Sanftmut, Bruderliebe, Hilfeleistung, Treue.
Sieben Stufen hat das Leben: Geburt, Kindheit, Jugend, Mannbarkeit, das Alter der Erfahrung, Greisenalter, Tod.
Die sieben Haupttugenden sind: Mäßigkeit, Standhaftigkeit, Arbeitsamkeit, Redlichkeit, Verschwiegenheit, Vorsichtigkeit, Barmherzigkeit.
Die sieben Hauptfehler, die der Freimaurer unterdrücken soll, sind: Leichtsinn, Eigensinn, Menschenfurcht, Trägheit, Vermessenheit, Eigenliebe, Argwohn.
Die sieben Hauptlaster, die ein Freimaurer fliehen muss, sind: Hochmut, Geiz, Völlerei, Neid, Falschheit, Wollust, Rachgier.
Die sieben Gaben des Hl. Geistes, die ein rechter Freimaurer sich von Gott erbitten soll und in deren Erlangung die Belohnung „winkelrechter Arbeit" besteht, sind die Gaben der Weisheit, des Verstandes, des Rates, der Erkenntnis, der Stärke, der Gottesfurcht, der Liebe.
Diese Aufzählung macht die Siebenzahl völlig zum Rex, d. h. zum König, mit welchem Namen dieselbe auch schon von den Alten bezeichnet wurde. Darum wurde auch in der älteren Freimaurerei das Sinnbild der Unsterblichkeit als eine siebenfache Krone dargestellt. Der Druidenorden der Neuzeit hat als sein Wahrzeichen den siebenstrahlenden Stern angenommen.

Der Gebrauch der Zahlen in sinnbildlicher Bedeutung ist eine Eigentümlichkeit des gesamten Altertums geworden. Die Chaldäer in Babylon wie die Priester in Ägypten, die Rabbiner Judas wie die Philosophen Griechenlands haben den Zahlen einen besonderen Sinn beigelegt. Die einen erblickten in ihnen den Schlüssel der Erkenntnis, Zahlen waren für sie Beweise des Endlichen und Unendlichen. Andere sahen in ihnen nur die Fühlhörner und Leitfäden im Gebiet der philosophischen Spekulation.

Pythagoras setzte die ***Zahlen in Verbindung mit der Musik***. Die Schwingungen der Töne, die Art der Intervalle und der musikalische Rhythmus, die die Harmonie und Melodie begründen, alle Oktaven, Quinten, Terzen und Septimen beruhen auf Zahlen. Die Grundzahlen Eins, Zwei, Drei, Fünf machen, wie Krause in seiner Theorie der Musik schreibt, die Grundlage unserer ganzen Musik aus. Darum sagte der berühmte Philosoph Leibnitz: „Die Seele, indem sie Musik hört und empfindet, übt bewusstlos eine hohe Arithmetik aus; sie zählt, ohne es zu wissen. Es ist das Gefühl von Befriedigung und Erwartung, das sie in musikalisch geordneten Klängen unmittelbar wahrnimmt.“ Schon Pythagoras behauptete: „Der Grund der Befriedigung und der Nichtbefriedigung, die wir bei bestimmten Intervallen empfinden, ist der, dass diese in bestimmter Folge die ewigen, göttlichen Gesetze des Weltbaues in Zahlen darstellen, auf denen alles Leben und alle Schönheit beruht.“ Die Zahlen sind ursprünglich eine eigentümliche Darstellung der göttlichen Eigenschaften, der Grundgesetze des Weltbaues und des allgemeinen Lebens nach deren Form. Und die Welt in ihrem ewigen Gliederbau ist ein endliches Abbild der Vollkommenheit Gottes. Die Gnostiker und Neuplatoniker schrieben den Zahlen eine magische Kraft zu. Der Glaube daran starb mit dem Hexeneinmaleins in Goethes „Faust“ noch lange nicht aus. Alle neueren Theosophen von Jakob Böhme bis auf Saint Martin haben besondere Lehren auf das Zahlensystem begründet. Und das uralte Steinmetzbrevier, dem die Lehre der englischen Freimaurerloge nachgebildet ist, bezeichnet die Freimaurerei als „die Wissenschaft der Natur, das Verhältnis der in der Natur liegenden Kräfte und ihrer Wirkungen, besonders die Wissenschaft von Zahlen, Maßen und Gewichten, und die echt Art, alle Dinge zum Gebrauch des Menschen zu bilden und einzurichten, hauptsächlich Wohnungen und Gebäude aller Art, und alle anderen dem Menschen wohltätigen Dinge.“

***

Wie Pythagoras die einfachen Zahlen zu idealen Gebilden formte, so suchte er auch den erzieherischen Zweck mit einer höheren Weihe zu umgehen, indem er seine Schüler nach Abschluss ihrer fünfjährigen Lehrzeit in die ***religiösen Geheimnisse der Mysterien einführte.*** Mit diesem Weihefest war die Aufnahme in den engeren Jüngerkreis verbunden, dem vom Meister selbst die höheren wissenschaftlichen Erkenntnisse vermittelt wurden: die orphischen oder Dionysos-Mysterien mit ihrer Geheimlehre und ihrem Geheimkult hatten den Namen von dem angeblichen Stifter **Orpheus**. Der sagenhafte Dichter und Sänger erscheint in der Mythologie neben Herkules als der große Kulturträger. Während dieser durch seine Körperkraft seine Umgebung von wilden Tieren und Menschen befreite, übte jener durch seine Geistesmacht auf die wilden Gemüter eine besänftigende und veredelnde Wirkung aus.

Die Macht seines Gesanges zur siebensaitigen Leier war so gewaltig, dass er selbst Bäume und Felsen bewegte und wilde Tiere zähmte. Als er seine geliebte Gattin durch den Biss einer Schlange verloren, stieg er selbst in die Unterwelt hinab und rührte durch seinen Gesang und sein Saitenspiel die Götter der Unterwelt derart, dass sie ihm die Mitnahme der Gattin gestatteten, aber die Bedingung beifügten, dass er voranschreitend, sich nicht nach der ihm folgenden Gattin umsehen dürfe. Aber der Ungeduldige sah sich trotzdem um, so musste die Gattin wieder in den Hades zurückkehren. Nach längeren Wanderungen fand er beim Dionysosfest den Tod durch trunkene Weiber. Sein Lebensgang hat eine große Ähnlichkeit mit dem ägyptischen Osiris, der mit seiner Gattin Isis, die seinen Leichnam suchte und wieder fand, als Gott der Fruchtbarkeit gefeiert wurde. Der ägyptische Isiskult drückt wie der Dionysoskult die Trauer über die absterbende Natur im Herbst und im Frühling die Freude über die wiederauferstandene Natur aus. Bei allen Völkern, die um das östliche Mittelmeer wohnten, treffen wir einen ganz gleichen Kult. Pythagoras wusste ganz genau, warum er seinen Schülern die orphische Weihe erteilte. Orpheus galt ja nicht bloß als der erste Sänger der Welt. Die Gedichte, die ihm von den Griechen zugeschrieben wurden, wurden noch für älter als die des Homer gehalten. Orpheus galt vielmehr auch als der vornehmste Theologe der alten Welt. Von ihm stammten die Mysterien, die heiligen Geheimkulte, die den Menschen durch Prüfungen, Reinigungen und Büßungen zum Licht der Gottes- und Selbsterkenntnis führten. Orpheus war der Künder des Götterwillens, der heilige Dolmetscher der Götter, wie ihn Horaz nennt. Er enthüllte zuerst den Thrakern, später auch den übrigen Erdbewohnern, was ihnen von göttlichen Dingen zu wissen erlaubt war. Mag auch Orpheus nur in der Sage existieren, dafür gab es einen Orphismus und der ist die interessanteste Erscheinung in der Religionsgeschichte der Griechen – er ist sogar noch mehr. Der Orphismus ist nicht bloß tief in die Literatur, Philosophie und Kunst der Antike eingedrungen, sondern er hat diese sogar noch überlebt. Das Bild des Orpheus, wie er mit den Tönen seiner Leier das wilde Getier bezaubert, ist die einzige mythologische Darstellung, der wir wiederholt in den christlichen Katakomben begegnen. Die Kirchenväter sprachen die Anschauung aus, Orpheus sei ein Schüler Moses gewesen. Sie sahen in ihm eine Erscheinungsform, eine vorbildliche Figur Christi, weil er gleich diesem gekommen war, die Menschen zu erleuchten, zu bessern und gleich ihm ihr Wohltäter und ihr Opfer in einer Person war. Einer der christlichen römischen Kaiser stellte in seiner Hauskapelle die Statue des Orpheus neben der des christlichen Messias auf. Die Übereinstimmung zwischen Orphismus und Christentum war so schlagend, dass man sie nicht als reinen Zufall abzutun vermochte. Der Orphismus hat seine Spuren und Formen nicht bloß auf den christlichen Glauben und Kult übertragen, sondern auch auf soziale Körperschaften des Mittelalters und der Neuzeit wie die Bauhütten der Steinmetze und Freimaurer. Der Orphismus stellt so ein Bindeglied zwischen der Antike und Moderne dar.

Orpheus wird als das Haupt der Orphiker bezeichnet, einer mystischen Sekte, deren Geburtszeit in das gleiche Jahrhundert fällt, da Thales und Pythagoras gelebt haben. Es ist möglich, dass einer von diesen den Isiskult aus Ägypten nach Griechenland verpflanzt und diesen nur durch eine eingeborene Gottheit, den Dionysos, ersetzt hat. Die Orphiker verbanden mit diesem Kult eine eigenartige Theologie mit pantheistischen oder monotheistischen Anschauungen sowie eine auf asketischen Lehren beruhende Lebensweise. Auf die Orphiker werden die Mysterien zurückgeführt, die seit Pythagoras in Griechenland in Aufnahme und Blüte gekommen sind. Ob sie nun mit dem Kult des Dionysos oder der Demeter (Zeres) in Verbindung standen, so leitet die Forschung auch hier wieder auf den ägyptisch-orientalischen Ursprung zurück. Gleich der ägyptischen Isis ist die Demeter, an deren Verehrung die berühmtesten Mysterien, die von Eleusis sich knüpfen, die Göttin der irdischen Fruchtbarkeit. Ihre mit Zeus erzeugte Tochter Persephone (Proserpina), die ihr von Pluto, dem Gott der Unterwelt, geraubt worden war, erhielt auf Bitten ihrer Mutter von Zeus die Erlaubnis, drei Viertel des Jahres zur Erde zurückzukehren, um dann das andere Viertel in der Unterwelt zu verschwinden. Auch der schöne Götterjüngling Adonis, der auf der Eberjagd umgekommen war, erhielt auf Bitten der ihn leidenschaftlich liebenden Aphrodite Venus von Zeus die Erlaubnis, jährlich sechs Monate zur Erde zurückzukehren. Adonis hat sein Vorbild in dem syrischen Gott Tamus, dem Gemahl der Isther. Als er stirbt, steigt diese in die Unterwelt und es gelingt ihr, den Geliebten wieder auf die Erde zurückzubringen. Der Adoniskult war besonders in ganz Vorderasien, in Ägypten wie in Syrien verbreitet. Wenn der Herbst kam und Adonis begraben wurde, klagten und weinten die Frauen um den Verstorbenen. Und mit Freudenjubel begrüßten sie im Frühling den wiederkommenden Jüngling mit dem Rufe: Er ist erstanden, er ist erstanden! Das Nämliche erzählen die Evangelien von Jesus. Und über dem Adonisgrab in Jerusalem ist die christliche Grabeskirche errichtet worden!

So führt die Forschung auf den gleichen Ursprung aller alten Religionen zurück. Sie sind aus dem Boden herausgewachsen, die jährlich sterbende und sich wieder verjüngende Natur ist die Mutter der Religion. Die Naturerscheinungen haben entweder die Furcht oder Ehrfurcht vor den unsichtbaren und unfassbaren Mächten erzeugt, die die furchtbaren oder fruchtbaren Wirkungen erzeugten. Die Menschen haben nach ihren Ebenbildern diese eingebildeten Mächte geformt. Aber der menschliche Geist ruhte so wenig wie die ihn umgebende Natur. Er suchte deren Geheimnisse zu ergründen, suchte den Urgrund des Seins, suchte nach Prinzipien. Und diese Suche, die man Philosophie nennt, hat endlich eine Religion geschaffen, die nicht von dieser Welt ist. Der Menschengeist hat den Weltengeist vom Himmel auf die Erde herabgerufen und seine Wiege stand am Ufer des Nil. In der ägyptischen Priesterschule hat Pythagoras den Glauben an den einen und einzigen Gott, an die Unsterblichkeit der Seele, an die Vergeltung nach dem Tode (in Form der Seelenwanderung) und an die stete Erneuerung der Naturkräfte erhalten. Der ägyptischen Priesterschule war schon Moses entsprossen, der schier ein Jahrtausend vor Pythagoras gelebt hat. Der Pharao Amenophis IV., der im 13. Jahrhundert, um etwa hundertfünfzig Jahre nach Moses, den Glauben an den einen und einzigen Gott, dessen Symbol die Sonne war, aus dem engen Kreis des priesterlichen Geheimbundes heraus dem Volk mit despotischem Ungestüm vermitteln wollte, stieß auf den Widerstand der Menge. Ihr standen die sichtbaren Götter näher als der unsichtbare Gott, dessen Altar in Athen erst der Apostel Paulus enthüllen konnte. Auch das ägyptische Priestertum setzte dem Pharao entschiedenen Widerpart entgegen, weil es in der Aufklärung des Volkes eine Schädigung seiner Autorität und Lebsucht erblicken mochte. Wie alle Philosophen auf dem Thron, die das Volk aus seinen hergebrachten Gewohnheiten heraus auf eine höhere Warte stellen und sozusagen mit einem gewaltigen Ruck geistig vorwärts bringen wollten, scheiterte auch Amenophis an dem Mangel der Erkenntnis, dass der Verstand immer nur bei den Wenigen gewesen.

Die Erkenntnis dieser Tatsache wirkte, wohl beim Philosophen Pythagoras mit, dass er sein in Ägypten und Asien erworbenes ***Wissen als Geheimnis*** behandelte und nur einer auserlesenen und auf ihre Verschwiegenheit geprüften Schar von Jüngern anvertrauen wollte. Erst nachdem diese durch die verschiedenen Grade der Bildung und Erziehung das unbedingte Vertrauen des Meisters errungen, überließ er sie dem freien Ermessen und selbstgewählten Studium. Doch trennte er die Wissenschaft nicht von der Religion und diese nicht von der Natur. Er umgab die Aufnahme in den engeren Bund mit den orphischen Weihen, ohne der volkstümlichen Naturreligion den Krieg zu erklären, einen zwecklosen Kampf gegen die Vielgötterei und den Aberglauben der Menge aufzunehmen. Der Dionysosdienst des Volkes diente ihm und den von ihm ausgegangenen oder an ihn sich lehnenden höheren orphischen Ideen nur als äußerer Anknüpfungspunkt, als förmlicher Deckmantel, unter dem die geistigere und freiere Lehre, besonders auch die Lehre einer besseren praktischen Moral verborgen wurde. Aber die Abkehr vom hergebrachten Polytheismus zum Monotheismus, den er aus Ägypten mitgebracht hatte, war auch ein Grund zur Geheimhaltung seiner Lehre. Mögen auch die griechischen Schriften, die uns über die Mysterien Aufschluss geben, erst nach dem Tode des Pythagoras entstanden sein, so lassen sie doch kaum einen Zweifel an dem geistigen Inhalt der orphischen Mysterien. In dem orphischen Gedicht, dessen Abfassung von manchen Gelehrten dem Pythagoras selbst zugeschrieben wird und das von diesem schon in Ägypten nach unmittelbaren ägyptischen Quellen entworfen sein könnte, wird der Gottesbegriff klar ausgedrückt in den Versen:

> Eine Macht ist, Ein Gott der gewaltige Urgrund des Weltalls;
> Eine Er, sein selbst Quell; aus dem Einen stammt alles Geschaffene.
> Darin tritt er hervor; denn ihn selbst ist der Sterblichen Keiner
> Anzuschauen im Stand. Er ist in Dunkel gehüllet,
> Und wir Sterblichen haben nur blöde, sterbliche Augen,
> Zu schwach, ihn zu erblicken, den Gott, der alles regieret.
> Denn auf das eherne Gewölbe des Himmels hat er errichtet
> Seinen goldenen Thron, und die Erde liegt ihm zu Füßen.

Der Inhalt seiner Lehre und die Notwendigkeit ihrer Geheimhaltung, die sich freilich über die Religion hinaus auch auf die Wissenschaft erstreckte und diese somit zu einem Monopol der geheimen Gesellschaft machen wollte, bestimmte den Stifter zur möglichen ***Absonderung der Schüler*** von der übrigen Welt. Er selbst und die von ihm bestellten Lehrer bildeten mit den Schülern ein Seminar, das von der Öffentlichkeit möglichst abgeschlossen war. Wie weit sich die ihm zugeschriebene ***Güter-***

gemeinschaft erstreckte, kann nur vermutet werden. Pythagoras war zwar selbst ein reicher Mann, aber der Unterhalt zahlreicher Schüler erforderte wohl größere Mittel, die aber von diesen geleistet werden konnten, da sie den wohlhabenden Familien entstammten. Größere Vermögensbeiträge mussten wohl erst zur Gemeinschaft beigetragen werden, als nach vollendeter Lehrlingszeit die Aufnahme in den engeren Kreis erfolgte. Dass die Stiftung des Pythagoras Gütergemeinschaft hatte, geht auch daraus hervor, dass nach dem Untergang seiner Schule die übrig gebliebenen Schüler eine geheime Verbindung (Hetärie) mit Gütergemeinschaft gründeten.
Die ganze Anlage und Unternehmung des Philosophen trug ***aristokratischen Charakter***. Diesen verdankte er schon seiner Abstammung, denn sein Vater war ein reicher, angesehener Kaufmann. Zur Abstammung hatte sich dann durch den langen Aufenthalt in der Fremde und im steten Umgang mit der herrschenden Intelligenz in Ägypten und Babylon sein aristokratischer Zug noch gefestigt. Nach der Heimat zurückgekehrt, ließ er sich in die orphischen Mysterien aufnehmen. Bezeichnend für ihn ist, dass er in seinem Geburtsort auf der Insel Samos sich weigerte, eine öffentliche Beamtenstellung anzunehmen. Er wollte ***kein Diener, sondern ein Herr*** sein. Das konnte er im Lehrberuf und in der Schule sein die er selbst sich schaffen wollte und konnte, da er über die nötigen geistigen und materiellen Voraussetzungen verfügte. Als er für sein Beginnen in der Heimat kein Verständnis fand, siedelte er nach der blühenden griechischen Handelsstadt Kroton in Unteritalien über und heiratete die Dichterin und Schriftstellerin Theano, die Tochter seines Gastfreundes Brontinos, des angesehensten Bürgers der Stadt. Das aristokratische Regiment begünstigte seine Schule, die bald mächtig empor blühte. Plutarch erzählt uns, dass der Ruf dieser Pflanzstätte aristokratischer Gesinnung auch nach Rom drang und den dortigen Senat, der aus den Angehörigen der alten Geschlechter und Ritterfamilien bestand, zur Verleihung des Bürgerrechtes an Pythagoras veranlasste.
Den Staatsgeschäften blieb er auch in Kroton ferne; doch hinderte er seine Schüler nicht daran. So kamen sie an die Spitze der Verwaltung und zogen dadurch den Unwillen der Volkspartei auf die Pythagoräer, die vermöge ihrer Gemeinschaft und ihres Zusammenhaltes einen Reichtum und eine Macht besaßen, die den Neid der Menge erregte. Der Neid gebar auch den Hass, zumal die Pythagoräer infolge ihrer strengen Absonderung und eigenartigen Erziehung jenen Stolz besaßen, der auch den Zöglingen anderer derartigen Seminarien eigen zu sein pflegt. Sprach man doch auch im Mittelalter von der Superbia monachica, dem mönchischen Hochmut und der scholastischen Einbildung. Wie überall, wo der Acheron (die Unterwelt) ins Kochen kommt, fanden sich auch in Kroton einige Aristokraten, die aus persönlichen Gründen der Schule des Pythagoras feindselig gesinnt waren. Einer von ihnen war wegen seines ungehörigen Betragens aus der Gemeinschaft ausgeschlossen, ein anderer gar nicht aufgenommen worden. Rach- und Herrschsucht bestimmten sie, an der Spitze der unzufriedenen Partei gegen die herrschende Klasse wie gegen die hohe Schule anzukämpfen. Es kam zu heftigen und sogar blutigen Fehden, die schließlich zur Vertreibung und Verbannung des greisen Meisters, seiner Familie und Anhänger führten. An mehreren Orten zurückgewiesen, fand er endlich in Tarent eine neue Heimstätte. Durch ihn wurde die Stadt trotz ihrer sprichwörtlichen

Üppigkeit, die im starren Gegensatz zu der einfachen Lebensweise des Philosophen stand, zum Sitz seiner Schule und der griechischen Wissenschaft.
Der Sieger von Kroton, der aus der Schule des Pythagoras ausgeschlossene **Hippasos** hinwiederum gründete eine ***neue Schule***, die die Wissenschaft und ihre Lehre von dem Druck des Geheimnisses befreien und sie zum Gemeingut Aller machen wollte, die sich ihr widmeten. Anstelle der ägyptischen Gotteslehre – des Monismus – setzte er die persische des Zoroaster – den Dualismus – der das gute und böse Prinzip (Ormuzd und Ahriman) unterscheidet, in der Sittenlehre aber der des Pythagoras glich. Die persische ging mit griechischen Lehren ins Christentum über.
Pythagoras selbst blieb in Tarent solange wie dort die Aristokratie am Ruder blieb. Als sie gestürzt wurde, musste er abermals fliehen und fand in Metapont einen Unterstand. Doch brach auch dort die demokratische Revolution aus und ließ das Versammlungshaus der Pythagoräer in Rauch aufgehen. Vierzig Pythagoräer fanden dabei den Tod. Durch heldenmütige Aufopferung mehrerer Schüler konnte der ehrwürdige Lehrer gerettet werden. Er starb bald darauf im 90. Lebensjahr. Seinen Schülern soll er noch auf dem Sterbebett die Fortsetzung der von ihm gepflegten wissenschaftlichen Forschungen und besonders der mathematischen Musik ans Herz gelegt haben. Die Einwohner von Metapont sollen bei seinem Tode Teilnahme und Trauer bezeigt haben, weihten schließlich sein Haus zu einem Heiligtum der Demeter und nannten den Platz, auf dem es stand, das Museum. Noch Cicero, der berühmte Römer, suchte bei seiner Durchreise durch Metapont die ehemalige Wohnung des Pythagoras auf. Seine Witwe Theano, die nach Rhegium in Unteritalien übergesiedelt war, setzte dort die Schule fort. Nach Theanos Tod bestand sie noch einige Zeit unter eigenen Vorstehern, bis sie nach Kroton zurückberufen wurde und eine nochmalige kurze Blüte erreichte.
Wenn Orpheus der erste Sänger und der erste Theologe der Welt genannt werden darf, so Pythagoras ***der erste Philosoph und Professor***. Seine höhere Lehranstalt war die erste in ganz Griechenland. Mit ihm beginnt das wissenschaftliche Lehren und Lernen im großen Stil und nach bestimmten Regeln. An seinen Namen und sein Werk knüpft sich der hellenische Wissenschaftsbetrieb, der sich auch in der Anlage der ersten großen Bibliotheken zu Samos durch Polykrates, zu Athen durch Pisystratus und zu Alexandria durch Ptolemäus betätigte. Nach dem Vorbild des Pythagoras bürgerte sich in Griechenland die Sitte ein, die Sitze der höheren Schulen dem Getriebe der Städte zu entziehen und auf Landgüter und in Lustgärten zu verlegen. So hielt selbst in Athen Plato seine Schule auf einem solchen Landsitz: in dem Garten der Akademie. Nach diesem Ort sind unsere Akademien benannt. Der Unterschied zwischen diesen und der Schule des Pythagoras bestand nur darin, dass die modernen Hochschulen Stätten der freien Wissenschaft sein wollen. Pythagoras hingegen war durch seinen langen Aufenthalt in Ägypten und die dort genossene Erziehung mehr ein ägyptischer Priesterzögling als ein griechischer Freidenker. Seine Schule mit seiner Persönlichkeit mit ihrer abgeschlossenen Bildung und strengen Geistesrichtung. Er war nicht bloß der Gelehrte und Lehrer, sondern der Erzieher und Prophet, die letzte und höchste Instanz für alle seine Schüler. Wenn

man vom römischen Papst das Wort prägte: Roma locuta, causa finita (Rom hat gesprochen, der Streit ist erledigt), so schwuren die Schüler des Pythagoras auf das Wort des Meisters: Autos epha – „Er hat's gesagt!" Der ägyptische Priesterstand war auch der allein Wissende im Lande und darum der Herrschende. Die Priester waren wie die Druiden die Leiter der Regierung, die Verwalter und Richter des Staates und Volkes. So kamen auch die Schüler des Pythagoras, die nach gleichen Vorbildern erzogen waren, und die gleiche religiöse Weihe erhalten hatten, zu gleichen Gedanken und Bestrebungen. Auch die Pythagoräer wollten die Wissenden und Regenten sein. Und Plato sagte: Die Philosophen allein, das heißt die Gebildeten, sollen den Staat allein lenken.

Wie den Priestern in Ägypten, den Magiern in Chaldäa und den Druiden bei den Kelten, so verlieh den Pythagoräern die Aufnahme in ihren Geheimbund das Monopol des Wissens und das Privileg des Herrschens. Doch war diesem nur eine kurze Lebenszeit vergönnt. Das griechische Volk war eben von anderer Geistes- und Sinnesart als das der Ägypter, Babylonier und Kelten. Schauberg glaubt in seiner „Symbolik der Freimaurerei" den Sturz des Pythagoräerbundes zu Lebzeiten des Meisters auf die Herkunft seiner Lehre und des Mysteriums aus der Fremde schreiben zu dürfen. Allerdings war der Orpheus- oder Dionysoskult, dem Pythagoras huldigte, eigentlich aus Ägypten auf Griechenland übertragen. Nur der Name Dionysos und die Sprache des Zeremoniells war griechisch, die Fabel und die Form wie der Inhalt der orphischen Mysterien war ägyptische Kosmogenie, Theologie, Philosophie, Moral und Symbolik. Trotzdem erhielten sich die orphischen Mysterien durch Jahrhunderte in Griechenland und fanden ihre Fortsetzung in einer erweiterten und verbesserten Auflage in den Eleusinischen Mysterien wie im Mythrakult und Christentum. Die Art jedoch, wie Pythagoras die Wissenschaft und ihre Lehre den freieren Anschauungen der Griechen, die nicht an den orientalischen Despotismus noch an die Alleinherrschaft einer Kaste oder die Diktatur einer Klasse gewöhnt waren. Darum löste sich der freiere griechische Geist noch zu Lebzeiten des Pythagoras aus den ihm angelegten Fesseln los, indem sein Schüler Hippasos die Freiheit der Wissenschaft und ihrer Lehre proklamierte.

Der berühmteste Schüler des Hippasos war **Heraklit**, mit dem Beinamen „der Dunkle". Dieser Philosoph hat die Lehre des Anaximander von der Unvergänglichkeit des Stoffes in den Satz gekleidet: Panta rhei – alles fließt, alles ist im ewigen Fluss, Form und Inhalt verändern sich und die Stoffe erscheinen wieder in neuer Gestalt. In diesem Kreislauf liegt bereits das erst in der neuesten Zeit entdeckte Gesetz von der Erhaltung der Kraft, wie denn überhaupt ***moderne Entdeckungen*** schon im Altertum vorbedacht wurden. Wir stehen heut noch auf den Füßen der Alten, wenn auch der pythagoräische Bund seinen Stifter nur kurze Zeit überlebt hat. Mochte auch das Haus zerfallen, die Form zerbrechen, der Geist lebt in uns allen, er bleibt das fruchtbare Gemeingut der Griechen und der späteren Menschheit bis auf den heutigen Tag.

Wenn man in Werken über die Entdeckung Amerikas liest, dass Kolumbus aufgrund der mathematischen und astronomischen Berechnungen des Regiomontanus (des Johannes Müller aus Königsberg in Franken) und seines Schülers, des Nürnberger Seefahrers Behaim, der den ersten Globus hergestellt hatte, seine kühnen Pläne

entwarf, so wissen wir andererseits aus der Geschichte der Philosophie, dass die Kugelgestalt der Erde schon ein Bestandteil der Pythagoräischen Lehre war. Pythagoras selbst lehrte, dass die Erde rund sei und um die Sonne sich drehe. Wie Pythagoras betrachtete **Aristarchos** von Samos um 270 v. Chr. die Sonne als den Mittelpunkt der Erde. Wie Pythagoras eine Himmelskugel hergestellt hatte, so fertigte der Philosoph **Krates** im 2. Jahrhundert v. Chr. eine Erdkugel und sein Zeitgenosse **Eristothenes** bestimmte den Erdumfang richtig bis auf ein Achtel.
Plato im 4. Jahrhundert v. Chr. phantasierte von der Insel Atlantis im westlichen Meer und **Plutarch** 50 nach Chr. sprach bereits von einem Festland dortselbst. Sein Zeitgenosse **Seneka** im 1. Jahrhundert n. Chr. prophezeite in seiner „Medea“ die Zeit, da sich andere Länder im Westen aufschließen werden. Und der Sohn des Kolumbus machte in einem noch erhaltenen Band der „Medea“ die handschriftliche Bemerkung, dass gerade diese Stelle seinen Vater zu seinem Unternehmen bestimmt habe.
Gleich den Entdeckungen sind auch ***moderne Erfindungen*** verschiedener Art schon von den alten Philosophen vorbedacht und sogar vorgemacht worden. Aus der Geschichte der Technik lernen wir die Grundlagen erkennen, die durch das Vordenken und die Vorarbeiten der alten Philosophen geschaffen wurden. Trotz der beschränkten Arbeits- und Betriebsmittel haben sie schon die kompliziertesten Apparate, sei es zu Nutzzwecken, sei es zu experimentellem Spiel oder überhaupt nur zur Unterhaltung gefertigt. So sind in letzter Zeit oft genannt worden das automatische Puppentheater, der Weihwasserautomat, die Wasserorgel, die Feuerspritze, der Schröpfkopf, selbst der Ansatz zu einer Dampfmaschine. Wir wollen gar nicht reden von den kunstgerechten heiligen Straßen, die nach Delphi und Olympia führten, von den Hafen- und Tempelbauten, von berühmten Denkmälern und Befestigungen der Städte, von großartigen Wasserleitungen und Kulturarbeiten, wir erwähnen nur den Tunnelbau, der auf der Insel Samos auf zwei Seiten in Angriff genommen und so genau ausgeführt wurde, dass die Arbeiter in der Mitte zusammentrafen. Die Schriftentrümmer, die durch die Stürme des Altertums ins Mittelalter hinüber gerettet wurden, waren die Lehranweisungen für die modernen wissenschaftlichen Betriebe und praktischen Zwecke. Es genüge hier die Erinnerung an die Statik, die Maschinen, den Flaschenzug und andere Erfindungen des **Archimedes**, an die archimedische Schraube, sowie an den Heronsbrunnen. Der Philosoph **Heron** erfand verschiedene Apparate, darunter auch einen solchen für Geistererscheinungen. Archimedes und Heron waren auch die größten Künstler im Geschützbau. Die im Weltkrieg verwendeten Minenwerfer und andere Vernichtungswerkzeuge führen auf alte Vorbilder zurück. Dem Ersteren wird sogar die Kunst zugeschrieben, durch angesammelte Sonnenstrahlen mittelst des Brennspiegels auf größere Entfernungen feindliche Kriegsschiffe in Brand gesetzt und vernichtet zu haben – ein Gedanke, der an die elektrische Triebkraft, die Funkentelegraphie und andere Erscheinungen der neuen Physik erinnert. Unter den Philosophen waren sogar Landwirte, die in die Fußstapfen des Pythagoras traten und durch ihr Vorbild erzieherisch wirkten. Namentlich ist unter ihnen **Xenophon** zu nennen, der nebenbei ein vorzüglicher Gene-

ral und Schriftsteller war und uns in seinem „Oekonomikus“ ein Buch hinterließ, aus dem selbst unsere Gutsbesitzer und Sozialpolitiker noch etwas lernen könnten.

Wenn von Gelehrten behauptet wird, dass Pythagoras und seine Nachfolger keine ***neue Weltansicht*** erdacht haben, so ist das allerdings richtig. Diese ist ja auch die der indischen Brahmanen, die sich auf die pantheistische Alleinslehre und den Akosmismus stützt. Dieser ist das Gegenteil von Atheismus, der die Welt ohne Gott lehrt, während jener eine ideale, ganz vergeistigte Gottheit ohne Welt sich denken kann. **Xenophanes**, der Zeitgenosse des Pythagoras, huldigte einem entschiedenen Pantheismus und leugnete die vielen Götter. Sein Glaubensbekenntnis kleidete er in drei Worte: *Hen to panta* – das eine ist das All und Alles ist Eins und dieses Eins ist Gott. Unsere modernen Monisten würden den Philosophen als einen der Ihrigen verehren. Auch er führte gleich Pythagoras ein Wanderleben. Nach langem Aufenthalt in Ägypten ließ er sich in seiner Vaterstadt Kolophon nieder, wurde aber vertrieben und zog dann in Griechenland, Sizilien und Unteritalien unstet von Ort zu Ort, wo er sich endlich in Elea niederließ und dort im hohen Alter starb. Sein Schüler **Parmenides** setzte die Lehren und Lehrmethoden des Meisters fort. Nach einem verunglückten Versuch, seine Vaterstadt Elea in Unteritalien, nach der die Schule des Xenophanes den Namen Eleatische Schule trägt, vom Tyrannen zu befreien, zog er mit Parmenides nach Athen und hatte dort den berühmten athenischen Staatsmann Perikles zum Schüler. Parmenides stellte den Satz auf: „Das Sein ist (wirklich), das Nichtsein ist unmöglich. Das Eins aber ist das Alleinseiende und außer ihm gibt es nichts.“ Die Inder haben diese Lehre freilich bis zur äußersten Entsagung, ja bis zur Selbstvernichtung übertrieben und jene Richtung der griechischen Philosophen, die sich Zyniker nannten, erinnert in manchen Stücken an die Inder.

Von **Heraklit** dem Dunklen wusste schon das Altertum, er habe seine Feuerlehre aus dem persischen System des Zoroaster geschöpft und die wahre Lebenskraft der Dinge in dem reinen Licht, den Grund und Anfang alles Bösen, alles Luges und Truges in der entgegen stehenden Finsternis gesucht. Wie die Perser als Sonnen- und Feueranbeter die religiösen Widersacher der polytheistischen (d. h. Vielgötterei treibenden) Völker waren, so sprach sich auch Heraklits Schule gegen den Polytheismus aus. –

In **Empedokles** spiegelt sich die Weltansicht der Ägypter. Gleich einem ägyptischen Priester war er Arzt und Seher in einer Person, er kam sich vor wie eine Menschwerdung des göttlichen Geistes. Das irdische Leben erschien ihm nur als ein Läuterungsprozess auf dem Rückweg des Geistes zur Gottheit. Darum glaubte er an eine Seelenwanderung durch die Tierwelt und stürzte sich, um sein Aufgehen im göttlichen Geist zu beschleunigen, in den brennenden Ätna. –

Wie ein Nüchterner unter töricht Redenden erschien nach dem Ausspruch des Aristoteles der Philosoph **Anaxagoras**. Gleich den Juden trennte er das Wesen der Gottheit von dem Leben der Natur, die übrigens einer beständigen Einwirkung des göttlichen Geistes unterliegt. Auch ihm war darum, wie dem Hiob, die Frage über das Verhältnis der göttlichen Gerechtigkeit zu den Drangsalen der Menschen vorgelegt. Er löste dieses Problem mit der Annahme, Gott sei ein selbstbewusster Geist (griechisch der Nus), die verständige Ursache der ganzen Weltordnung, der vor der

Welt gewesen, alles voraussehe, alles ordne und schaffe. In Anaxagoras ist die Lehre vom absoluten Geist und von der absoluten Materie vereinigt. –

Dieser griechische Geist ist in **Sokrates** zur völligen Klarheit des wissenschaftlichen Denkens durchgedrungen, das sich die menschliche Selbsterkenntnis zur Selbstaufgabe stellt. Weil er aber die Götter leugnete, wurde er, als die alte konservative Partei ans Staatsruder kam, wegen Jugendverführung zum Tode verurteilt und musste den Giftbecher trinken. Sein Schüler **Plato** setzte an die Stelle der pythagoräischen Weltseele Gott als den reinen Geist, der nach seinen eigenen Ideen die ewige Materie gebildet und den Urstoff zur sinnlichen Wahrnehmbarkeit brachte. Man erkennt die Gottheit aus der Welt, weil das Geschöpf das Abbild des Logos in sich trägt. Dieser ist der Inbegriff des höchsten Verstandes, der göttlichen Weltvernunft. Man kann ihn in den Werken der Natur mit Augen sehen, hören, fühlen. Den obersten Weltenlenker selber, der die Einheit (griechisch To Hen), die Güte (T'agathon) und Vortrefflichkeit, die Idee der Ideen ist und der Urheber alles Vollkommenen, kann man nur mit dem Verstand ahnen. In Plato erreichte die vorchristliche philosophische Spekulation ihren Höhepunkt. Man erkennt in ihr den gesammelten und geläuterten Niederschlag aus der Vielheit der Mythologien aller Kulturvölker des Altertums mit Ausnahme der Römer, die den philosophischen Denkprozess des griechischen Geistes nicht weiter gefördert haben. Auf seinen Grundlagen entwickelte sich das Christentum als Evangelium des Geistes weiter. Paulus entschleierte in Athen den Altar, den dort heidnisches Religionsempfinden dem „unbekannten Gott" errichtet hatte.

Von den Schülern des Parmenides haben **Zeno** aus Elea und **Melissos** aus Samos das Werk des Pythagoras fortgesetzt, indem auch sie ihre Schulen mit dem Schleier des Erhabenen und Geheimnisvollen umgaben. Ganz besonders war dies beim ***Asklepiadenorden*** der Fall, der die von ihm betriebene ärztliche Kunst als heiliges Geheimnis bewahrte. So blieb die Medizin auch in Griechenland wie in ihrem Mutterland Ägypten eine Tochter der Theologie. Die Asklepiaden errichteten ihrem mythischen Patron Asklepios (lateinisch Aesculapius) einen Tempel, in dem sie den Gottesdienst verrichteten und auch die Kranken behandelten. Der berühmteste Tempel stand im Hain des griechischen Kurortes Epidauros, der den Besuch eines modernen Weltbades erreichte. Der Reisebeschreiber Pausanias gibt uns eine Schilderung, die kaum einen Zweifel lässt, dass die Priesterärzte sich bereits darauf verstanden, gewisse Krankheiten mittelst Narkose oder auch hypnotisch zu behandeln und mittelst Einschläferung schmerzlose chirurgische Eingriffe zu machen. Auch dies ist wieder ein Beweis, dass wichtige moderne Entdeckungen und Erfindungen im Gebiet der Medizin bereits im Altertum erdacht und geübt waren. Es ist kein Zweifel, dass die ärztliche Kunst durch die Asklepiaden, die sich vom Vater auf den Sohn vererbte, eine große Ausbildung und in **Hippokrates** ihren Höhepunkt erreichte. Dieser tat aber dem Geheimnis insofern einen schweren Eintrag, als er seine beruflichen Kenntnisse der Öffentlichkeit bekannt gab und sich dadurch einen bleibenden Weltruf begründete. Das noch bis in die neueste Zeit bei den medizinischen Doktorpromotionen gebräuchliche ***Jusjurandum Hippokratis*** (Schwur des Hippokrates) war eigentlich nichts anderes als der Mysterieneid der Asklepiaden.

Diese erhielten sich trotz der freien Konkurrenz von Berufsärzten, Pfuschern und Quacksalbern noch bis zum Ende des weströmischen Reiches gegen Ende des 5. Jahrhunderts.
Das Symbol (Zunftzeichen) der Asklepiaden war die heilige Schlange, der Basiliskos, das Attribut des ägyptischen Pharao (griechisch Basileus = König). Von phönizischen Kaufleuten soll die Heilschlange (ägyptisch Esmin genannt) nach Epidauros gebracht worden sein. Sie wurde von den Künstlern als Sinnbild der Hygiea, der Gemahlin oder Tochter des Asklepios, beigegeben. Die Schlange mit dem Giftbecher galt als Schutzmittel gegen Vergiftungen und Krankheiten aller Art und wurde so ein Zeichen des Lebens und der Gesundheit. Das Symbol der Hygiea wurde dann vom Christentum übernommen, zuerst von der gnostischen Sekte der Orphiker, dann von der rechtgläubigen Kirche selbst. Sie stellte seit dem 3. Jahrhundert den Evangelisten Johannes mit einem Kelch dar, aus dem sich eine Schlange erhebt. Noch heute trinken am Tage des Apostels die Gläubigen aus dem Kelch des Priesters den geweihten Wein (Johannessegen genannt) als stärkenden Trank gegen alle Leiden und Gefahren des Leibes. Auf den Inseln des griechischen Archipels sind die Mönche des heiligen Kosmos und Damianus noch heute als Ärzte und Nachfolger der Asklepiaden tätig. Die alten Apotheker pflegten auch in ihren Verkaufsläden die Schlange, das Symbol des Asklepiadenordens, anzubringen.
Dasselbe schmückt auch noch die Versammlungslokale der Freimaurer als Sinnbild des ewigen Fortlebens nach dem Tode, das auch auf die Schule des Pythagoras zutrifft. Auch das Wort und der Geist des Meisters sind unsterblich gleich dem himmlischen Geist und Äther, den er als das allbelebende und allerhaltende Element in die griechische Philosophie eingeführt hat. Das Ätherische, das Göttliche ist unzerstörbar und ewig. Autos epha – er selbst hat's gesagt.

Ein jedes Band, das noch so leise
Die Geister aneinander reiht,
Wirkt fort in seiner stillen Weise
Für unberechenbare Zeit.

(Platen)

Die Essäer

Was dunkle Zeit versteckt,
Wird mühsam offenbart,
Ein Denkmal wird gebaut
Und hier mit Fleiß verwahrt.

Eine große Ähnlichkeit mit den Geheimbünden der Druiden, Pythagoräer und Asklepiaden hat der Bund der Essäer[4], aus dem wahrscheinlich Johannes und Jesus hervorgegangen sind. Diese Gesellschaft war schon lange vor Christus im Norden des Landes Judäa in Galiläa entstanden und zählte in verschiedenen Ortschaften und Kolonien Tausende von Mitgliedern. Welchen Einflüssen dieselbe ihre Entstehung verdankt, ist nicht festzustellen. Dass der Anstoß zu ihrer Gründung aus dem Judenvolk oder gar aus dem Stande der Pharisäer oder Sadduzäer kam, wird von niemand geglaubt. Wohl aber ist es möglich, dass die Anregung durch die Handelsbeziehungen kam, die die Juden mit den Anwohnern Kleinasiens unterhielten. Seine Küsten waren nicht bloß von Griechen bewohnt, sondern auch von Kelten, die nach ihrer Vertreibung aus (dem heutigen) Deutschland zuerst nach den Balkanländern, dann nach Kleinasien gezogen waren und im Süden in einer Landschaft sich niedergelassen hatten, die von den Römern mit dem Namen der Gallier, also Stammverwandten der Ansiedler, den Namen Galata erhielt. Diese Kelten waren ein außerordentlich bildungsfähiges Volk. Das Fundament hierzu hatten sie schon aus ihrer Heimat mitgebracht und bestätigten es durch die rasche Aneignung der griechischen Weltsprache und Bildung.[5] Der Apostel Paulus muss also gute Gründe gehabt haben, warum er sein erstes Missionsziel gerade nach Galata richtete. In der Tat fand er dort schon bei seinem ersten Auftreten gutes Verständnis und konnte die erste Heidenchristen-Gemeinde begründen. Mochten doch diese Kelten in den Vorträgen über Jesus und seine Lehren eine ideale Auferstehung und Ausgestaltung der druidischen Überlieferung und Moral erkennen.

Die Erkenntnis dieser Zusammenhänge könnte dazu verleiten, eine geistige Verbindung des Essäerbundes mit dem galatischen Druidentum und dem pythagoräischen Bunde, die beide in Kleinasien nachwirkten, herzustellen. Das Gründungsjahr des Essäerbundes ist zwar unbekannt, doch darf man annehmen, dass es vor dem Jahr 160 vor Christus liegt, in dem jener zum ersten Mal erwähnt wird. Das Wort Essäer stammt wahrscheinlich von Asah, einem semitisch-chaldäischen Wort, das heilen heißt, also auf einen Teil des ägyptisch-chaldäischen Wissenschaftsbetriebes schließen lässt. Als griechische Übersetzung des Wortes Essäer gilt das Wort ***Therapeu-***

---

4 *„Die „Essener" oder „Essäer" waren eine vermutete religiöse Gruppe im antiken Judentum vor der Zerstörung des Jerusalemer Tempels (70 n. Chr.)." Quelle: Wikipedia.org Wir haben die Schreibweise des Originals belassen.*

5 Origenes (geb. 185) schreibt, dass die Gallier für die weisesten Völker des Altertums gehalten wurden. Und sein Zeitgenosse Diogenes Laertes leitet den Ursprung der Philosophie u. a. von den Galatern und sogar die Abstammung des Pythagoras von den Nordländern ab.

ten, eine Abart der Essäer in Ägypten, die sich auch Diener Gottes nannten, eine magische Heilweise betrieben und hierdurch an die Asklepiaden erinnern. Mit den Druiden und Pythagoräern hatten die Essäer die eigenartige Organisation, das gemeinschaftliche Eigentum, eine lange Prüfungszeit, das strenge Schweigegebot, den bescheidenen Lebensgenuss, die weiße Festkleidung, den Glauben an die alleinige und allgütige Gottheit, die Vorliebe für die Kenntnis der Natur und ihrer Heilkräfte, sowie die Brüderlichkeit der Gesinnung gemein. Die Liebe zu den Kindern, die Erziehung zur Herzensgüte, die Ehrfurcht vor dem Alter und die Übung der Wohltätigkeit waren die praktischen Auswirkungen der essäischen Lehre, die wir in der Lehre und dem Leben Jesu wieder betätigt finden. Auch die Taufe, das gemeinsame Abendmahl mit Gebet und Gesang und der Antrieb zum einwandfreien Leben, wie sie in der ersten christlichen Kirche üblich waren, erinnern lebhaft an essäische Einrichtungen und Gewohnheiten.

Der berühmte Jude **Philo**, der ein Zeitgenosse Jesu war, in Alexandria lebte und als Begründer der dortigen Philosophenschule betrachtet wird, hat über die Essäer in Palästina wie über die Therapeuten in Alexandrien geschrieben. Von den Ersteren sagt er, dass ihr Ursprung weit zurückliegt, dass sie das praktische Leben üben und in den meisten Stücken von den anderen Juden sich unterscheiden, während die Therapeuten das theoretische Leben anstreben. Diese kündigen ihrem Namen entsprechend eine Arzneikunde an, die nicht bloß die Leiber, sondern auch die Seelen heilen soll, wenn diese von Lüsten und Begierden, Traurigkeit und Furcht, Habsucht, Torheit, Ungerechtigkeit, Leidenschaften und Übeln beschwert sind. Zu diesem Zweck ergeben sich die Therapeuten der Natur und der Betrachtung des höchsten Seins, um, hingerissen von himmlischer Liebe zum Schöpfer des Weltalls, voll Entzücken, gleichsam wie Berauschte und Verzückte, das Ersehnte wirklich zu schauen. Sie entledigen sich in dem Verlangen nach dem seligen Leben des Besitzes ihrer Güter und der Verbindung mit ihren Angehörigen und Verwandten und suchen einsame Orte auf, um, ferne von der unsittlichen Gesellschaft der großen Städte, nur mit Geistesverwandten zu verkehren. Sie leben in gemeinsamen Wohnstätten dem Gebet, der religiösen Betrachtung, dem philosophischen Studium, lesen die Bücher Moses und die Propheten, singen Hymnen und geistliche Lieder. Ihre Versammlungslokale sind in zwei Abteilungen für Männer und Frauen geschieden. Sie leben keusch und enthaltsam. Die Mahlzeiten sind gemeinsam, einfach, Brot und Salz sind die Zuspeise, Wasser das einzige Getränk. Sie feiern streng den siebenten Wochentag und halten jede siebente Woche eine Festversammlung mit einem bescheidenen Festmahl ab, an dem auch die Frauen teilnehmen. Da sie Gegner der Sklaverei sind, besorgen jüngere Mitglieder die Bedienung. Der Beitritt zur Gemeinschaft ist nur Leuten gestattet, die von ehelicher Geburt und gutem Leumund sind. Während des Mahles wird eine Stelle aus den heiligen Schriften erklärt und besprochen. Auch werden Hymnen und Lieder nach der Reihe der Teilnehmer vorgetragen. Nach dem Mahl halten sie die heilige Nachtwache (Mette), bei der sie gemischte Chöre singen und Tänze aufführen. In den Augen Philos waren die Therapeuten wie die Essäer eine aus dem Judentum hervorgegangene und von diesem abgesonderte Gesellschaft von männlichen und weiblichen Aszeten[6].

Die gewöhnliche Meinung, dass Essäer und Therapeuten die nämliche Gesellschaft vorstellen, ist kaum richtig. Die Essäer waren auf Palästina beschränkt, Therapeuten gab es aber außerhalb Judäa. Diese nahmen junge Leute beiderlei Geschlechts als Mitglieder auf, die Essäer hingegen nur vollbürtige Männer und keine Frauen. Die Therapeuten hatten auch nicht die strenge Gütergemeinschaft der Essäer, sondern traten vor ihrer Aufnahme ihre Besitztümer an die Verwandten ab oder verschenkten sie. Die Therapeuten pflegten wohl die Enthaltsamkeit vom leiblichen und geschlechtlichen Genuss, aber kannten das Eheverbot der Essäer nicht. Diese gestatteten die Ehe nur einzelnen auserlesen gesunden und kräftigen Mitgliedern, um mit deren Sprossen und den angenommenen Kindern anderer Leute einen tüchtigen Nachwuchs heranzuziehen. Sie beachteten auch die jüdischen Feiertags- und Speisegesetze streng und schlossen sich von der Berührung mit Nichtjuden möglichst ab. Die Therapeuten waren strenge Aszeten, die tagsüber fasteten. Die Essäer dagegen nahmen täglich zwei Mahlzeiten, zu denen sie, jeder sauber gewaschen und im weißen Festkleid, antraten. Mit Unrecht werden die Therapeuten für Philosophen nach griechischer Art gehalten. Ihre philosophische Spekulation erstreckte sich nach Philo nur auf jüdische Schriften. Eine Reihe von alten Kirchenschriftstellern hielt sie für die ersten Vertreter des ägyptischen Mönchtums, sie waren aber vornehmlich nur Aszeten. Während sie Philo für jüdische hielt, halten neuere Forscher sie für christliche Aszeten, die nach dem Aufkommen des Christentums vor den Verfolgungen der orthodoxen Juden aus Jerusalem oder vor den Verfolgungen der Heiden aus Rom u. a. O. ausgewandert waren und nun in Ägypten, abgesondert von den gehässigen Rassegenossen und Christenfeinden, ihrem Glauben lebten. Dafür spricht, dass die Therapeuten wie die ersten Christen in Jerusalem ihre Habe hingaben und auch, wie Philo bezeugt, mit zum Himmel gehobenen Händen und Augen beteten. Ihr Verhalten bei den Zusammenkünften entspricht ebenfalls der christlichen Gewohnheit. Sie feierten wie die Christen der ersten Zeit das Abendmahl mit gesäuertem Brot und die bei diesen, nicht bei den Juden, vor den hohen Festtagen üblichen Nachtwachen. Die Aufnahme und Teilnahme der Frauen in ihre Gemeinschaft ist ebenfalls ein Beweis, dass die Therapeuten Judenchristen waren. Denn in Alexandria war das jüdische Weib geistig so verwahrlost, dass es der Jude Philo selbst mit Kindern zusammenstellt und zu jeder Geistesbildung für unfähig hält. Er sieht im Judenweib ein ganz von Sinnlichkeit beherrschtes Wesen, das nur für das Kindergebären und als „Hauspudel" sich eignet. Davon, dass sich die eingeborenen Judenfrauen mit philosophischen Forschungen befassen konnten, wie sie bei den Therapeuten üblich waren,

[6] *Wie im Original „Aszeten". „Aszetik (von griechisch askesis: Übung, Verzicht) ist eine theologische Disziplin, die sich mit Askese beschäftigt. Es geht um die Aufgaben einer Daseinsbewältigung, vor allem im Blick auf ein anstrengendes Streben nach Vollkommenheit. Die Wege zur Vollkommenheit aufzuzeigen und dazu anzuleiten, ist Kern der Beschäftigung mit den Vorbildern, mit der Heiligen Schrift und mit der Tradition und Praxis der jeweiligen Religionsgemeinschaft." Quelle: Wikipedia.org*

konnte bei ihrem Mangel an intellektueller Bildung gar keine Rede sein. In Palästina selber versahen die Frauen und Töchter der Priester Dienste im Heiligtum beim Chorgesang und Reigentanz, der vielfach einen religiösen Charakter hatte. Beim Jahresfest in Silo scheinen sogar nur Jungfrauen getanzt zu haben. Einige gelehrte Forscher kommen zu dem Schluss, dass die Stifter und führenden Mitglieder der Therapeuten-Gesellschaft in Alexandria vielleicht jene Rabbiner und ihre Angehörigen waren, von denen die Apostelgeschichte berichtet, dass sie um ihrer Hinneigung zum Christentum willen schwere Anfeindungen durch die Pharisäer und ihren Anhang zu erdulden hatten.

Außer von Philo wurden die Therapeuten von zeitgenössischen Schriftstellern nicht erwähnt. Sie scheinen also weder durch ihren Umfang noch ihre Wirksamkeit und Dauer die Beachtung gefunden zu haben, deren sie in der neueren Literatur für würdig befunden wurden, weil sie eben von dem bedeutenden Philosophen Philo in einer Abhandlung mit den Essäern eingehend erwähnt wurden. Nicht wenige deutsche Gelehrte haben die Quelle des Therapeutentums im Neupythagoräismus (einer griechischen Philosophenschule) gesucht. Allerdings bestehen einige Ähnlichkeiten zwischen diesem und jenem. So enthielten sich auch die Neupythagoräer des Weingenusses, huldigten der allegorischen Auslegung der alten Schriften, der Zahlensymbolik, der Lehre von der Unsterblichkeit der Seele, dem Vorzug der Ehelosigkeit und dem gemeinschaftlichen Leben. Aber das alles taten sie nur akademisch, nur in der Idee, nicht in der Tat. Mehr Beachtung als die Therapeuten verdienten die Essäer, zumal verschiedene Gründe dafür sprechen, dass aus ihnen **Johannes** und **Jesus** hervorgingen. Zweifellos tragen die Reden Jesus, seine Lehre, seine Sitte, sein Charakter, seine Handlungen und sein Tod essäischen Charakter. Die Taufe war die Zeremonie bei der Einweihung in den Essäerbund. Johannes hat den zum Manne herangereiften Jesus getauft. Der Ritus in den ersten Christengemeinden, die gemeinsamen Mahle der Essäer und die Liebesmahle (Agapen) der Christen, sowie die Preisgabe irdischer Güter an die Gemeinschaft haben eine große Ähnlichkeit. Die Annahme, dass Jesus von seinem 12. bis zum 30. Jahr, also bis zu seinem öffentlichen Auftreten bei den Essäern weilte, scheint dadurch begründet zu sein, weil die Evangelien aus diesem Zeitraum nichts von Jesus wissen. Auffallen muss auch, dass wohl der Name anderer jüdischer Sekten wie der Pharisäer und Sadduzäer, häufig in den Evangelien und Briefen der Apostel vorkommt, nicht aber der Name der Essäer. Man will darin eine Wirkung des Schweigegebotes erkennen, das die Essäer bei der Aufnahme in ihren Bund mit einem furchtbaren Schwur bekräftigen mussten. Stammten doch auch die Apostel aus der Seegegend, die in jenem Teil Galiläas lag, wo die Essäer ihre Hauptniederlassungen hatten. Dass die Apostel starre Anhänger des jüdischen Gesetzes waren, spricht keineswegs dagegen, sondern dafür, dass die Essäer orthodoxe Juden waren. Paulus, der ein weltbewanderter und besser gebildeter Mann war, hatte schwere Arbeit, um seinen Brüdern in Christo begreiflich zu machen, dass sie mit ihrem Festhalten an den jüdischen Gesetzen (Speisegeboten, Beschneidung usw.) die christliche Gemeinde nicht ausbreiten, noch das Gebot des Meisters, sein Evangelium allen Völkern zu lehren, erfüllen könnten.

Jesus selbst hielt das Schweigegebot, indem er seinen Jüngern erklärte: er könnte ihnen noch nicht alles sagen, weil sie nicht alles fassen könnten. Bischof Eusebius, der Vater der Kirchengeschichte, der im 3. Jahrhundert gelebt hat und wahrscheinlich aus Palästina stammte, behauptet geradezu, dass die Christen mit den Essäern verwandt waren. Wenn **Jesus** und **Paulus** in einzelnen minderen Dingen von den Lehren und Gebräuchen der Essäergemeinde abwichen, so wird dies aus den größeren Zwecken der Weltreligion erklärlich, die jene verkündigten. Indem aber Jesus den ganzen moralischen Inhalt des Alten Testaments auf das Gebot zurückführte: Gott mit ganzem Herzen und seinen Nächsten wie sich selbst zu lieben, umfasste er die essäische Liebe zu Gott und die Liebe zur Tugend. Im Gegensatz zu jenen Juden aber, die unter dem Nächsten nur den Juden verstanden und gleich den Griechen die anderen Menschen als unreine Barbaren verachteten, predigte der Weltapostel die Liebe zur Menschheit. Er befand sich damit völlig im Einklang mit seinem Meister Jesus, denn dieser hat niemals und nirgends den Rassenhass gepredigt. Seine Unbefangenheit gegen Nichtjuden mag schon von seinem Aufenthalt in Ägypten datieren, wo er seine Knabenzeit zugebracht hatte. Selbst der Talmud, das große jüdische Sammelwerk, zu dem auch Rabbiner aus der ersten christlichen Zeit Beiträge geliefert haben und das an einigen Stellen mit fanatischem Ingrimm über Jesus sich auslässt, bestätigt jene Angabe des Matthäus-Evangeliums, indem er Jesus in Begleitung eines Rabbi Joschua ben Parahyah nach Ägypten fliehen lässt, um den Verfolgungen des Judenkönigs zu entgehen. In Ägypten hatte er offenbar auch eine gute Schule und Erziehung genossen, sonst hätte er als angehender Jüngling beim Tempelbesuch in Jerusalem durch sein Wissen nicht das Staunen der ihn ausfragenden Rabbiner zu erregen vermocht.

Der Talmud redet Jesus weiter nach, er habe nach seiner Rückkehr aus Ägypten eine Sekte von Abfalljuden gegründet. Mit diesen Abfalljuden sind wohl die Essäer gemeint, die aber schon seit langer Zeit bestanden. Jesus stammte aus dem Gebiet, wo die Essäer ihre Hauptniederlassungen hatten, so dass wegen der Herkunft und Religion seiner Aufnahme in ihren Bund keine Hindernisse im Wege standen. Mochte er auch keine Ader von dem Rassenhass besitzen, mit dem die Pharisäer und die anderen Bewohner von Jerusalem und Judäa nicht bloß die Angehörigen anderer Völker, sondern sogar die Bewohner von Galiläa und Samaria verachteten, konnte seine weltläufige Art bei den Essäern, obschon auch sie sich an das Mosaische Gesetz hielten, keine Bedenken auslösen. Denn sie waren es von jeher gewohnt, in ihrem Lande mit Syriern, Arabern, Phöniziern, Griechen und neuerdings mit Römern zusammen zu leben und gegenseitige Duldung zu üben. Einen Beweis für das gute gesellschaftliche Verhältnis der verschiedenen Nationalitäten in Galiläa liefert das Evangelium des Lukas 7, 5, wo der römische Hauptmann von Kapharnaum erwähnt wird. Dieser Heide hatte die dortige Synagoge erbaut, worin Jesus seine himmlischen Predigten vortrug. Wir dürfen also annehmen, dass Jesus mit seinem menschenfreundlichen Wesen, seiner höheren Begabung und besseren Bildung den essäischen Bundesbrüdern und Bundesschwestern willkommen war. Solche waren wohl unter den Brüdern und Schwestern Jesu verstanden, von denen das Evangelium spricht, wenn man nicht leibliche Geschwister annehmen will. Nachdem er seine

Probejahre im engeren Zusammensein mit den Essäern verbracht hatte, ließ er sich von Johannes die vorgeschriebene Taufe erteilen.

Gemäß der Erziehung im Essäerbunde, die jener bei den Pythagoräern und Druiden gleicht, trat Jesus als Arzt und Wundermann auf und begründete damit den Ruf, der ihm auf seinen Wegen vorangeht. Er verbannt als der starke El den Ahriman (Teufel) mit seinem Anhang oder die sieben Erzdiws in die Wüste, lässt die bösen Geister in die Schweine fahren, bringt dem kananäischen Weibe den Glauben an ihn als Teufelsbanner bei und führt sie so zum Heile. Jesus berührt die schlimmste Seite des Judenglaubens, indem er seine feuereifernden Verehrer, die Söhne des Fischers Zebedäus, Jakobus und Johannes, als Boanerges, das heißt als Söhne des Heidengottes Zeus bezeichnet. Sein Wort und Werk ist den Mühseligen und Bedrängten ohne Unterschied der Nation und Religion gewidmet. Als Strafprediger tritt er nur gegen die herrschenden Klassen in Judäa, die Pharisäer und Zöllner, die frömmelnden Heuchler und knorzenden Reichen auf, während er für andere Volksgenossen und sogar für die den Juden am meisten verhassten Samariter freundliche Worte hat. Er setzt die letzteren sogar als mustergültiges Beispiel dem gefühllosen Pharisäer gegenüber, führt seinen Jüngern den Hauptmann von Kapernaum rühmend vor und erklärt die Steuerzahlung an den heidnischen Kaiser als jüdische Bürgerpflicht. Wie sehr ihn die Heiden zu würdigen verstanden, dafür ist nicht bloß das Verhalten des erwähnten Hauptmannes ein Beweis, sondern auch die Einladung jener Griechen, die noch am Palmsonntag mit ihm zusammentrafen und ihm eine sichere Zufluchtsstätte in ihrer Heimat anboten, um sein Leben gegen die ihn tödlich hassenden Juden zu retten. Selbst noch unter dem Kreuz bekennt sich der römische Hauptmann, der den Exekutionstrupp befehligte, zu Jesus als einem wahren Gottessohn. Und der Hauptmann von Cäsarea ist einer der ersten und begeistertsten Christen.

Dass Jesus auch unter den Frauen eifrige Verehrer fand und nach seinem Tode ihre Zahl sich mehrte, wird schon durch seine Stellung gegenüber dem Weibe erklärlich. Waren doch auch die Essäer, obschon sie die Ehelosigkeit vorzogen, keine Feinde des weiblichen Geschlechtes, wofür auch schon ihre liebevolle Sorge für die Kinder spricht, die auch auf Jesus übergegangen war. Sein gutes Herz fand selbst für ein gefallenes Weib wirksame Worte der Verteidigung, für das die Juden nur Steine hatten. Auch der Apostel Paulus betrachtete, obwohl er in seiner syrischen Heimat nur rabbinische und griechische Bildung genossen hatte, die Frauen nicht als minderwertige Wesen, wenn er ihnen auch nicht gestattete, in der Gemeindeversammlung mitzureden. Aber er wehrte ihnen die Teilnahme an dieser nicht. Hätte er sie vom Gemeindeleben ausschließen wollen, würde er sicher gegen Jesu Meinung und Gebot verstoßen haben. Ihre Zurücksetzung hätte auch der damals in den östlichen Mittelmeerländern herrschenden griechischen Sitte widersprochen. Schon Pythagoras hatte den Frauen und namentlich seiner eigenen Frau, der Mutter seiner sieben Kinder, große Ehren erwiesen. Die Teilnahme der Frauen an den griechischen Mysterien, die allerdings stellenweise sehr ausartete, scheint von Pythagoras aus Ägypten nach Griechenland übertragen worden zu sein. Dort gab es auch Priesterinnen, die aus der Priesterkaste oder dem königlichen Geschlecht entnommen waren. Auch bei den Kelten gab es weibliche Wesen, die gewisse priesterliche Dienste verrichte-

ten, so dass der Gelehrte Richter in der Enzyklopädie von Ersch und Gruber (I. Band XXVII, S. 492) die Behauptung aufstellt, Pythagoras habe nach dem Vorbild und in Nachahmung der Druiden an seinem Bunde auch Frauen teilnehmen lassen.
Die Ansicht, dass Jesus aus dem Essäerbunde hervorgegangen, wird auch damit begründet, dass er und die Essäer ***keine schriftlichen Aufzeichnungen*** hinterlassen haben. Wohl war schon in den ältesten Zeiten der Kirche ein „Hirtenbrief unseres Herrn Jesu Christi an die Gemeinde zu Laodizea“ (Offenbarung Johannes 3, 14) bekannt, allein er wurde nicht als echt anerkannt. Dieser Hirtenbrief wurde in einer alten Übersetzung zugleich mit einer alten Handschrift des so genannten Kiliansevangeliums im Jahre 1890 beim Umbau eines Hauses in der Oberthürgasse zu Würzburg in einem Versteck hinter dem Hausaltar des Stiftskapitulars und Theologieprofessors Dr. Oberthür gefunden, der dem Freimaurerorden angehört hat. Das Kiliansevangelium deckt sich mit der „Lehrc der 12 Apostel an die Völker“, einer Schrift, die in den ersten Jahrhunderten unserer Zeitrechnung als ein Teil der Heiligen Schrift betrachtet, aber dann von Rom ausgemerzt und verboten wurde. Sie blieb indessen in der von Rom unabhängigen irischen Kirche und bei den von ihr zu uns entsandten Missionaren in Gebrauch. Der heilige Columban trumpft sie als seinen maßgebenden evangelischen Leitfaden in einem Brief an den Papst aus und das fränkische Volk hat sie nach der Ermordung seines ersten Glaubensboten, des hl. Kilian, allen Verboten zum Trotz insgeheim unter dem Namen Kiliansevangelium von Geschlecht zu Geschlecht überliefert. Vermutlich diente sie auch jener Richtung des Freimaurerordens, dem Oberthür angehörte, als Grundlage seiner religiösen Belehrung. Sie deckt sich mit dem Text eines 1875 von dem griechischen Metropoliten Philotheos Bryemios in der Bibliothek des Patriarchen von Konstantinopel aufgefundenen Pergamentinschrift. Die Morallehre und Verfassung, die in ihr vorgetragen wird, stimmt auch mit den essäischen Auffassungen und Einrichtungen überein. Aus diesem Grunde folgt hier der Abdruck der Schriftstücke, die auch Einblick in die Verfassung der ersten Christengemeinden geben.

Der Hirtenbrief unseres Herrn Jesu Christi

Das spricht der Amen, der treue und wahre Zeuge, der Urgrund der Schöpfung Gottes:
Ich kenne Eure Werke, dass Ihr weder kalt noch warm seid. O wenn Ihr nur kalt oder warm wäret. Weil Ihr aber lau seid, und weder kalt noch warm, so werde ich Euch ausspeien aus meinem Munde.
Ihr sprecht: wir sind reich und haben in Hülle und Fülle und brauchen nichts. Ihr wisst aber nicht, dass Ihr elend seid, jämmerlich elend, arm, blind und nackt.
Ich gebe Euch den Rat: kauft Euch Gold von Mir, das im Feuer geläutert worden ist, damit Ihr reich werdet. Kauft weiße Kleider, auf dass Ihr die Schande Eurer Blöße verdecken könnt. Kauft Salbe für Eure Augen, auf dass Ihr wieder sehet.
Die Ich lieb habe, die warne Ich und züchtige sie scharf. Werdet deshalb eifriger und kehret um!

Seht! Ich stehe vor dem Tore und klopfe an. Wer meinen Ruf hört und mir öffnet, unter dessen Dach will Ich gehen und das Mahl mit ihm nehmen und er mit Mir.
Wer sich überwindet, den will Ich neben Mir auf den Thron setzen, sowie auch Ich überwand und neben meinem Vater auf seinem Thron mich setzte.
Wer Ohren hat zum hören, der höre, was der Geist den Gemeinden verkündigt!

Diesem Hirtenbrief ist folgende Bemerkung angefügt:
Ich bin der Amen, spricht der Herr. Amen heißt: Es geschehe! Der Herr Jesus Christus ist der Amen, das ***Wort***, das zur ***Tat*** geworden. Sein Wort ist die ***Wahrheit*** und seine Tat die ***Liebe***, welche warnt, züchtigt, läutert.
Die Lauheit ist dem Herrn ein Gräuel. Das laue Wasser speit man aus, weil es den Ekel erregt. Lieber sind dem Herrn die Feinde, die kalten Hass äußern: sie kann er mit Zeit, Geduld und Eifer mürbe machen. Der Herr will vor allem Jünger mit warmer ***Begeisterung für das Große, Schöne und Edle***. Ohne Begeisterung kann man seinen Geist nicht erfassen, noch ihn aufnehmen, noch anderen ausgießen.
Die Lauheit macht gleichgültig. Die Lauen bilden sich in ihrer Dünkelhaftigkeit ein, alles zu kennen, sie halten sich für reich an Tugend, Weisheit und guten Werken. Und doch sind sie so arm, blind und nackt! Sie brauchen das durch Erfahrungen und Leiden geläuterte Gold der Wahrheit. Die weißen Kleider (bei der Taufe) sind das Zeichen der Unschuld und guten Werke. Die Salbe ist für die Augen, damit sie die Weisheit erkennen. Wir brauchen ***Licht, Liebe und Leben für die Wahrheit***. Das ist das Gold, das wirklich reich macht. Das sind die Kleider, welche die sittlichen Blößen bedecken. Das ist die Stärkung für die Augen, um die Schätze der wahren Religion zu finden.
Die Lauen will der Herr zur Erkenntnis ihrer geistigen Armut, Blindheit und Nacktheit bringen. Er klopft bei ihnen an und ruft ihnen zu, und wann sie auf ihn hören, dann vereint er sich mit ihnen, er teilt mit ihnen das Mahl und den Thron der Glückseligkeit. Der Herr ist das Wort und die Tat, die Wahrheit, Liebe und Treue, die Kraft und die Macht und die Herrlichkeit in Ewigkeit. Amen ! – –

Das Kiliansevangelium

Die „Lehre der 12 Apostel an die Völker" enthält keine besondere Dogmenlehre, sondern nur die aus dem Essäerbund ins Christentum übertragene Sittenlehre samt Kultusvorschriften, die in folgende Sätze zusammengefasst ist:

1. Kapitel: Es gibt zwei Wege: der eine ist der des Lebens, der andere des Todes. Der Abstand zwischen beiden ist groß.
Der Weg des Lebens ist: Liebe den Nächsten wie Dich selbst! – Liebe Gott, deinen Schöpfer! Was Du nicht willst, das man Dir tu', das füg' auch keinem andern zu! Dies ist die Religion des Christentums, das Gebot des Glaubens, das Evangelium der Liebe, der Urgrund der Hoffnung, die Grundlage der Freiheit.
Segnet, die euch fluchen, betet für eure Feinde und Verfolger! Falsch ist der Wahn, dass es genug sei, bloß die zu lieben, die euch lieben! Das tun auch die Heiden. Ihr

sollt mit eurer werktätigen Liebe die Welt umfassen, dann werdet ihr die Menge eurer Feinde am leichtesten überwinden.
Ihr müsst ***Selbstverleugnung und Selbstenthaltung*** pflegen, wenn ihr die Welt erobern wollt. Wer dir auf diesem Wege einen Schlag auf die rechte Wange gibt, dem reiche auch die andere.
Die Welt gewinnen, um die Menschheit über die Erde zum Himmel zu erheben, heißt sich über das Irdische erheben, Unrecht ertragen und kein Recht für sich nehmen, das man ohne Anwendung von Gewalt nicht nehmen kann.
Wenn dir Einer den Mantel nimmt, gib ihm auch den Rock. Gib dem, der dich um eine Gabe bittet, und verlange sie nicht zurück. Denn unser Vater will, dass alle teilhaben an den Gaben der Erde. Doch erkenne den, welchem du gibst, bevor du ihm gibst. Wer aber ohne Not nimmt, dem wehe! Er wird Rechenschaft ablegen müssen.

2. Kapitel: ***Verübt nichts gegen Leib und Leben des Nächsten***, keinen Mord, keinen Ehebruch, keine Knabenschändung, keine Unzucht noch Zauberei oder Giftmischerei. Zerstört nicht das werdende Leben, mordet nicht die neugeborenen Kinder. Vergreift euch nicht am fremden Eigentum, schwört keine Meineide, gebt keine falschen Zeugnisse, redet von niemandem übel und tragt keinem etwas nach. Seid nicht zweisinnig noch doppelzüngig. Die Doppelzüngigkeit ist eine Galgenschlinge. Euer Wort sei reine Wahrheit, eure Rede kein leeres Geplapper, sondern die Ausübung einer Tat. Ferne sei von euch Falschheit, Heuchelei und Hochmut. Sinne keine Bosheit gegen den Nächsten! Hasset keinen Menschen. Belehret die Irrenden, bittet für die Reuigen und liebet die Guten über eure Seele.

3. Kapitel: ***Meide das Arge und was ihm ähnlich sieht.*** Meide vor allem den Zorn, denn er verleitet zum Mord. Sei nicht streitsüchtig noch leidenschaftlich, werde auch kein Zelot, kein finsterer Glaubenseiferer, denn das alles führt zum Unrecht und Verbrechen. Mein Sohn, meide die Lüsternheit, denn sie verleitet zur Unzucht. Führe keine schlüpfrigen Reden, noch schlage die Augen zu hoch auf. Denn dies alles führt zu Ehebrüchen.
Mein Sohn, ***meide die Wahrsagerei***, denn sie verleitet zum Aberglauben und zur Götzendienerei. Sieh die nicht an, welche gewerbsmäßig als Beschwörer, Propheten und Wunderdoktoren auftreten. Denn aus allem geht Aberglauben und Götzendienst hervor.
Mein Sohn, ***meide die Lüge***, denn sie führt zum Diebstahl. Sei nicht gierig nach Geld noch eitler Ehre. Denn dies alles führt zu Diebstählen.
Mein Sohn, ***meide das Fluchen***: denn das verleitet zum Lästern. Sei nicht frech noch boshaft. Denn aus allem gehen Lästerungen hervor.
Sei sanftmütig, denn durch Sanftmut wird die Welt erobert. Sei langmütig und gutherzig und überhaste nichts. Überhebe dich nicht und verbanne die Verwegenheit aus deiner Seele!
Dein Sinn erniedrige sich nicht vor den Großen und Hohen, verkehre mit den Gerechten und auch mit dem niederen Volke.

Nimm Mühsale und Widerwärtigkeiten auf dich, die Geduld ist eine Tugend, welche Nutzen bringt.

4. Kapitel: Mein Sohn, ***bewahre immer ein gutes Gedenken*** an den, der dir diese Lehren verkündet und einprägt. Dann ist der Herr mit dir. Verkehre mit guten Menschen und erfreue dich an ihren Reden. Stifte keine Spaltung, sondern vermittle unter den Streitenden. ***Urteile ohne Ansehen der Partei und Person***, wenn die Fehler Rügen und Strafen verdienen, ohne Rücksicht auf dich selbst und deinen Vor- und Nachteil.

Mein Sohn, ***werde nicht ein solcher, der bloß zum Nehmen die Hand öffnet***, zum Geben aber zusammenhält. Gib von dem, was du dir ehrlich erworben hast, als Opfer für deine Sünden. Deine Gaben sollen dich niemals reuen, denn du weißt, wer den Lohn vergelten wird. Ziehe deine Hand nicht ab von den Dürftigen. Lass auch deinen Nächsten teilhaben an deinen Gütern und sage ihm nicht, es sei bloß dein Eigentum. Wollt ihr teilhaben an unvergänglichen Gütern, so müsst ihr die Anderen nicht ausschließen von den vergänglichen Gütern.

Ziehe deine Hand nicht zurück von deinem Sohn oder deiner Tochter und unterweise sie von Jugend an in der Furcht des Herrn. ***Du sollst auch deinen Knecht und deine Magd, die auf den nämlichen Gott ihre Hoffnung setzen, nicht schlecht und würdelos behandeln***; denn sonst werden sie den Herrn nicht mehr fürchten, der über euch allen steht. Denn er sieht nicht nach dem Ansehen einer Person, sondern er kommt nur zu denen, welche ihren Geist für ihn zugerichtet haben. Umgekehrt sollt ihr Knechte und Mägde eurer Herrschaft untertan sein und sie mit Rücksicht und Ehrfurcht behandeln.

Lasset die Heuchelei und Wohldienerei, denn sie missfallen dem Herrn. Bekennet euch zu eurem Glauben, den ihr empfangen habt, ohne etwas hinzu- oder wegzutun. Befolgt die Gebote, die wir euch gelehrt haben. Bekenne in der Gemeinde (der Gläubigen) deine Sünden und gehe nicht zum Gebet und Abendmahl mit bösem Gewissen. Das ist der Weg des Lebens.

5. Kapitel: ***Der Weg des Todes ist voll Bosheit und Fluch!*** Alle Todsünden, Mord, Unzucht, Ehebruch, Giftmischerei, Diebstahl, Raub, Meineid, Götzendienst, Heuchelei, Doppelzüngigkeit, Tücke, Hochmut, Niedertracht, Habsucht, Verleumdung, Neid, Frechheit und Großsprecherei liegen auf diesem Wege. Den Todesweg wandelt, wer die Guten verfolgt, die Wahren hasst, die Lüge liebt, die Gerechtigkeit verachtet, die Tugend verstößt und Schlimmes sinnt. Den Todeswandlern ist unbekannt die Milde und Geduld. Sie lieben das Eitle und Vergnügliche, streben nach Geld, haben kein Herz für die Armen, kümmern sich nicht um die Kummervollen, gedenken nicht des Schöpfers. Zu ihnen gehören die Kindermörder, welche Gottes Ebenbild vernichten, die Reichen, welche die Dürftigen von ihrer Türe weisen, die Wucherer, welche die Bedrängten pressen, die Advokaten, welche der Habgier der Reichen dienen, die Richter, welche die Not nicht würdigen. Das sind die Sünder! Lasst euch retten, ihr Kinder, von all diesen Gefährden!

6. Kapitel: Hütet euch vor solchen, deren Lehre außer diesem Bereich liegt, denn sonst werdet ihr euch von diesem Lebensweg abwenden. Kannst du nicht gleich ganz vollkommen sein, so trachte, es zu werden. Übe dich in der Selbstverleugnung und Selbstentfaltung, soviel du kannst. Nur von allem Götzendienst halte dich fern. Auch lebende Götzen sollst du nicht achten, denn auch das ist der gleiche Dienst wie jener der toten Götter.

An diese Kapitel über die Sittenlehre schließen sich die ***Vorschriften über die Aufnahme in die Gemeinschaft*** und die sonstigen Vorschriften an, die einen Einblick in das Leben und Zeremoniell der ältesten christlichen Gemeinden gewähren, die jenem der Essäer nachgeahmt sind.

7. Kapitel: Wer in unsere Gemeinschaft treten will, empfängt zum Zeichen und zur Weihe ***die Taufe***. Lehret ihm aber das, was wir bisher gelehrt haben, dann nehmt ihr ihm das Gelübde ab und taufet ihn mit fließendem Wasser auf den Namen des Vaters, des Sohnes und des Heiligen Geistes. Habt ihr kein fließendes Wasser, so genügt auch ein anderes Wasser. Und wenn ihr kein kaltes habt, so nehmt warmes. Habt ihr nicht genug Wasser, um den Täufling unterzutauchen, so schüttet auf sein Haupt dreimal Wasser auf den Namen des Vaters, des Sohnes und des Heiligen Geistes. Auf die Taufe aber soll sich der Taufende wie der Prüfling durch Fasten vorbereiten, und ebenso ein Mitglied der Gemeinde, der als Zeuge (Pate) beistehen soll.

8. Kapitel*:** Eure Fasttage sollt ihr nicht mit den Pharisäern der Synagoge halten. Diese fasten am zweiten und fünften Tag der Woche. Ihr sollt den vierten und sechsten Tag halten, denn der Mittwoch ist die Einleitung zum Leiden des Herrn, der Freitag sein Todestag. Auch sollt ihr die ***Gebete nicht mit den Pharisäern halten, welche so viel plappern, sondern ihr sollt zu den 3 Tageszeiten (mittags und abends) einfach beten wie der Herr:
Vater unser, der Du bist in dem Himmel. Geheiliget werde Dein Name. Zu uns komme Dein Reich! Dein Wille geschehe im Himmel und auf Erden. Gib uns heute unser genügendes Brot. Vergib uns unsere Schuld, wie auch wir vergeben unseren Schuldnern. Führe uns nicht in Versuchung. Sondern erlöse uns vom Übel. Denn Dein ist die Macht und Herrlichkeit in Ewigkeit!
(Der letztere Zusatz fehlt in den älteren Handschriften des Matthäus-Evangeliums, weshalb er von den Katholiken weggelassen wird, die orientalische und evangelische Kirche dagegen hat ihn beibehalten mit der Änderung: „denn Dein ist das Reich usw.“).

9. Kapitel: Beim ***Brudermahl*** (Abendmahl) sollt ihr sprechen zuerst über den Becher die Worte: „Wir danksagen Dir, Vater unser, für den heiligen Weinstock Davids, Deines Dieners, den Du uns kundgetan hast durch Jesus, Deinen Diener. Dir sei die Herrlichkeit in Ewigkeit!“ – Über das gebrochene Brot sollt ihr sprechen: „Wir danksagen Dir, Vater unser, für das Leben und die Erkenntnis, die du uns kundgetan hast durch Jesus, Deinen Diener! Dir sei die Macht und Herrlichkeit in Ewigkeit! Wie dies zerbrochene Brot zerstreut war über den Bergen und zusammengebracht ein einziges geworden ist, so werde die Kirche von den Enden der Welt in ein einziges Reich zusammengebracht. Denn du hast die Macht und die Herrlichkeit, durch Jesus Christus, in die Ewigkeit!“ Niemand soll teilhaben an eurem Brudermahl, der nicht getauft ist auf den Namen des Herrn. Denn der Herr hat gesagt: Gebt nicht das Heilige den Hunden! (Das heißt denen, welche das Ehrwürdige anbellen und verhöhnen.)

10. Kapitel: Nach dem Brudermahl der Gemeinde danket also:
„Wir danksagen Dir, heiliger Vater, für Deinen heiligen Namen, der eingezogen ist in unser Herz, für die ***Erkenntnis, den Glauben und die Unsterblichkeit***, welche Du uns geoffenbart hast durch Jesus, Deinen Diener. Dir sei die Herrlichkeit in die Ewigkeit! – Du, unser allmächtiger Gott, hast das Weltall geschaffen um Deines Namens willen. Du hast den Menschen Speise und Trank gegeben zum Genusse, damit sie Dir danken. Uns aber hast Du in deiner Gnade verliehen geistige Speise und Trank und ewiges Leben durch Deinen Diener. Wir danken Dir, denn Dein ist die Macht und die Herrlichkeit in die Ewigkeit! – Gedenke, o Herr, Deiner Kirche, bewahre sie vor allem Übel, vollende sie in Deiner Liebe, bringe sie zusammen von den vier Weltgegenden, denn sie ist geheiligt für Dein Reich, das Du ihr bereitet hast. Denn Dein ist die Macht und Herrlichkeit in die Ewigkeit! – Es komme über uns seine Gnade. Es verschwinde der Gedanke an diese Welt! Hosiannah dem Sohne Davids! Ist einer heilig (Christ), so komme er zu uns. Ist es einer nicht, so bekehre er sich. Der Herr erscheint! Amen!“
Den Priestern ist es gestattet, zu diesem einfachen Gebet noch eine Danksagung zu fügen.

11. Kapitel: Gewährt ***Gastfreundschaft*** dem, der das Evangelium in unserem Sinne verkündet. Wer aber durch sein Auftreten Unzufriedenheit, Zersetzung, Auflösung herbeiführt, den höret nicht. Dient er dagegen zur Mehrung der Gerechtigkeit und der Erkenntnis des Höheren, so sei er euer Gast wie der Herr. Ein wirklicher Apostel bleibt nicht länger als zwei Tage. Bleibt er drei, so ist er ein falscher Prophet. Geht der Apostel, so soll er nichts mitnehmen als die Wegzehrung für die folgende Nacht. Wer Geld fordert, ist kein Apostel. Ihr sollt keinen Prediger bekritteln oder an ihm herummäkeln und ihn nach seiner Vergangenheit ausfragen. Denn jede Sünde wird vergeben. Wer aber gegen den sündigt, über den der Geist des Herrn gekommen, hat kaum Vergebung zu erwarten. ***Doch nicht jeder, der predigt, ist ein wahrer Priester, sondern nur der, dessen Betragen seinen Lehren entspricht.*** An dem Betragen vornehmlich erkennt ihr den Unterschied zwischen wahren und falschen Propheten.
Ein Prediger, der irgendein Mahl (für die Gemeinde oder die Armen) oder ein gutes, gemeinnütziges Werk veranlasst, soll selbst daran teilnehmen; sonst ist auch er ein falscher Prophet ebenso wie der, welcher die Wahrheit lehrt, sie aber nicht übt. Der Prediger aber, der sich als wahrer Priester bewährt hat, soll seine ***fleischliche Selbstenthaltung nicht den Gemeindegenossen zur Pflicht machen***. Wegen seiner Frömmigkeit wird er von Gott beurteilt. Darum soll er auch nicht von euch beurteilt werden. Der Prediger, der zu einem von euch sagt: „Gib mir Geld!“ oder ihm Ähnliches zumutet, soll von euch nicht gehört werden. Will er aber Gaben für andere, die in Not sich befinden, so soll ihn niemand schelten.

12. Kapitel: Jeder ***Fremdling***, der im Namen des Herrn zu euch kommt, soll Aufnahme finden. Dann aber prüft ihn nach rechts und nach links, um ihn zu erkennen. Ist der Ankömmling ein Wandersmann, so helft ihm nach euren Kräften; nur soll er nicht länger als einen, höchstens zwei Tage bleiben.
Will er sich als Handwerker niederlassen, so sollt ihr ihm ***Arbeit schaffen, damit er sein Brot verdiene***. Ist er kein Handwerker, so haltet ihn zu irgendeiner Arbeit an, denn es soll kein Christ unter euch sein, der nicht arbeitet. Will er nicht mit Arbeit sein Brot verdienen, so ist er ein unnützer Schnorrer, der herumhausiert und den Namen des Herrn eitel nennt. Hütet euch vor dergleichen Leuten!

13. Kapitel: ***Jeder wahre Priester und wirkliche Lehrer der Gemeinde ist seines Unterhaltes wert***, ganz ebenso wie ein Arbeiter seines Lohnes würdig ist. Ihr sollt dem Priester den Erstling geben von den Erzeugnissen der Kelter und der Tenne und er soll genauso wie bei den Juden die Hohenpriester gehalten sein. Habt ihr keinen Priester, dem ihr geben könnt, so gebt den Armen den Erstling als ein Gott wohlgefälliges Opfer. Nach dem gleichen Gebot gib den Anschnitt vom Teig, von jedem Krug Wein oder Öl den Lehrern und von Kleiderzeug, Geld und jedem Besitz so viel, als dir gut dünkt.

14. Kapitel: ***Am Tage des Herrn*** (Sonntag, Auferstehungstag) kommet zusammen, brechet das Brot und haltet das Brudermahl. Bekennet eure Sünden, damit euer Opfer rein sei. Wer aber einen Zwist hat mit einem anderen, mag sich ***erst versöhnen***, bevor er hingehe, damit das Opfer nicht entweiht werde. Denn es spricht der Herr: „An jedem Ort und zu jeder Zeit bringt mir ein reines Opfer. Denn ein großer König bin Ich, spricht der Herr, und mein Name ist wunderbar unter den Völkern!“

15. Kapitel: ***Als Vorsteher und Kirchendiener*** (Episkope und Diakone) wählet würdige, milde, wahrhafte und erprobte Männer ohne Habsucht und Geldgier. Achtet sie nicht gering! Denn sie sollen geehrt werden wie die Priester und Lehrer. (In diesem Satz liegt der Unterschied der alten und neuen Kirchenverfassung. Jene war demokratisch, diese ist absolutistisch. D. V.)
Unterweiset einander, schlichtet eure Streitigkeiten in Ruhe, nicht im Zorn. Mit dem Fehlbaren soll keiner reden noch jemand ihn anhören, bis er seinen Fehler bereut hat. Eure Gebete, die Almosen und alle Handlungen verrichtet nicht wie die Pharisäer der Synagoge, sondern nach den Geboten des Herr und des Evangeliums!

***

Den Schluss der Schrift: „Die Lehre der 12 Apostel“ bildet eine in großen Zügen gezeichnete, ***wunderbare Prophezeiung*** tiefen geistvollen Inhalts:

16. Kapitel: Habt Acht auf euer Leben! Euer Licht soll nicht erlöschen, eure Lenden mögen nicht erlahmen! Seid alle Zeit bereit! Denn ihr kennt nicht die Stunde, da der Herr kommt!
Versammelt euch zu Beratungen und sorgt für euer Seelenheil. Euer Glaube wird euch nicht helfen, wenn ihr die letzte Stunde nicht antretet als vollendete Christen, treu den Lehren des Herrn und erprobt durch die guten Werke.

Denn es werden sich, wann einmal die Entscheidung der bösen Zeiten herannaht, die falschen Propheten und die Verführer mehren, die Schafe werden sich in Wölfe verwandeln und die Liebe in Hass sich verkehren. Denn wenn die Missachtung der Gesetze zunimmt, dann werden sie einander hassen und verfolgen und zum Tode liefern.
Dann erscheint der große Weltbetrüger – wie ein Messias – und wird durch die Taten seiner Macht die Welt in Staunen versetzen. Die Erde wird seinen Händen überliefert werden. Aber dann auf der Höhe des Ruhmes wird er Frevel verüben, wie die Welt noch niemals gesehen hat. Dann kommt eine Feuerprobe über die Menschheit und viele, welche Ärgernis nehmen an der Unbill der Macht, werden zugrunde gehen. Diejenigen aber, die ausharren in dem Glauben an den Herrn, werden gerettet werden durch ihn selbst, den man verflucht hat, und durch seine Lehre, die man verdammt hat.
Dann auch werden die Zeichen der Wahrheit erscheinen: der Himmel wird sich öffnen und der siegende Geist seinen Triumph feiern über die rohe Gewalt. Die Posaunen werden ertönen und die große Gottesgemeinde zusammenrufen zur Begründung des verheißenen Reiches. Und die Toten werden aus ihren Gräbern erstehen, aber nur die Getreuen, wie es der Prophet Zacharias 14, 5 verkündet hat. Der Herr wird kommen und mit ihm die Auserwählten und die Welt wird den Herrn sehen als Sieger thronend auf der Höhe der Wolken!

***

Die Prophezeiung von der ***Auferstehung der Toten*** hat sich an den Essäern ebenso gut wie an den Pythagoräern und Druiden bewahrheitet. Der von den Essäern ausgestreute Samen ist wie jener der Druiden und Pythagoräer im Christentum wiederholt neu aufgegangen, wenn er auch öfter von Unkraut überwuchert wurde. Die Erde ist eben kein Leichenacker untergegangener Geschlechter und Völker, kein Friedhof der großen Männer und Denker. Ihre geistigen Schöpfungen gehen im Auf und Nieder des Weltengetriebes nicht spurlos verloren. Sie reihen sich Ring zu Ring und bilden eine lange Kette der Entwicklung. Auch solche Völker, die schon vor mehr als tausend oder zweitausend Jahren von der Bühne der Weltgeschichte verschwunden sind, stehen immer noch in wesentlicher Beziehung zu unserem eigenen geistigen Leben. Die vorchristlichen Begriffe und Stufen des Geistes haben die gleiche Geltung in der Gesamtentwicklung der Menschheit wie die Begriffe und Gefühle, die uns in unserer Jugend beherrschten. Jedes von jenen Völkern hatte sein ganz positives Lebensprinzip, seine zweifellose Daseinsberechtigung, seine bestimmte Erkenntnis und Weltanschauung, die ihm, ganz gleichviel ob mit Recht oder Unrecht, wie eine göttliche Offenbarung bewusst war und ihre eigenartige Sittlichkeit und Lebensordnung bedingte. Die wirkliche oder geschichtliche Vernunft, die sich im Leben der Menschheit entwickelt, ist die Philosophie der Weltgeschichte, der Urgrund für das Verständnis unserer eigenen christlichen Geistes-, Sitten-, Religions- und Kulturgeschichte.
Wer das Verständnis für diese Auffassung besitzt, der kann auch jenen modernen Schriftstellern nicht beistimmen, die behaupten, dass ***Jesus keine historische Per-***

sönlichkeit war, das heißt, dass er niemals gelebt hat und bloß eine mythische Figur war wie jene, die den Gegenstand der Verehrung und des Kultus in den alten Mysterien bildeten. Richtig ist ja, dass sich Vergleiche zwischen diesen und der christlichen Religion ziehen lassen. Wer aber die vorchristlichen Hauptstufen der Geistesentwicklung kennt, der weiß, dass auch die Weltansichten der griechischen Weisen von Pythagoras bis Sokrates und Plato auf der Geistesentwicklung der morgenländischen Kulturvölker – der Ägypter, Babylonier, Perser und Inder beruhen. Etwas ganz Neues haben die griechischen Philosophen nicht gebracht. Auch das Christentum nicht. Das bekannte schon die Kirchenväter. So bekannte der hl. Augustinus (gest. 431): „Das, was man gegenwärtig die christliche Religion nennt, hat seit Anfang des Menschengeschlechtes bis zu dem Tage, wo Jesus auf Erden erschien, bestanden." Schon vor Augustinus vertraten die Kirchenlehrer Justinus der Märtyrer, Klemens von Alexandrien, Eusebius und Origenes die Meinung, dass die Lehren der griechischen Philosophen die Vorschule des Christentums seien und dass die Christen im Ganzen der Welt nicht unerhört Neues mitgeteilt haben. Allerdings – schreibt Justinus – war es neu, dass der christliche Religionsstifter den Kreuzestod erlitt. Aber auch Heidengötter hätten ähnliche Leiden erduldet. Auch Perseus werde für einen Sohn der Jungfrau angesehen. Äskulap habe Kranke geheilt und Tote zum Leben erweckt. Wenn die Heiden das glauben, dann könnten sie doch die Geburt Jesu und seine Wunder nicht bezweifeln. Der Ausspruch des Paulus (1. Kor. 1, 22): „Die Juden begehren Zeichen, die Griechen verlangen nach Wahrheit" – gibt dem Kirchenlehrer Klemens Anlass zu dem Ausspruch: „Es genüge doch nicht, sich bloß an die Hebräer zu halten und um ihrer Gesetze willen ein Jude zu werden, man müsse eben um der Weisheit der Griechen willen ein Christ werden." Die griechische Philosophie – sagt Klemens – hat den Boden vorbereitet und gelockert, in dem das Christentum Wurzel schlagen konnte. Diese Erkenntnis war es auch, die den römischen Kaiser Julian bestimmte, den Christen das Lesen der griechischen Klassiker zu verbieten.

Wenn die modernen Christusleugner sich auch darauf berufen, dass der christliche Kult eine Nachahmung jüdischer Kultuseinrichtungen und heidnischer Mysterien sei, so sagen sie damit ebenfalls nichts Neues. Das gaben schon die Kirchenlehrer zu, der große Unterschied aber zwischen Heidentum, Judentum und Christentum bestand, wie Klemens von Alexandrien hervorhob, in der Tatsache, dass ***Jesus ein Erzieher des Menschengeschlechtes*** war, während die ägyptischen Priester, die chaldäischen Weisen, die indischen Brahmanen, die griechischen Philosophen, die jüdischen Rabbiner über den Zaun ihrer Kaste oder Nation nicht hinausschauen noch wirken konnten. Der Inhalt und Zweck der Lehre ist das Entscheidende, nicht die äußeren Formen des Kultus. Der Gebrauch von Räucherwerk, das Anzünden von Kerzen, die geistliche Kleidung, die Wallfahrten, der Kirchengesang, die Taufe, Beichte und Kommunion sind ja schon von orientalischen und griechischen Mysterienkulten geübt und nicht erst vom Christentum eingeführt worden. Leuchter, Bilder, Decken, Zeremonien, Lieder und Prozessionen sind aus den zusammenstürzenden Heidentempeln in die christlichen Kirchen übernommen worden. Starke Fäden verbinden vor allem das Christentum mit den griechischen Mysterien, mit

dem syrischen Adoniskult und dem persischen Mythradienst, der im ganzen Römischen Reich verbreitet war. Die christlichen Feste und Einrichtungen samt der Heiligenverehrung wurden den heidnischen Vorbildern angepasst, in denen die ursprüngliche Naturreligion und der Naturdienst einen kunstgerechten Ausdruck gefunden hatten. In den Mysterien – den Geheimkulten – die den ägyptischen Osiris, den syrischen Adonis, den griechischen Dionysos oder den persischen Mythra verherrlichen, leiden, sterben und stehen die Götter wieder auf. Stirbt der junge Gott in der Blüte seiner Jahre, wird er von den Frauen beweint. Steht er zu Ostern wieder auf, rufen alle: „Hallelujah, er ist erstanden!“ Und über dem Grab des Adonis ist die Grabeskirche Christi zu Jerusalem erstanden.
Vergleiche und Schlussfolgerungen liegen nun allerdings nahe. Aber darum weil die Mythe von Adonis und die evangelische Legende einander gleichen, kann doch Professor Drews Jesus nicht als ein Erzeugnis der erfinderischen Phantasie erklären. Das ist ebenso unhistorisch wie unklug und ungeziemend. Denn der Gelehrte, der eine solche Behauptung aufstellt, kennt offenbar den ***Talmud*** nicht. Will man selbst die Evangelisten nicht als vollgültige Kronzeugen für das Leben und Sterben Jesu anerkennen, so liefern doch die Rabbiner, die in der Zeit des ersten Christentums ihre Beiträge zu dem großen jüdischen Sammelwerk Talmud geliefert haben, den unwiderleglichen Beweis, dass ***Jesus wirklich gelebt*** hat. Wäre dieser bloß eine mythische, sagenhafte Erscheinung gewesen, dann hätten die Rabbiner die Angaben seiner Jünger mühe- und zweifellos als falschen Zauber und Schwindel, als Lug und Trug bezeichnet. Stattdessen atmen ihre Mitteilungen den glühenden Hass der jüdischen Theologen. Während sie selbst dem **Rabbi Hillel**, der von jüdischen Schriftstellern gerne als Lehrer oder Vorbild Jesu bezeichnet wird, ohne Missgunst das Zeugnis edler und milder Gesinnung ausstellen, wissen sie von Jesus nur das Schlimmste zu berichten, was einem ihrer Stammesgenossen nachgeredet werden konnte. Und doch stand auch Hillel in einem gewissen Gegensatz zur strengen, engherzigen, ausschließlichen Richtung der tonangebenden Pharisäer. So erwiderte er einem Heiden, der sich zum Judentum bekehren wollte, und der ihn um einen kleinen Auszug seiner ganze Religion befragte: „Tue keinem Anderen, was du nicht willst, das dir geschehe. Das ist die ganze Lehre. Alles andere ist nur Kommentar dazu.“ Dieser Begriff der Moral und Duldung ist der soziale und politische Freiheitsbegriff, der heute von denen am meisten missbraucht wird, die am lautesten nach Freiheit schreien. Der Ausspruch Hillels stimmt auch fast wörtlich genau mit der Lehre Jesu überein (Matthäus 22, 39; Markus 12, 31; Lukas 10, 27). Hillel betonte auch, dass der Mensch im Ebenbild Gottes geschaffen sei, und leitete hieraus die Pflichten des Menschen gegen sich selbst ab. „Meine Seele – sagt Hillel – ist ein Gast auf Erden, dem gegenüber ich die Pflichten der Milde erfüllen muss.“ „Urteile nicht über deinen Nächsten, bevor du nicht an seiner Stelle gestanden.“ (Vergleiche damit Matthäus 7, 1.) „Meine Erniedrigung ist meine Erhöhung, meine Erhöhung ist meine Erniedrigung.“ „Wo es keine Menschen gibt, arbeite, um dich als Mensch zu zeigen.“
Trotz der Übereinstimmung der Lehren Jesu mit denen Hillels verfolgten die Pharisäer nur den Nazarener, während sie jenen als einen Weisen mit besonderer Ehr-

furcht und Hochachtung behandelten. Der Unterschied ist leicht zu erklären: Hillel gehörte der gleichen Schule und Kaste an wie die übrigen Pharisäer, was bei Jesus nicht der Fall war. Stammte er doch aus Galiläa, wo das orthodoxe Judentum keineswegs alleinherrschend war und darum auch der Essäerbund unbelästigt bestehen konnte. Jesus war also in einer anderen Umgebung und Schule als die Juden in und um Jerusalem aufgewachsen, wo einzig die Theologenschule der Pharisäer in sich alle geistliche und soziale Macht vereinigte. Dass Jesus hinwiederum aus der Schule der Essäer kam, geht wohl auch daraus hervor, dass die Evangelisten niemals eine schriftliche Mitteilung erwähnen, die er ihnen habe zugehen lassen. Er lehrte sie nur durch Rede und Beispiel und gab seinen Jüngern dann den Auftrag: „Gehet hinaus und lehret alle Völker." Eine tiefe Kluft schied ihn, den freieren idealen Denker, der den Pharisäern als ein Erzketzer erschien und darum von diesen Vertretern einer starren, nur auf die Buchstaben ihrer geschriebenen Gesetzbücher und Überlieferungen sich versteifenden Theologie tödlich gehasst wurde. Wohl schätzte er den wahren Kern der jüdischen Religion und wollte ihr „Gesetz" auch erfüllen, aber er strebte die Befreiung der Religion und ihrer Lehre aus dem Pferch der pharisäischen Gesetzauslegung, damit sie ihren Siegeszug durch die Welt antreten konnte. Nur losgelöst vom Formelkram der pharisäischen Schule konnte das Christentum, wie der jüdische Gelehrte Salomon Reinach in seiner Histoire des religions sagt, nicht bloß ein mächtiger Bau, sondern der mächtigste geistige Aufschwung werden, der je die Seelen ergriffen hat und sie noch heute gefangen hält. „Der Geist der Evangelien – schreibt der vom Papst Pius IX. gebannte französische Dominikaner Abbé Loisy – ist die höchste Offenbarung des menschlichen Bewusstseins, das das Glück in der Gerechtigkeit sucht. Mag auch die christliche Sittenlehre nicht ursprünglicher sein als eine andere religiöse oder Laienmoral. Mag sie aus dem Essäerorden oder aus den Anregungen Hillels entsprungen sein, in den Evangelien erscheint sie befreit von aller theologischen Scholastik, von allem pedantischen Ritus, kräftig im einfachen Gewande, wie es einer Lehre geziemt, die auszieht, die Welt zu erobern."
Diese Weltpolitik stand im schroffen Gegensatz zu dem Pharisäertum, das das jüdische Volk mit einem Zaun von sonderbaren und kleinlichen Gesetzen von der übrigen Welt abschloss. Und weil Jesus diesen Zaun durchbrochen und umgelegt hat, wurde er von den Talmudisten nicht als Sohn Judas anerkannt, sondern mit den ärgsten Makeln behaftet, die einem in ihrem Lande geborenen Menschen nachgeredet werden konnten. Im „Toldoth Jeschu" (Leben Jesu), einer dem Talmud gleich geschätzten Schrift, deren ganzen Inhalt wir aus Reinlichkeitsgründen nicht wiedergeben können, wird Jesus als Bastard bezeichnet, hervorgegangen aus der gesetzwidrigen, verpönten Verbindung eines römischen Legionssoldaten mit einer jüdischen Maid. Diese Soldaten waren den Juden als Schutztruppen der römischen Eroberer und Herrscher tödlich verhasst und zu alledem bestand die in Palästina stehende Legion aus deutschen Söldnern, also aus einer Rasse, der das Judentum leiblich und geistig völlig fremd gegenüberstand. Waren die Essäer auch gegen die Sprösslinge anderer Nationalitäten und Rassen nicht so abstoßend und vorurteilsvoll wie die anderen Juden, so waren sie eben doch Juden. Deshalb erscheint es undenkbar, dass die Essäer, die bei der Auslese ihrer Zöglinge strenge Musterung hielten,

den Abkömmling aus einer solchen verpönten Verbindung in ihre Gemeinschaft aufgenommen hätten. Das hinderte aber einen sozialdemokratischen Gelehrten nicht, die ganze Toldothfabel zur Unterlage für eine in Freidenkerkreisen meist verbreitete Jesusbiographie zu machen und trotzdem Jesus selbst für einen aus dem Essäerbund hervorgegangenen Schüler zu erklären.

Ein französischer Schriftsteller, der ebenfalls über Jesus und den Essäerbund schrieb, hat aus einer alten Überlieferung, laut der Jesus blonde oder rötliche Haare hatte, sogar den Schluss auf seine keltische Abstammung gezogen und diesen Ruhm seinem Volk zuwenden wollen. Die damals in Palästina liegende Legion bestand aber zumeist aus Deutschen, so dass wir mit noch besserem Rechte als der Franzose sagen dürften, Jesus war deutscher Abstammung. Für uns steht indessen nur der Glaube fest, dass die römischen Legionssoldaten vorurteilsloser waren als die Pharisäer. Dies zeigte sich auch bei der Vorführung Jesu vor den Statthalter Pontius Pilatus, der keine Schuld an dem Manne fand, den die Pharisäer in ihrer maßlosen Leidenschaft und Gehässigkeit wegen Hochverrat angeklagt hatten. Ohne nun weiter auf eine Widerlegung der talmudischen Stammtafel Jesu und eine Kritik seiner biblischen Darstellung einzugehen, genügt die Feststellung, dass Jesus zweifellos eine Erziehung und Eingebung genossen hat, die ihn zum Propheten der Weltreligion befähigte. In seiner Lehre verkörpert sich der beste Inhalt der Gottes- und Sittenlehre älterer Religionen und Philosophen, losgelöst von einer rechthaberischen, unleidlichen Scholastik, förmlich geläutert in dem Feuer glühender Seelen, ausgestattet mit dem Trotz und der Kraft der Überredung volkstümlicher Vorstellungen. Die christliche Religion war weit entfernt, ein politisches Programm oder soziales System zu sein, sie hatte für den Staat wenig übrig, ihre Wegleitung sollte nach druidischem Beispiel durch Selbsterkenntnis und Selbstbestimmung zur Selbstbefreiung führen, ihr Zug war auf die Vollendung und Reinheit des Einzelnen gerichtet. Doch liegt hierin auch eine Vorbereitung, seine sozialen Aufgaben aufs beste zu erfüllen, indem sie den Hass verdammt, die Brüderlichkeit lehrt, die Gewalttätigkeit verwirft, das Recht auf Arbeit anerkennt, aber auch die Arbeit zur Pflicht macht.

Die Lehre der Essäer, die Jesus vervollkommnet hat, war eigentlich nichts anderes als das ***Gesetz der Lebensführung***, das freilich vom Christentum selbst nicht im Sinne und Geist seines Stifters beobachtet wurde. Welche Verrichtungen und Verwüstungen hat nicht schon die harte Lehre von der Erbsünde hervorgebracht, die der Apostel Paulus der sanften Sittenlehre Jesu aufgepfropft und die der angesehenste Kirchenlehrer, der heilige Augustinus, noch durch die absurde Lehre von der Vorausbestimmung des Neugeborenen zum Himmel oder Hölle noch weiter ausgebaut hat. Und gerade solche theologische Meinungen sind die Ursache geworden, dass die christliche Welt mit einer wahren Sündflut von nichtswürdigen Zänkereien und Stänkereien erfüllt wurde. Selbst als in der Neuzeit der gesunde Untertanenverstand zum Durchbruch zu kommen schien, wärmten Vertreter der Wissenschaft die Lehre von der Erbsünde in der Form der „erblichen Belastung" auf und erteilten nicht bloß jedem leichtsinnigen, willenlosen, lasterhaften Schwächling, sondern auch jedem Taugenichts und Schwerverbrecher einen Freibrief für seine sträflichen Unterlassungen und Begehungen. Jeder Tropf, Lump und Schelm stellt sich heute – vierhundert Jahre, nachdem Martin Luther dem Dominikaner Tetzel das Handwerk gelegt hat – als Ablasskrämer vor und erhält aufgrund eines Ablassbriefes, den er sich unter Berufung auf irgendeinen Vorfahren von Adam her ausstellt oder der ihm von wissenschaftlichen Autoritäten ausgestellt wird, die gewünschte Generalabsolution, ohne dass er deshalb, wie es wenigstens die Kirche fordert, Reu und Leid zu bekennen braucht. Und das geschieht in einer Zeit, da alles nach politischer Freiheit und sozialer Gleichheit schreit, während die Hauptschreier andererseits, wenn sie von der rächenden Nemesis gefasst werden, auf die mangelnde Willensfreiheit sich hinausreden. Damit der Glaube an die „Erbsünde" ja wieder den Volksgeist verseuche, werden sogar auf dem Theater Stücke vorgeführt, die die erbliche Belastung als wissenschaftliches Dogma jedem Schlingel förmlich aufdrängen. Indem sie so die Bestie im Menschen verankern, tragen sie dazu bei, unsere Bildungsstätten wie die Gerichtsfälle und Zeitungen zu Mistbeeten und Treibhäusern der Volksversimpelung und Verbrecherzunft zu erniedrigen. Es ist Zeit, dass wieder ein Jünger der Essäerschule erscheint, um mit dem Strick die Tempelschänder hinauszujagen.

Jenen Schriftstellern und Zeitungen aber, die die Persönlichkeit Jesu leugnen und das Christentum schmähen, möchten wir die Worte des jüdischen Feldherrn und Geschichtsschreibers Josephus Flavius (gest. um das Jahr 100) zurufen: „Ein fremdes Wesen, das für göttlich gehalten wird, sollst du nicht verächtlich behandeln." Und sein Stammes- und Zeitgenosse, der Philosoph Philo, setzt hinzu: „Wir haben uns um die Religion anderer nicht zu bekümmern, wir sind bloß verbunden, unser Gesetz zu befolgen, nicht aber die Religion anderer zu schmähen." Allerdings dürften sich dies nicht bloß die Juden merken, an die Philo sich wendet, sondern auch die Christen und namentlich jene Theologen unter ihnen, die förmliche Hetzen gegen Andersgläubige veranstalten. Sie stehen in ihrer Gesinnungen noch unter den Neuheiden, denen der Dichter Geibel zuruft:

> Daß ihr euch Heiden nennt, hör' ich sagen:
> Wisst, jene sah'n den Gott im Sturm der Meere,
> Den Gott im Donner und im Sonnenwagen.
> Ihr aber möchtet frech mit erz'nem Speere
> In Trümmer jedes Gottesbild zerschlagen:
> So bleibt euch nichts denn, als die große Leere.

Heilige

Aus Grauen der Vergessenheit,
Aus Trümmertiefe
Hob ich empor den Schatz.

Die erfolgreichsten ***christlichen Missionare***, die nach dem Untergang des Weströmischen Reiches die in Barbarei versunkenen Völker Mitteleuropas wieder sittlich erheben sollten, stammten nicht aus Frankreich oder Italien, sondern aus Irland, der Insel der Heiligen, wie sie später mit Recht genannt wurde. Nach einer schottischen Überlieferung hat der Schottenbekehrer Columba ebenso wie die anderen irischen Missionare, die nach Deutschland gingen, manches vom Druidenwesen ins Christentum aufgenommen und in seiner Klosterstiftung auf der Insel Jona die unmittelbare Nachfolge der Druiden vermittelt. Diese Überlieferung scheint glaublich, wenn man in Erwägung zieht, dass die Missionare in Deutschland sogar auf päpstlichen Befehl heidnische Gebräuche, Sitten und Anschauungen übernahmen und nur in christliche Form kleideten. Als wahre Erben der druidischen Bildung verbreiteten sie mit dem Evangelium Kultur und Zivilisation vom Po bis zum Bodensee und vom Thüringerwald bis zum Jura und in den Wasgau. Wohl war das Christentum auch in den Landschaften, die außerhalb des römischen Grenzwalls lagen, nicht ganz unbekannt, da die in ihre Heimat zurückgekehrten Söldner der römischen Legionen die Kunde von der neuen Lehre auch in die Gebiete nördlich der Donau bis in den Maingrund getragen hatten. Auch die fränkischen Eroberer hatten nach der Besiegung der deutschen Stämme Glaubensboten in die unterworfenen Gebiete östlich der Vogesen abgeordnet; diese fanden aber bei der ihrer Freiheit und Unabhängigkeit beraubten Bevölkerung kein Vertrauen, da sie als politische Agenten einer feindlichen Macht hinreichend verdächtig erschienen. Dieser Verdacht haftete den Iren nicht an. Denn sie stammten aus einem freien Lande, das damals die Leuchte des Westens und der Sitz einer uralten Kultur war. In blauen Atlantissagen verliert sich sein Anbeginn. Die Überlieferung meldet, dass Irland schon dreimal unter dem Pflug und dreimal mit Wald bedeckt gewesen sei. Die Ruinen der Stadt Glendalough geben dem Wanderer reichlich zu denken. Man hat diese heilige Stadt das „irische Jerusalem" genannt. Noch jetzt trauert der Ire an den efeudunklen Mauern von Glendalough. Es war der Hochsitz jener wundersamen irisch-christlichen Kultur, die im rauen Frühmittelalter wie eine warme Luftwelle über das ruhelose Europa floss. Sieben Dome sind dort noch in Trümmern zu schauen, und Königssöhne gingen bei den Mönchen von Glendalough in die Schule. Die Britannier waren dazumal noch Wilde oder Halbwilde, die scheu und grimmig auf die Leuchte des Westens blickten. Im 14. Jahrhundert wurde Glendalough von den Engländern endgültig zerstört. Seitdem heißt es „der Kirchhof Irlands".

In der ältesten britischen Religionsgeschichte begegnet uns der Name der ***Culdeer***. Das Wort stammt nach der Angabe unserer Gelehrten aus dem Keltischen und besteht eigentlich aus den zwei Worten Col und De, was ins Lateinische mit servi dei – Diener Gottes – übersetzt wurde. Ein englischer Forscher hingegen berichtet, dass Coll einen Schweinehirten oder Schweinezüchter bezeichnet. In der geheimnisvollen Sprache des Druidentums seien nämlich die Vorsteher und Bewahrer der keltischen Mysterienlehre Schweine genannt worden, worüber man sich nicht wundern dürfe, da doch im Evangelium Christus selbst als Hirte erscheine, der Schafe und Lämmer weide. Das Schwein (der Eber) sei aber bei den Kelten im höheren Ansehen gestanden als das Schaf. Das Schwein und nicht der Hahn sei auch das älteste talismanische Wappen Frankreichs und das gebräuchlichste keltische Münzenbild gewesen. Die uralten mystischen Bardengesänge erzählen nun, dass ein Schwein Ferkel hatte, das heißt, dass eine druidische Reformbewegung entstanden sei. Als deshalb der christliche König die Verfolgung der Schweine anordnete, habe der Coll die an und über das Meer Flüchtenden bei den Borsten festgehalten. Sie ließen – so berichten die Bardengesänge – Weizenkörner, Bienen und auch Ferkel, d. h. eine neue geistige Aussaat und den Honig des beredten Wortes zurück. Mit dem Coll werden nun die Namen der irischen Glaubensboten Columba und Columban, wie der Name der Culdeer, der sich an verschiedenen Orten Irlands bis ins 17. Jahrhundert als Bezeichnung für die Mönche erhalten hat, in Verbindung gebracht. Selbst der Name des heiligen Kilian wurde uns auch in der Form Kolman überliefert. Dies bestätigt die Annahme, dass unter der Bezeichnung Coll ein geistlicher Hirte, ein Gattungsname oder Titel wie der gleichbedeutende lateinische Pastor oder Pater verstanden wurde.

Culdeer waren es, die Missionare auch nach Deutschland entsandten. Vorher waren sie als Glaubensboten in Britannien tätig gewesen. Wohl war schon vor ihnen unter der römischen Herrschaft das Christentum durch römische Missionare nicht bloß den Kelten in Gallien, sondern auch in Britannien vermittelt worden, hatte aber zweifellos keine tiefen Wurzeln geschlagen, da das Volk unter dem Einfluss des Druidentums allem römischen Wesen feindselig und misstrauisch gesinnt blieb. Ganz unberührt von diesem war, außer dem nördlichen Schottland, die grüne Insel geblieben. Nach Irland hatten sich auch viele der aus Gallien vertriebenen Druiden geflüchtet, die dorthin ihre durch die römische und griechische Sprache, Literatur und Kultur erweiterten Wissens- und Bildungsschätze mitbrachten und so die geistige Entwicklung ihres stammverwandten Gastvolkes noch bereicherten und weiter förderten. Mit den Kelten in Britannien, die namentlich den gebirgigen Norden und Südwesten dieser Insel bewohnten, waren die irischen Stammesgenossen durch den gemeinsamen Hass gegen Rom verbunden, der durch die Druiden solange geschürt wurde, bis die durch die Völkerwanderung auf dem Festlande hart bedrängten und durch fortwährende Unruhen und Kämpfe in Britannien selbst geschwächten Römer im Jahre 410 aus diesem Lande abzogen.

Bis dahin waren die Kelten Irlands Heiden geblieben. Ihre Bekehrung zum Christentum wäre vielleicht noch lange außer Frage geblieben, wenn nicht der stamm- und sprachverwandte Missionar **Paddy**, der im Heiligenkalender den Namen Patrick oder Patrizius führt, diese Aufgabe übernommen hätte. Er war ein Kelte aus Schottland, geboren als Sohn eines christlichen Priesters 372 zu Banavon Tabernae, dem heutigen Kill Patrik. Merkwürdige Schicksale hatten ihn auf seinen Beruf vorbereitet. Mit 16 Jahren, als der Süden Britanniens noch im römischen Besitz stand, war er

von Seeräubern entführt und nach dem Süden Europas verschlagen worden, wo der begabte, lerneifrige Jüngling die Gelegenheit fand und nutzte, um mit römischer und griechischer Sprache und Literatur vertraut zu werden. Derart vorbereitet, kehrte er nach sechs Jahren in die Heimat zurück, baute dort im Verkehr mit druidisch geschulten und klassisch gebildeten Lehrern sein Wissen noch weiter aus, wurde zum Priester und Bischof geweiht und unternahm dann im Jahr 432 sein Missionswerk in Irland. Seien hohe Bildung, sein weltmännisches Geschick und sein vorbildliches Leben brachten es mit sich, dass er bei den Gebildeten wie auch an den Höfen der Fürsten und Vornehmen sich einführen konnte. An deren Tischen saßen noch die Druiden als Kindererzieher und Berater, als Seher und Staatsmänner. Und als dort Paddy seinen Einzug hielt, öffneten sich ihm Türen und Herzen. Die Iren und ihre Priester waren zwar Heiden, doch bessere Menschen. Und Paddy passte als Mensch wie als Priester zu ihnen. Nicht umsonst wird der Apostel Irlands als ein leiblicher und geistiger Verwandter des **Hl. Martin von Tours** bezeichnet, der nebenbei bemerkt aus Ungarn stammte und zu den Bischöfen gehörte, die wider die Verfolgung des spanischen Priesters Priszillian und seiner sechs Genossen mit aller Entschiedenheit sich ausgesprochen hatten. Die in Trier im Jahre 385 vollzogene Hinrichtung dieser sittlich strengen, harmlosen „Irrlehrer“ war der Anfang der Ketzermorde, die das Schuldkonto der römischen Kirche so schwer belasteten. Der Preis für diese Bluttat war eine der schönsten Ruhmestaten des Hl. Martin, in dessen Geiste Paddy in Irland fortwährte.
Wie beim Adel, so fand Paddy auch beim Volke allenthalben Anklang. War doch die christliche Sittenlehre, die er predigte, nahe mit der druidischen Morallehre verwandt und der ererbten Volkssitte willkommen. Auch haftete an dem Stammesgenossen nicht der Verdacht, die Freiheit und Unabhängigkeit Irlands durch römische Herrschergelüste zu gefährden. Fürs Dritte war das Land von den verbitterten Glaubensstreitigkeiten und wüsten Ketzerverfolgungen verschont, von denen die Länder des ost- und weströmischen Reiches gerade damals heimgesucht wurden. Als Schüler des hl. Martin war Paddy weit entfernt, seine Predigt mit der Vorstellung seines Zeitgenossen, des **Hl. Augustinus**, zu verdüstern, wonach der mit der Erbsünde behaftete Neugeborene entweder zum Himmel oder zur Hölle vorausbestimmt sei. Eine solche Lehre passte freilich zu den politischen und sozialen Grundsätzen der herrschenden römischen Gesellschaft, die nur Herren und Sklaven kannte und die noch heute stellenweise in höheren Kreisen der römischen Kirche gilt. Ganz dem absolutistischen Geist entsprach beispielsweise das Wort des letzten Bischofs von Regensburg: Wer Knecht ist, soll Knecht bleiben. Genau so dachte der hl. Augustin. Die bolschewistische Erhebung der Landarbeiter und Kleinbauern in Nordafrika, die unter dem Namen des Aufstandes der Zirkumzellionen den Untergang der römischen Herrschaft herbeiführen half, fand in dem gelehrten Kirchenlehrer Augustin keineswegs einen gerechten und einsichtigen Beurteiler. Vom römischen Herrenstandpunkt aus bekämpfte er die nur allzu berechtigte Proletarierbewegung ebenso wie die seinem unfehlbaren Dünkel entgegen gesetzte Lehre seines Mitbruders Pelagius, der die vernünftige Meinung vertrat, dass der Mensch aus eigener Kraft durch einfache Befolgung der Gebote Jesu zur Besserung, Veredlung und Vollkom-

menheit gelangen könne. Als aber der Papst Zosimus Miene machte, diese Lehre zu billigen, setzte es die Synode von Karthago unter dem Einfluss Augustins durch, dass der von ihr angerufe Kaiser Honorius von sich aus die Verfolgung der Pelagianer anordnete. Der die Kirche beherrschende Augustin erklärte es nach dem Vorgang des **Hl. Hieronymus** sogar als einen Verstoß gegen göttliches und menschliches Gesetz, die Ketzer am Leben zu lassen.

In Irland war damals keine Macht zu finden, die zum Schergen einer derartigen Gewaltpolitik und blutgierigen Theologenhasses sich erniedrigt hätte. Dieses abscheuliche, unmenschliche und barbarische Geschäft der Ketzerverfolgung und Hexenverbrennung blieb der Kirche des Kontinents vorbehalten, die mit dem Staatsrecht und dem Verwaltungsorganismus des römischen Imperiums auch dessen Weltmachtsidee zu übernehmen im Begriff stand und darum die Verfügung über Leib, Leben und Eigentum jener Christen sich zuschrieb, die nicht auf ihre Majestät schwuren oder nicht alles gläubig hinnahmen, was sie vorschrieb oder verübte. Paddy huldigte einer anderen Gesinnung und Methode, nämlich jener, die in der ersten Zeit der auftauchenden Jesuslehre in Übung war. Darum gelang es ihm, das gesamte Volk Irlands der christlichen Lehre zu gewinnen, freilich ohne dass es der Autorität des römischen Stuhles untergeordnet wurde. Der erfolgreiche Lehrer und Prediger starb hochverehrt im hohen Alter ums Jahr 460. Erst später wurde er von der römischen Kirche kanonisiert und als Patron Irlands in den Heiligenkalender aufgenommen. Sein Name und Andenken ist noch heute bei seinem Volk so lebendig und verehrt wie vor einem Jahrtausend.

Die keltisch-irische Kirche entwickelte sich als ***freie, von Rom unabhängige Kirche*** wie ein mächtiger, fruchtbarer und segensreicher Stammbaum des Christentums, dem der unsterbliche, aber noch lange nicht genug gewürdigte Ruhm gebührt, Europa nach den verheerenden Stürmen der Völkerwanderung wieder der Kultur zugeführt zu haben. Allerdings hatte sie in den von der römischen Gewalt unberührt gebliebenen Druidenschulen eine Grundlage, auf der Paddy und die in seinem Geist fortwirkenden Genossen und Schüler jene Klöster einrichten konnten, aus denen im 6. Jahrhundert die Missionare Columba, Columban, Fridolin, Gallus, Livin, Kilian und andere hervorgingen. **Columba**, ein Schüler Paddys, der sich durch seine Frömmigkeit schon frühzeitig allgemeine Achtung zu erwerben wusste, stiftete das berühmte Kloster Dearmach (jetzt Durrogh) in Südirland. Von hier aus segelte er mit zwölf Mönchen in einem offenen Boot nach Schottland hinüber und wählte seinen Wohnsitz auf der Insel Hij (Jona), woselbst er, 77 Jahre alt, im Jahr 597 starb. Von dieser Insel aus, auf der noch heute die einsamen Ruinen der alten Kirchen und Sankt Orans Grab mit den verwitterten Grabsteinen von 48 schottischen Königen dem Wanderer Halt gebieten, trugen Columba und seine Mitarbeiter und Jünger mit Selbstaufopferung und apostolischer Einfalt das irische Christentum in die rauen Berge und Täler Schottlands. Die von ihnen gegründeten Klöster sind die Denksteine ihrer Tätigkeit.

Die Culdeer hielten sich in dem schwer zugänglichen Schottland länger als in Irland und Wales. Der entscheidende Schritt zur Unterwerfung der alten Kirche in Irland unter den römischen Absolutismus geschah unter Gregor VII., dem gleichen Papst,

der den deutschen Kaiser Heinrich IV. gedemütigt hatte. Vollendet wurde sie unter dem englischen König Heinrich II. im Jahre 1172. Indessen ging die Durchführung der Reform nicht so rasch vonstatten, da die Culdeer sich noch längere Zeit auf den Inseln und als Chorsänger sogar in der ersten Kathedrale des Landes, im Dom von Armagh in der Provinz Ulster hielten. In Wales, wo das Kloster Bangor die nämliche Stellung einnahm wie Hij in Schottland, wurde die Wirksamkeit der Culdeer durch die Ein- und Überfälle der Normannen und Angelsachsen schon im 6. Jahrhundert schwer gehemmt. Durch die Schlacht bei Chester 613, wo 1.200 Mönche aus Bangor tapfer kämpfend fielen, erlitten das Kloster und die Culdeer einen solchen Schlag, dass sie sich nicht mehr erholen konnten und nach und nach dem Andringen der römischen Kirche erliegen mussten. Doch kommen noch gegen Ende des 12. Jahrhunderts auf der Insel Enkli fromme Mönche aus der alten Kirche vor.
In Schottland begann das Ringen mit der römischen Kirche nach dem Jahr 1050. Sie hatte sich von England allmählich nach Norden Bahn gebrochen. Als ihre Werkzeuge dienten ihr auch hier vornehmlich Benediktinerklöster und die von ihr neu eingerichteten Bistümer. Ihrer zähen Wühlarbeit gelang es, den Culdeern immer mehr Boden abzugewinnen, zumal sie hierbei die Unterstützung des englischen Königtums fanden, das mit den Prälaten der römischen Kirche eine Versicherungsgesellschaft auf Gegenseitigkeit bildete. Die Culdeer hielten sich indessen noch bis zum Jahre 1308 im Kloster zu Brechin. Von nun an war jeder Versuch vergeblich, dem Vordringen der römischen Macht Widerpart zu halten. Wer noch Miene machte, zu widersagen, wurde nach römischer Art der Ketzerei beschuldigt und verfolgt. Der schlagendste Beweis hierfür ist ein Brief des Papstes Johann XXII. an den Schottenkönig Robert vom Jahr 1334. Es war dies der nämliche französische Papst, der auch den deutschen Kaiser Ludwig den Bayer als Erzketzer mit einem Bannfluch belegte, der von einem nach Form und Inhalt maßlosen Hass diktiert war.
Uns Deutschen bleiben aber die Klöster Bangor, Durogh und Hij als heilige Stätten verehrungswürdig, weil von ihnen die Missionare ausgegangen sind, die unseren Voreltern eine bessere Religion und edlere Kultur vermitteln wollten. Freilich wurde dem **Hl. Columban**, einem Schüler Columbas, und seinen Genossen die Verwirklichung ihrer Absicht nicht leicht gemacht. Obschon sie fern von politischen Nebenabsichten und weltlichen Interessen wie von hässlichen Religionsstreitigkeiten, finsteren Lehrmeinungen und philosophischen Phantastereien der ost- und weströmischen Kirchen lediglich ihrem Berufe lebten, das Evangelium den Völkern zu verkünden und durch Lehre und Beispiel die Sitten zu verbessern, missfiel ihr Tun dennoch der herrschenden fränkischen Gesellschaft, die die morsche römische Herrschaft in Gallien abgelöst hatte. Wohl hatten die ***Franken***, die nach und nach fast alle deutschen Stämme besiegten und unterwarfen, nach dem Vorgang ihres Königs Chlodwig (Ludwig) sich taufen lassen, aber das Taufwasser hatte sie nicht von den Schlacken gereinigt, die den durch das fortwährende Kriegführen, Plündern, Rauben und Morden verdorbenen Siegern anhafteten. Die Arbeit, die sonst die Sitten verbessert, war ihnen völlig fremd, zumal sie die Sklavenarbeit jeder produktiven Tätigkeit überhob. Die Folter, die sie mit den römischen Gesetzen überkommen hatten und gegen die Sklaven zur Erpressung von Geständnissen anwandten, konnte

die Gemüter nur noch mehr verwildern. Dazu kam die Erbschaft aller Untugenden und Laster, die der untergehenden römischen Gesellschaft und Kultur eigen waren.
Um nichts besser als der Hof und der Adel war die fränkische Geistlichkeit. Sie sah allem, was jene verübten, durch die Finger oder gab ihren Segen dazu. Der brutale Missbrauch des Schwertes erschien als einwandfreies Recht oder als kleineres Übel. Raum und Mord, Gift und Dolch fanden Absolution und Rechtfertigung. Die abscheulichsten Gewalttaten gehörten förmlich zu den staatsrechtlichen Einrichtungen. Die religiöse Heuchelei deckte sogar den familiären Meuchelmord. Fast auf jeder Seite der Frankengeschichte, die der Bischof **Gregor von Tours** im 6. Jahrhundert geschrieben hat, lesen wir die empörendsten Beweise sittlicher Versunkenheit. Die Verbrechen und Schandtaten in den königlichen Familien lassen selbst jene in der schlechtesten römischen Kaiserzeit weit zurück. Allen Gefühlen Hohn sprach die gewaltsame Entmannung von Königssöhnen, die man auf diese Weise langsam sterben ließ. Die Lasterhaftigkeit der Höfe umfasst das ganze Register der Todsünden. Geistliche und Weltliche erscheinen auf der gleichen Stufe der Unsitte und Verderbtheit. Eine Ausnahme unter den Hofpfaffen machte Gregor von Tours, der übrigens kein Franke, sondern ein Sohn römischer Eltern war. Im Jahr 573 zum Bischof ernannt, amtierte er unter den fränkischen Königen Siegbert, Guntram und Childebert II. Den brutalen Absichten und Gewaltakten des Königs Chilperich von Soissons und der berüchtigten Königin Fredegunde trat er mit Mut und Kraft entgegen. Vom Volk als Heiliger verehrt, starb er im Jahre 594.
Für den Tiefstand der Moral seiner Zeit und seiner Umgebung ist nichts so bezeichnend als der Leumund, den der Bischof Gregor dem König Guntram von Burgund, der noch einer der besten Fürsten jener Periode war, ausstellt: „Er war ein sonst *rechtschaffener* Mann, nur dass er immer zum *Meineid* bereit war. *Allen* seinen Freunden hat er die *Schwüre gebrochen.*“ Von den Tugenden, die der Römer Tacitus in seiner „Germania“ von den Deutschen gepriesen, war nichts mehr vorhanden als die persönliche Tapferkeit und der kriegerische Mut. Den hat aber auch der Mameluck. Die Frömmigkeit erschöpfte sich in äußerlichen Zeremonien und einem mechanischen Einerlei von Gebeten, die einen Deckmantel für alle Unarten, Unsitten, Unglauben und Untaten abgaben. In einer Schrift entwickelte selbst ein Heiliger wie der Bischof **Egidius** von Noyon die Eigenschaften eines guten Christen als: Häufiges Kirchengehen, Halten der Fastengebote, Zehent- und Geschenkgaben an die Geistlichkeit, Anrufung der Heiligen, Hersagen des Vater-Unser und des Glaubensbekenntnisses. Anforderungen an die Menschlichkeit werden nicht gestellt. Der höheren Geistlichkeit und den Klöstern war es hauptsächlich darum zu tun, irdische Schätze zu sammeln. Auch der Straßenräuber erhielt die Vergebung seiner Sünden, wenn er einen Teil seines „Diebssegens“ der Kirche zuwendete. Der Reliquienschwindel stand bereits in üppiger Blüte. Reliquien, die zu allem möglichen Unfug und Unsinn missbraucht wurden, galten mehr als Geld und Edelgestein. Man schuf neue Märtyrer und Heilige, die nur in der Phantasie schlauer oder leichtgläubiger, betrügerischer oder betrogener Legendenschreiber existierten. So erzählt der englische Geschichtsschreiber Gibbon, dass sogar in Tours die Überreste eines Heiligen verehrt wurden, die in der Folge als die Gebeine eines hingerichteten Missetäters

ermittelt wurden. Die Art des Kultus trug noch zur Verschlimmerung der Zustände bei. Denn ihm fehlten die Antriebe zur Erhebung und Erbauung der Gemüter. Er bestand lediglich aus geistlosem Formelkram und Geplapper.

Die Unkultur des Volkes, dessen Verrohung und Entsittlichung durch die in den Weingegenden Galliens beförderte Trunksucht noch zunahm, äußerte sich auch in der Gesetzgebung. Der Grundsatz der Selbsthilfe war durchaus vorherrschend. Selbst Mord und Totschlag fanden nur Sühne durch Zahlung eines Wergeldes, dessen Höhe sich nach der Nationalität des Täters und des Getöteten richtete. Die Freiheit und Gleichheit bestand nur für die Angehörigen des herrschenden Stammes. Dieser war aber bei der Eroberung der römischen Länder in Verhältnisse gekommen, für deren Zustände, Erscheinungen und Mittel ihm in der eigenen Sprache die Namen fehlten. Die Franken mussten sie durch lateinische ersetzen, wodurch die lateinische Sprache eine größere Verbreitung erlangte, so dass sogar die Gesetze in ihr abgefasst wurden. Der Übertritt der Franken zur katholischen Kirche war ein weiteres Mittel, um mit der römischen Lithurgie den Gebrauch der lateinischen Sprache noch mehr zu verbreiten. Ihre Bedeutung nahm mit dem wachsenden Einfluss der römischen Geistlichkeit an den Höfen der fränkischen Könige wie in der Verwaltung des Reiches noch zu. Statt dass also die unterworfenen römischen Provinziale die Sprache der Eroberer annahmen, behauptete sich die Sprache der Untertanen und wurde als so genanntes Bauernlatein die allgemeine Volkssprache. Diese Entwicklung tat aber auch der Reinerhaltung der fränkischen Rasse in Gallien ebenso viel Abbruch wie sie der Vermischung mit der unterjochten Rasse Vorschub leistete. Der Rückständigkeit der eigenen deutschen Sprache und Kultur entsprach der erhöhte Einfluss der römischen Sprache und Geistlichkeit. Dieser Einfluss war aber kein heilsamer.

Im Gegensatz dazu stand ***die edlere Art der irischen Missionare***. In dem ungeheuren Unterschied zwischen dem bloß äußerlichen und grundverdorbenen Christentum der fränkischen Eroberer und der mehr innerlichen und veredelnden Religion der Iren, macht sich die gute Erziehung in den mit druidischem Geiste durchwehten Klöstern Irlands geltend. Selbst die sonst den Culdeern nicht freundlich gesinnte Angelsächsische Geschichte des englischen Mönches Beda (geb. 672) gestattet ähnliche Schlussfolgerungen, namentlich wenn man damit die Verwilderung der christlichen Welt auf dem Kontinent in Vergleich zeiht. Ein Nichtkatholik, der Schotte John Jamiesson, rühmt sie in seinem Historical account of the ancient Culdees of Jona: „Ihnen lag nur das Seelenheil der Mitmenschen am Herzen. Sie wirkten mehr durch Beispiel als durch Wort, mehr durch ihre Tätigkeit als durch Gebet. Die Schlichtheit ihrer Kleidung – sie trugen das weiße Kleid der Druiden – ihre bescheidene Haltung und ihr ganzes Auftreten war beredter als Predigten. Sie halfen überall und beanspruchten dafür keinen Lohn. Demütig, einsiedlerisch, arm, keusch, nüchtern und voll heiligen Eifers – so lebten sie ihre Tage.“ Die Religion, die von den Missionaren in unserem Lande verkündet wurde, war keine römische oder fränkische Staatsreligion, kein Mittel zur Beförderung von Lastern und Verbrechen, sondern die einfach, unverfälschte Jesuslehre, die weder mit zahlreichen Glaubensartikeln noch vielen Kirchengeboten belastet war und von Männern vorgetragen wurde, die nach der Weisung ihres Stifters durch mustergültiges Beispiel ihrer ganzen Umgebung ein Vorbild waren. Diese Auffassung des Christentums war in Irland keineswegs eine bloß auf die kirchlichen Werke (Gebet, Opfer, Almosen, Seelenmessen usw.) gerichtete Äußerlichkeit, sondern eine das Wesen des Menschen ergreifende Innerlichkeit, das Streben nach wahrer Heiligung in Sitten und Wandel. Die Nörgeleien wegen der verschiedenen Osterzeit und andere Vorwürfe, die man den Culdeern aus dem Lager der römischen Kirche machte, kamen bloß von dem Widerwillen, den man gegen ihre eigenartige, vom Papsttum unabhängige Stellung hatte. Sie schlossen sich dafür näher und enger an das neutestamentliche Evangelium an als andere Völker. Daher denn auch der Eifer in der Verkündigung der evangelischen Wahrheit und die merkwürdige Erscheinung, dass die gottesdienstlichen Einrichtungen auf die Hl. Schrift begründet wurden. Die musikalischen Weisen des alttestamentlichen Tempels wandelten sich um in irische Volkslieder, die Harfe Davids (Irlands Wappenschild) war der Trost des Volkes.

Auch die bürgerlichen Einrichtungen in Irland entsprachen viel mehr den biblischen Vorschriften als dem auf Bevormundung des Volkes und Unterdrückung seiner Freiheit hinauslaufenden, dem römischen Recht nachgebildeten und durch das Kriegswesen ausgebildeten Lehensrecht der fränkischen Eroberer. Während die Klöster in Gallien wie die weltlichen Großen nach steter Vermehrung ihres irdischen Besitzes strebten und hierbei in der Anwendung der Mittel keineswegs an die religiösen Vorschriften sich hielten, „besorgten die irischen Mönche – (wie der gelehrte Augustinerpater Alfons Abert, der Bruder des vorletzten Bamberger Erzbischofs, in seiner Schrift „Franken“ schreibt) die Seelsorge und kümmerten sich niemals um die bürgerlichen Angelegenheiten, ganz im Gegensatz zu England und dem Kontinent, wo die Bischöfe und Äbte mächtige weltliche Herren und die Konzilien zugleich Reichstage wurden – nicht zum Heil der Kirche und des Staates.“ Die irischen Missionare, die im Frankenreich wirkten, wollten freie Männer sein in Taten wie in Weisen, weder Knechte des Königs, noch des Papstes. So schrieb mit apostolischem Freimut der irische Missionar Columban, der Burgund und die Schweiz dem Christentum gewann, an den Papst Bonifaz IV. (608 bis 615), der die eigenartige Richtung der irischen Mission mit Misstrauen betrachtete:

„Sorget, dass Ihr nicht Eure Würde durch irgendeine Verkehrtheit verlieret: denn nur solange wird Euch die Gewalt bleiben, als die rechte Lehre besteht.“ – Was der Heilige unter der rechten Lehre verstand, das offenbarte er in einem weiteren Brief an den nämlichen Papst: „Wir Iberer (Iren) sind die Jünger des heiligen Petrus und Paulus und aller Jünger, die durch den heiligen Geist das Wort Gottes als Kanon (Gesetz und Wegleitung) verzeichnet haben. Wir alle vom äußersten Teile der Welt her erkennen ***nichts anderes an als das Evangelium und die Lehre der Apostel***.“ (Was „die Lehre der Apostel“ enthält, das ist im Abschnitt über die Essäer und Jesus näher ausgeführt.)

Das Auftreten des Hl. Columban und seiner zwölf Genossen, die die schlechten Beispiele der weltlichen und geistlichen Herren wie der hohen und niederen Frauen rügten, die Unsitten und Laster ohne Ansehen der Person vor allem Volk verurteilten und zur Ein- und Umkehr mahnten, erregte das Missfallen des königlichen Hofes und des Adels ebenso sehr wie der Geistlichkeit und der päpstlichen Kurie. Und als sich die letztere ins Mittel legte und der Führer der Mission jene Briefe an den Papst richtete, fiel das Schwert des Damokles auf den Aposteltisch nieder. Columban und seine Genossen mussten das Feld ihrer segensreichen Tätigkeit verlassen. Sie flüchteten aus dem Elsass in die Schweiz, wo sie dann mit frischem Eifer ihre Mission fortsetzten. Unter den ständigen Niederlassungen, die sie mit Bildungsanstalten verbanden, ist besonders das vom **Hl. Gallus** begründete Kloster zu nennen, das eine der berühmtesten Kulturstätten des frühen Mittelalters, eine Pflegestätte aller Handwerke, Künste und Wissenschaften wurde. Die Stadt, die sich um das Kloster bildete, trägt noch heute den Namen des Klostergründers: Sankt Gallen. Der deutsche Dichter Viktor Scheffel hat den Ruhm der gelehrten Mönche des Klosters Sankt Gallen durch seinen herrlichen Roman „Ekkehard" neuerdings aller Welt verkündet. Daneben hält der Schweizer Kanton Glarus das Bild eines anderen irischen Missionars, des **Hl. Fridolin**, seit Jahrhunderten in seinem uralten Staatswappen getreulich fest.

Mit gleich großer Pietät wie die Schweizer hat die Bevölkerung im heutigen Franken das Andenken an seine ersten Glaubensboten, den **Hl. Kilian** und dessen heilige Genossen **Totnan** oder Totman und **Kolonat** oder Kolman bis auf den heutigen Tag festgehalten. Als diese Missionare ums Jahr 682 aus Irland nach ***Thüringen und das Maingebiet*** kamen, machten die fränkischen Eroberer nur einen ganz geringen Bruchteil der Bevölkerung aus. Diese bestand zu einem großen Teil aus Kelten, die nach der Besetzung des Landes durch die Thüringer sitzen geblieben waren. Vermöge der leichten Art, womit diese Kelten andere Sprachen sich aneigneten, konnten sie die deutsche Sprache ebenso handhaben wie die eigene. So hatten ihre Stammesgenossen, die Galater in Kleinasien, die griechische Sprache erlernt und sprachen die eigene noch fünfhundert Jahre nach ihrer dortigen Sesshaftmachung. Ebenso eigneten sich die Kelten in Frankreich die lateinische Verkehrssprache an und die Druiden erteilten dort in ihren Schulen den Unterricht in römischen und griechischen Klassikern. Selbst die Iren lernten die Sprache ihrer englischen Unterdrücker; die keltische Sprache spielt dort nur mehr eine Rolle als antiquarisches Studium, während sie in Wales noch beim Volk neben der englischen Sprache in Übung ist. Lloyd George, der große britische Staatsmann, stammt aus einer solchen keltischen Familie. In Thüringen nahmen die deutschen Eroberer eine Menge Namen von Dingen und Beschäftigungen, die sie nicht kannten oder nicht übten, in die deutsche Sprache hinüber. Diese Bereicherung ihrer Sprache hatte zweifellos schon lange vorher, als die Kelten noch Grenznachbarn der Thüringer waren, im Tauschhandel begonnen. Die lange Bekanntschaft der beiden Volksstämme und die äußere Ähnlichkeit der beiden Rassen begünstigte die Mischung der Sprachen wie der Geschlechter, so dass ein eigenes Sprachidiom und ein eigenartiger Volksstamm mit glücklicher Mischung heranwuchs, der trotz der späteren Unterwerfung durch die Franken und der von diesen angelegten Ansiedlungen seine besonderen körperlichen geistigen und sprachlichen Merkmale bis in die Gegenwart nicht verloren hat.

Eine merkwürdige Erscheinung in der kelto-thüringischen Kulturperiode ist die Tatsache, dass dieses Volk beim Einfall der ***Hunnen*** unter ihrem König Attila nicht mit ihren westlichen deutschen Nachbarn sich verbündete, sondern mit den Hunnen gegen die Römer in Frankreich zog, die unter dem Statthalter Aetius im Bunde mit den Franken und Westgoten den König Attila auf den Katalaunischen Feldern an der Marne im Jahr 471 zum Rückzug zwangen. Diese Schlacht, in der zum ersten Mal in der Geschichte große deutsche Heerhaufen gegeneinander kämpften, war für die Zukunft Europas von der gleichen Bedeutung wie die Schlacht bei Tours gegen die Araber 732, die Mongolenschlacht bei Wahlstadt 1241, die Türkenschlacht 1683 vor Wien, die Leipziger Völkerschlacht 1813 und die Marneschlacht im Weltkrieg 1914. Bei allen früheren Weltentscheidungen gaben Deutsche den Ausschlag. Im Weltkrieg aber mussten sie schmachvoll unterliegen, aus dem gleichen Grund wie einst die Kelten den Thüringern: infolge der inneren Zersetzung, die die Nation zur widerstandslosen Schwäche verurteilte.

Nach dem Abzug der Hunnen aus den deutschen Landen fingen die **Bayern**[7] an, sich über die Donau nach Norden auszubreiten, da sie nicht imstande waren, den Lech[8] – die Grenzscheide zwischen ihnen und den Alemannen – zu überschreiten und sich nach Westen auszudehnen. Der Schwanberg bei Iphofen bildete dann die Grenzscheide zwischen den Thüringern und Bayern. Der Schwanberg hat seinen Namen vom Schwan, dem Fahnenzeichen und Wappentier der Thüringer, während ihre Nachfolger in der Herrschaft, die im römischen Grenzgebiet wohnenden Franken, mit dem Lehens-, Steuer- und Münzwesen, der Provinzverwaltung, dem Recht und der Religion der Römer auch deren militärische Einrichtungen und den schwarzen Adler im roten Feld als ihr Fahnenzeichen übernahmen, das durch das ganze Mittelalter die Reichssturmfahne bezeichnete. Den Bayern wäre es wohl nicht allzu schwer geworden, den Thüringer Schwan zu erlegen, nach dessen schöner Schnabelweide in den herrlichen Gefilden des Mains und seiner Nebentäler sie gelüstete. Als sie aber die Thüringer noch weiter bedrohten, ermannten sich diese in der höchsten Not, einigten sich unter ihrem König Hermanfried und schlugen im Bunde mit den Franken die Bayern bis über die Donau zurück.

Da hierauf der sieghafte König das Thüringerreich von der Elbe bis zur Donau und vom Odenwald bis zur Regnitz, dem Grenzfluss gegen die bis dahin vorgedrungenen Wenden, ausdehnte, steigen dem Theoderich, König der *Franken*, Bedenken auf. Der Erfolg Hermanfrieds dünkte ihm viel zu groß, um ihn ruhig zu ertragen. War doch in den fränkischen Gewalthabern bereits der Gedanke des Imperialismus – das Streben nach Weltherrschaft – lebendig geworden, dem der Bestand eines großen Reiches an der Ostgrenze als eine Gefahr erschien. Eine Ursache zum Streit war

---

7 Der Name „Bayern“ ist keltischer Abstammung. Boar heißt der Frischling (Abkömmling des wilden Ebers), eine Bezeichnung, die auch ins Englische übergegangen ist. Die Altbayern nennen sich selbst noch immer die Boarn.

8 Lech heißt der Stein und ist wie Isar, Inn, Regen, Neckar, Main und Rhein ein keltischer Name. Die keltischen Flussnamen sind männlichen Geschlechts, auch Isar hieß früher der Isar wie der Isther (die Donau). Hingegen sind die deutschen Flussnamen weiblichen Geschlechts wie die Donau, Enns, Saale, Tauber, Weser, Oder, Weichsel. Die Moldau, Itz, Pegnitz und Regnitz sind slawisch. Die Rhön ist ein keltischer Name.

bald gefunden. Fränkische Geschichtsschreiber, denen man aber nicht alles glauben darf, beschuldigen Hermanfried, er habe sich geweigert, seinen Verbündeten den bedungenen Lohn zu zahlen. Der Krieg wurde eröffnet, der Thüringer verlor 539 Schlacht und Leben, sein Reich ging nach kurzem Bestand an seinem früheren Bundesgenossen zugrunde.

Die kriegerischen Erfolge der ***Franken*** gegenüber allen deutschen Stämmen beruhten hauptsächlich auf ihrer militärischen Organisation und Schulung. Die Römer waren ihre Lehrmeister in der Kriegstechnik. Schon unter Julius Cäsar entschieden seine germanischen Legionen bei Pharsalus im Jahr 48 v. Chr. den Sieg über seine Nebenbuhler. Die Franken, die am Mittel- und Niederrhein als römische Kolonisten angesiedelt waren, stellten unter den späteren römischen Kaisern Hilfstruppen und kämpften in der Schlacht auf den Katalaunischen Feldern unter römischem Oberbefehl gegen die Hunnen. Dann aber unterwarfen sie das nördliche Gallien (Frankreich) und nach und nach alle deutschen Stämme, so dass sich das Frankenreich vom Atlantischen Ozean bis zur Regnitz und Elbe ausdehnte. Diese bildeten die Grenzscheide zwischen Deutschen und Slawen, zwischen Franken und Wenden. Die fränkische Verfassung war dem Charakter des Eroberervolkes entsprechend militärischer Natur. An der Spitze des Ganzen stand ein König, der zur Verwaltung der Provinzen Grafen bestellte. Da schon im Jahr 496 König Chlodwig aus politischen Erwägungen zur römischen Religion übergetreten war, wurde aus den nämlichen Gründen die christliche Mission in dem unterworfenen Maingebiet begonnen. Diese hatte aber bei der Abneigung des Volkes gegen die Eroberer erst Erfolg, als irische Missionare keltischer Abstammung wie Kilian vor dem Volk der Thüringer das Evangelium predigten.

Zum Erfolg der irischen Glaubensboten trug sicher am meisten der Umstand bei, dass sie sich als Kelten bei unserer Bevölkerung leicht verständlich machen konnten. Für einen großen Teil des Volkes war der keltische Volksmund die Muttersprache, der andere Teil verstand sie infolge der Jahrhunderte gepflogenen Umgangs. Eine lateinische Beschreibung des Wirkens und des Todes Kilians aus dem 8. Jahrhundert schildert Land und Leute: „Da findet der Heilige in einer bezaubernden Landschaft edle Männer, hervorragend an Zahl und Gestalt, herrliche Gegend mit liebenden Leuten.“ Diese kelto-thüringische Bevölkerung erblickte in den irischen Glaubensboten gleichsam Standesgenossen und Landsleute und konnte ihnen deshalb mehr Vertrauen, Liebe und Dankbarkeit entgegenbringen als den Sendlingen der fränkischen Eroberer. Wie sehr hierdurch den Missionaren ihr Werk erleichtert wurde, das zeigt ihr ***riesiger Erfolg***, den sie im Laufe weniger Jahre erzielten. Aber gerade dieser Erfolg von Männern anderer Rasse bei einem der fränkischen Herrschaft abgeneigten Volk mochte dem umsichtigen und misstrauischen Majordomus Pipin von Heristal unangenehm und lästig erscheinen. Der gebietende und allmächtige Staatsmann im Frankenreich, der die Könige seinem Willen beugte und seine Rivalen durch Mörderhand beseitigte, war gewohnt, mit verdächtigen Personen kurzen Prozess zu machen. Das Auftreten und der Erfolg der irischen Missionare hatte zweifellos bei seinen Agenten Bedenken erregt. Seine geistlichen Ratgeber unterließen es auch schwerlich, ihren Gebieter daran zu erinnern, dass schon früher Landsleute Kilians, der Missionar Columban und seine zwölf Genossen, mit denen er in den Vogesen das Evangelium predigte, den Unwillen der Regierung im hohen Grade erregt hatten und als staatsgefährliche Leute aus dem Lande vertrieben wurden. Nach einer alten Sage war Kilian auch mit der Nachrede behaftet, dass er infolge eines Zerwürfnisses sein Kloster verlassen habe und nach Ostfranken gegangen sei. Es gehörte nicht viel dazu, ihn in Rom als Pelagianer anzuschwärzen, der durch seine Predigt kaum dazu beitrage, das römische Herrschaftsgebiet zu erweitern. Die Folge war, dass Kilian nach Rom zum Papst Konon berufen wurde. Was dieser Handlanger Pipins mit ihm verhandelt hat, ist unbekannt. Tatsache aber ist es, dass nach seiner Zurückkunft aus Rom ***Kilian samt seinen Genossen ermordet wurde.*** Das geschah zu Würzburg ums Jahr 689.

***

Die nächste Folge dieses gemeinen politischen Mordes war der ***Abfall der gesamten Bevölkerung*** vom Christentum. Die fränkische Regierung stand diesem Abfall ratlos gegenüber. Erst 40 Jahre nach Kilians Tod tischte die Geistlichkeit als Beschwichtigungsmittel eine Legende auf, in der der Heilige zwar als ein Opfer von Meuchelmördern dargestellt wurde, aber als Anstifter wurden nicht die fränkischen Machthaber genannt, sondern ein – Weib. Der Herzog Gozbert habe – so erzählt die Legende – nach dem Tod seiner Frau deren Schwester, die mit dem bezeichnenden Namen Geila oder Geilana gebrandmarkt wird, geheiratet. Kilian habe aber die Heirat mit der Schwägerin als ein Vergehen wider Gottes Gesetz erklärt und vom Herzog die Entfernung des Kebsweibes gefordert. Aus Rache für solches Vermessen habe die Geila den Missionar samt seinen Gefährten umbringen lassen. Die französische Fassung der Legende hat noch den phantastischen Zusatz, der Mörder sei nach seiner Tat in Tollwut verfallen, während Geila vom Teufel besessen wurde, der sie herumtrieb, bis sie starb. Der Herzog Gozbert sei von seinen Dienern umgebracht und sein Sohn Hettan vom Frankenherrscher seiner Würde entsetzt worden. In dieser Legende steckt ein Stück Wahrheit. Tatsächlich waren jene Personen, die wider diese Legende zeugen konnten, die Mitglieder der Herzogsfamilie, spurlos beseitigt worden. Unter welchen Umständen und Formen und aus welchen Anlässen dies geschah, das verschweigen die geistlichen Quellen. Aber gerade dieses Schweigen ist beredt genug, um hieraus Mutmaßungen der schlimmsten Art zu schöpfen, die in einem Reich berechtigt waren, wo der Mord eine ständige Einrichtung der königlichen Verfassung war. Die Kirchenoberen hatten deshalb auch, um die Legende glaubhafter zu machen, in die Messe des Festtages, der dem Andenken des vom Papst heiliggesprochenen Kilian gewidmet war – es ist der 8. Juli – an Stelle des Evangeliums Markus 6, 17 – 29, das die Enthauptung des Hl. Johannes des Täufers berichtet und wegen der Ähnlichkeit zwischen Gozbert und Herodes, Geila und Herodias die Legende als eine Nachbildung erscheinen ließ, das ganz allgemeine Evangelium von den acht Seligkeiten (Matthäus 5, 1 – 12) eingesetzt.
Die gewaltige Missstimmung über den an dem geliebten Apostel Kilian verübten Meuchelmord wurde den folgenden geistlichen Sendboten ebenso nachhaltig fühlbar wie den weltlichen Machthabern. Diese halfen sich damit, dass sie entlang dem

Main und seinen Nebenflüssen ein Netz von befestigten Plätzen (Kastellen) über Ostfranken legten und diese mit Pfarrern und Ansiedlern aus dem linksrheinischen Westfranken bevölkerten. Diese Ansiedler waren die wohl bewaffneten und geschulten Schutztruppen, die Ostfranken gegen äußere und innere Feinde zu sichern hatten. Statt der irischen Missionare wurden dann solche aus England berufen, die Rom und den fränkischen Königen genehmer waren. Aber die Werbetätigkeit **Willibrords** trug trotz aller Unterstützung seitens der Landesregierung die erwarteten Früchte in Franken so wenig wie in Bayern, wo der fränkische Missionar **Emmeran** entmannt und totgeschlagen, sein Mitbruder und Landsmann **Korbinian** verjagt wurde. Auch bei diesen beiden soll eine Weibergeschichte am Herzogshof mitgespielt haben, die dem einen den Tod, dem anderen die Verbannung eingetragen hat. Eine Besserung am Missionswerk trat auch mit dem Regierungswechsel 714 nicht ein. Denn der Nachfolger Pipins, Karl Martell, verwendete alle Aufmerksamkeit und Mittel auf den Schutz der allseits bedrohten Reichsgrenzen und zog sogar die Kirchengüter ein, um seine militärische Macht zu erhöhen. Seinen Beinamen Martell (der Hammer) führte er nicht umsonst. Er hämmerte alle seine inneren und äußeren Feinde nieder und ließ auch das thüringische Herzogsgeschlecht spurlos verschwinden. Die Bistümer übergab er seinen Betrauten, ohne Unterschied, ob sie Priester oder Laien waren, als Entlohnung für geleistete Dienste.
Um diese Zeit traf der englische Benediktiner Winfrieth oder **Bonifazius**, wie der tatkräftige **Papst Gregor II**. seinen Handlanger benannte, in Deutschland ein. Er musste dem Papst unbedingten Gehorsam schwören und hielt auch Wort. Aber die anstrengende Arbeit, die er in Gemeinschaft mit seinem englischen Genossen verrichtete, begegnete besonders im ehemaligen Missionsgebiet des Hl. Kilian den größten Hindernissen, da der fränkische Herrscher Karl Martell wenig für ihn übrig hatte. Auch sein Nachfolger Pipin der Kleine verhielt sich ziemlich zurückhaltend. Infolge der Einziehung der Kirchengüter, die Karl Martell im politisch-militärischen Interesse verfügte, war ein Teil der Priester und Lehrer wegen unzureichenden Einkommens aus dem Lande fortgegangen. Der zurückgebliebene Teil suchte seinen Lebensstand dadurch auszubessern, dass er nicht bloß taufte, sondern auch dem heidnischen Aberglauben Zugeständnisse machte und sogar den Göttern Opfer darbrachte. Schwindler gaben sich als Priester und Bischöfe aus und benützten ihre Bekleidung, um die albernen Leute auszubeuten. Verlaufene Knechte schoren sich eine Tonsur und ahmten die christlichen Kirchenzeremonien nach. Andere verlegten sich aufs Wahrsagen. Auch Irrlehrer traten auf. Ein Priester namens Adalbert gaukelte dem Volk Geistererscheinungen vor und bewirkte, dass Männer und Scharen von Weibern ihn begleiteten. Er machte Bischöfe, errichtete und weihte Kirchen, verschacherte seine Nägel und Haare als heilige Reliquien, sprach die Leute von Sünden frei, weil er vorgab, ohnehin die Sünden der Leute zu kennen, und bewies seine Heiligkeit durch einen Brief, den Jesus an ihn geschrieben. Die Geschichtsschreibung spricht zwar von der wunderbar erfolgreichen Tätigkeit des Bonifazius und hat ihm dafür den Ehrentitel als Apostel der Deutschen zuerkannt. Er war auch zweifellos ein trefflicher Organisator, dem Rom die Angliederung Deutschlands verdankt. Unterstützt wurde er durch tüchtige Landsleute, seit 730 durch den **Hl.**

Burkard, den der zum Erzbischof ernannte Bonifazius 741 zum ersten Bischof von Würzburg ernannte. Außerdem errichtete er noch andere Bistümer in Franken, Thüringen, Bayern und am Rhein. Aber dem äußeren kirchlichen Gefüge fehlte häufig der innere christliche Gehalt. Bonifazius selbst bekennt dies in einem Bericht an den Papst Zacharias vom Jahr 745. Es heißt da:

„Die Religion liegt seit 60 Jahren ganz zu Boden. Die Franken haben länger als 80 Jahre weder eine Kirchenversammlung gehalten noch einen Erzbischof gewählt. Die Bistümer sind meist in den Händen geldgieriger Laien oder ehebrecherischer Geistlicher, die auf nichts als auf zeitlichen Gewinn Rücksicht nehmen. Die Diakonen dieser Bischöfe haben meist von Jugend auf im Ehebruch und in Unkeuschheit gelebt und unterhalten noch im Diakonat vier, fünf und mehr Beischläferinnen. Demungeachtet getrauen sie sich öffentlich das Evangelium zu lesen und sie werden zuletzt sogar Bischöfe. Es gibt unter ihnen sogar solche Bischöfe, die zwar der Enthaltsamkeit sich rühmen, aber doch dem Trunk, der Ungerechtigkeit und der Jagd ergeben sind oder bewaffnet ins Feld ziehen und mit eigener Hand das Blut der Christen wie der Heiden vergießen. Was wir pflanzen, begießen sie nicht, damit es wachse, sondern befleißigen sich, selbe auszureißen, damit es verdorre, indem sie dem Volk neue Sekten und verschiedene Irrlehren beibringen. Einige enthalten sich von Speisen, die Gott zum Genusse erschaffen. Andere ernähren sich mit Milch und Honig, das Brot und andere Speisen verachten sie. Andere aber behaupten, was dem Volk am allermeisten schadet, dass selbst Totschläger und Ehebrecher, auch wenn sie in diesen Lastern verharrten, dennoch Priester Gottes sein und werden könnten.“

Um sich in seinem Beruf zu erhalten, musste Bonifazius den ***Schutz des weltlichen Armes*** erbitten und das religiös-kirchliche Interesse ganz mit diesem verflechten. „Ohne die königliche Hilfe – so schreibt er an den englischen Bischof Daniel – kann ich weder das Volk leiten, noch die Priester, Mönche und Nonnen beschützen, noch die heidnischen Gebräuche und Götzenopfer der Deutschen tilgen, noch solchen Bischöfen, die in einer Hand den Hirtenstab, in der anderen das Schwert führen, mich entgegensetzen, zumal die Nachstellungen der falschen Brüder (Priester) die Bosheit der Heiden übertreffen, die das, was ich gerade mache, wieder krumm machen; zu ihnen zählen noch jene Scheinheiligen, die angeblich nichts als Milch und Honig genießen, dabei aber behaupten, dass auch Ehebrecher und Unzüchtler Priester Gottes sein könnten. Und solche Leute – so setzt Bonifazius hinzu – haben am königlichen Hof so viel Achtung, dass ich selbst (der Erzbischof und Primas der deutschen Kirche) gezwungen bin, mit ihnen umzugehen, wenn ich nicht den Fürsten beleidigen will, auf dessen Gunst ich doch angewiesen bin.“ – Nicht einmal den Missbrauch der Kirchen als Tanzböden konnte Bonifazius abstellen, geschweige denn die skandalöse Weiberwirtschaft. Auch der ***Kampf gegen den Aberglauben***, den er führte, war ziemlich fruchtlos. Deshalb wurde 742 auf der Kirchenversammlung zu Salz bei Neustadt a. S., die unter seinem Vorsitz tagte, folgender Beschluss gefasst:

„Jeder Bischof soll in seiner Diözese mithilfe des Grafen als seines Kirchenvogts Sorge tragen, dass das christliche Volk keinen heidnischen Aberglauben beobachte, sondern allen Wust des Heidentums ablege und verabscheue. Auch sollen sie dem

Volk die eitlen und unheiligen Totenopfer (Totenmahle), das Losen und Wahrsagen, die Zauberei, den Gebrauch gewisser Mittel für und gegen Zauberei (geheime Zauberschriften), den Gebrauch magischer Worte, um ein Übel abzuwenden oder zuzufügen, die von dummen Menschen bei der Kirche zu Ehren der heiligen Märtyrer und Beichtiger verrichteten Opfer und Schmäuse, wodurch nur Gott und seine Heiligen zum Zorn gereizt werden, die Notfeuer (Feuer, das durch Reiben zweier Hölzer hervorgebracht wird und wodurch man verschiedene Krankheiten zu heilen glaubte) und alle anderen heidnischen Gewohnheiten nachdrücklich untersagen."
Wie wenig diese Beschlüsse, die mit königlicher Machtvollkommenheit erlassen wurden, dem Aberglauben Abbruch taten, das zeigten die auch später und noch unter Kaiser Karl erlassenen Verordnungen zur Ausrottung der heidnischen Opferbäume und der heiligen Haine. Noch heute gemahnt an diese der Hain bei Mainberg, die Dörfer Opferbaum und Eßleben, das ist die Esen- oder Asenlaube. Das Volk spricht heute noch Eßlaben aus. Esen oder Asen waren die alten Heidengötter. Eßleben ist der gleiche Name wie Asenheim in Niederbayern. In Franken gibt es noch mehr Orte, die an die Asen oder Esen erinnern, so Eßfeld, Oesfeld usw. Da der Aberglaube auch von den Priestern unterstützt wurde, so wurden Verbote gegen die Verwendung des heiligen Öles erlassen, das als Arznei oder zu anderen Missbräuchen diente. Priester, die geweihtes Öl zur Verhinderung eines Zweikampfes, der zu jener Zeit noch ein Rechtsmittel ersten Ranges war, an Beteiligte abgaben, wurden vom König mit Verlust des Amtes und einer Hand bedacht. Die Größe der Enttäuschungen, Ärgernisse und Widerstände, die sich seinem treuen Wirken entgegenstellten, mögen 752 in dem greisen Apostel den Entschluss gereift haben, seiner Würde als Primas von Deutschland zu entsagen und noch mal nach Friesland zu ziehen, wo er in jungen Jahren gewirkt hatte, aber auf seiner letzten Fahrt um 755 totgeschlagen wurde. Der Verzicht des Meisters auf seine hohe Würde scheint ziemlich gleichzeitig auch seinen Mitarbeiter Burkard veranlasst zu haben, seiner Stelle als Bischof von Würzburg zu entsagen und im Kloster Neustadt a. M. seien Tage zu beschließen. Indessen ging es seinen Nachfolgern trotz der kräftigen Unterstützung durch das Herrscherhaus der Karolinger noch lange nicht besser. Das zeigt schon die Unsicherheit der Nachrichten über die Regierungszeit der ersten Bischöfe. Die Würzburger Chronik von Lorenz Fries lässt Burkard 791 sterben und den Franken Maingut, einen Grafen von Rothenburg, im Amt folgen. Tatsächlich wird aber dieser als Bischof von Würzburg bereits in den 50er und 60er Jahren des 8. Jahrhunderts in Urkunden genannt und trat wiederholt als Staatsmann im Rat der Frankenkönige auf. Sein Tod fällt etwa in das Jahr 785.
Bemerkenswert aus der Geschichte Burkards ist noch folgende Stelle in der Chronik von Fries: „Nicht fern von des Salvatorshaus (Dom) richteten sie eine Pfarr auf in der ehr (zur Ehre) St. Martins, der Meinung, dass die Burger daselbsten ihres (heidnischen) Abgotts Martis (Mars oder Odin) vergessen und an seiner statt St. Martin ehren sollten." Schon vorher war auf dem jetzigen Schlossberg die Marienkirche errichtet worden in der bestimmten Absicht, durch die Marienverehrung den heidnischen Huldadienst zu verdrängen. Auch diesen Angaben bestätigen die Schwierigkeiten, mit denen die englischen Missionare und deren Nachfolger zu kämpfen

hatten. Der Fluch, der durch die Ermordung der irischen Glaubensboten und die Vernichtung ihres gottgefälligen Werkes auf der fränkischen Herrschaft und ihrer römischen Genossenschaft ruhte, ließ sich selbst durch ein Jahrtausend nicht austilgen. Allerdings hat sich auch der Aberglaube der nach dem Abfall vom Christentum im verstärkten Maße wieder aufgetaucht war, des Namens unserer heiligen Märtyrer bemächtigt und ihre Namen als Geheim- und Zaubermittel zu den verschiedensten Zwecken missbraucht. Das geschah namentlich mit dem so genannten ***Kiliansevangelium***. Trotz aller Verbote, Warnungen und Strafen, die in Hirtenbriefen und Landmandaten der Fürstbischöfe von Würzburg, Bamberg, Eichstätt, Mainz u. a. erlassen wurden, hat sich außer dem Kiliansevangelium (das im Kapitel „Essäer" abgedruckt ist) auch das Kolmanusgebet (so benannt nach dem Hl. Kolonat oder Kolman, einem Genossen Kilians), das gegen alle möglichen Gefährden des Leibes schützen und hieb-, stich- und schussfest machen soll, bis in unsere Zeit erhalten. Seit Erfindung der Buchdruckerkunst ist es sogar mit allerlei Zutaten zu einem Gebetbüchlein erweitert, mit frommen Bildern verziert und immer wieder, wenn auch mit verändertem Namen wie „Geistlicher Schild", „Christophelesgebet" usw., auf dem Wege des Schleichhandels vertrieben und sogar bei manchen im Weltkrieg gefallenen Soldaten als Talisman gefunden worden, der aber nicht immer seinen Zweck erreicht hat.

Das ***Andenken an den Hl. Kilian*** und seine Genossen hat sich im fränkischen Volk in Sage und Sang unentwegt erhalten. Selbst in protestantischen Gemeinden wird der Name in Ehrfurcht gehalten. Der Hügel, der in Schweinfurt ehedem die Kilianskirche trug, heißt heute noch der Kiliansberg. Noch heute ist die Gruft unter dem Neumünster zu Würzburg, die die Gebeine des Märtyrers und seiner Genossen birgt, am Kilianstage (8. Juli) das Ziel von Tausenden. Noch heute verkündet das hochragende Kreuz, das der Heilige aus Irland auf dem höchsten Gipfel der Rhön, auf dem Kreuzberg, zuerst aufgerichtet haben soll, das Zeichen seiner apostolischen Sendung. Noch heute trägt das kleine Dorf in der Rhön, wo Kilian nach der Sage in einer Höhle sein Lager aufgeschlagen hat, seinen Namen: Kilianshof. Noch heute haben der Dom zu Würzburg und zahlreiche Kirchen in Franken den Heiligen als ihren unsterblichen Patron. Noch heute weist der Ursprung der zahlreichen Kreuzkirchen in Franken auf den Hl. Kilian hin, so die Talkirche bei Münnerstadt, die Dorfkirchen in Kreuztal, Ballingshausen, Pfändhausen, die Kreuzkapellen in Poppenhausen und Sulztal, die Kreuzkirchen in Etwashausen, Holzkirchen und anderen Orten. Der Hl. Kilian hat nach altirischer Art die Jesuslehre gepredigt und als deren Symbol allenthalben das Kreuz errichtet, während später die Namen der Maria und anderer Heiligen zu Kirchenpatronen erhoben wurden. Noch heute singt das katholische Volk in Franken am St. Kilianstage in allen Kirchen das uralte Lied mit einer ganz eigenartigen Melodie:

Wir rufen an den teueren Mann
Sankt Kilian,
Dich loben, Dir danken
Deine Kinder in Franken,

Sankt Kilian!
An Deiner Lehr das Licht entbrannt,
Das nicht erlischt im Frankenland. Dich loben etc.
Er hat besprengt mit seinem Blut
Den ausgestreuten Samen gut. Dich loben etc.
Ihn hat geliebt sein Frankenland,
Sein Blut gab er zum Unterpfand. Dich loben etc.
In Würzburg ruht der heil'ge Mann
Mit den Genossen lobesam. Dich loben etc.
Lass Dir die edlen Franken Dein
Von Herzen anbefohlen sein.
Dich loben, Dir danken
Deine Kinder in Franken – Sankt Kilian!

Die Barden

Stimmt an mit hellem hohen Klang
Stimmt an das Lied der Lieder,
Des Vaterlandes Hochgesang,
Das Waldtal hall es wieder!

Der alten Barden Vaterland
Dem Vaterland der Treue,
Dir freies, unbezwungnes Land,
Dir weih'n wir uns aufs Neue!

(Matthias Claudius)

Auf der Insel Mona, dem heutigen Anglesey, dic an der Nordküste von Wales im irischen Meer gelegen ist, befand sich der Hauptsitz, die Hochschule und das Priesterseminar der Druiden. Da die Römer wohl Grund hatten, in Mona den Herd des Widerstandes gegen die vollständige Eroberung und dauernde Besitznahme Britanniens zu erblicken, so gab Kaiser Claudius im Jahr 50 den Befehl, die Insel Mona zu nehmen. Diese wurde endlich nach langen Vorbereitungen und missglückten Versuchen unter dem Kaiser Nero im Jahr 61 nach heftigem Kampfe mit den Druiden und Einwohnern im Sturm genommen. Die im Lande zerstreuten Druiden schufen sich aber im ***Bardenorden*** eine neue Vereinigung, die den Gemeinsinn, die Landsmannschaft, Heimatliebe, Stammestreue und den Hass gegen die Fremdherrschaft aufrecht erhielt und nach der Vertreibung der Römer aus Britannien zu einer großen Blüte gelangte. Die Barden selbst betrachteten sich als Erben der Druiden. Bard ist ein keltisches Wort und heißt Sänger. Sie besangen die Taten der Helden und verfolgten die Feigen und Schlechten mit Schmachliedern. Der Geschichtsschreiber Paulus Diakonus, ein Benediktinermönch, der eine Zeitlang am Hofe Kaiser Karls des Großen gewirkt hat, bezeichnet den Bardus als einen gallischen (keltischen) Sänger, der Loblieder auf die Helden singt.

Die Barden waren nicht bloß Sänger und Musiker, sondern auch Dichter und Lehrer, Erfinder und Künstler. Schon bald nach dem im Jahr 410 erfolgten Abzug der Römer aus Britannien erschienen die Barden als ein hochgeehrter Stand, dessen Kunst die geistige Nahrung des Volkes war. Gleich den Druiden hielten sie wieder den ***Gottesdienst*** in der alten feierlichen Weise und bewahrten neben dem christlichen Kult die geheimen Lehren ihrer Vorfahren, eine Übung, die man bis ins 13. Jahrhundert verfolgen kann. Mit dem Verschwinden der römischen Herrschaft verschwanden auch die üblen Nachreden, dass die Druiden Menschenopfer darbrächten. Bei dem feierlichen Opfer, das die Kelten jedes Mal beim Jahresanfang darbrachten, trugen von den drei ältesten Druiden der eine das Brot, der andere ein Gefäß mit Wasser, der dritte eine Hand voll Elfenbein zum Sinnbild der Reinheit und Gerechtigkeit. Nach einigen Gebeten verbrannte der Oberdruide etwas Brot, goss einige Tropfen Wein über den Altar, bot das Brot und den Wein als Opfer dar und verteilte sie sodann unter die Anwesenden, ein Gebrauch, der an die heute noch übliche Art des Abendmahls in den christlichen Kirchen des Orients erinnert. Ähnlich ging der Kultus der Druiden auch bei anderen Festen vor sich. So berichtet der Römer Plinius (im 1. Jahrhundert), dass bei dem Fest der Wintersonnenwende (um Weihnachten), wo die heilige Mistel und die Pflanze Selago[9] mit besonderer Feierlichkeit eingesammelt wurde, Opfer von Brot und Wein dargebracht wurden, bei denen Gebete zur Gottheit gerichtet wurden, sie möge ihre Gaben den damit beliehenen Leuten zum Heile gedeihen lassen. Von den Blutopfern, mit denen in der Kaiserzeit die Verfolgung der Druiden ebenso wie die der Christen begründet wurde,[10] war nach dem Abzug der Römer aus Britannien keine Rede mehr. Als die Barden das Priester- und Lehramt der Druiden übernahmen, blieben Gottesdienst und Opfer beim Alten. Unter den uralten Ordensliedern der walisischen Barden treffen wir folgende Beschreibung eines Opfers:

„Der Mann des vollendeten Unterrichts (der Oberdruide) empfängt den Ehrenmet (Trunk) in jeder nächtlichen Feier, wann die Gottheit versöhnt wird mit einem Opfer von Weizen, mit der Süßigkeit der Biene, mit Weihrauch, Myrrhe und Aloe aus fernem Lande, mit den Goldpfeifen des Eleu (Musik) und dem reinen köstlichen Silber (den heiligen Gefäßen), mit der blassroten Knospe und den Beeren, mit dem Schaum des Meeres und der Reinigungskraft der Kresse, gewachsen an der Quelle, verbunden mit der Wurzel, der Ausgießerin des Saftes, ergänzt durch die Versammelten, und mit einer aufgehobenen Bürde, ausgeschossen vom Monde, vom milden, erfreuenden Eisenkraut."

Noch in den christlichen Jahrhunderten pflegten die Irländer an einem ihrer großen Jahresfeste, nämlich am 1. Mai, einen großen Kuchen mit neun großen Würfeln, von denen jeder einen Himmelskreis bezeichnete, unter Gebeten zu weihen und zu opfern, darauf nach der Zahl der Gäste in kleine Bissen zu verteilen und die Teile insgesamt in einen Hut zu werfen, ein Stücklein aber schwarz gefärbt mit den anderen zu verlosen und so gleichsam ein Liebesmahl zu halten: wer aber das schwarze Stück empfängt, musste wie zur Feuerläuterung dreimal den Sprung über das Frühlingsfeuer machen. Die Barden selbst machten nach dem Abzug der Römer alle weltlichen und geistlichen Festlichkeiten, bei denen sie mitwirkten, öffentlich und jedermann zugänglich, wodurch ein Verdacht von Blutopfern gar nicht mehr aufkommen konnte. Bei diesen Festen unterhielten sie vornehmlich die Glut der Vaterlandsliebe, verherrlichten die Taten der Ahnen und Helden in Reden und Liedern, begleiteten den Gesang mit Harfenklang. Als Vorkämpfer und Führer im Kampf gegen die Feinde entflammten sie die Scharen der Krieger, dienten als Herolde,

---

9 Mit Selago ist eine Pflanze gemeint, deren dünne, zerbrechliche, meist gabelig verzweigte Stängel kleine, einfache, sitzende Blätter tragen. Es gibt 200 Arten, von denen aber nur zwei in Deutschland und England wild wachsen. Man sieht sie bei uns in Gärten als Raseneinfassungen und in der Zimmerkultur zur Verzierung von Blumentischen, Aquarien und Ampeln.

10 Gleiche Beschuldigungen wurden im Mittelalter gegen die Juden erhoben und selbst in der Neuzeit stellenweise wiederholt.

Prinzenerzieher und Staatsmänner an den Höfen der Großen und leisteten Hoch und Niedrig als Berater und Ärzte gute Dienste.
Als Stifter des Bardenordens erscheinen **Merlin** (d. h. die Amsel) und **Talisien** (d. h. Strahlenstirne), zwei sagenhafte Persönlichkeiten, deren Leben und Wirken mit wundersamen Sagen verziert ist. ***Die Organisation des Bundes*** war vortrefflich. An verschiedenen Orten waren Bardenstühle errichtet, die ihre besonderen Gesetze und Regeln, die Bara, hatten. Diese Gesetze hatten die staatliche Anerkennung, zumal auch Fürsten Mitglieder des Bundes waren. In den an den Bardenstühlen errichteten Schulen wurden die so genannten sieben freien Künste gelehrt, die höhere und höchste Kunst des vaterländischen Sinnes, Wortes und Sanges. Der Unterricht in der Volksgeschichte diente als vornehmstes Erziehungsmittel zur Vaterlandsliebe, Volksfreiheit und Volkstümlichkeit. Am Sitz des Bardenstuhls, wo die im Bezirk des Bardenstuhls geborenen oder erzogenen Barden zu Beratungen oder Belehrungen sich versammelten, wurden auch die Bardenschüler unterrichtet, geprüft und für spruchreif erklärt. Außer den Bezirksversammlungen der Barden fanden auch allgemeine Landesversammlungen statt. Die vorher angesagten Tagungen wurden jedes Mal zu Beginn einer Jahreszeit, am 10. Dezember, 10. März, 10. Juni und 10. September abgehalten. Die kleineren Versammlungen fanden jede Woche einmal statt und wurden mit Gebet eröffnet. Die altertümlichen Gebräuche wurden streng beobachtet. Die Bardenwürde wurde nur nach jahrelanger Lernzeit und nach einer dreimaligen stufenweisen Lehrlings-, Gesellen- und Meisterprüfung erstellt. Erst wenn die dritte Prüfung mit Erfolg bestanden, galt der Barde als Meistersänger und durfte selbständig auftreten. Hatte er sich als solcher wiederholt bewährt, durfte er als Lehrer auftreten. In einem der ältesten Bardengesänge wird erzählt: „Talisien ward der Priester des Allerhöchsten, der Vorsteher der Mysterien, das Haupt der Magier (Seher und Gelehrter) des Abendlandes, der Verfasser der heiligen Bücher der Druiden.“ Seine Geschichte ist der Stufengang des Lehrlings bis zur höchsten Weihe, zugleich die Geschichte des Ordens und der Natur. Talisien heißt in den Bardenliedern der dreimal Geborene, weil er bis zur höchsten Weihe oder der Stufe der Wiedergeburt gelangt ist. Die Weihungen, Priestergesänge und Tempelfeste, die sie bei Lichterschein in heiligen Grotten begingen, wurden von den Barden fortgesetzt und währten noch lange in der christlichen Zeit fort.
Diese Feier in lichterschimmernden Grotten oder Höhlen stimmt nicht zum ursprünglichen Naturdienst der Druiden in heiligen Hainen. Ihre Erben und Nachfolger, die Barden, haben in dieser Beziehung offenbar das Beispiel der persischen ***Mythrasmysterien*** nachgeahmt, die einen Teil der von Zoroaster (Zarathustra) verkündeten Religion ausmachen und in der römischen Kaiserzeit, namentlich durch die Legionssoldaten, im ganzen Reich verbreitet wurden und nahezu daran waren, das Christentum in den Schatten zu stellen. Der Mythras war der persische Sonnengott, der in einer Grotte von einer Jungfrau namens Mihr am 25. Dezember geboren wurde. Auch bei ihm umstanden Ochs und Esel, die Tiere des Himmelsglobus, die Wiege des Neugeborenen und die Sonnenpriester oder Magier mit der Mythra auf dem Haupte, deren Name schon auf ihren Ursprung hinweist, brachten ihrem Gott Gold, Weihrauch und Myrrhe, also Gaben, die auch die ägyptischen Priester nach

dem Zeugnis des Plutarch täglich der Sonne opferten. Mythras selbst ist der Stifter des geheimnisvollen nächtlichen Kultus in Höhlen, die den Planetenhimmel sinnbilden sollten. In diesem Kultus waren Taufe und Sündenbekenntnis bei der Aufnahme, die Firmung beim Eintritt des Jünglingsalters, das Abendmahl mit Brot und Wein, die Bezeichnung der Stirne, ähnlich der Bekreuzung, sowie die Liebesmahle hergebracht. Die Kirchenväter verglichen den Mythraskult mit den christlichen Einrichtungen und Tertullian bezeichnete sie als Fälschungen des Christentums, doch war der Mythrasdienst schon lange vor Christus im Morgenlande bekannt und verbreitet. Jedes Mitglied hatte sieben Weihestufen mit körperlichen Bußübungen und geistigen Tugendübungen, vierzigtägigem Fasten und anderen zum Teil sehr schweren Prüfungen, selbst Geißelung und allerlei Qualen zu überstehen, bis er als vollbürtiger Mythraskrieger in den Bund aufgenommen wurde.

Die Mythrasmysterien haben sich bis zum Ende des 4. Jahrhunderts im römischen Reich erhalten und waren auch in Britannien eingeführt, so dass es nicht Wunder nehmen darf, wenn auch die Barden die nächtlichen Versammlungen und geheimnisvollen Festlichkeiten in Grotten nachahmten, zumal das Christentum vom Mythrasdienst mindestens ebensoviel in seinen Kultus hinübernahm als von den Eleusinischen Mysterien der Griechen. Das Kyrie Eleuson[11] ist nicht der einzige Überrest aus dem Heidentum. Vom Mythrasdienst hat die armenische Kirche noch mehr als die orthodoxe und römische Kirche bewahrt. Wenn nun die Barden einige Äußerlichkeiten der fremden Mysterien nachahmten, so hatten sie noch keinen Anlass, die Religion der Mythrasjünger über die ihrige zu stellen. Auch in der Morallehre konnten sie von diesen nicht übertroffen werden, da die den Eingeweihten jener Mysterien besonders auferlegte „Reinheit in Gedanken, Worten und Werken" zu den alten Grundsätzen des Druiden- wie des Bardenordens gehörte. Einen Vorzug hatte dieser aber in seiner festgefügten Organisation.

In allen wichtigen Fragen und Entscheidungen bildete die ***allgemeine Bardenversammlung*** die oberste Instanz, musste jedes Mal ein Jahr vor ihrer Abhaltung öffentlich verkündigt werden und wurde öffentlich auf einer Wiese, später auch in Kirchen abgehalten. Alle Grade der Barden nahmen daran teil. Sie zerfielen in ***drei Abteilungen***: 1. Die Barden, die die Schulprüfung bestanden hatten, 2. Die Ovaten (irisch und walisch Ovydd), die wegen besonderer Verdienste und ihrer höheren Stellung zu Ehrenmitgliedern von der Bardenversammlung ernannt wurden, 3. Die Druiden, die die höchste Stufe des Bardenstandes vorstellten. Jede Rangstufe hatte ihre eigene Tracht: die Barden himmelblaue Mäntel, die Ovaten grüne und die Druiden weiße Mäntel. Die Barden trugen am rechten Oberarm ein blaues Band, auch wenn sie nicht in Tracht gingen. Himmelblau und grün sind auch noch heute

---

[11] *Kyrie Eleuson* (sei gegrüßt Eleuson) war der Ruf, womit die Tausende, die an der jährlichen Prozession von Athen nach Eleusis teilnahmen, beim Anblick des Tempels der Demeter (Zeres) ihr Heiligtum begrüßten. Es bildete die Einleitung der musikalischen Messe in der griechisch-orientalischen Kirche und blieb als Überrest der griechischen Lithurgie in der abendländischen Kirche, als diese im 4. und 5. Jahrhundert die lateinische Lithurgie durchführte.

die irischen Nationalfarben. Der Oberdruide oder Stuhlmeister trug in den Versammlungen als Auszeichnung eine goldene Halskette, an der eine goldene Kugel – das Sinnbild der Sonne – hing. Die übrigen Barden führten eine ähnliche Auszeichnung aus Silber, außerdem führte ein jedes Mitglied einen Stab von gleicher Farbe wie das Kleid, die Bardenschüler Stäbe mit den drei Farben blau-grün-weiß gemischt und je nach ihrem Grad an Länge verschieden. Der Bardenstuhl stand in der Versammlung an der östlichen Seite an erhobener Stelle. Sein Inhaber führte als Amtszeichen die Axt – den Donnerkeil. Kein anderer Teilnehmer durfte eine Waffe mitführen. Doch überbrachte ein Diener unter mancherlei Zeremonien dem Stuhlmeister ein großes Schwert, das halb in der Scheide steckte, halb entblößt war. Damit wurde ein Geheimnis angedeutet. Das in der Scheide steckende Schwert bedeutete den Frieden, aber auch die Bereitschaft, für Vaterland und Freiheit gegen Unrecht und Gewalt, sei es im Inneren oder von Außen, entblößt zu werden. Die Versammlung selbst, in der auch die Bardenschüler und andere Volksgenossen als stille Beobachter anwesend sein konnten, wurde mit einem Gebet eröffnet. Es hat eine merkwürdige Ähnlichkeit mit einem ***uralten Gebet***, das in den englischen Freimaurerlogen bei der Aufnahme neuer Mitglieder gebetet wurde, und lautet:

> Gewähre o Gott! deinen Beistand!
> Und im Beistand Stärke;
> Und in der Stärke Einsicht;
> Und in der Einsicht Wissenschaft;
> Und in der Wissenschaft den Sinn fürs Rechte;
> Und in dem Sinn fürs Rechte die Liebe desselben;
> Und in der Liebe desselben die Liebe aller Kreatur;
> Und in der Liebe aller Kreatur die Liebe Gottes.

Dieses Gebet erscheint als die freie Nachbildung einer Stelle aus dem 2. Brief des Apostels Petrus 5. Kapitel, in dem es heißt: „So wendet allen Fleiß daran, und reichet dar in eurem Glauben Tugend, und in der Tugend Bescheidenheit, und in der Bescheidenheit Mäßigkeit, und in der Mäßigkeit Geduld, und in der Geduld Gottseligkeit, in der Gottseligkeit brüderliche Liebe und in der brüderlichen Liebe allgemeine Liebe." – Ein englischer Druidenforscher will in dieser Mahnung des Petrus nur eine Wiedergabe aus der Lehre des Essäerbundes erkennen, dem er Jesus und die Apostel als Mitglieder entsprossen glaubt. Das Bardengebet wurde auch mit der Mahnung des Petrus in folgender Gestalt in das älteste englische Aufnahmegebet der Freimaurer aufgenommen: „O Herr Gott, gib zu unserem Glauben Tugend, zur Tugend Erkenntnis, zur Erkenntnis Mäßigung, zur Mäßigung Klugheit, zur Klugheit Geduld, zur Geduld Frömmigkeit, zur Frömmigkeit Bruderliebe und zur Bruderliebe allgemeine Liebe! Verleihe o Herr, dass die Maurerei gesegnet sei durch alle Welt und dass dein Friede über uns sei, o Herr! Und verleihe, dass wir alle vereint sein mögen wie Einer durch unseren Herrn Jesus Christus, der da lebt und regiert von Ewigkeit zu Ewigkeit Amen!"

Nach dem Gebet wurde in der Versammlung das ***Bardenweistum*** verlesen, das die Aufzeichnungen von den Wissenschaften, Kenntnissen, Einrichtungen, Regeln,

Vorrechten und Gebräuchen der Barden enthielt. Außerdem wurden die merkwürdigen Lebensläufe und würdigen Handlungen ihrer Vorläufer – Dichter, Gelehrten, Weisen und Staatsmänner – verlesen. Zum Dritten wurden dichterische Erzeugnisse und wissenschaftliche Arbeiten vorgetragen. Den Schluss machten ein Gottesdienst und das Festmahl. An den ***örtlichen Versammlungen***, die nach Bedürfnis am ersten oder letzten Mondviertel oder beim Vollmond abgehalten wurden, fand die Aufnahme von neuen oder die Beförderung von alten Schülern unter feierlichen Zeremonien und allerlei Vorträgen statt. Diese Beförderungen erfolgten je nach drei Jahren. Denn jede Lehrstufe umfasst drei Jahre, die vier Lehrstufen zwölf Jahre. Alle Schüler wohnten ebenso wie die Barden der Versammlung barhäuptig und bloßfüßig bei, um Gott bei seiner Anrufung die Ehrfurcht auszudrücken. Wer in der Versammlung Zeugnis abzulegen hatte, musste mit zur Sonne gerichteten Augen seine Hand in die des Stuhlmeisters legen und beim ewigen Licht (der Gottheit) schwören. Die Versammlung fand auf Rasengrund im Freien in einem mit Steinen umgrenzten Kreis statt, in dessen Mitte drei Steine angebracht waren. Diesen gegenüber bezeichnete ein größerer Stein den Altar und den Platz des Stuhlmeisters. Ein solcher aus roten Sandsteinen gebildeter kleiner Kreis oder Ring, der einen Durchmesser von 10 Metern hatte und wohl noch aus der Keltenzeit stammte, wurde vor 15 Jahren auf einer einsamen Höhe bei Rossbach in der Rhön bloßgelegt, aber leider nicht erhalten. Ein ***großer Ring*** hingegen, der zweifellos der Landesversammlungen diente, wird schon bei Hekatäus, einem Zeitgenossen Alexanders des Großen, und dann auch bei Diodor erwähnt. Dieser Ring, den die Engländer Stonehenge, d. h. Steinhag, nennen, liegt in der Grafschaft Wilts auf der Heide von Salisbury. Er bestand ursprünglich aus 40 kolossalen unbehauenen Steinsäulen von Granit, der nicht der Gegend angehört, und hatte einen Durchmesser von 88 Meter. Innerhalb des Ringes lag ein zweiter, dritter und vierter engerer Ring. Die drei Zwischenräume zwischen den vier Ringen waren jedenfalls dazu bestimmt, die Versammlungsteilnehmer aufzunehmen: im ersten inneren Zwischenraum die Druiden, im zweiten die Ovaten, im dritten die Barden, im vierten, dem größten und geräumigsten, die Bardenschüler und Volksgenossen. Im kleinen inneren Ring stand ein mächtiger Steinaltar für den Stuhlmeister. Über den Bau selbst ist seit Jahrhunderten eine Menge von gelehrten Abhandlungen erschienen, die das Urteil über eine einfache Erscheinung ebenso ins Uferlose verwirrt haben wie die Meinung über den Ringwall in unserer Rhön, der so genannten Osterburg.

Mehr Klarheit herrscht über die ***Morallehre der Barden***, die auch einen Rückschluss auf jene der Druiden gewährt. Gleich diesen haben jene ihre Lehrsätze und Vorschriften in dreigliedrige Regeln geformt. So geben sie als Endzwecke ihres Bundes an: 1. Die Reform der Sitten und Gewohnheiten, 2. Die Sicherung des Friedens, 3. Die Verherrlichung des Guten und Besten. – Verboten war den Barden: 1. Die Unsittlichkeit, 2. Das Verspotten anderer, 3. Das Waffentragen. – Die drei obersten Grundsätze der Weisheit sind: 1. Gehorsam gegen Gottes Gebote, 2. Teilnahme am Wohl der Menschheit, 3. Stärke im Ertragen aller Zufälle des Lebens. – Die drei großen Regeln für die Handlungsweise des Menschen sind: 1. Vermeide, was du zu tun einem anderen untersagst. 2. Handle so, wie ein anderer an dir handeln soll. 3.

Tue das nicht, was du wünschest, dass ein anderer dir nicht tue. – Dreierlei Personen sollen die Ansprüche des eigenen Bruders und der Schwester haben: 1. Der Waise, 2. Die Witwe, 3. Der Fremdling. – Drei Dinge muss der echte Mann allzeit im Gedächtnis haben: 1. Seinen Gott, 2. Seinen Nebenmenschen, 3. Seine Pflicht. – Drei Eigenschaften stehen einem Manne schlecht: 1. Mit einem Auge sehen, 2. Mit einem Ohre hören, 3. Mit einer Hand geben. – Kein Landsmann soll die drei Dinge vergessen, die mit ihm geboren sind: 1. Der Mensch, 2. Die Freiheit, und 3. Das Licht. – Flammende Vaterlandsliebe atmen folgende zwei Triaden: Liebe über alles: 1. Dein Volk, 2. Die Volkssitten und 3. Die Volkssprache. – Du sollst dein Leben lassen: 1. Für das Vaterland, 2. Für dein gegebenes Wort und 3. Für die Wahrheit.
Man kennt nur zwei ***geheimnisvolle Triaden***.
Die eine sagt: Jedermann aus dem Volke achte auf drei Dinge: 1. Auf seinen Pflug, 2. Auf sein ***Buch***, 3. Auf sein Recht. Das Buch, das damit gemeint war, ist zweifellos das kleine Evangelium, die von Rom verpönte Schrift „Die Lehre der Apostel", von der Columban in seinem Brief an den Papst sprach, die bei uns unter dem Namen „Kiliansevangelium" insgeheim von Geschlecht zu Geschlecht vererbt wurde. (Siehe die vorhergehenden Abschnitte „Essäer" und „Heilige".) Die Meinung, dass unter dem Buch die Bibel verstanden wurde, trifft sicher nicht zu. Denn vor der Erfindung der Buchdruckerkunst war selbst in den meisten Klöstern nur ein Exemplar vorhanden, von einer allgemeinen Verbreitung war nicht einmal in der Zeit der Reformation die Rede. Der Hl. Kilian führte nur den Psalter mit, der die Psalmen enthielt, die zum Gottesdienst gesungen wurden. Das kostbare Buch, das bei der Ausgrabung der verscharrten Leichen Kilians und seiner beiden Genossen beim jetzigen Neumünster zu Würzburg aufgefunden wurde, wird in der Universitätsbibliothek als größtes Heiligtum aufbewahrt. –
Die zweite geheimnisvolle Triade lautet: Drei Dinge sind's, die der Mann bis zu seinem Tode bewahren und schirmen muss: 1. Seinen Freund, 2. Sein Schwert, 3. Sein ***Geheimnis***. Was dieses Geheimnis war, hat noch niemand bestimmt zu sagen vermocht. Viele Forscher haben sich mit seiner Enthüllung abgemüht, ohne zu einem allgemein gültigen Ergebnis gelangt zu sein. Englische Geschichtsschreiber erkannten das Geheimnis in dem halb entblößten, halb verdeckten Schwert, das bei den großen Bardenversammlungen auf den Altar niedergelegt wurde. Ein englischer Forscher deutet das halb verhüllte Schwert dahin, dass mit dem Abzug der Legionen aus Britannien der offene Kampf mit Rom zwar beendet war, dass aber das Bardenschwert nicht ganz in die Scheide gesteckt werden dürfe, sondern gegen das Papsttum, in dem die Barden nur den Erben und die Fortsetzung des römischen Imperiums erblickten, weitergeführt werden müsse.
Tatsache ist, dass die durch die weltlichen und geistlichen Gewalthaber Roms aus Gallien vertriebenen Kelten, die jenseits des Kanals in Britannien einen Unterstand gefunden hatten, zwar das Christentum annahmen, trotzdem aber ihre ***feindliche Gesinnung gegen Rom*** bewahrten, weil sie in der Erinnerung an die jahrhundertelangen, gegen die Unterdrücker geführten Kämpfe in Rom immer noch den gleich herrschsüchtigen Feind sahen, der ihre Freiheit, Sitte und Recht gefährde. Diese Befürchtung und Gesinnung machte den Bardenorden aus einem vaterländischen

und völkischen Kulturverband zu einem politischen Verein, dessen Leitung dem obersten Bardenstuhl und dem nationalen Bardenkonvent oblag. Welche Macht diesem innewohnte, das geht aus dem Glaubensbekenntnis hervor: Drei unanfechtbare Dinge gelten für jeden Volksgenossen: 1. Die Gebräuche (d. h. die Volkssitte), 2. Der Volksgesang, 3. Der Bardenkonvent. Der Einfluss, den der letztere mit seinen druidischen Erinnerungen, seinem mannhaften Bewusstsein, seiner vereinigten Widerstandskraft und seiner vorzüglichen Aufklärung auf das Volk übte, zeigte sich an dem zähen Festhalten an der ***freien Kirche*** gegen die römische Hierarchie. Die englischen Geschichtsschreiber berichten von den heftigen Kämpfen, den die eingeborene Priesterschaft Jahrhunderte lang mit dem unter römischem Einfluss stehenden Benediktinern führte. Mit der Rom eigenartigen Beharrlichkeit verfolgten seine Handlanger die Absichten des Papsttums. Der kirchliche und mönchische Streit erstreckte sich bis nach der Insel Mona, dem ehemaligen Hauptsitz der Druiden, und in das berühmte, mit Druidengeist durchtränkte Kloster Jona. Der innere Hader soll nach glaubhafter Überlieferung auch die Schuld getragen haben, dass wiederholt verschiedene Mönche das Kloster verließen und als Missionare nach den deutschen Ländern zogen, um das Evangelium zu verkünden, was deshalb aussichtsvoll erschien, da die von den westfränkischen Eroberern und Herren entsandten Glaubensboten weder bei den Alemannen und Bayern, noch den Thüringern und Ostfranken Vertrauen gewinnen konnten und vertrieben und totgeschlagen wurden.
Der Kampf in Britannien verschärfte sich noch durch den ***nationalen Gegensatz*** zwischen den eingeborenen Kelten einerseits, den angelsächsischen und normannischen Eroberern andererseits, die einen großen Teil Britanniens besetzten und das unterworfene Volk als Leute minderen Rechts verknechteten. Hierbei fanden sie in den römischen Priestern willige Werkzeuge. Von der Erbitterung des kirchlich-nationalen Kampfes kann man sich eine Vorstellung machen, wenn man den Schwur kennen lernt, womit die Barden auf eine Lanze den angelsächsisch-dänischen und später den normannischen Eroberern den unauslöschlichen Hass geloben mussten. Daran knüpft sich die berühmte Weissagung des obersten Stuhlmeisters Talisien aus dem Sagenkreis des Königs Artus, das englische Reich werde durch eine Lanze zugrunde gehen. Noch heute ist dieser Glaube bei den Iren nicht erloschen, obschon sie seit 700 Jahren ihre politische Freiheit verloren haben. Dies Ereignis war mit dem Zeitpunkt eingetreten, da es durch unablässige Anstrengungen der römischen Hierarchie gelungen war, die irische Kirche dem Papsttum untertänig zu machen. Da aber die Barden ihren Widerstand gegen Rom nicht aufgaben, so suchten ihre Gegner sogar das niedere Volk gegen den reichen Besitz des Bardenordens zu hetzen. Trotzdem gelang die Absicht nur stellenweise. Wohl tat der angefachte Neid dem Vertrauen des Volkes auf den Orden einigen Abbruch, doch waren seine Leistungen und Verdienste im öffentlichen Interesse bedeutend genug, um seine politische und soziale Stellung noch durch Jahrhunderte aufrecht zu erhalten.
Der gefährlichste und tatkräftigste Feind Irlands war der **Papst Hadrian IV.**, der gleich dem Papst Gregor VII. ein Mann von niederster Herkunft und der schneidigste Vertreter des römischen Imperialismus war. Dieser einzige Engländer, der je den päpstlichen Thron einnahm, zeigte schon dem deutschen Kaiser Friedrich dem

Rotbart, wessen Geistes er sei. Bei ihrer Zusammenkunft in Forli veranlasste der Papst den Kaiser, dass er ihm beim Besteigen seines Pferdes die Steigbügel halte. Und der stolze Hohenstaufe gehorchte und lieferte sogar auf Geheiß des Papstes den als Ketzer verdammten Arnold von Brescia an Hadrian aus, der ihn 1155 von kurzer Hand erdrosseln und verbrennen ließ. Nicht besser als mit dem Kaiser verfuhr der Papst mit dem englischen König Heinrich II., einem Halbfranzosen, der außer England ein Drittel von Frankreich besaß. Als dieser den Erzbischof von Canterbury, Thomas Becket, der gegen ihn eine Verschwörung angezettelt hatte, während des Gottesdienstes am Altar der Kathedrale ermorden ließ, belegte ihn der Papst mit dem Bann und ließ sich den Friedensschluss nur mit ungeheuren Zugeständnissen abkaufen. Wie einst Kaiser Heinrich IV. barfuß im Schlosshof zu Kanossa vor Papst Gregor VII. als reuiger Büßer erscheinen musste, ebenso musste der König Heinrich mit nackten Füßen die Geißelung auf der Gruft des ermordeten Kirchenfürsten über sich ergehen lassen. Dabei aber vergaß Hadrian nicht, dass er nicht bloß Papst, sondern auch Engländer sei. Darum beschloss er, das seiner Herrschaft immer noch widerstrebende Irland dem englischen Zepter und damit auch der römischen Autorität zu unterwerfen. Er schrieb deshalb an den König: „Niemand zweifelt daran und Du weißt es, dass Irland und alle Inseln, die den wahren Glauben angenommen haben, der römischen Kirche gehören. Wenn Du aber in diese Insel einziehen willst, um die Laster (darunter verstand der Papst vor allem den Widerpart gegen das Papsttum) zu vertreiben, die Gesetze (nämlich Roms) zu beobachten und den (bisher von den Iren verweigerten) Peterspfennig für jedes Haus zahlen zu lassen, so räumen wir Dir die Insel mit Freuden ein." – Der König vollendete im Jahre 1171 die Unterwerfung Irlands.

Nachdem die Engländer die grüne Insel etwas verdaut hatten, wurde von ihnen im Jahr 1283 auch das keltische Fürstentum Wales im südwestlichen England eingesackt. Der druidische Geist regte sich aber selbst in England immer wieder aufs Neue. So erschien nicht lange nach der Eroberung von Wales „Peter Bauers Vision of Pierca the Plougham" als Vorbote der kommenden ***kirchlichen Reformation***, die dann mit *Wicliffe* (1324 bis 1384) einsetzte. Während dieser im Allgemeinen gegen die Missbräuche der Geistlichkeit auftrat, predigte und schrieb, wetterte ein Ungenannter in einer Brandschrift „Peter Bauers Glaube" gegen die wachsenden Missbräuche der Bettelorden. Von England setzte der Reformruf auf den Kontinent über und fand in *Johannes Huß, Martin Luther, Zwingli, Calvin* u. a. erfolgreiche Apostel. – Die Barden in Irland hatten mittlerweile durch ihre Vorträge und Lieder das nationale Bewusstsein zu erhalten und die Vaterlandsliebe bis zum tatkräftigen Wider- und Aufstand gegen die Fremdherrschaft anzueifern gewusst. In wiederholten Erhebungen suchten die Iren unter der heldenhaften Führung der Barden ihre Unabhängigkeit wieder zu erringen, bis sie endlich in der Schlacht am Baynefluss 1690 aufs Haupt geschlagen wurden. Im heiligen Kampf für Freiheit und Vaterland fand ***der Bardenorden einen ruhmvollen Untergang***. Einzelne überlebende Barden zeugten nur mehr gleich geborstenen Säulen von der längst entschwundenen Pracht, Macht und Herrlichkeit des Ordens. Für den letzten irischen Barden galt der 1738 verstorbene Dichter O'Carolan. In Schottland hielten sich die Barden als Diener der

Fürsten und Edelleute bis 1748. In Wales lebte der Bardenorden, der mit der Eroberung des Landes durch die Engländer 1283 einen argen Stoß erlitten hatte, noch lange fort, wenn auch seine alten Rechte sehr beschränkt wurden. Da jedoch die dortige Bevölkerung gegen die englische Herrschaft weniger feindselig als die von Irland sich verhielt, so gaben die englischen Herrscher seit dem 15. Jahrhundert wieder die Erlaubnis zur Aufführung öffentlicher Wettgesänge. Der letzte fand 1681 statt.

Im Jahr 1760 ließ der schottische Schriftsteller Macpherson die ***Gesänge des Barden Ossian*** aus dem 3. Jahrhundert erscheinen, die seither mündlich und auch schriftlich von Geschlecht zu Geschlecht sich vererbt hatten und wegen ihrer Schönheit ungeheures Aufsehen erregten. Die Meinung, dass sie vom Herausgeber erfunden und gefälscht seien, wurde widerlegt, aber immer wieder von neuem behauptet. Die Kelten halten sie für echt. – Ossians Gesänge wurden aus dem Englischen ins Deutsche übertragen. Deutsche Dichter wie Klopstock u. a. gaben germanische Heldenlieder unter dem Namen Bardenlieder heraus. Matthias Claudius feierte in seinem heute noch allenthalben gesungenen „Stimmt an mit hellem hohen Klang" der deutschen Barden Hochgesang und trug gleich anderen Dichtern dazu bei, den vaterländischen Sinn zu heben. Aber eigentlich lag in diesem löblichen Tun eine fromme Täuschung. Die deutschen Philologen hatten zwar aus der „Germania" des Tacitus den deutschen Bardengesang herausbuchstabiert, aber statt barritus (das Wort bedeutet das entsetzliche Schlachtgeschrei der Germanen) barditus gelesen. Die Deutschen waren kein musikalisches Volk wie die Kelten. Karl der Große bemühte sich, den Kirchengesang, der nach der Schilderung eines Zeitgenossen ein ohrenzerrüttendes Gebrüll war, zu verbessern. Auch ließ er alle Volksgesänge sammeln. Als Ratgeber stand ihm merkwürdigerweise ein Engländer, der gelehrte **Alkwin**, als Staatsmann und Baumeister zur Seite. Er war aus der Schule zu York hervorgegangen, deren Erziehungserfolge deutlich die Einflüsse der Barden und Culdeer mit ihrer druidischen Vergangenheit erkennen lassen. Es rechtfertigt sich, dies am Leben Alkwins nachzuweisen.

Alkwin war zur weiteren Ausbildung nach Italien gegangen, wo ihn der Kaiser i. J. 781 kennen lernte und an seinen Hof berief. Durch seinen Einfluss wurde dieser ein Asyl und Ausgangspunkt der Bildung für das bisher barbarische fränkische Reich. Doch blieb Alkwin nur bis zum Jahr 790. Er zog sich wieder in das Kloster zu York zurück, in dem er seine treffliche Erziehung genossen hatte. Zerwürfnisse mit dem Kaiser mögen die Ursache seines Abschiedes gewesen sein. Sicher weiß man nur, dass der gescheite, ehrliche, wahrheitsmutige und unabhängige Charaktermensch dem Kaiser sein gewaltsames unchristliches Verfahren bei der Bekehrung der Sachsen vorhielt und dessen Abstellung verlangte. Auch riet er ihm davon ab, dem Wunsche der Geistlichkeit zu entsprechen und an Stelle der Stolgebühren den Zehent einzuführen. Die Bischöfe schützten die unsichere wirtschaftliche Lage der Geistlichkeit vor, die in der Hauptsache nur auf freiwillige Gaben der Gläubigen angewiesen sei und durch diese unwürdige Stellung in ihrer Tätigkeit gehemmt sei. Auch sei diese kein Ansporn, um junge Leute anzulocken und einen tüchtigen Nachwuchs heranzubilden. Die Hebung des Ansehens und Einflusses der Geistlichkeit liege auch im Interesse des Kaisers und der Regierung. Das Mittel hierzu sei die ***Einführung des Zehnten***, wie er durch die Bibel vorgeschrieben sei. Alkwin war hingegen, wie ein englischer Geschichtsschreiber ausführt, der Meinung, dass das jüdische Gesetz für den jüdischen Priesterstaat gepasst habe, dass es aber dem deutschen Volk widerstrebe. Die Lehre der Apostel schreibe den Gläubigen und Priestern genau vor, was sie als Christen zu tun und zu beanspruchen hätten. Wenn die Geistlichen nicht einzig aus Liebe zu ihrem göttlichen Beruf die Sorge und Opfer des täglichen Lebens auf sich nehmen, sondern durch die Aussicht auf einen fetten Futterkorb zu ihrem Stande sich wenden, dann sei es um das priesterliche Amt, die kirchliche Zukunft und das deutsche Volk schlimm bestellt. Wenn übrigens die Geistlichen ihren Beruf mit Eifer und Verständnis erfüllen, würde sie die Gemeinde nicht hungern lassen. Mit einem festen größeren Einkommen aber werde ihr Eifer als Seelsorger und Lehrer bei vielen sich vermindern. Es sei auch zu befürchten, dass mit der Einführung des Zehents die Stolgebühren weiter erhoben würden. Wenn der Kaiser annehme, dass ein Viertel des Zehents von den Pfarrern für die Armenpflege verwendet werde, so sei das eine gute Meinung, die aber kaum gerechtfertigt werde. Es sei auch vom staatlichen Standpunkt unklug, das Volk zugunsten eines einzelnen Standes zu besteuern und dem Regenten bei eintretenden öffentlichen Bedürfnissen die Mittel zu deren Befriedigung vorwegzunehmen. Der Zehent und seine Erhebung werde auch die Liebe des Volkes zur Geistlichkeit in Hass verwandeln und für dieses zum Fluch werden. Der Kaiser hörte nicht auf seinen Ratgeber, weshalb dieser den höfischen Staub abschüttelte und in seine Heimat zurückging. Als dann 794 eine Hungersnot hereinbrach und die Geistlichkeit diese für eine Strafe des Himmels wegen Nichteinrichtung des Zehnten erklärte, wurde dafür das Volk der Sachsen, das sich noch mal gegen die Auflage empörte, das Opfer. Wie Recht Alkwin mit seiner Prophezeiung hatte, das zeigt die Geschichte der Bauernlasten von Dr. August Memminger. 4. Auflage. (Verlag von Gebrüder Memminger in Würzburg.) Der Fluch des Zehents ruht heute noch vielfach in Gestalt des Bodenzinses auf dem bayerischen Bauernstande.

Auf dringendes Bitten des Kaisers war Alkwin im Jahr 798, nachdem er den Bau der Peterskirche in York entworfen und geleitet hatte, nach Deutschland zurückgekehrt. Der Kaiser bedurfte dringend eines Ratgebers in den kirchlichen Angelegenheiten, da der Streit um die Bilderverehrung und um die Persönlichkeit Jesu, ob diese göttlicher oder bloß menschlicher Abstammung sei, die ganze Bevölkerung in zwei feindliche Teile zu spalten drohte. In den Entscheidungen des Kaisers erkennt man den Ratgeber. Im Bilderstreit entschied er zum großen Verdruss des Papstes Hadrian I. gegen die Verehrung der Bilder, doch wollte er sie als Schmuck und zur Belehrung der Gläubigen in den Kirchen belassen. In der zweiten Sache entschied er, dass es beim alten Glauben an den Gottessohn bleiben solle, wodurch die eingerissenen Unordnungen rasch behoben waren. Im Übrigen rühmen alle Geschichtsschreiber die großen Verdienste, die sich Alkwin um die Begründung und Verbreitung der Kultur, um die Gründung von Schulen und die Hebung der Bildung im Frankenreich erworben hat. Ein italienischer Geschichtsschreiber führt auch die Weigerung des

Kaisers gegen die Annahme der römischen Kaiserkrone auf Alkwin zurück, der darin einen Anlass sah, den Kaiser vom Papst, das Reich von der Kirche unabhängig zu machen. Der Papst beging dann den Streich, dass er die Anwesenheit des Kaisers bei der Christmette des Jahres 800 in der Peterskirche zu Rom benützte, um ihm gegen seinen Willen während des feierlichen Gottesdienstes die Kaiserkrone aufzusetzen. Es ist vielleicht nicht zufällig, dass um diese Zeit Alkwin in das Martinskloster zu Tours sich zurückzog, wo er, vom Kaiser zum Abt ernannt, eine Gelehrtenschule gründete und leitete, die sich bald zu einem Hauptsitz der Wissenschaft erhob und dem Abendland noch einige Jahrhunderte ausgezeichnete Gelehrte und Lehrer zuführte. Sein unablässiges Bemühen, auch die Insassen anderer Klöster zum wissenschaftlichen Streben und Arbeiten anzuregen, fiel leider vielfach auf kahlen Boden. Alkwin starb im Jahr 804 und hinterließ in seinen vielseitigen Schriften den Ruhm, dass er das geistige Erbe der Alten, wenn auch in schriftlicher Umprägung, der Nachwelt überliefert hat. Sein Wissen und sein Schaffen zeugen aber von der Überlegenheit der Bildung und Erziehung, die die vorbildliche Wirksamkeit der Druiden, Culdeer und Barden selbst in den englischen Klöstern zuwege gebracht hat. Was sie nicht bloß für Deutschland und das deutsche Volk, sondern auch für Frankreich bedeutete, das allerdings ist bisher im Zusammenhang mit der geistigen Entwicklung der Menschheit nicht genügend gewürdigt worden.

***

In Frankreich waren die bardischen Gesänge schon im Mittelalter durch fahrende Sänger und Musiker aus Irland und Wales, die gleichsam als Pioniere und Missionare einer höheren Kultur nach dem Kontinent gegangen waren, sowie durch englische Teilnahme an den ersten Kreuzzügen bekannt geworden. Die Barden erlebten in den ***Troubadouren*** eine französische Neuauflage. In ihren Heldengesängen verwerteten sie hauptsächlich die romanhaften Stoffe der irisch-walischen Dichter, während sie in ihren Liedern dem französischen Geist und Temperament freien Lauf ließen. Gleich den Barden und deutschen Minnesängern waren auch die Troubadoure von edler Herkunft, zumeist Abkömmlinge des niederen Adels, der an den Hoflagern der Fürsten und Vornehmen Unterstand, Schnabelweide und Liebesdienst suchte. Ihre höfische Erziehung war auf Aneignung besserer Bildung, feinerer Sitten und ritterlicher Gesinnung gerichtet, der Unterricht in Gesang und Dichtkunst nach Bardenmuster auf ganz bestimmte Gesetze und Regeln begründet. Die Hauptwirksamkeit der Troubadoure fällt in die Zeit von 1100 bis 1120. Den meisten Raum in ihren mannigfaltigen Liedern nimmt das Frauenlob ein. Die Verehrung des weiblichen Geschlechts war nicht bloß durch die von der Kirche gepflegte Marienverehrung, sondern auch durch die Kreuzzüge in Schwung gekommen, da die Frauen der ins Heilige Land ziehenden Ritter und Herren daheim die Herrschaft führten. Das Bestreben der zurückgebliebenen Hofleute wie der um Lohn singenden Hofgänger, die Neigung, Güte und Gunst der Herrin und ihrer Töchter zu gewinnen, fand ihren galanten Ausdruck im ***Minnesang***, der bei den Deutschen zumeist in gemessenen Grenzen sich hielt, während er bei den Franzosen, ihrer lebhafteren Sinnlichkeit entsprechend, nach idealen Anfängen von männlicher und weiblicher Seite zu Eheirrungen, Übertreibungen und Skandalgeschichten ausartete. Auch Peru Vidal, einer der bedeutendsten Troubadoure, gehört zu diesen Romanhelden. Er führte ein abenteuerliches Wanderleben, trat dann in die Dienste des Vizegrafen von Marseille, Barnal de Baux, musste wegen eines Liebeshandels mit dessen Frau nach Italien flüchten, machte den dritten Kreuzzug bis Zypern mit, wo er eine Griechin heiratete, und beschloss wahrscheinlich seine Tage 1220 beim König Alfons III. von Aragonien. Dass die sprichwörtliche französische Galanterie und Höflichkeit der Verwilderung und Verwirrung der sittlichen Begriffe in den hohen und höchsten Kreisen keinen Abbruch tat, das beweist unter vielen Dramen jener Zeit die Liebe Guillems de Capstaing, den der rachedürstige Gatte nicht nur tötet, sondern dessen Herz überdies seiner ungetreuen Gattin, der schönen Madonna Margarita, der Geliebten Guillems, als Speise vorsetzt. Dennoch gibt der Zeitgeist nicht dem betrogenen Gatten, sondern den Liebenden Recht. Der König von Aragonien zieht gegen den Gatten zu Feld, lässt ihn in den Kerker werfen, die Leichen der Liebenden jedoch in der Kirche von Perpignan in ein gemeinsames Grab legen, wo sie von den dahin pilgernden Liebespaaren noch in den letztverflossenen Jahrhunderten als Heilige verehrt wurden.

Wo aber Zucht, Ernst und Würde des Sängers Kunst und der Damen Huld in gebührenden Schranken hielt, da gab es einen guten Klang. Wie den deutschen Minnesängern war auch vielen Troubadouren der ***tiefe religiöse Zug*** ihres Zeitalters eigen, der sie auch dazu antrieb, für die Mühseligen und Bedrückten einzutreten, die um des Glaubens willen von den tyrannischen Gewalthabern und blutgierigen Schergen der herrschenden Kirche verfolgt wurden. In dieser schrecklichen Zeit wurde gerade in Südfrankreich von gebannten Ketzern die reine Jesuslehre gegen das von geistlichen Würdenträgern und weltlichen Großen verfälschte, missbrauchte und geschändete Christentum gepredigt. Von den Tropfen druidischen Geistes, womit die Troubadoure als Bardenschüler gesalbt worden, teilten sich auch einige den Rittern und Priestern mit, die mit dem Grafen Raimund von Toulouse an die Spitze der kirchlichen Reformbewegung traten. Diese war von der Sekte der Katharer ausgegangen, die keineswegs die Kirche zerstörten, sondern nur von ihren Schlacken reinigen und die Christen durch Liebe zur Arbeit und durch Maßhalten in Genüssen in einer besseren Lebensführung erziehen wollten. Papst Innozenz III., diesem gewalttätigsten aller Päpste, erschienen aber die harmlosen Ketzer als abgefeimte Teufel, während sie vom Volk als *Bons hommes*, d. h. als die guten Kerlen bezeichnet wurden. Wie aber in Deutschland 24 Jahre später der päpstliche Ketzerrichter Konrad von Marburg vom Grafen Sayn und Genossen erschlagen wurde, so war 1209 in Frankreich der päpstliche Gesandte Peter von Castelnau ermordet worden. Während sich jedoch in Deutschland niemand fand, der den römischen Racheruf in die Tat umsetzen wollte, gewann der Papst in dem Feldhauptmann Simon von Montfort die geeignete Kraft zur Vertilgung der Ketzerbrut mit Feuer und Schwert. Der scheußliche Krieg, der nun begann, wird von der Stadt Albi der Albigenserkrieg genannt. Graf Raymund wurde seines Landes für verlustig erklärt, ein Kreuzheer mit der Ausführung des Urteils beauftragt, mit Mord und Raub und Brand das unglückliche Land heimgesucht. Bei der Eroberung der Stadt Beziers mussten die 20.000 Einwohner über die

Klinge springen: Männer, Frauen und Kinder. „Schlagt sie alle tot, der Herr erkennt die Seinen!“ so befahl der fanatische Zisterzienserabt Arnold. Nach zwölfjährigem Wüten, dem 20 Hunderttausende unschuldiger, braver Menschen zum Opfer fielen, schloss sich noch der Franzosenkönig an den Papst an. Was der Krieg nicht vollbracht hatte, das vollendete die Inquisition.

Das Jahr 1220 bezeichnet ***das tragische Ende des Albigensermordes und der Troubadoure***. Wie die Druiden auf Jona im Krieg mit den Römern, die Barden im Kampf mit den Engländern, so gingen die Troubadoure im Kreuzzug der französischen Papstknechte gegen ihre andersgesinnten frömmeren Landsleute unter. Von den Überlebenden waren die Besseren mit ihrer Kunst nach Spanien oder Italien geflüchtet und hatten an den dortigen Höfen eine Zuflucht gefunden. Ihre bisherigen Gönner und Beschützer, die Fürsten und Herren, die mit den Albigensern sympathisierten, hatten ihre Unabhängigkeit verloren, waren zum Teil verarmt und nicht mehr imstande, die Dichter und Sänger gehörig zu belohnen. Der fürstliche Niedergang tat auch dem Geist echter Ritterlichkeit, aus dem die Troubadourdichtung hervorgegangen war, allen möglichen Abbruch, denn die Ritterlichkeit wächst auf der dürren Heide des Betteladels so wenig wie die Kunst unter den Landstreichern. Wohl stand noch der ***Orden der Tempelritter*** aufrecht, die aus den nämlichen Familien hervorgegangen waren wie die meisten Troubadoure und die auch deren Sinnesart teilen, weshalb sie schon von dem gleichen Papst Innozenz III., der den Kreuzzug gegen die Albigenser veranstaltet hatte, der Ketzerei beschuldigt wurden. Indessen scheute er doch noch ein gewaltsames Vorgehen wider den Orden, der durch seine große Mitgliederzahl von 20.000 Edelleuten, seine hervorragenden Familienverbindungen, seine Verbreitung über die romanischen und griechischen Länder, seinen riesigen Grundbesitz und seine weltbeherrschende Stellung als internationale Handels- und Finanzmacht eine ungemein starke Machtstellung in den verschiedenen Staaten wie innerhalb der Kirche einnahm. Aber als nach Ablauf eines Jahrhunderts und nach der Erniedrigung des deutschen Kaisertums das Papsttum in die Knechtschaft des französischen Königtums getreten war, musste auch der Templerorden das Schicksal der Albigenser erleiden. Der nach den Schätzen des Ordens lüsterne König Philipp der Schöne bestimmte den französischen Papst Klemens V., seine Zustimmung zur Verfolgung und Aufhebung des Ordens zu erteilen. Sämtliche Ordensmitglieder in ganz Frankreich wurden an einem Tage gefangen genommen, gegen sie mit Hilfe der Inquisition und Folter der Ketzerprozess gemacht und ihnen die ungeheuerlichsten und unglaublichsten Geständnisse abgezwungen. Nachdem 54 der Ordensobersten hingerichtet worden, musste im Jahr 1314 auch der Großmeister Jakob von Molay den Scheiterhaufen besteigen. Der König bezahlte mit der Beute seine vielen drückenden Schulden. Doch überlebte er und sein Teilhaber am Verbrechen, der Papst, den Tod des Großmeisters kaum ein Jahr. So erfüllte sich das Wort, das dieser auf dem Scheiterhaufen ihnen zugerufen: „Ich fordere euch binnen Jahresfrist vor den Richterstuhl Gottes“.

Das Andenken an den Templerorden lebte durch die Jahrhunderte fort und fand im 18. Jahrhundert in Frankreich eine Auferstehung in einem Templerorden, der in freimaurerische Geheimnisse sich hüllte, aber durch gefälschte Urkunden, phantastische Formen und schwindelhafte Spekulanten ein unschönes Ende fand. Im 19. Jahrhundert entstand der Orden der ***Neutempler***, der von der Freimaurerbrüderschaft in Paris ausgegangen war und zu einer religiösen Gesellschaft sich umwandelte, die eine göttliche Dreiheit von Sein, Tat und Bewusstsein, eine Ewigkeit der Welt neben Gott und ein Wohnen Gottes im Menschen annahm. Für ihr „allein wahres Christentum“ gewann sie durch ihren auffallenden Kult und ihre malerischen Kostüme zahlreiche Anhänger. Aber als die Pariser eine Zeitlang an den seltsamen Aufzügen sich ergötzt, wurden die Neutempler vergessen. Hingegen tauchen sie als protestantische Sekte in Deutschland auf. Sie hatte ihren Ursprung von dem Theosophen Schönherr (gest. 1826), ihren Mittelpunkt in Königsberg und ihre Apostel in den Predigern Ebel und Diestel. Wie die Deutschen in allem, was sie einmal betreiben, zu übertreiben pflegen, so namentlich in religiösen Dingen, so taten es auch die beiden Pastoren. Die allgemeine Volksstimme gab den Neutemplern den Namen Mucker und beschuldigte sie wegen ihrer geheimen Konventikel aller möglichen heimlichen Laster und sträflichen Vergehen. In dieser Beziehung erlebten also die Neutempler ein ähnliches Schicksal wie 500 Jahre vorher die Alttempler, an deren angebliche Ketzereien und Schandtaten das damalige Volk der Franzosen ebenso geglaubt hatte wie das gleichzeitige deutsche Volk an Hexen und Schwarzkünstler. Die preußische Regierung ließ 1835 einen hochnotpeinlichen Staatsprozess gegen die Neutempler eröffnen, der erst nach langjähriger Dauer abgeschlossen wurde. Die Akten dieses Prozesses wurden niemals veröffentlicht, das Ergebnis scheint also nicht den aufgebauschten Anschuldigungen entsprochen zu haben. Nur die beiden Prediger wurden amtsentsetzt und ihrer Bürgerrechte verlustig erklärt, Diestel außerdem zu einer Zuchthausstrafe verurteilt. Näheres konnte man bei der Heimlichkeit des Verfahrens nicht erfahren.[12]

Eine schönere Auferstehung und Erneuerung als die Tempelritter erlebten die Troubadoure in Frankreich. Allerdings war es ihren hervorragenden Mitgliedern, die ihr Leben aus den religiösen und inneren Kämpfen im Frankreich des 13. Jahrhunderts gerettet hatten, nicht möglich geworden, durch eine enge Verbindung mit der gelehrten Wissenschaft und deren Mitteln ihre Kunst zu erhalten und zu heben, also konnten sie den einmaligen Verfall nicht aufhalten. Die veränderten Zeiten und Verhältnisse hatten andere Anschauungen, Bedürfnisse, Lebensweisen, Bestrebungen und Genüsse gebracht. Die Dichtkunst ging an das emporsteigende Bürgertum der Städte über und von den alten Troubadouren blieb schließlich nur mehr die Erinnerung an

---

[12] Der württembergische Staatspräsident Wilhelm Blos schreibt mir: Dein Buch habe ich gelesen mit hohem Genuss. Da steckt eine Arbeit drin! Ein stolzes Denkmal hast Du Dir damit gesetzt … Zu Deiner Notiz über die Neutempler möchte ich Dir Einiges mitteilen. Diestel und Ebel sowie die Gräfin von der Gröben kamen nach dem Prozess 1844 nach Württemberg, wo sie an dem Pfarrer Blumhardt in Boll, dessen Sohn später Sozialdemokrat wurde, einen Freund und Förderer fanden. Blumhardt Senior hat übrigens in Wemding eine Teufelsaustreibung vorgenommen. Ich besitze eine authentische Beschreibung. Aktenstücke aus dem Königsberger Prozess befinden sich in dem Werk des Engländers Dixon „Seelenbräute“. Die Gräfin von der Gröben lebte in Hoheneck bei Ludwigsburg, wo sie in den 60er Jahren gestorben ist.

den entarteten Minnehöfen übrig, die mit ihren Liebeshändeln, Liebesgerichten und Liebeskonzilien sogar die Nonnenklöster verseuchten. Aber der gute Geist, der einst unter den Troubadouren geherrscht, starb trotzdem nicht aus und feierte im vorigen Jahrhundert mit dem Druiden- und Bardenbund seine Auferstehung in dem ***Bund der Felibres*** (Dichter, Schriftsteller), einer Vereinigung von Gelehrten und Gebildeten in Südfrankreich, der die Pflege der provencalischen Sprache, in der die Troubadoure gedichtet, und der aus ihr hervorgegangenen dichterischen, erzählenden und gelehrten Werke zu ihrer Aufgabe macht. An ihrer Spitze steht der mit Recht hochgefeierte Dichter Mistral.

Was die Troubadoure in Frankreich waren, das waren die ***Minnesänger*** in Deutschland. Ihre Blütezeit begann erst 70 Jahre nach dem Untergang der Troubadoure, also in den Jahren 1190 – 1220. Auch sie entlehnten die Stoffe zu ihren Heldengesängen zumeist aus dem Schatz der Barden. Ein englischer Professor hat hieraus Veranlassung genommen, die deutsche Nachahmungssucht zu verspotten, die nicht imstande sei, aus eigenen Quellen zu schöpfen, sondern vornehmlich nur Geisteserzeugnisse, Entdeckungen und Erfindungen des Auslandes nachzumachen und als eigenartige auszugeben. So sei die ganze mittelalterliche Literatur der Deutschen hauptsächlich den Stoffen des bardischen Schrifttums entlehnt. Nun ist ja richtig, dass der König Artus mit seiner Tafelrunde, Parzival mit dem heiligen Gral, Lohengrin mit seinem Schwan, Tristan, Erek, Iwein, Wigalois, Titurel und andere Helden, deren Taten von Eilhart, Hartmann von der Aue, Wolfram von Eschenbach u. a. in deutscher Sprache besungen werden, bardischer Herkunft sind. Aber unbestritten ist, dass das nach Form und Inhalt hervorragendste Epos des mittelalterlichen deutschen Schrifttums, das wahrscheinlich von Walther von der Vogelweide stammende Nibelungenlied, deutschem Boden und Geist entsprungen ist. Auch jene deutschen Sänger, die die Artussage und andere bardische Stoffe benützt und verdeutscht haben, sind nicht bei den irischen und wälischen Barden in die Schule gegangen, sondern haben von den französischen Troubadouren und Romanschreibern „singen und sagen“ gelernt und gleich diesen Anleihen bei den keltischen Vorläufern und Druidenschülern aufgenommen. Nicht anders machten es die Engländer. Auch sie sind in dieser Beziehung nicht „wie ein Kind so rein“. Sie sind so wenig wie die Deutschen Autochthonen, keiner ihrer großen Geister ist wie die Minerva aus dem Kopf des Jupiters entsprungen, sie stehen alle auf den Schultern der Vorfahren. Auch die Engländer haben aus dem Geistesborn der Druiden und Barden getrunken und an ihren Vorbildern sich veredelt. Könnte die Sprache eines Volkes selbst als der sprechendste Ausdruck seines Geistes gelten, dann käme die englische Geistesarbeit weit hinter der deutschen. Denn die englische Sprache ist ein angelsächsischer Dialekt, der schier zur Hälfte mit Worten keltischen und normannisch-französischen Ursprungs vermischt ist. Aber wer möchte darum den Engländern die Eigenart ihrer Sprache, ihres Schrifttums und ihrer sonstigen geistigen Schöpfergaben absprechen?! Daran ändert auch die Tatsache nichts, dass ganze Epochen der englischen Literatur mit französischem Esprit ihren Ruhm begründet haben. Deutsche, Franzosen und Engländer haben sich also in dieser Beziehung nichts vorzuwerfen. Sie alle – so sagt der unga-

rische Sprachforscher Pekar mit Recht – fußen auf bardischen Vorbildern und zehren vom druidischen Geist.
Von den Troubadours ist außer ihrem geistigen Nachlass, der von Mistral herausgegeben wurde, bei uns nur das Wort ***Baron*** übrig geblieben, das im 18. Jahrhundert auch in Deutschland in Gebrauch kam als Ersatz für den Ritter- oder Freiherrentitel. Der Baron stammt vom keltischen Wort Bar, das der Mann heißt, der freie Mann, der unabhängige Herr. Die Barden waren eben im Range den Edelleuten gleich gestanden. Und die Troubadoure gehörten wie die meisten Minnesänger durch Geburt dem Adel an. Von Bar stammt auch das Wort Bara ab, worunter die Gesetze des Bardenordens verstanden wurden. Die Troubadoure übernahmen einen Teil dieser Gesetze, die dann mit allerlei Änderungen auf die deutschen Barden, die Minnesänger, übergingen. Von Bar stammt auch das ***Barett*** ab, die ritterliche Kopfbedeckung, mit der Walther von der Vogelweide, der größte der mittelhochdeutschen Dichter, in der Manessischen Liedersammlung dargestellt ist. Diese Darstellung ist in Erz am Frankoniadenkmal in Würzburg nachgebildet. Das Barett der Minnesänger wurde auch die Tracht der Geistlichen, Künstler, Professoren und der den Rittern gleichstehenden Juristen. Was diesen Ständen recht war, das war den Universitätsstudenten billig. Auch die trugen das Barett. Zwar war es bei den deutschen Studenten durch die farbigen Mützen der Landsmannschaften, Burschenschaften und Korps außer Gebrauch gekommen, aber es tauchte mit der studentischen Reformbewegung wieder auf, als im Jahr 1868 die Würzburger Verbindung Adelphia an Stelle der bunten Mützen wieder die alte deutsche Tracht setzte, die dann an vielen Universitäten nachgeahmt wurde.
Eine dem Barett ähnliche Kopfbedeckung trugen auch die ***Meistersinger*** der Handwerkerzünfte, die nach dem Verfall des Minnesanges die deutsche Sangeskunst wieder zu Ehren bringen wollten. Mit diesem Barett ist auch der bedeutendste Meistersinger Hans Sachs von einem zeitgenössischen Künstler dargestellt worden. Auf die Meistersinger hatte sich auch aus der Zeit der Troubadoure und Minnesänger die Bezeichnung ***Bar*** für die Regeln der Dicht- und Sangeskunst vererbt, die von den Meistersingern die Tabulatur genannt wurde. Hans Sachs hatte von einem Leineweber die holdselige Kunst des Meistersangs erlernt und dann selbst in sehr jungen Jahren die dichterische Tätigkeit begonnen. Er selbst erzählt:

Ich hatt von Linnhart Nunnenbecken
Erstlich der Kunst einen Anfang:
Wo ich im Laut hört Meisterg'sang,
Da lernet ich in schneller Eil
Der *Bar* und Tön' ein großen Teil,
Und als ich meines Alters war
Fast eben im zweinzigsten Jahr,
Tat ich mich erstlich understan
Mit Gottes Hilf zu dichten an
Mein erst *Bar* im langen Marner
„Gloria patri' Lob und Ehr" …

Mit dem „langen Marner“ bezeichnete er eine der vielen damals üblichen Sangesweisen, nach denen die Handwerker ihre Lieder genau richten mussten, wenn sie die Prüfung als Meistersinger bestehen wollten. Dieser Zunftzwang hat eine freiere Gestaltung der geistigen Erzeugnisse nicht aufkommen lassen, so dass Hans Sachs der einzige aus den ungezählten Meistersingern ist, dessen Schöpfungen ihn überlebt haben. Zu diesen gehören auch seine Lieder auf Martin Luther: „Die wittenbergisch Nachtigall, die man jetzt höret überall“, sowie sein Gedicht auf „Luthers Tod“ – ein ergreifender Nachruf des Schusterpoeten, der ein nicht zu verachtender Bundesgenosse für die Reformation war. Er hat es verdient, dass ihn *Goethe* der deutschen Leserwelt zurückerobert hat und dass gleich dem größten Dichter unserer Nation auch der größte Tonkünstler *Richard Wagner* das Andenken an den berühmtesten deutschen Handwerker in dem wundersam frohmutigen Musikdrama „Die Meistersinger von Nürnberg“ verherrlicht und verewigt hat. Im 1. Akt lässt er auch dem fränkischen Ritter Walter Stolzing durch den Meister Kothner erklären, was „Bar“ ist:

„Ein jedes Meistergesanges *Bar*
Stell’ ordentlich ein *Gemäße* dar
Aus unterschiedlichen *Gesetzen*,
Die keiner soll verletzen.
Ein Gesetz besteht aus zweenen *Stollen*,
Die gleiche Melodie haben sollen.
Der Stoll aus etlicher Vers *Gebänd*,
Der Vers hat seinen Reim am End.
Darauf so folgt der *Abgesang*,
Der sei auch etlich Verse lang
Und hab sein’ besondere Melodei,
Als nicht im Stollen zu finden sei.
Derlei Gemäßes *mehre Baren*
Soll ein jed’ Meisterlied bewahren;
Und wer ein neues Lied gericht’,
Das über vier der Sylben nicht
Eingreift in andrer Meister Weis’,
Des Lied erwarb sich Meisterpreis.“

Weiter lässt Richard Wagner den Meister Hans Sachs zu dem Ritter Walter Stolzing, der ihm seinen Traum erklären soll, sagen:

„Das nenn’ ich mir einen Abgesang!
Seht, wie der ganze *Bar* gelang!
Gelungen ist auch der zweite *Bar*.
Wolltet Ihr noch einen dritten dichten,
Des Traumes Deutung mir berichten!“

Hatten schon die höfischen Minnesänger ihre Kunst als etwas Erlernbares betrachtet, da selbst der größte unter ihnen, Walther von der Vogelweide, „in Österreich singen und sagen gelernt“, so noch ungleich mehr die bürgerlichen Meister, die aber der Kunst den Stempel ihres Handwerks aufdrückten, indem sie dieselbe als eine handwerksmäßig zu erlernende Fertigkeit betrachteten und dem zünftischen Regelzwang unterwarfen. So kleinlich, engherzig, pedantisch und beschränkt dieser Zwang war, war trotzdem das Wirken der Meistersinger ein Beweis für ihr ideales Streben, ihre künstlerische Begeisterung und ihre deutsche Kulturgesinnung, denn sie hielten darauf, dass alle ihre Gesänge nach der hochdeutschen Sprache gedichtet und gesungen werden mussten. Obschon in der Auswahl der Stoffe eine ziemliche Freiheit herrschte, so brachten es die Meister wegen der sklavischen Beschränkung durch die zünftige Regel niemals zu höherem dichterischen Schwung. Ihre Gesänge sind durchweg hölzern, steifleinern und ledern wie das Handwerk, das sie als Schreiner, Weber und Schuster trieben. So mannhaft Hans Sachs in der deutschen Literaturgeschichte durch seine Schwänke, Faschingsspiele, gereimten Erzählungen und einzelne Gedichte (z. B. auf Luthers Tod) erscheint, so minderwertig sind seine Meistersänge, einige Tausend an der Zahl. Nicht ein einziger Meistersang ist Gemeingut des Volkes geworden, während gleichaltrige Volkslieder noch heute gesungen werden. Hätten die Handwerksmeister neben dem Kunstgesang das Volkslied gepflegt und veredelt, würden sie wohl auch ihre Muse über den Zaun der Maßregeln hinweg zur freien Entfaltung und Gestaltung geführt haben.

Aber das deutsche Bürgertum leidet noch heute an dem gleichen Fehler wie vor 400 Jahren. Noch heute pflegt es in manchen Liedertafeln mehr den Kunstgesang als das Volkslied und darum erfüllen diese Vereine ihren sozialen und kulturellen Beruf nicht in wünschenswerter Weise. Gleichwohl wird der Name der Meistersinger noch nach Jahrhunderten rühmlich genannt werden. Denn sie haben wenigstens ein größeres und bleibendes Verdienst, dass sie durch ihre künstlerische Betriebsamkeit einem der großen Gesangsmeister und Tonkünstler, Richard, Wagner, Anregung, Stoff und Titel zu einem der schönsten Lustspiele und deutschen Kunstwerke gegeben haben. Auf ihn trifft auch das Wort zu, das unser Altmeister Goethe dem Meistersinger Hans Sachs gewidmet hat:

Ein Eichkranz ewig jung belaubt,
Den setz die Nachwelt ihm aufs Haupt.
In Froschpfuhl sei das Volk verdammt,
Das seinen Meister je verkannt.

Die Freimaurer

Will Einer in der Wüste predigen,
Der mag sich von sich selbst erledigen.
Spricht aber Einer zu seinen Brüdern
Dem werden sie's oft schlecht erwidern!
Lass Neid und Missgunst sich verzehren
Das Gute werden sie nicht wehren!
Denn Gott sei Dank! es ist ein alter Brauch:
So weit die Sonne scheint, so weit erwärmt sie auch.

Goethe (Freimaurer)

I. Die moderne Freimaurerei

Da man schrieb das Jahr des Unheils 1666, verbreitete sich im Deutschen Reich die Kunde, dass die Stadt London in Rauch aufgegangen sei. In der Tat waren 13.500 Häuser, viele öffentliche Gebäude und 85 Kirchen durch den Brand vernichtet worden. Die Not war groß, viel größer als man sich dieselbe vorstellen kann. Wäre Frieden im Inneren und nach Außen gewesen, dann war die englische Selbsthilfe und Tatkraft leichter imstande, den Abbrändlern beizustehen und Mittel und Wege zum Wiederaufbau zu schaffen. Aber noch litt die Stadt schwer unter den Verheerungen der Pest, die erst ein Jahr vorher 67.000 Personen dahingerafft hatte. Auf dem ganzen Lande lastete zudem ein förmlicher Alp, erzeugt durch die Nachwehen der großen Revolution, die bösen Folgen der kirchlichen Kämpfe und die brutalen Maßregeln des restaurierten Königtums, während zu gleicher Zeit der Krieg mit dem holländischen Rivalen außerordentliche Kräfte und Opfer in Anspruch nahm. Aber wie die Engländer noch zu allen Zeiten in den ärgsten Gefahren, Schicksalsschlägen und Bedrängnissen sich selbst gefunden und ohne viel Worte zu machen, zu rettenden Entschlüssen und zielführenden Taten sich aufgeschwungen haben, so erstand auch der Einwohnerschaft von London ein Mann, der als Gelehrter und Baumeister das Zeug und Ansehen besaß, um dem Vertrauen der Stadt auf ihre Wiedererneuerung durch ihn gerecht zu werden. Dieser Mann war **Christoph Wren**. Gleich seinem berühmten Landsmann und Zeitgenossen Isaak Newton war auch er ursprünglich Mathematiker und Physiker, wie denn überhaupt auch die größten Künstler Italiens und Deutschlands (Leonardo da Vinci, Michelangelo, Albrecht Dürer u. a.) mehrere Berufe in sich vereinigten. Aber während Newton sich der optischen Technik und Astronomie zuwendete und damit seinen Weltruhm begründete, wurde Wren Astronom, Jurist und Naturwissenschaftler, um dann zur Baukunst überzugehen. Durch einen längeren Aufenthalt in dem Frankreich Ludwigs XIV. vervollkommnete er die theoretischen Kenntnisse und praktischen Fertigkeiten, die ihn zum ersten Architekten seines Landes und zum führenden Baumeister der Hauptstadt tüchtig machten.

Der große Brand von London stellte ihn vor eine Aufgabe, wie sie kaum jemals vor ihm einem Baumeister gestellt worden war. Durch die langwierigen inneren Unruhen, Wirren und Kämpfe, die England seit der Reformation und Revolution heimgesucht hatten, waren Kunst und Handwerk heruntergekommen. Der Wohlstand der einst berühmten Steinmetzbruderschaften oder Bauhütten, in England die Lodgen (Hütten) der Freemasons, in Frankreich Logen der Francmaisons, deutsch Freimaurer genannt, war dahin. Wer hätte auch bei dem Darniederliegen der wirtschaftlichen Verhältnisse und dem gänzlichen Erschlaffen der Bau- und Unternehmungslust die Künstler, Bildhauer und Steinmetze beschäftigen sollen? Wenn noch notwendige Bauten ausgeführt wurden, genügten die gewöhnlichen Bruchstein- und Ziegelmaurer, die außerhalb der Bauhütten standen. Das war in England nicht anders als in Deutschland während des 30-jährigen Krieges. Als aber der westfälische Friede geschlossen war, erwachte die deutsche Arbeitsfreude und Schaffenslust allmählich wieder zu frohmütiger Tätigkeit. Christoph Wren, der die Brauchbarkeit und Tüchtigkeit der deutschen Bauleute schon auf dem Kontinent kennen gelernt hatte, ließ alsbald an die deutschen Steinmetzbruderschaften, an die französischen und flandrischen Freimaurer wie an italienische Künstler den Ruf nach London ergehen. Und sie hörten den Ruf des ihnen bereits bekannten Meisters und bestiegen in hellen Haufen in voller Rüstung mit dem notwendigen Zeug und Hilfsvolk die bereitgestellten Schiffe, um durch den Kanal nach der Themse zu segeln und dort Unterstand und Arbeit, Verdienst und Brot zu suchen.

Außer den deutschen Freimaurern hatten sich auch ganze Gewerkschaften von Bauhanderkern aus Flandern und London zusammengefunden. Da jeder Steinmetz sein eigenes Werkzeichen hatte, so kann man von den Steinen, die er bearbeitete, ablesen, an welchen Kirchen und Gebäuden er mitgeschafft hat. Aus den gleichen Zeichen, die man an den Monumentalbauten in London, Köln, Straßburg, Zürich, Bern, Nürnberg, Wien und anderswo findet, kann man auf die Wanderungen und die Wanderlust der Meister und Gesellen schließen, die übrigens durch das Gesetz der Bauhütte (englisch Lodge = Hütte, französisch Loge, sprich Losche) die Jahre ihrer Lehre wie ihrer Wanderschaft vorgeschrieben hatten. Von den Deutschen, die in London unter Meister Wrens Leitung 43 Kirchen und viele andere größere Bauten ausführen halfen, kehrten freilich viele nicht mehr in ihre Heimat zurück. Manche Gesellen starben dort, während andere in England blieben, um entweder einer dortigen Bauhütte beizutreten und den Meistergrad zu erwerben oder als Gesellen wegen der besseren Entlohnung, Beköstigung und Unterhaltung weiter zu dienen. London, York und andere Städte boten ja damals einen frohmutigen Aufenthalt, wo nicht bloß Künstler, sondern auch die leistungsfähigen Handwerksmeister, die sich gut und ehrenvoll benahmen, in den besten Kreisen wohl gelitten waren. Die nähere Berührung mit diesen wurde den Angehörigen der Bauhütten durch die nicht dem Bauberufe angehörigen, aber zahlenden und am Vereinsleben tätigen Ehrenmitglieder aus den gebildeten und besitzenden Ständen vermittelt. Um den Bestand der Bauhütten auch über eine neu eintretende Baukrisis hinweg zu sichern, hatten nämlich die Meister schon vor dem großen Brand das Erbe der Vorfahren dadurch zu erhalten gesucht, dass sie immer wieder einflussreiche und opferwillige Männer an sich fesselten und sie in die nur den wirklichen Arbeitsgenossen bekannten Gebräuche einweihten. Mit dem Brand von London hatte das Bauhandwerk und mit ihm die

Bauhütten einen neuen Aufschwung genommen und die angesehensten Männer rechneten sich die Aufnahme in eine Loge zur Ehre an.
Der große Geist, der lange über den Bauhütten schwebte, trug den Namen Christoph Wren, der vielseitige Gelehrte und erste Baumeister Englands, der Erbauer von 60 Kirchen und herrlichen Palästen, der Erneurer der zerstörten Hauptstadt, der Schöpfer der Paulskirche in London, der größten Kirche neben der Petruskirche in Rom, in der er auch begraben liegt. Ihm wird auch die Idee zu einem noch größeren, die ganze Welt umspannenden Bauwerk, nämlich der ***modernen Freimaurerei***, zugeschrieben. Den Grund zu dieser idealen Schöpfung hatte er schon als Jüngling durch seine naturwissenschaftlichen Studien gelegt. Durch einen längeren Aufenthalt auf dem Kontinent hatte er sein Gehirn und Gemüt von heimatlicher Einseitigkeit und Voreingenommenheit geläutert und hierdurch ein abfälliges Urteil über die damals in England wie in Frankreich, Deutschland und Spanien übliche Verketzerung und Verfolgung Andersgläubiger sich gebildet. Die Beschränkung und Unterdrückung der Glaubens-, Gewissens- und Pressefreiheit musste ihm als eine Verkümmerung und Verleugnung der angeborenen Menschenrechte erscheinen. Diese Meinung wurde noch bestärkt durch die gute Erfahrung, die er mit der Berufung der nichtenglischen Bauhandwerker zum Wiederaufbau von London machte. Der Verkehr und die Zusammenarbeit unter den vielen Tausenden von Angehörigen der Bauhütten aus Deutschland, Flandern, Frankreich und Italien untereinander und mit den englischen Genossen vollzog sich unter dem Oberbefehl des Meisters Wren trotz der Verschiedenheit der Sprachen und Religionen ohne erhebliche Schwierigkeiten und Reibungen. Die gleiche Erziehung in strenger Meisterlehre, die auf der Wanderschaft gewonnene Weltläufigkeit, die alle Genossen verbindenden Gebräuche und Zeichen, die über die nationalen Grenzen hinwegreichende Gemeinsamkeit der Formen und Interessen und das vorbildliche Beispiel des humanen, durch Kenntnisse und Können alle überragenden Obermeisters hatte die Gegensätze unter den Angehörigen der verschiedenen Nationalitäten derart gemildert und ausgeglichen, dass unter den Genossen eine Kameradschaft gut erzogener und gut gesinnter Menschen sich betätigte und bewährte. Diese Beobachtung bestätigte dem Meister Wren die Richtigkeit seiner idealen Anschauung und Gesinnung, die er schon vorher im engeren Freundeskreise angebaut und gepflegt hatte.
Diesem Freundeskreise, der in London inmitten der politischen und religiösen Kämpfe um das Jahr 1660 aus Glaubensflüchtlingen aller Länder sich gebildet hatte, hatte sich Wren angeschlossen. Wessen Geistes diese Gesellschaft war, dafür ist die Tatsache Beweis, dass sie eine Schrift des vielverfolgten Predigers und Lehrers **Comenius**, des Begründers der neuen Pädagogik, unter dem Titel „Vorspiel der Pansophie“ (Allweisheit) in Oxford drucken ließ. Im Gegensatz zur herkömmlichen Scholastik huldigte dieser sowohl der neueren Naturphilosophie wie der altgriechischen Weisheit. Wren selbst war einer der Führer der damals entstehenden ***freien Akademien***, die ihre Stütze nicht bei den Universitäten, sondern merkwürdigerweise bei den Gewerkschaften fanden, deren eine – das Bauhandwerk – von dem Großmeister Wren glänzend vertreten wurde. Durch ihn war auch ein Mann wie **Isaak Newton** aus dem Dunkel ans Licht gezogen und auf den hohen Sockel gestellt

worden, von dem aus er die Welt mit seinem Licht bestrahlte. Newton tat ein Gleiches an dem jungen **Theophile Desaguliers**, dem Sohn eines aus Frankreich geflüchteten reformierten Predigers. Newton wurde als Lehrer an der Universität Oxford sein geistiger Leiter. Der geistvolle Schüler selbst wurde Hofprediger am Hofe **Wilhelms von Oranien**, der das veraltete Haus Stuart verdrängt und den Thron von England bestiegen hatte. Zugleich wurde der Franzose der Führer der freien Akademien, die besonders in der Steinmetzkunst ihre Gönner hatten. Selbst in der Zeit, da diese mühsam durchhalten konnte, war sie eine Freistätte für die durch alle Bevölkerungsschichten gehenden freieren religiösen Anschauungen und ein heimliches Asyl für deren Vertreter gewesen und blieb es auch während des Wiederaufschwunges der Bauhütten. Als jedoch der Wiederaufbau von London vollendet war und die Bautätigkeit wieder schwand, trat auch ein Rückgang der Bauhütten ein, der durch die fortdauernden politischen Unruhen, religiösen Kämpfe und wirtschaftlichen Krisen noch vergrößert wurde. Wren selbst legte im Jahr 1716 das lange bekleidete Amt des Großmeisters – wohl infolge hohen Alters und geschwächter Arbeitskraft – nieder.

Von den mehreren Logen in London waren nur noch vier übrig, die übrigen waren wegen Mangels an Mitgliedern und Nachwuchs eingegangen. Auch den übrig gebliebenen Logen drohte das gleiche Schicksal. Da fassten ihre Führer den Entschluss, die vier Logen in einer einzigen Großloge zusammenzufassen und, da ohnehin die nichtberufsmäßigen Mitglieder den maßgebenden Teil der Gemeinschaft ausmachten, unter Beibehaltung der alten Symbole die ***Umwandlung der Werkmaurerei in die Geistesmaurerei*** zu vollziehen. Als eines der treibenden Elemente erschien der Franzose Desaguliers, der sich mit dem gelehrten Prediger der von der englischen Hochkirche abgefallenen Dissenters, **Jakob Anderson** in Edinburgh in Verbindung setzte. Dieser ernste und zielbewusste Schotte nahm dann am Johannistag 1717 an der Gründung der ersten Großloge mit 15 Lords, verschiedenen Gelehrten, Schriftstellern und dem Rest der überlebenden alten Werkmeister in London teil. Als Großmeister wurde Anton Layer, ein angesehener Gentleman, als Vorsteher der Hauptmann Elliot und der Zimmermeister Mamball gewählt. Es wurde die Lossagung von den Baugewerken beschlossen und der schon 1685 von Wren ausgesprochene Zweck der Verbrüderung anerkannt. Er war folgendermaßen formuliert: „Die aus der Verschiedenheit der Stände wie der religiösen und politischen Anschauungen entspringende, der bürgerlichen Ruhe und Eintracht so nachteilige und feindselige Stimmung möglichst zu dämpfen, die Menschen miteinander auszusöhnen und nur rein gemeinnützige und rein menschliche Angelegenheiten zu besprechen, Männer aller Stände aufzunehmen, die der alten Steinmetzbruderschaft eigentümlichen Gebräuche und die drei Grade (Lehrling, Geselle, Meister) beizubehalten.“ Da die Engländer immer auf Rasse hielten, so nahmen sie nur Christen englischer Abkunft und nur ausnahmsweise einen Abkömmling anderer Nationalität wie den zum Engländer gewordenen Desaguliers auf. Die Aufnahme von Juden kam gar nicht in Frage, da diese weder durch ihre Zahl noch ihren Besitz, noch geistige Leistungen im damaligen England hervorragten. Wren selbst überlebte die Gründung der Großloge um sechs Jahre. Er starb 1723 im Alter von 89 Jahren. Zweifellos

war er ein ebenso gebildeter wie ehrlicher, bescheidener und feinfühliger Charakter, dabei aber ein aufrechter Herr, der im Bewusstsein seines besseren Wissens und größeren Könnens den Nacken nicht vor Königsthronen beugte. Sein Name gehört in England zu den meistgeehrten und seine Lebensgeschichte wird in allen Schulen als leuchtendes Beispiel schöpferischen Strebens und Fleißes vorgetragen.
In dem nämlichen Jahr, da Wren mit Tod abging, erschien die im Auftrag der Großloge von Anderson entworfene Verfassung der Freimaurer in Druck. Das berühmt gewordene Buch führt den Titel ***„Konstitutionenbuch“*** und ist dem Herzog John von Montagu, dem ersten adeligen Großmeister der Großloge gewidmet. Die Widmung ist verfasst von Desaguliers, der der dritte Großmeister gewesen war und bei der Wahl Montagus als stellvertretender Großmeister fungierte. In der auf uns gekommenen Beschreibung dieser Wahl finden wir unter der Zahl der Teilnehmer Mitglieder des höchsten Adels wie auch noch wirkliche Werkmaurer, aus denen der Steinmetz Thomas Morrice zum Großaufseher erwählt wurde. Unter den 150 anwesenden Brüdern waren alle Stände vom Prinzen bis zum Handwerksmeister vertreten, namentlich zahlreich der Gelehrtenstand. Der am Hofe und beim Adel wohlgelittene und hochangesehene Desaguliers hatte es verstanden, der neuen Gründung die Gunst des Hofes, bei dem Wren in Ungnade gefallen war, und damit auch die Gunst des hohen und reichen Adels zuzuwenden. Ihre Aufgabe bezeichneten sie selbst als die königliche Kunst. Aus den Ausführungen des Statuts geht hervor, dass kein Mitglied in Verschwörungen gegen den Frieden, noch in Streitigkeiten über Religion, Nationen und Staatsverwaltung sich einlassen darf. Der Maurer solle nur dem Wohl seines Vaterlandes dienen. Dieser Wunsch war nach den politischen und kriegerischen Wirrsalen und den religiösen und kirchlichen Stierkämpfen des vergangenen Jahrhunderts begreiflich und berechtigt. Doch vermeidet es das Statut, über weitere Ziele sich auszusprechen. Man fand dies wohl für überflüssig, da die Gründer bei der Aufnahme der angemeldeten Bewerber strenge Musterung hielten und Leute ablehnten, deren Gesinnung und Vorleben ihnen eine Gewähr für eine einheitliche, gesellige und freundschaftliche Zusammenarbeit nicht bieten mochten. Auch hatten die staatlichen Verhältnisse unter dem König Wilhelm dem Oranier und König Georg dem Hannoveraner sich so gefestigt, dass vorderhand die herrschenden Kreise von der Krone keinen neuen Umsturz zu befürchten brauchten, zumal die Ausübung der Staatsmacht verfassungsmäßig in der Hauptsache der parlamentarischen Oligarchie zustand.
Mehr lag der neuen Freimaurerei an der ***sittlichen Erhebung*** der tonangebenden Stände. Hatte doch mit dem aus Frankreich gekommenen katholischen König Jakob II. aus der Familie Stuart der französische Einfluss die englische Gesellschaft derart verseucht, dass die so genannte schöne Literatur ein schmutziges Treibhaus, das Theater ein Rammelplatz frecher Liederlichkeit, grenzenlosen Leichtsinns und niederer Gemeinheit wurde. Dieser Schmach für die Moral und Religion, die den positiven Glauben durch zynischen Materialismus und nackten Unglauben verdrängte, setzte der Ernst der Freimaurerei einen gleichen Damm entgegen wie der puritanischen Scheinheiligkeit und religiösen Unduldsamkeit. Dieser Zweck geht deutlich aus dem Statut hervor, das besagt: „Der Maurer ist verbunden, dem Sittengesetz zu

gehorchen, und wenn er die Kunst recht versteht, wird er weder ein stumpfsinniger Gottesleugner noch ein irreligiöser Wüstling sein." Gegenüber dem früheren Grundsatz, dass der Herrscher die Religion des Landes oder Volkes zu bestimmen habe, hält es das Statut für „dienlicher, die Maurer nur zu der Religion zu verpflichten, worin alle Menschen übereinstimmen, ihre besonderen Meinungen aber ihnen selbst zu überlassen". Das Statut zwingt also die Mitglieder nicht, ihrem kirchlichen Bekenntnis zu widersagen. Wohl aber fordert es von ihnen: „gute und treue Männer zu sein, Männer von Ehre und Rechtschaffenheit, durch was immer für Benennungen oder Überzeugungen sie unterschieden sein mögen. Auf diese Art wird die Maurerei ein Mittelpunkt der Vereinigung und das Mittel, treue Freundschaft unter Personen zu pflegen, die sonst in ständiger Entfernung voneinander hätten bleiben müssen." Verschiedene Logen legten das alte Statut dahin aus, dass sie ihre Genossen auf den Glauben an Gott und Unsterblichkeit einschworen. Die Verordnung der alten englischen Logen, bloß Christen die Aufnahme zu gewähren, war zu jener Zeit nur gegen den Atheismus gerichtet.

Dem 1714 auf den englischen Thron gekommenen Hause Hannover war die Großloge als ein Stützpunkt gegen die Umtriebe seiner politischen und kirchlichen Widersacher willkommen, da sie schon durch ihre Verbindung mit dem Hofe und dem Adel einen konservativen Zug hatte und die Versöhnung der religiösen Gegensätze anstrebte, indem sie sich auf den allgemeinen christlichen Standpunkt stellte. Unter dem neuen Regiment wurde auch den außerhalb der englischen Hochkirche stehenden protestantischen Sekten, die seit der Revolution von 1688 von Wilhelm dem Oranier zugestandene Duldung weiter gewährt, deren allerdings die katholische Kirche wegen ihrer Beziehungen zum vertriebenen Königshaus sich nicht zu erfreuen hatte. Diese tritt denn auch mit der raschen Ausbreitung der Freimaurerei auf dem Kontinent als deren heftigste Feindin auf.

Die von der Loge vertretene Toleranz (Duldung) der Andersgläubigen auch in den von der Kirche beherrschten Ländern passte am allerwenigsten den ***Jesuiten***. Da die Loge allenthalben die wissenschaftliche Aufklärung unterstützte und förderte, bedrohte sie vor allem das Unterrichtsmonopol der Jesuiten. Die in England entstandenen freien Akademien wurden auf dem Kontinent nachgeahmt, die Naturwissenschaften und Naturphilosophie drangen in die Universitäten ein, fortschrittlich gesinnte Schriftsteller zündeten neue Lichter an, Wühlmäuse nagten an den Fundamenten des alten Aberglaubens und der veralteten Scholastik, unter der die Jesuiten die Summe ihrer Wissenschaft und Pädagogik verstanden. Da der Orden selbst mit seiner Scholastik im Laufe der Jahrhunderte rückständig geworden war, so musste dem Protestantenfresser eine Gesellschaft, die ein größeres und freieres Wissen verbreiten wollte und der Einseitigkeit, Ausschließlichkeit und Voreingenommenheit den gesunden Menschenverstand, die religiöse Duldung und vorurteilslose Wissenschaft entgegenstellte, als Todfeind erscheinen. Dass die Loge auf konservativ-monarchischem Boden stand, änderte an der Gesinnung der Jesuiten umso weniger, als diesen das Betreten des englischen Bodens bei Todesstrafe untersagt war, weil sie hochverräterischer Gesinnungen und Pläne verdächtig waren. Der Hauptgrund, weshalb die Kirche und die Jesuiten die Freimaurerei so leidenschaftlich

bekämpften, ist aber wohl darin zu suchen, dass sie in dieser die ***Konkurrentin ihrer Weltmachtstellung und Weltpolitik*** erkannten. Die Kirche hat seit der Zeit, da sie aus einem demokratischen Institut ein absolutistisches wurde, eine derartige Konkurrenz – ganz gleich, ob weltlich, kirchlich oder geistig – nicht neben sich dulden wollen und sie mit allen Mitteln bekämpft.
Unter den Vorwürfen, die von kirchlicher Seite gegen die Freimaurer erhoben wurden, erscheint vor allem der, dass sie Feinde des Christentums seien. Die Grundsätze der Loge entsprachen der Jesuslehre mehr als die unduldsame Praxis der Klerisei. Wohl war schon die alte Bauhütte eine Zufluchtsstätte jener philosophischen Denker, die dem De-ismus huldigten. Die Gegner erklärten aber die Deisten für Atheisten, für Gottesleugner. Ihnen galt ***Deismus und Freimaurerei als gleichbedeutend.*** Deus heißt Gott, Deismus ist der Glaube an die Gottheit, deren Erkenntnis uns durch die Vernunft, nicht durch deren Erkenntnis und durch die Vernunft, nicht durch die kirchliche Offenbarung vermittelt wird. Der Deismus war im 17. Jahrhundert im Gegensatz zu dem strengen puritanischen Geist in England entstanden und artete allmählich in Gleichgültigkeit, Unglauben und Glaubensspötterei aus. Dieser Entwicklung gegenüber stellte das Programm der Großloge den Glauben an die Gottheit wieder her, indem sie als richtigen Freimaurer nur den erklärte, der „weder ein Gottesleugner noch ein irreligiöser Wüstling" sei. Unter diesem Gebot sprach sie zugleich aus, dass „man darin das Ideal völliger Denk- und Glaubensfreiheit als das edelste Ziel erkannte, dem man nachstreben sollte". Man wollte „die errungene Denk- und Glaubensfreiheit des mündigen Verstandes, das unantastbare Heiligtum religiöser Überzeugung in der Brust des Einzelnen, auf immer vor gewaltsamen Eingriffen und bedenklicher Beeinträchtigung gewahrt wissen".
Gestützt auf den Gottesglauben forderte die Loge, dass der Freimaurer „so handle, wie es gesitteten und weisen Männern gebührt". Die zweite Ausgabe der Konstitution von 1738 erweiterte dieses Gebot in der Vorschrift: „Die Freimaurer sollen moralische Menschen sein, folglich gute Ehemänner, gute Söhne, gute Nachbarn. Und dabei lässt die Loge jeden Menschen bei seinem Glauben und religiösen Anschauungen." Hierin liegt der Vereinigungspunkt aller Mitglieder, für den der Alte Fritz, der 1737 in die Loge eintrat, die Formel geprägt hat: „Jeder soll nach seiner Fasson selig werden können".
Diese Forderungen verdankten übrigens ihren Ursprung nicht der Großloge, sondern den englischen Deisten und Philosophen, von denen einzelne wie der berühmte **John Locke** (dieser unter der Regierung des katholischen Königs Jakob II.) schwer verfolgt worden waren. Sie hatten seit einem Jahrhundert in zahlreichen Schriften die Toleranz gegen jede religiöse Ansicht und Gemeinschaft, soweit sie nicht unsittlich sei, als Recht, Pflicht und Bedürfnis verteidigt. Das waren freilich Anschauungen, mit denen die Vertreter der damals herrschenden Staatsreligion weder vorher noch nachher übereinstimmten. Daher die Verfolgungen der Albigenser und Hugenotten in Frankreich, der Juden und Moriskos in Spanien, der Katholiken und Dissenters in England. Trotz dieser Erfahrungen stehen selbst noch lebende Jesuiten, wie z. B. Pater Brohrs, auf dem Standpunkt, dass Ketzer- und Hexenbrände berech-

tigt seien.[13] Folgerichtig erscheint dann auch ihre Todfeindschaft gegen die Freimaurerei ebenso erklärlich wie ihre wütige Verdammung der Aufklärungszeit, deren Gebrechen und Fehler sie in Bausch und Bogen auf das Konto der Freimaurer schreiben, ohne die großen Wohltaten und Errungenschaften, die uns das 18. Jahrhundert verschaffte, gebührend einzuschätzen. Hat es uns doch aus der scholastischen Verstockung der mittelalterlichen Geistesknechtung und unleidlichen Glaubenstyrannei erlöst und uns die Anerkennung der Menschenrechte, die Abstellung von Missbräuchen, die Gleichheit vor dem Gesetz, die Abschaffung der Tortur, die Öffentlichkeit des Gerichtsverfahrens, die Freiheit der Presse, die Verbesserung des Schulwesens und die Befreiung der Bauern aus der Leibeigenschaft gebracht.

Unter den Schriften der Deisten, die auch für die Freimaurer bedeutsam waren, ist vor allem das „Pantheistikon" des Irländers **Junius Toland** wichtig, dessen Schriften gegen die Geistlichkeit großes Aufsehen gemacht hatten. Er scheint auch bei der Gründung der Großloge beteiligt gewesen zu sein. Sicher kannte er die inneren Einrichtungen und Bestrebungen der Loge. Ihnen entsprach in seinem Buch die Schilderung einer sokratistischen Brüderschaft, die aber nur in seiner Idee existiert zu haben scheint. „Diese – so schreibt er – ist nicht vom Vorurteil der Erziehung geleitet und lässt die Meinungen der Genossen nicht durch die Staatsreligion in Fesseln schlagen. Ein jeder Bruder kann wohl seine väterliche oder Landesreligion bekennen. Sollte sie aber gewalttätige und unduldsame Grundsätze verfolgen, so hält er es für Pflicht, zu einer milderen, freieren und reineren Meinung überzugehen. Die sokratischen Brüder behaupten nicht allein die Freiheit zu denken, sondern auch die zu handeln, jedoch verabscheuen sie alle Gebundenheit. Sie sind Feinde aller Tyrannen, mögen nun diese despotische Monarchen, oligarchische Aristokraten oder anarchistische Demagogen sein." Wegen seiner Ansichten hatte Toland unter Verfolgungen zu leiden und starb schon im Alter von 51 Jahren.

Toland war auch der Verfasser einer in französischer Sprache abgefassten ***Geschichte der Druiden***, die dem geborenen Kelten noch näher lag als die englische Freimaurerei. Kein Wunder, dass ihm die Druiden mit ihrer Religions- und Sittenlehre wie mit ihrem Unterrichts- und Erziehungssystem ebenso wie die griechischen Philosophen von Pythagoras bis Sokrates als Vorläufer und Vorbilder der Freimaurer erschienen. In der ältesten englischen Ausgabe der maurerischen Verfassung von Noorthouk wird aber die Entstehung der Loge hauptsächlich auf die Geschichte der Baukunst und Bauhütte gegründet, das Erstgeburtsrecht der Druiden geradezu auf den Kopf gestellt und erklärt, dass die Druiden manche Gebräuche der Freimaurer angenommen haben, die diese wahrscheinlich von den assyrischen oder ägyptischen Magiern (Priestern) entlehnt haben. Diese phantastische Behauptung entspringt aber lediglich dem Bestreben, der restaurierten Freimaurerei ein recht hohes Alter und damit eine ehrwürdige Weihe zu geben. Hingegen hat ein englischer Großmeister

---

13 Auch der Franzose P. Vincent schreibt in seiner 1904 mit bischöflicher Billigung neu erschienenen Theologie de Clermont: „Die Kirche hat von Gott die Macht erhalten, Jenen Einhalt zu tun, die sich von der Wahrheit (d. h. der Kirchenlehre) entfernen, und dies nicht bloß durch geistige, sondern auch durch körperliche Strafen."

des Freimaurerordens, der von einer uralten Druidenfamilie abstammende Kapitän **Georg Smith**, in seinem 1783 erschienenen Buch „Use et abuse of Freemasonry" (Gebräuche und Missbräuche der Freimaurerei) das Zugeständnis gemacht, dass die ***mittelalterlichen Bauhütten manche Lehren, Gebräuche und Zeichen der Druiden übernommen*** hätten und dass sich die Erben dieser Bauhütten, die modernen Freimaurerlogen, dieser druidischen Vaterschaft wahrlich nicht zu schämen bräuchten. Dieses Bekenntnis beleidigte den Stolz der echtenglischen Freimaurer, weshalb dem Verfasser das Erscheinen des Buches durch Beschluss aller Großmeister des Ordens verboten wurde. Das Buch ist aber später trotzdem erschienen. In einem handschriftlichen Kommentar zu demselben ist die Theologie, Philosophie und Morallehre der Druiden kurz zusammengefasst. Die Druiden haben, wie alle Philosophen, die Suche nach der Wahrheit und Weisheit als ihr Leitmotiv anerkannt. Und die Druiden lehrten: Es gibt ***drei Wege, die zur Weisheit führen: die Erkenntnis Gottes, die Erkenntnis des Menschenherzens, die Erkenntnis seiner selbst.*** Und hieraus folgen ***drei Grundsätze: „Gehorsam gegen Gottes Gebote, Teilnahme für das Wohl der Menschheit, Stärke im Ertragen aller Zufälle des Lebens."***
Das sind Sätze, die ganz oder teilweise mit den Lehrmeinungen der großen Philosophen und Religionsstifter des Altertums übereinstimmen, die Grundlagen der christlichen Religion und Lebensphilosophie bilden und auch in das ursprüngliche Freimaurerstatut übernommen wurden. Alte Gedanken stehen immer wieder auf, wenn auch ihre Träger längst gestorben sind. Einen Beweis dafür liefert auch der Druidenorden, der heute in England und Amerika Hunderttausende von Mitgliedern und auch in Schweden und Deutschland eine Menge Logen zählt. Der deutsche Druidenorden betont sein Deutschtum und befasst sich nicht mit konfessioneller Kulturkämpferei noch mit parteipolitischer Katzbalgerei. Er hält es mit dem Propheten:

Leben werden deine Toten,
Auferstehen unsere Leichen.
Wachet auf ihr Staubbewohner,
Da die Nacht dem Licht muss weichen.
Denn der Erde Auf und Nieder
Weckt auch die Verstorbenen wieder.

Jesaia 26, 19

II. Ursprung und Entwicklung einer Geistesaristokratie

Beim Eindringen in die dunklen Hallen der Menschheitsgeschichte drängt sich dem Forscher die Erscheinung auf, dass die Männer, die den geistigen und wissenschaftlichen Fortschritt der Völker lenkten, der Aristokratie angehörten. Die ägyptischen Priester wie die keltischen Druiden entstammten dem Adel. Barden, Troubadoure und Minnesänger hängen eng mit dem Rittertum zusammen. Auch zwischen dem Bardentum und Rittertum einerseits und der Freimaurerei andererseits, wie sie sich in den mittelalterlichen Bauhütten und Gilden der Architekten und Steinmetzen darstellt, besteht ein geistiger Zusammenhang, zumal die Monumentalbauten, denen die Bauhütten ihre Entstehung verdankten, hauptsächlich in den Kirchenfürsten, in weltlichen Herren und im städtischen Patriziat ihre größten Förderer hatten. Bei der Geburt der modernen Freimaurerei ist die englische Lordschaft Pate gestanden und ihr Statut trägt eigentlich einen aristokratisch-konservativen Charakter. In den drei Ständen des Bardentums, des Rittertums und der Freimaurerei war eine höhere Selbstbewertung verkörpert. In den einen bewirkte dies das Streben nach dem Geistesadel, in den anderen nach dem Schwertadel, in den Dritten nach dem Kunstadel. Indem die einen für die Menschheit dachten und die anderen stritten, bauten die Dritten am Menschheitstempel.

Von ihm sagt *Goethe*: Was glänzt, ist für den Augenblick geboren, das Echte bleibt der Nachwelt unverloren.

Auch Deutschland hat jener Geistesaristokratie ihre Erneuerung mitzuverdanken. Wie schon tausend Jahre vorher das Licht nicht aus dem Osten, sondern durch die irischen Missionare, die Erben des Druidentums, aus dem Westen zu uns gekommen war, so auch im 18. Jahrhundert durch die Sendboten der englischen Geistesaristokratie. Da die Freimaurerei ein Bedürfnis war, fand sie trotz dem herrschenden polizeilichen und kirchlichen Despotismus eine rasche Ausdehnung über den Kontinent. Sie kam nach den meisten Ländern durch englische Vermittlung oder wurde nach englischem Vorbild eingerichtet, bis sie genügend erstarkt in jedem Lande auf eigene Füße sich stellte. Jedoch färbte die Eigenart der nationalen Bestrebungen und Bedürfnisse auf die Logen eines jeden Landes ab. So konnten sie sich in den romanischen Ländern während der politischen Sturm- und Drangperioden den revolutionären und nationalen Volksbewegungen nicht entziehen und nahmen eine Richtung an, die dem englischen und deutschen Wesen weniger entsprach. Der Einfluss der englischen Maurerei auf dem Kontinent erlitt auch durch Wirren und Zerwürfnisse, die in Großbritannien selbst den ruhigen und verständigen Ausbau störten, einen großen Abbruch. Auf dem Kontinent brachen bald Verfolgungen über die Logen herein. Die päpstliche Herrschaft erkannte in den Grundsätzen eines Bundes, der in seinem Schoße Menschen verschiedener Völker, Sprachen und Glaubensbekenntnisse als gleichberechtigte Glieder vereinigte, umso mehr eine Gefahr, als nicht bloß in Frankreich und Spanien, sondern sogar in Florenz und Rom Logen auftauchten und der Herzog Franz von Lothringen, der nachherige Gemahl der Kaiserin Maria Theresia, 1731 im Haag in den Bund aufgenommen wurde.

Papst Klemens XII. schleuderte 1738 den ***Bannstrahl*** gegen alle Mitglieder. Im Kirchenstaat wurde die Freimaurerei mit Todesstrafe und Einziehung der Güter belegt. Es erfolgten Verbote in anderen katholischen Ländern, aber in Frankreich verweigerte das Parlament die Bestätigung. Durch die Bannbulle wurden viele Katholiken auch in deutschen Landen sehr erschreckt und scheuten sich, diesem verpönten „Teufelsorden“ ferner anzugehören. Aber die Sehnsucht nach den gesellschaftlichen Annehmlichkeiten und Vorteilen der alten Gesellschaft war in den Herzen vieler ausgetretener Mitglieder zurückgeblieben. Deshalb wurde im Rheinland die Gründung eines auf anderer Grundlage stehenden Ordens, wahrscheinlich nach französischem Muster, in die Tat umgesetzt. Bei Abfassung der Satzungen wurde mit peinlicher Vorsicht alles vermieden und ausgemerzt, was auch nur entfernt dazu angetan war, den Papst gegen die neue Vereinigung einzunehmen. So vor allem der Freimaurereid. Es sollten auch nur Katholiken, keine Andersgläubigen, wohl aber Frauen aufgenommen werden dürfen. Mit diesem Zugeständnis glaubte man die Gunst des galanten Kurfürsten **Klemens August** zu gewinnen, der den Umgang mit Damen sehr liebte. Der Kurfürst war ja ein Apfel, der nicht weit vom Stamme gefallen war. Er war der Sohn des Kurfürsten Max Emanuel von Bayern und Nachfolger seines Oheims Josef Klemens als Erzbischof und Kurfürst von Köln. Es dient zur Beleuchtung der damaligen skandalösen Verhältnisse im Deutschen Reich und am päpstlichen Hof, zu vernehmen, wie dieser Prinz auf den kurfürstlichen Thron kam.

Im Jahr 1583 war der Kölner Erzbischof und Kurfürst Gebhard, Truchseß von Waldburg, zum Protestantismus übergetreten und nahm ein Weib. Exkommuniziert und abgesetzt hielt er sich noch längere Zeit gegen den neu erwählten Erzbischof Herzog Ernst von Bayern, musste aber dann mit seiner Gemahlin Agnes von Mansfeld nach Straßburg flüchten, wo er 1601 als Domdechant starb. Im Kurfürstentum Köln hausten von da ab bayerische Prinzen und Truppen als Herren und als Ernst starb, trat sofort sein Neffe Ferdinand die Erbfolge an. Dieser erkannte seinen Vetter, den bayerischen Prinzen Maximilian Heinrich zum Koadjutor, der ihm auch als Erzbischof folgte und dann mit Frankreich gegen den Kaiser sich verbündete. Nach seinem Tod wurde der vom Kapitel erwählte Prinz Egon von Fürstenberg auf den erzbischöflichen Stuhl berufen, aber vom Papst nicht bestätigt. Statt seiner bestätigte der Papst den bayerischen Prinzen Josef Klemens, obschon dieser noch weniger (nämlich bloß neun) Stimmen erhalten hatte. Und das Domkapitel ließ sich das gefallen. Fürstenberg aber nahm die Schätze des verstorbenen Kurfürsten an sich und flüchtete damit nach Paris. Josef Klemens hielt es im Spanischen Erbfolgekrieg mit Frankreich, musste flüchten, wurde 1706 in die Reichsacht erklärt und konnte erst 1714 nach Köln zurückkehren. Er starb 1723, nachdem er seinen Neffen Klemens August zum Koadjutor und Nachfolger bestellt hatte. Dieser war in Rom unter Leitung des Papstes Klemens XI. erzogen worden. Erst 19 Jahre alt, wurde er 1719 Bischof von Paderborn und Münster, 1723 Erzbischof von Köln, 1724 noch Bischof von Hildesheim und Münster, wurde erst 1725 zum Priester geweiht und 1734 noch zum Großmeister des Deutschen Ordens ernannt. Dank seinem reichen Einkommen, von dem auch die päpstliche Kasse fette Sporteln bekam, konnte er der größten Prachtliebe und Lebsucht frönen.

Den Nachruhm dieses geistlichen Wittelsbachers verkündet die geistige Schöpfung, die der Erfindungsgabe seines Hofnarren alle Ehre machen würde: Der ***Mopsorden***, wie das Zerrbild des Freimaurerordens genannt wurde, das seinen vollen Beifall hatte und ohne weiteres auch die päpstliche Approbation erhielt. Das hohe Protektorat, dessen er sich erfreute, war eine Empfehlung, die ihm nicht bloß in den Diözesen des Erzbischofs, sondern auch in Frankreich, England und Holland Anklang und Nachahmung sicherte. Dem Beispiel des hohen Gönners folgten selbstverständlich andere gekrönte Häupter, die dem Mopsorden ihre Gunst und Mitgliedschaft widmeten. Nur die Wahl eines treffenden Sinnbildes mag einige Schwierigkeiten bereitet haben. Um die Treue, Ergebenheit, Zärtlichkeit, Sanftmut, Leutseligkeit, Liebe und

Freundschaft, also lauter Tugenden, deren Pflege dem kurfürstlichen Bastarden angeblich vorbehalten war, durch ein Merkmal auszudrücken und als Sein und Bestreben des Ordens bildlich darzustellen, fand man nichts geeigneter, passender und würdiger als den – Mops. Von diesem hat der Orden seinen Namen. Statt des Obermeisters gab es einen Obermops, dazu eine Obermöpsin, Möpse und Möpsinnen, alles „mopste" sich und die Gewohnheit machte selbst aus denen, die über das Getriebe lächelten, lauter richtige Möpse und Möpsinnen, die das ganze Zeremoniell als ernste und feierliche Handlung bei allen Aufnahmen und Festlichkeiten immer wiederholten. Der Hauptakt bei der Aufnahme bestand darin, dass der Kandidat oder die Kandidatin, die eine Binde vor den Augen hatten, das Ordenssymbol – einem aus Wachs geformten ***Mops – den Hintern küssen*** musste. Dies alles und noch anderes mehr ist uns in dem 1756 bei J. C. Klüter in Berlin erschienenen freimaurerischen Werk überliefert, das den Ursprung einer der seltsamsten und abgeschmacktesten Erscheinungen auf dem Gebiet jener geheimen Gesellschaften darstellt, deren üppige Wucherung für das vorvorige Jahrhundert so charakteristisch ist. Sie waren Pflanzen, wie sie auf einem gesellschaftlichen Sumpfe gedeihen, der einer Katastrophe entgegen schreitet. Wenn Leute aus den höheren Ständen solche Spielereien mit wichtiger Miene betreiben und nur im tändelnden Müßiggang ihre Zeit zu verbringen wissen, dann ist der Zusammenbruch nahe. Als in Frankreich die Königin mit der Hofgesellschaft Schäferidyllen aufführte, während die leibliche und geistige Notdurft des Volkes zum Himmel schrie, als dann noch der Kardinal Graf Rohan die berüchtigte Halsbandgeschichte aufführte, da erschien das von Verständigen schon lange vorhergesehene rote Gespenst. Die Französische Revolution hat allen frivolen Narrheiten der entarteten Gesellschaft und auch dem Mopsorden in Deutschland ein jähes Ende bereitet.

Es würde zu weit führen, alle Auswüchse, Verirrungen, Schwärmereien, Spielereien, Gaukeleien, Schwindeleien und Schelmereien zu erörtern, die unter dem Vorwand und Deckmantel geheimer Gesellschaften im 18. Jahrhundert getrieben wurden und die nach ihrem Ableben in Europa eine Wiederbelebung in vermehrter Auflage in Amerika gefunden haben. Schalten wir diese menschlichen Erscheinungen aus dem eigentlichen Inhalt der Freimaurerei aus, so müssen wir sagen, dass die von ihr vertretenen Gedanken, trotz aller Hindernisse und Widerstände in den verschiedenen Kulturstaaten, großenteils verwirklicht worden sind, nachdem sie die Feuerprobe der ***Verfolgungen*** überstanden hatten. Zu ihrem Glück fand die Freimaurerei gerade in der Zeit, da sie von der ersten Bannbulle schwer betroffen wurde, einen Helfer und Retter in dem jungen König Friedrich II. dem Großen, der später den Beinamen der ***Alte Fritz*** erhielt. Er war in dem gleichen Jahr, da die päpstliche Bannbulle erschien, der Loge in Braunschweig beigetreten und bekannte sich nach seinem 1740 erfolgten Regierungsantritt als Freimaurer. Im nämlichen Jahr wurde Franz von Lothringen von seiner Gemahlin, der Kaiserin Maria Theresia, zum Mitregenten ihrer österreichischen Erblande erklärt und 1745 zum römischen Kaiser erwählt. Zu diesen fürstlichen Maurern gesellte sich der Markgraf Friedrich von Bayreuth, der Schwager des Preußenkönigs. Da sich die römische Kurie durch diese Vorgänge aufs Neue bedroht fühlte, erneuerte Papst Benedikt XIV., der für seine

Person nicht zu den Dunkelmännern zählte, 1751 auf Betreiben seines Kollegiums die Bulle Klemens XII. Doch verfehlte diese großenteils ihre Wirkung. Der Zeitgeist ging selbst an vielen Würdenträgern der Kirche nicht spurlos vorüber und darum treffen wir manche Namen von Bischöfen und Prälaten unter den Freimaurern. Allerdings trug die Bulle zur Fernhaltung der Freimaurerei von den rein katholischen Ländern Italien und Spanien bei. Der unfähige spanische König Ferdinand VI. verbot die Freimaurerei sogar bei Todesstrafe. Aber in Frankreich ließ das Parlament die Verkündigung der Bannbulle wieder nicht zu und so fand sie dort keine Gültigkeit.

Eine wiederholte Erneuerung fand sie 1814, als Papst Pius VII. nach Rom zurückkehrte. Ein Verbot der Freimaurerei erschien ihm umso mehr angezeigt, da Italien während der Herrschaft Napoleons zwei Großlogen und zwei fürstliche Großmeister, den Vizekönig Eugen Napoleon in Mailand und den König Joachim Murat in Neapel hatte. Als besondere Strafen drohte der Papst die stärksten körperlichen Züchtigungen und Vermögenskonfiskation auch für solche Leute an, die geheime Versammlungen in ihren Häusern dulden. In Mailand und Venedig erließen die österreichischen Statthalter gleiche Verordnungen. In Spanien wurde eine besonders grausame Hinrichtung oder Wegführung nach Indien u. a. angedroht. Aber alle diese Verfolgungen hatten die nämliche Folge, wie sie der berühmte Engländer John Milton, der Dichter des „Verlorenen Paradieses“, in seinem Widerstand gegen den königlichen Despotismus in seiner berühmten Streitschrift „Areopagitica“ schon im Jahr 1644 geschildert hatte. Er verglich die Verbote der Regierung mit dem Befehl des Schlossherrn, alle Tore seines weitläufigen Parks zu schließen, damit die ihm verhassten schwarzen Vögel nicht mehr hereinkämen. Aber sie kamen doch wieder herein. Was in Italien der Freimaurerei auf friedlichem Wege zu lehren und zu üben nicht gestattet war, das brachte das Jahr 1848 mit der revolutionären und die Jahre 1859, 1866 und 1870 mit der nationalen Erhebung zum Schaden der päpstlichen Regierung und ihrer hochfürstlichen Nachläufer zustande.

Selbst die geistig rückständigsten Länder in Deutschland mussten gleichfalls dem erwachenden Zeitgeist ihren Tribut darbringen. Der letzte Kurfürst aus der altbayerischen Linie der Wittelsbacher, **Maximilian Josef III.**, hatte die Einsicht, dass der Unterrichtsbetrieb an seiner Universität zu Ingolstadt, die seit 200 Jahren in den Händen der Jesuiten war, einer Reform bedürfe. Die Eingebung zu diesem Entschluss hatte er durch seinen von der Universität Würzburg nach München berufenen Lehrer **Johann Adam Ickstadt** erhalten. Dieser war der Sohn eines Hammerschmiedes in Bockenhausen und war für das väterliche Handwerk bestimmt. Da er aber hierzu keine Neigung hatte, entfloh er den väterlichen Schlägen nach Frankreich. Er diente zuerst dort, dann in Österreich als Soldat, widmete sich aber nebenbei eifrigen Sprachstudien, die er durch Wanderungen nach Holland, England, Irland und Schottland noch vervollständigte, um dann sein Studium in Deutschland zum Abschluss zu bringen und den Doktorgrad zu erwerben. Mit 29 Jahren wurde er als fürstbischöflicher Hofrat nach Würzburg berufen, wo er zehn Jahre lang an der Universität mit großem Erfolg Staatsrecht, Natur- und Völkerrecht lehrte. Als Instruktor des Thronfolgers nach München berufen, gelang es ihm, ungeachtet der gegenteiligen Bemühungen des Jesuitenpaters Stadler, des prinzlichen Beichtvaters, seinem Schüler die freiere Weltanschauung, die er auf seinen Reisen erworben, zu vermitteln. Als Maximilian Kurfürst wurde, behielt er Ickstadt als Ratgeber bei, erhob ihn in den Adelsstand, ernannte ihn zum Wirklichen Geheimen Rat, Direktor der Universität Ingolstadt und Professor des Staatsrechts. Dieser berief den Würzburger Professor **Weishaupt** aus Arnstadt in Westfalen als Kollegen an die juristische Fakultät.[14] Nun ging der Kampf gegen die Jesuiten los, die von alters her das Zensurrecht über die Lehrbücher und Vorlesungen der Hochschule ausübten. Beide Parteien gelangten mit ihren Beschwerden an den Kurfürsten, der regelmäßig gegen die Jesuiten entschied. Als gar der Pater Eckher öffentlich in der Kirche gegen Ickstadt predigte und ihn als Förderer des Luthertums ausschrie, wurde er gezwungen, dem Beleidigten vor dem versammelten Senat Abbitte zu leisten. Zugleich wurde das Zensurrecht der Jesuiten aufgehoben. Leider starb schon 1753 Ickstadts Freund Weishaupt, hinterließ aber einen fünfjährigen Sohn, der bei den Jesuiten in die Schule ging.

Der Unterricht bestand hauptsächlich in Kirchenlaufen, Andachten, Auswendiglernen des Katechismus, dem Lesen von Heiligengeschichten. Bei der Prüfung in der Religion erhielten sie, wie Weishaupt erzählt, Rätsel auf, so z. B. das Vaterunser rückwärts und anstandslos herzusagen. Der ganze Unterricht bestand in mechanischem Geplapper. Bestätigt werden die Angaben Weishaupts durch den berühmten Generalstabschef Gneisenau, der in Würzburg bei seinem Großvater erzogen wurde und das dortige Jesuitengymnasium besuchte: „Das einzige Gute, was ich dort gelernt habe, war meine schöne Handschrift.“ An den Universitäten Würzburg und Ingolstadt lehrten die Jesuiten das unglaublichste und dümmste Zeug. Näheres hierüber berichtet der katholische Theologieprofessor Schwab in seinem vorzüglichen Buche „Franz Berg“, sowie der katholische Theologieprofessor Merkle in einem vielgenannten Vortrag über „Die katholische Beurteilung des Aufklärungszeitalters“. Beide wurden wegen ihrer Wahrheitsliebe von den so genannten katholischen Zeitungen in gehässigster Weise angegriffen und denunziert, Schwab auf Betreiben der jesuistisch gesinnten Professoren der theologischen Fakultät und des in Rom erzogenen Würzburger Bischofs Stahl unter der Regierung des Königs Maximilian II. kalt gestellt. Merkle hinwiederum wurde unter der Regierung des

---

14 *Gemeint ist „Adam Weishaupt, der Stifter des Illuminatenordens, geb. 6. Febr. 1748 zu Ingolstadt, studierte daselbst die Rechte, erhielt 1772 eine außerordentliche Professur, 1775 die Professur des Natur- und kanonischen Rechts, zeigte sich, obgleich selbst ein Zögling der Jesuiten, nach Aufhebung des Ordens als ihren offenen Feind und suchte durch Schrift und Wort für ein Ideal der Ausbildung der Menschheit zu reiner Sittlichkeit Propaganda zu machen, welchem Zweck seine Stiftung des Illuminatenordens dienen sollte, um derentwillen er nachher auch mit dem Freimaurerorden in Streit geriet. Nachdem er als ein Opfer kirchlichen Fanatismus seine Lehrstelle in Ingolstadt 1785 verlor, ging er nach Gotha, wo er vom Herzog Ernst II. zum Hofrat ernannt wurde und 18. Nov. 1830 starb. In der Philosophie schloss sich Weishaupt an die Gegner Kants an.“ Quelle: „Die neuesten Arbeiten des Spartacus und Philo in dem Illuminaten-Orden“, Bohmeier Verlag, 2007.*

Prinzregenten Luitpold in Rom denunziert und kirchlich gemaßregelt, während sein Kollege Schell von der bösartigen ultramontanen Presse buchstäblich zu Tode gehetzt wurde. Also geschehen zu Würzburg in Bayern nicht etwa noch im 18. Jahrhundert sondern beim Übergang ins 20. Jahrhundert!

Wenn solche Geistestyrannei und Verfolgung in Bayern und Franken noch in der neuesten Zeit möglich war, dann kann man sich eine Vorstellung von der Gewalt machen, die noch vor 150 Jahren bei uns von den Jesuiten und anderen Dunkelmännern gegen Männer wie Ickstadt und Weishaupt ausgeübt werden konnte, die aber auch die Französische Revolution von 1789 wie die deutsche von 1918 erklärlich macht. Die Jesuiten schieben zwar die Schuld an der Revolution auf die Freimaurerei, die durch Verbot ihres Ordens in mehreren Ländern und die von Papst Klemens XIV. 1773 verfügte Aufhebung desselben die Oberhand gewonnen habe. Tatsächlich half der Einfluss der Freimaurer den Sturz der Jesuitenmacht herbeiführen.

Die Exjesuiten blieben indes die Alten. Ihre Professoren komplottierten an den katholischen Hochschulen weiter und veranlassten z. B. den zu ihnen gehörigen Prokurator der Universität Ingolstadt, dem Professor **Adam Weishaupt**, dem Sohne des verstorbenen Professors Weishaupt, der nach Absolvierung seiner Universitätsstudien sogleich einen Lehrstuhl erhielt, das Gehalt zu sperren. Die Triebfeder zu ihrer Handlungsweise war der Neid und Hass gegen den jungen Lehrer, der einen größeren Zulauf von Studenten hatte und sie durch seine freieren Ansichten fesselte. Ickstadt schrieb damals an die Regierung: „Der geschickte und vor anderen fleißige Herr Professor Weishaupt muss doch allerlei Fatalitäten erfahren. Die Exjesuitenprofessoren haben ihre Gebühr sämtlich erhalten. Weishaupt nicht. So ist des Komplottierens kein Ende. Jene stecken sich hinter die Grafen Preysing, diese müssen die Stadt mit Verunglimpfung der weltlichen Professoren ausposaunen. Den Professor Weishaupt streuen sie als einen Freigeist aus. Mich trauen sie öffentlich nicht anzutasten, heimlich aber wünschen sie mich gewiss zum Teufel." – Ein anderer freidenkender Professor, Schollinger, schreibt unterm 4. August 1774: „Was haben diese Exjesuiten nicht für Unruhen durch ausgestreute Lästerungen und Verleumdungen verursacht? Ist nur ein einziger fremder Professor unangefochten geblieben? Und so wird es immer sein, solange man ihnen Lehr- und Beichtstühle lässt und sie beisammen in Städten, ja wohl gar am Hof wohnen dürfen." – Wer kann sich da noch wundern, wenn helle Köpfe wie Weishaupt eine Zufluchtsstätte bei den Freimaurern suchten? In dem von Alois Grafen von La Rosee, Meister vom Stuhl der Loge Behutsamkeit in München, vom 8. Februar 1777 datierten Mitgliederverzeichnis wird unter Nr. 24 Weishaupt aufgeführt. Er erblickte in der Loge ein Gegenmittel wider die jesuitischen Machenschaften. Doch genügte ihm die Freimaurerei, nachdem er die Einrichtung und die Leute kennen gelernt, keineswegs zur Erreichung seiner Ziele. Fehlte es doch damals der Freimaurerei, infolge der sie verwirrenden Verschiedenheit der Systeme, an einem einheitlichen Zusammenschluss und einem starken Rückhalt, den Weishaupt brauchte, um schon die Gymnasiasten im Freimaurerbunde zu organisieren und den Jesuiten ihren Nachwuchs zu entziehen. Darum kam er auf seinen schon vor dem Eintritt in die Loge gefassten Plan zurück, einen besonderen Freimaurer-Orden zu gründen.

Dieser vielgenannte, vielverfolgte und vielverlästerte Orden trug den Namen der ***Illuminaten***, das heißt der Erleuchteten. Weishaupt selbst bezeichnet als dessen Grundsatz: „Selbstdenkende Menschen aus allen Weltteilen, von allen Ständen und Religionen, und unbeschadet ihrer Denkfreiheit, trotz aller so verschiedenen Meinungen und Leidenschaften, durch ein gegebenes höheres Interesse in ein einziges Band dauerhaft zu vereinigen, sie dafür glühend und in dem Grade empfänglich zu machen, dass sie in der größten Entfernung als gegenwärtig, in der Unterordnung als Gleiche, dass Viele wie ein Einzelner handeln und begehren, und aus eigenem Antrieb, aus wahrer Überzeugung von selbst tun, was kein öffentlicher Zwang, seit Welt und Menschen sind, bewirken konnte." – Die neue Gründung erinnert in ihrer Gliederung und Zweckbestimmung an altgriechische Vorbilder. Steht doch auch der vorstehende Grundsatz in einem Buch, das den Titel führt: „Pythagoras oder Betrachtungen über die geheime Welt- und Regierungskunst". Gründer und Führer des Ordens nannten sich Areopagiten (bei den Athenern die Mitglieder des höchsten Gerichtshofes). Jedes Mitglied hatte einen Ordensnamen, die zumeist dem klassischen Altertum entnommen sind. So nannte sich Professor Weishaupt nach dem großen Sklavenbefreier **„Spartakus"**. Hofrat von Hoheneiger hieß „Alzibiades", der Priester Michel „Solon", kaiserlicher Gesandtschaftssekretär von Merz „Tiberius", Freiherr von Bassus „Hannibal", Domprobst Graf von Koblenzel „Arrian", Freiherr von Schreckenstein „Muhamed", Hofrat Zwack „Cato", Professor Bader „Celsus", Domkapitular von Härtel „Marius", Rat von Berger „Scipio", Graf von Constanzo „Diomedes", Freiherr von Dalberg „Baco von Verulam", Freiherr von Knigge „Philo". Dieser war neben Weishaupt das bedeutendste Mitglied des Ordens und sein Name lebt noch heute fort in seinem Buch „Über den Umgang mit Menschen". Auch schrieb er „Über Jesuiten, Freimaurer und Rosenkreuzer" und andere freimaurerische Werke. In seiner Lebensbeschreibung berichtet er über das Ziel des Illuminatenordens, das ihm Weishaupt bezeichnete: „Man wolle durch die feinsten und sichersten Mittel den Zweck erlangen, der Tugend und Weisheit in der Welt über Dummheit und Bosheit den Sieg zu verschaffen, die wichtigsten Entdeckungen in allen Fächern der Wissenschaft zu machen, die Mitglieder der Verbindung zu edlen, großen Menschen zu bilden und diesen dann den gewissen Preis ihrer Vervollkommnung auch in dieser Welt schon zusichern, sie gegen Verfolgungen, Schicksale und Unterdrückungen zu schützen und dem Despotismus aller Art die Hände zu binden."

Jedes Land und jeder Ort, wo Mitglieder des Ordens weilten, erhielt seinen besonderen Namen, der ebenso wie die Mitgliedernamen zumeist dem Altertum entlehnt waren; so hieß z. B. Ingolstadt „Eleusis", Wien „Rom", München „Athen" usw. Der Orden war in Grade eingeteilt. Der unterste Grad, der die Zöglinge vom 15. Lebensjahr an umfasste, hieß nach der Minerva, der Göttin der Wissenschaft, der Minervalgrad. Die Mitglieder des Ordens durften sich untereinander nicht kennen, jeder kannte nur den, der ihn in den Orden eingeführt hatte. Als Zweck wurde: „Sammlung und geheimer Unterricht in wissenschaftlichen Kenntnissen" angegeben. „Der Orden sollte (nach pythagoräischem Vorbild) eine geheime Weisheitsschule sein, in der der Stifter nur junge Akademiker aufnehmen und diesen ungestört das lehren wollte, was Dummheit und Pfaffeneigennutz vom öffentlichen Katheder verbannt hatten." Die Zöglinge erhielten gute und lehrreiche Bücher, um die Herzensbildung, die wissenschaftlichen Kenntnisse, auch die Naturwissenschaften und neuen Sprachen zu pflegen. Über die Freimaurerei, die damals durch Zersplitterung, Hokuspokus und Spielereien zersetzt war, erhielten die Zöglinge ein sehr abfälliges Urteil: „Nicht nur beinahe kein festes System in der Freimaurerei über die gemeinsten Wahrheiten, sondern von höheren Kenntnissen wird gar nichts gelehrt. Ja, die Geschichte der Freimaurerei und ihr eigentlicher Endzweck sind nicht einmal unter ihnen bekannt. Die heutige Freimaurerei bekümmert sich nicht um die Hindernisse welche der Wahrheit, Weisheit und Tugend entgegenstehen, also wird sie nie auf diese Art etwas für die Welt leisten."

Die Zöglinge hatten je nach dem Alter eine drei- bis einjährige Probezeit abzudienen. Die weiteren Jahrgänge waren in fünf Grade abgeteilt, wovon der oberste 6. Grad der Priester- und Regentengrad war. Bei der Aufnahme in den obersten Grad wurde eine lange, von Weishaupt verfasste philosophische Denkschrift verlesen, worin der gerade für die Jetztzeit merkwürdige Satz über die Völker und Staaten vorkommt, den der Präsident Wilson geschrieben haben könnte: „Nun wurde es zur Tugend, auf Unkosten derer, die nicht in unsere Grenzen eingezogen waren, sein Vaterland zu vergrößern. Diese Tugend hieß Patriotismus und der Mann, der gegen alle ungerecht war, um gegen die seinigen gerecht zu sein, hieß Patriot. Aus dem Patriotismus entstand schließlich der Egoismus. Um die Nationen vollends zu unterjochen, trug die Eroberungssucht der Monarchen nicht wenig bei. Man gebot über 100.000 Menschen, mit diesen konnte man über die benachbarten 50.000 herfallen, sie unterjochen und gebot dann über 150.000."

Dann wird die geistige Aufklärung der Menschheit als das beste Mittel nachgewiesen und gesagt: „Diesem Mittel dienen geheime Weisheitsschulen, welche alle Zeit die Archive der Natur und der menschlichen Rechte waren. Durch sie wird die Menschheit von ihrem Fall sich erholen, Fürsten und Nationen werden ohne Gewalttätigkeit von der Erde verschwinden, das ganze Menschengeschlecht wird ein Familienbund und die Welt der Aufenthalt vernünftiger Menschen werden, die Vernunft das einzige Gesetzbuch der Menschen sein."

Im Weiteren werden der geistliche Despotismus und die Religionsverfolgung geschildert, die durch den Jesuitenorden auf die Spitze getrieben wurde. Der Orden erfreute sich bald einer großen Ausbreitung namentlich durch die eifrige Werbetätigkeit des überall herumreisenden Freiherrn von Knigge. Aber auch die Gegner blieben nicht müßig und der Arbeit des von den Jesuiten geleiteten Rosenkreuzerordens gelang es, den **Kurfürsten Karl Theodor** von Bayern, den unwürdigen Erben des edlen Maximilian Josef, gegen den Illuminatenorden einzunehmen. Der **Papst Pius VI.** wurde scharf gemacht und trieb die Bischöfe gegen den Orden. Die bayerische Regierung zwang Beamte und Offiziere zum Austritt aus dem Orden. Weishaupt wurde veranlasst, seine Professur niederzulegen. Alle geheimen Orden mit Ausnahme der von den Jesuiten beherrschten Rosenkreuzer wurden abermals verboten. Der Papst erteilte dafür dem Kurfürsten großes Lob und Generalabsolution in folgendem Schreiben an den Bischof von Freising: „Allüberall wird der orthodoxe

Glaube angefeindet, und da Du denselben auch in Deinem Sprengel bedroht glaubtest, bist Du unverzüglich nach München zum Herzog selbst gegangen und hast ihm mit dem gemeldeten Eifer den Ernst des Übels dargestellt. Die Tugend (!) des Kurfürsten verdient alles Lob, denn sofort ging von jenem eine Verordnung aus, die so geeignet wie möglich und denkbar wirksam ist, um die von Gottlosen der Universität (Ingolstadt) herbeigeführten Schäden auszurotten und sie wieder zu ihrer einstigen Zierde zurückzuführen." Zum Schluss drückte der Papst seine Freude über die „den Zeitverhältnissen im höchsten Grade angemessenen" Maßregeln aus, die gegen die den geheimen Orden angehörigen Offiziere und Beamten verfügt wurden. Der Kurfürst selbst befahl noch, dass der Professor Weishaupt sich um andere Dienste bewerben solle und bis dahin solle ihm eine jährliche Pension von 400 Gulden gereicht werden, die er aber weder in München noch in Ingolstadt genießen dürfte. Der Professor verzichtete aber auf die Pension. Darauf schrieb der Kurfürst folgenden weisen Entscheid: „Da man nun an diesem hochmütigen Professor nichts verliert als einen reduzierten Logenmeister, so wird er auch hiermit gleich verabschiedet."

Nun wusste Weishaupt, wie viel die Stunde geschlagen. Als Schlossergeselle verkleidet, wurde er von einem Schlossermeister aus der Stadt geschafft. Über Nürnberg kam er nach der Reichsstadt Regensburg, wo ihm der Herzog von Gotha eine Anstellung bei seiner Reichstagsgesandtschaft verlieh und ihn vor den Nachstellungen seiner Feinde beschützte. Sein Gegner, der Ordensmeister der Rosenkreuzer, der *Jesuitenpater Frank*, schrieb jubelnd an das preußische Oberhaupt desselben Ordens, den späteren Staatsminister Wöllner, einen argen protestantischen Frömmler, nach Berlin: „Der jüngste Tag des Illuminatenordens in Bayern scheint heranzunahen. Seit dem Tod des vom Donner erschlagenen Priesters Lanz zu Regensburg habe ich mit gesamten Kräften an seiner Zerstörung gearbeitet, zur Erhaltung der Religion Jesu, zum Heil meines Vaterlandes und zum Heil der Jugend für unsere gute Ordenssache. Endlich ist es nun dahin gediehen, dass die zwei Rädelsführer zu Ingolstadt kassieret, zum Schrecken anderer mit Weib und Kind brotlos gemacht und fortgeschafft, ferner zehn junge frevelnde Edelleute von der Akademie relegiert, mithin durch verhinderte Absolvierung aller Dienste unfähig gemacht sind. Alle Offiziere der ganzen Armee vom Feldzeugmeister bis zum Fahnenjunker, alle hohen, mittleren und unteren Gerichtsstellen und Landeskollegien haben sich feindlich gegen die illuminatische Sekte reservieren und unterzeichnen müssen. Alle Gouverneurs, Kommandanten, Polizeistellen haben ebenfalls bei Kassation ohne Gnade Order, solche Logen ohne Rücksicht der Personen zu arretieren. Wegen unseres sehr illuminierten Klerus bin ich der Mittelsmann zwischen Serenissimus (dem Kurfürsten) und dem Bischof von Freising, der nun bald mit Interdikten, Suspensionen und Hirtenbriefen zufahren wird usw."

Der Kurfürst bildete eine Kommission aus drei Jesuitenprofessoren und zwei Hofräten, und auf deren Untersuchungsergebnisse stützte er seine Strafverfügungen, die ohne Gerichtsverhandlungen und Urteil bis zur Androhung der Todesstrafe gingen. Mit den Illuminaten wurden auch alle Freimaurer verfolgt, nur der von den Jesuiten geleitete Rosenkreuzerorden blieb verschont.

Da starb am 16. Februar 1799 plötzlich und unerwartet Karl Theodor an einem Schlaganfall und die Regierung ging an die Linie Zweibrücken über. **Graf Montgelas**, ein Illuminat wurde Minister und der treueste Freund Weishaupts und Mitgründer des Illuminatenordens, von Zwack sein Mitarbeiter. Die Rosenkreuzer und Jesuiten wurden ihrer Ämter enthoben. Weishaupt erhielt eine lebenslängliche Pension und wurde zum Mitglied der Münchener Akademie ernannt. Seine Söhne bekleideten später hohe Staatsämter. Der Illuminatenorden wachte aber nicht mehr zu neuem Leben auf. Er hatte seinen Zweck erfüllt, die Jünger Weishaupts besorgten die geistige und politische Reformarbeit. Der bayerische Spartakus ist nicht über Leichen geschritten und hat seinem Vaterlande einen großen Dienst geleistet. Das soll ihm unvergessen bleiben.

Wer noch Näheres über den Orden erfahren will, möge sich die Schrift „Geheime Gesellschaften" von Erich Hein oder das Buch „Der Illuminatenorden" von Leopold Engel in Wilmersdorf- Berlin verschaffen, der 1896 den Orden neu begründet hat mit dem Zweck: „Hebung der Bildung seiner Mitglieder, deren geistiges und geselliges Leben, ihren religiösen und moralischen Charakter ohne Mystik, Theologie und Theosophie zu verbessern". – Wir haben keine Kenntnis davon, ob die neue Auflage des Ordens Anklang in weiteren Kreisen gefunden hat. Hingegen ist durch einen früheren österreichischen Polizeibeamten, den jetzigen Wiener Geschichtsprofessor Fournier ein ***Geheimbericht*** aus dem dortigen Polizei-Archiv zu unserer Kenntnis gelangt, der uns neben anfechtbaren Mitteilungen auch einige interessante Aufschlüsse über Personen und Vorgänge in München gibt. Das Schriftstück ist ein Bericht, den der von der österreichischen Regierung nach Bayern entsandte Geheimagent Armbruster verfasst hat. Er wärmt zunächst die von den Feinden der Illuminaten erfundene Verdächtigung auf, dass diese nach dem Tode Karl Theodors den Kurfürsten Max Josef IV. stürzen und eine bayerische Republik errichten wollten. Richtig hingegen ist, dass verschiedene Illuminaten auch nach der Zerstreuung und Aufhebung des Ordens miteinander in Verkehr blieben. Der Geheimagent erzählt dann weiter:

„Um über die gegenwärtige Lage des Ordens in Bayern (um die Wende des 18. Jahrhunderts) volles Licht verbreiten zu können, muss ich einige frühere, bisher nicht bekannt gewordene Tatsachen anführen. Was nach der Entdeckung des Ordens unter dem Titel „Original-Schriften" auf Befehl Sr. kurfürstl. Durchlaucht gedruckt wurde, war nur der mindeste und unbedeutendste Teil dessen, was man in den Ordensarchiven gefunden hatte. Die wichtigsten Papiere und besonders der aufschlussreichste Briefwechsel, wodurch Männer, höheren Ranges, hauptsächlich aus fremden Staaten, in Gefahr oder Verlegenheit gestürzt werden konnten, wurden sogleich in dem Haus des Kanzlers, Frhr. v. Kreitmayer, durch den Hauskaplan desselben, Culva, abgesondert und unmittelbar in die Hände des Kurfürsten niedergelegt: Daher kam es, dass viel tätige Mitglieder des Ordens in anderen Ländern noch lange, und selbst bis in die neuesten Zeiten unentdeckt fortwirken können, und dass besonders im nördlichen Deutschland Fürsten und Staatsmänner, die in den Originalschriften das ganze Gewebe aufgedeckt glaubten, den Orden nach Geist und Ausdehnung für weniger wichtig hielten, als er in der Tat war. Die Folge ist jetzt noch sehr sichtbar.

Indessen glaubte S. Durchl. der Kurfürst (Karl Theodor) den Orden wenigstens in Bayern ganz vernichtet zu haben. Dieser Wahn dauerte bis zum Jahr 1795, wo zufälligerweise durch das Zollamt in Deggendorf ein neues Archiv des Ordens und die ununterbrochene Existenz desselben entdeckt worden ist. Jetzt ernannte der Kurfürst in tiefster Stille eine Kommission, welche alle Briefe, die an gewisse Personen einlaufen oder von denselben verschickt werden würden, zu eröffnen und den Inhalt derselben zu protokollieren hatte. Die Kommission, die immer in der persönlichen Gegenwart des Kurfürsten zusammentrat, bestand aus dem Geistlichen Rat v. Rittershausen, dem Schuldirektor Culva, dem Kammerdiener Tusch und dem Postsekretär Bader. In kurzer Zeit lag eine Menge aktenmäßiger Beweise angehäuft: dass die Mitglieder des Ordens im engen Zusammenhang stehen, neue Brüder aufnehmen, in den meisten Dikasterien (Richterkollegien) die Majorität besitzen, die Nationalerziehung leiten, durch ihren Einfluss auf die Generalvikariate Passau, Regensburg, Salzburg und Freising die einträglicheren Pfarreien mit Affilierten (Bundesgenossen) besetzen, und gerade solche Männer, die nicht bloß das Vertrauen, sondern selbst die Liebe des Kurfürsten sich zu verschaffen gewusst hatten, an der Spitze stehen! Diese Chefs waren: a) Sir Benjamin Tompson, Reichsgraf v. Rumford, b) Reichsfreiherr v. Häffelin, Bischof und späterer Kardinal, damals Vizepräsident des geistlichen Rates, c) Frhr. v. Stengel, geh. Kabinetts-Referendar. Als Sekretär des Ordens der Ex-Professor Bermüller, und als untergeordneter Geschäftsführer der Buchhändler Fontaine in Mannheim. Die Originalbriefe aus Paris bewiesen, dass der Graf von Rumford selbst mit der Propaganda in naher Berührung stand.
In dieser Lage fasste der Kurfürst den Entschluss, die gemachten Entdeckungen als Staatsgeheimnis zu bewahren, allmählich die Matadore von ihren Stellen zu entfernen und nach einem festgesetzten Plan indirekt den Orden zu entkräften. Graf Rumford (ein geborener Engländer) wurde unter einem ruhmvollen Vorwand nach England geschickt, einige versetzte man in Ruhestand, allein ehe nur ein bedeutender Teil jenes Planes ausgeführt war, starb Karl Theodor 1799 und Max Josef IV. (Herzog von Zweibrücken, nachmaliger König Max Josef I.), der schon lange von Mitgliedern des Ordens umstrickt war, trat die Regierung an.
Die Illuminaten hatten also schon in den letzten Jahren der Regierung Karl Theodors ihre Macht fest gegründet. Die gegenwärtige Regierung (unter dem Kurfürsten Max Josef IV., späteren König, der selbst Freimaurer war) bot ihnen die Hand, sich noch *weiter* auszudehnen. Die verbannten Mitglieder des Ordens wurden zurückgerufen und so wie die Unterdrückten an die Spitze gestellt und ganz, im weitesten Sinne des Wortes, haben sie den ersten Zweck des Ordens erreicht: den offenen, argwohnlosen Fürsten und durch ihn das Land zu beherrschen.
Der dirigierende Minister, **Frhr. v. Montgelas**, ist Illuminat aus der früheren Periode und ganz im Geiste des Ordens gebildet. Allein nach dem Urteil von Männern, die tiefer in seinen Charakter blickten, soll er lange nicht jener planvolle, systematische Kopf sein, für welchen man ihn zu halten geneigt ist. Unbeschränkt wird er durch den geheimen Rat v. Zentner und den Legationsrat Riegel, einen sehr frivolen Kopf, geleitet. Sogar nach der Erklärung vieler Illuminaten ist Montgelas „ein egoistisches Wesen, das auf ihren Schultern zu seiner gegenwärtigen Höhe stieg, nun sich

zurückzieht, tot ist für das Interesse des Ordens und bloß auf Befriedigung seiner unbegrenzten Habsucht hinarbeitet.
Das Band, durch welches der Orden eigentlich mit der Person des Kurfürsten zusammenhängt, sind die beiden geheimen Kabinettssekretäre Rheinwald und Käfer, die in das unbegrenzte Vertrauen desselben sich teilen. Mit Ausnahme des Grafen v. Törring-Gronsfeld, Präsidenten der General-Landesdirektion, der unter der Fahne der Rosenkreuzer steht, und einiger weniger anderer, sind alle Chefs und die Majorität der Räte in den Zentraldikasterien (obersten Gerichtshöfen und Ämtern) sowohl als den Provinzialregierungen, Mitglieder des Ordens. Aber auch von diesen stehen viele in dem Ruf der Gleichgültigkeit und Untätigkeit für den Orden als Korporation. Doch trifft dieser Vorwurf weder den Finanzminister Frhrn. v. Weichs, am wenigsten aber den Präsidenten des geistlichen Rates Grafen v. Seinsheim, dessen Kollegium beinahe ganz aus den determiniertesten Illuminaten gebildet ist. Dieses Kollegium, in welchem der Enragé Bermüller, ein Mitglied desselben, sehr wesentlichen Einfluss hat, bekennt laut die Absicht: „dass die Geistlichkeit Bayerns nach dem Genius des Zeitalters reformiert werden müsse". Man darf den Kanzleistil des Illuminatismus nur halbwegs kennen, um in den tieferen Sinn dieses Ausdruckes einzudringen. Jetzt ist die Aufhebung aller oder wenigstens der reichsten Abteien des Landes an der Tagesordnung, und ein erklärter Illuminat, Freiherr v. Frauenberg (später Erzbischof von Bamberg D. V.), wirbt als außerordentlicher Gesandter in Rom um die päpstliche Einwilligung.
Das geheime Ministerialdepartement der geistlichen Angelegenheiten, welches die Kuratel über die Universität und alle Unterrichts- und Erziehungsanstalten besitzt, und die Anträge des geistlichen Rates an den Kurfürsten bringt, steht ganz unter dem gebietenden Einfluss von 2 Männern, die ich für die tätigsten, konsequentesten und gefährlichsten Mitglieder des Ordens halte. Diese sind: der oben erwähnte geheime Rat v. Zentner und der geistliche Rat Branca, beide geheime Referendare dieses Departements. Der dirigierende Minister, Graf Morawitzky, ist bloß ihre willenlose Maschine. Durch sie werden die Lehrkanzeln der Universität zu Ingolstadt vorzugsweise mit Männern besetzt, die entweder wirkliche Illuminaten oder wenigstens durch den Ruf politischer oder religiöser Heterodoxie bekannt waren.
Unter dem Militär hat der Orden einen bedeutenden Anhang. Nur General Clerambault war in die höheren Grad initiiert. Jetzt besteht die Majorität der Lehrer an der Militärakademie aus Mitgliedern des Ordens.
Ohne Eingeweihter zu sein, hatte der Herzog Wilhelm von Bayern lange mit Vorliebe die Illuminaten geschützt. Man fürchtete sogar, er würde sie als Mittel zu seinen ehrgeizigen Plänen benützen. Aber ganz zuletzt zog er sich zurück, und jetzt steht er an der Spitze der Minorität, die in der Stille sowohl den Illuminaten als den Patrioten entgegenarbeitet.
An der Spitze der Polizei, die übrigens das Ideal einer schlechten Anstalt ist, wurde der Direktor Baumgarten, ehemals ein sehr tätiges Mitglied des Ordens, gestellt. Jetzt schläft er für sein Amt und seine Brüder.
Dass die Illuminaten nähere Verbindungen in den Bistümern des bayerischen Kreises haben, und besonders auf die Generalvikariate wirken, ist allerdings Tatsache,

sowie es erwiesene Tatsache ist, dass unter den Illuminaten geistlichen Standes weit mehr Gemeinsinn in Ordensangelegenheiten existiert als unter den Mitgliedern aus anderen Ständen. Allein wenigstens bis jetzt noch konnte ich, ungeachtet des angestrengtesten Nachforschens nach diesem Zweig meiner Mission, keine Spur irgendeines Einflusses in den österreichischen oder anderen Reichsstaaten entdecken.
Aus allen, welche dem Orden angehören, würden Graf Rumford und der geheime Rat v. Zwack die einzigen Männer für jene infame Rolle (der Republikanisierung Bayerns und Beseitigung des Kurfürsten) sein. In dieser Rücksicht verdient die Reise, welche der Erstere am Anfang dieses Monats nach München machte, alle Aufmerksamkeit. Gewiss ist es, dass er seit seiner Entfernung immer in einem regelmäßigen Briefwechsel mit den feurigsten Illuminaten stand. Zwack, der zu gleicher Zeit aus Wetzlar nach München kam, soll zu einer sehr wichtigen Stelle prädestiniert sein. Nach Rumford ist dieser der planvollste Kopf.
Die Wandlung der Franz. Revolution gab sichtbarlich den ursprünglichen Absichten des Ordens eine veränderte Richtung und eine neue Terminologie. Man spricht nicht mehr geradezu von „Tyrannen“, aber desto mehr von „demokratischen Fürsten, die in Krone und Szepter mit dem Volke sich teilen“; nicht mehr von „Staatsumwälzung und Freiheit und Gleichheit“, aber desto mehr von „unveräußerlichen Menschenrechten“, von dem „unaufhaltsamen Fortschritt des Menschengeistes“, von „unbeschränkter Pressefreiheit“, vom „Sturz der Hierarchie und der privilegierten Kasten“. Derselbe Plan der Illuminaten und selbst so mancher Uneingeweihten, die auf das Volk wirken, scheint ganz in diesen Äußerungen zu liegen.
Um sowohl den Kurfürsten als auch auswärtige Regierungen in Sicherheit einzuwiegen, um der öffentlichen Aufmerksamkeit sich zu entziehen, wird auf Zentners und Brancas Veranstaltung der Illuminatismus planmäßig als Gespenst dargestellt, welches gar nicht mehr in der Welt, sondern bloß in der Einbildungskraft der Jesuiten und Obskuranten existiere. Ein sonst vortrefflicher Kopf, der Professor und Pfarrer Salat in München, ist der Auserwählte, der mit großer Gewandtheit und sichtbarem Erfolg in der „Nationalzeitung der Deutschen“, den „Annalen der leidenden Menschheit“, dem „Genius der Zeit“, dem „Deutschen Merkur“ usw. den Glauben an das Dasein des Illuminatismus auszurotten sucht. Man wähnt in den verschiedenen Einkleidungen Stimmen aus allen Gegenden Deutschlands zu vernehmen und hört bloß die Stimme eines Einzigen, welche dann die öffentliche Meinung ihrer Richtung erhält.
Zwar wurden bereits mehrfache Versuche gemacht, dem Kurfürsten über die Grundsätze und Absichten jener Menschen, die unter seinem Namen herrschen, die Augen zu öffnen, aber ohne Erfolg. Ob die Ursachen davon in der Vorliebe – oder vielmehr in der Furcht vor der Faktion liegt? Die Stimme der Landstände hat in dieser Sache gar kein Gewicht mehr. Die Spannung zwischen diesen und dem Kurfürsten wird mit jedem Tag heftiger und das Missvergnügen des Volkes größer und bedeutender.“
Dieser Bericht des Wiener Geheimagenten, der seine Quellen wahrscheinlich in den der alten Ordnung zugewandten Kreisen Münchens hatte, erklärt die Haltung der bayerischen Regierung gegenüber den Freimaurern. Um das Misstrauen der äußerst

rückständigen Bevölkerung gegen die ans Ruder gekommenen „Rheinpfälzer" und „Freigeister" zu bannen, bestand eine der ersten Amtshandlungen des neuen Regiments darin, dass es noch im November 1799 ein ***Verbot aller geheimen Gesellschaften*** erließ. Die Verordnung wurde 1804 mit der Unterschrift des Ministers Montgelas erneuert, traf aber eigentlich weder Illuminaten noch Freimaurer, denn deren Logen hatten seit 1785 aufgehört zu bestehen. Als aber 1806 das neue Königreich auch fränkische Gebietsteile umfasste, in denen zu Nürnberg, Ansbach, Bayreuth, Fürth, Erlangen, Pappenheim und Rentweinsdorf Freimaurerlogen bestanden, die man aus politischen Klugheitsgründen nicht gut auflösen konnte noch auch wollte, so wurde ihnen vom General-Landkommissar für Franken, dem Freiherrn von Thürheim, der wie Montgelas ein Illuminat war, unter einigen leicht erfüllbaren Bedingungen der Fortbestand genehmigt. Allein schon im folgenden Jahre wurde allen Staatsdienern die Mitgliedschaft untersagt, wodurch einige fränkische Logen unmöglich wurden, andere stark zurückgingen, während sich in München und im südlichen Bayern einige neue Logen bildeten. Alle bayerischen Logen gaben ihren engeren Zusammenhang mit außerbayerischen Logen auf und wurden unter der Großloge zur Sonne in Bayreuth zusammengefasst, worauf die staatliche Aufsicht über die Loge auf die Anzeigepflicht eingeschränkt wurde. Die Freimaurer selbst konnten bei dem großen Übergewicht der konservativen Mächte in Bayern, die nicht bloß im katholischen Adel und Klerus, sondern auch in der evangelischen Geistlichkeit und Kirche, dann namentlich im gesamten Bauernstand und auch in einem großen Teil des städtischen Bürgerstandes vertreten sind, nicht entfernt zu der Bedeutung gelangen, die sie in anderen katholischen Ländern erkämpft und behauptet haben.

Kulturgeschichtlich merkwürdig ist, dass zu der nämlichen Zeit, da in Bayern die Illuminaten-Verfolgung eingeleitet wurde, der Freiherr *Eckbrecht von Dürckheim* die Grundregeln der Freimaurerei verfasste, die dann in deutscher, französischer und englischer Sprache erschienen sind. Voran steht folgende:

Norma vitae

Fide Deo, diffide Tibi, fac propria, castas
Funde preces, paucis utere, magna fuge.
Multa audi, dic pauca, tace abdita, disce minori
Parcere, majori cedere, ferre pacem,
Tolle moras, mirare nihil, contemne superbos,
Fer mala, diesce Deo vivere, disce mori.

Die deutsche Übersetzung lautet:

Lebensregel:

Vertrau auf Gott, misstrau dir selbst,
Schaffe stets das Deinige.
Lauter seien deine Wünsche,
Nimm mit Wenigem vorlieb,
Flieh' die Völlerei!
Höre viel und spreche wenig,

Verschweige, was dir anvertraut!
Lerne die Minderen schonen,
Geh' dem Höheren aus dem Wege,
Pflege den Frieden, doch meide das Zaudern,
Staune nichts an, verachte die Stolzen,
Trage die Übel und lerne
Gott zu leben, lerne zu sterben.

III. Die Freimaurer und andere Orden

In anderen deutschen Ländern außerhalb des altbayerischen Kurfürstentums hatte die Freimaurerei mehr Freiheit und Spielraum, zumal in den größeren Reichsstädten, im Königreich Preußen und der hohenzollernschen Markgrafschaft Ansbach-Bayreuth. In den katholischen Fürstentümern hingegen setzten sich die ***Jesuiten*** und ihre Anhänger gegen die von der Frcimaurerei getragene Aufklärung mit dem Einsatz aller Kräfte zur Wehr. Sie wollten auch um keinen Preis etwas von ihrer Herrschaft in der Schule zugunsten einer besseren Methode, geschweige denn einer freieren Richtung abgeben. Doch gab es innerhalb der katholischen Kirche und auch in den Reihen der Geistlichkeit selber Männer, die einsahen, dass die wissenschaftliche Tätigkeit der deutschen Jesuiten auf einem niedrigeren Pegelstrich stand als jene der protestantischen Gelehrten und selbst als jene der französischen Jesuiten, ja dass sie tief unter der mittelalterlichen Scholastik stand. Umso größer, ungehobelter, bösartiger und fanatischer lauteten aber die Abwehren und Angriffe der deutschen Dunkelmänner gegen reformerisch gesinnte Geistliche des eigenen Volkes, mochten auch diese wie eine Reihe der würzburgischen und rheinischen Philosophie- und Theologieprofessoren aus den Jesuitenschulen hervorgegangen sein. Nur das, was die Jesuiten lehrten und taten, das war gut, geistvoll, unübertrefflich. Ihre Einbildung, ihr Dünkel und Hochmut ließen nicht zu, andersdenkenden Theologen, Philosophen oder sonstigen Gelehrten ein Recht auf eigene Meinung zuzugestehen. Ihre Rückständigkeit verwarf sogar die Bibelforschung. „Es lässt sich schwer sagen – so schreibt der gefeierte Freiburger Theologieprofessor Klüpfel, ein aus Unterfranken gebürtiger Augustinermönch – in welch scheußlicher Barbarei damals die Theologie sowohl zu Wien wie anderwärts steckte. Mit dem theologischen Studium war es nachgerade soweit gekommen, dass man auf dem Felde der Theologie statt gutem Saat elenden Schwindelhafer baute."

Man muss aber nicht wähnen, dass unter den Jesuiten lauter so verbohrte und verstockte Schulmeister und Höllenprediger waren, die gegen jeden Fortschritt in der wissenschaftlichen Erkenntnis wie im höheren Unterrichtsbetrieb verschlossen waren. War doch, um nur einige Beispiele anzuführen, ein Jahrhundert vorher der berühmte Jesuit *Athanasius Kircher* an der Universität Würzburg tätig, der ein trefflicher Mathematiker, Philosoph und Sprachforscher war und als Erfinder des Brennspiegels und der Laterna Magica gilt. Die von ihm mit großer Sachkenntnis angelegte Altertumssammlung im Collegium Romanum zu Rom zeugt noch heute von seinem Reichtum an Kenntnissen. Sein Nachfolger auf dem Lehrstuhl an der

Universität Würzburg, der Jesuit *Ignaz Zinck* kannte bereits im Jahre 1700 eine Art drahtloser Telegraphie und machte auch auf den Italiener *Johannes Porta* aufmerksam, der schon 1558 die Camera obscura entdeckte. Trotz solcher Erkenntnis konnte es aber geschehen, dass Schüler unter den Auspizien eines solchen Professors Doktorschriften verfassten, die von ***grenzenlosem Unsinn und Aberglauben*** strotzten. Das gehörte wohl zum System, denn noch im Jahre 1749 stellte die aus Jesuiten bestehende theologische und juristische Fakultät Würzburg auf Befragen des Fürstbischofs ein Gutachten aus, dass es Hexen gebe. Auf dieses Gutachten gestützt ließ dieser die 72 Jahre alte Priorin des Klosters Unterzell, Renata von Singer, eine hysterische, verrückte Greisin, hinrichten. Ein Schrei der Entrüstung ging durch das ganze Reich, aber der Jesuit *Georg Gaar* verteidigte in Wort und Schrift den Hexenglauben und die gewaltsame Austilgung des Hexengesindels, obschon im Jahr 1641 sein Mitbruder, der Jesuit Graf Spee, der ebenfalls in Würzburg tätig war, seine berühmte Schrift gegen die Hexenprozesse veröffentlicht hatte.
Die schauerliche Rückständigkeit der deutschen Jesuiten ging selbst den italienischen Geistlichen wider den Strich. So ließ nach der Hinrichtung der Nonne Renata ein Südtiroler Priester **Dr. Tartarotti** mit Erlaubnis der geistlichen Oberen in Verona eine scharfe Schrift gegen den Jesuiten Gaar erscheinen. Schon kurze Zeit vorher hatte der gleiche Italiener in Venedig ein großes Werk übe den Hexenwahn erscheinen lassen, der früher von der Kirche als leere Einbildung und heidnischer Aberglaube gebrandmarkt worden sei. Die Hexenfahrten seien eine Unmöglichkeit und nur eine Phantasie kranker Menschen. Melancholie und Hypochondrie könne nicht das Gericht, sondern nur der Arzt heilen. Wenn man die Kranken als Irrsinnige behandle, werden bald keine Zauberer mehr gefunden werden. Wo die Hexen nicht verfolgt werden, sei deren Anzahl viel geringer, während sie dort, wo sie gestraft werden, sich zusehends mehren. Durch die Hexenprozesse werden Unschuldige denunziert und Justizmorde verübt. Der Italiener weist dann auf Deutschland als das Land hin, in dem die Hexen am meisten verfolgt werden. Dieser Übereifer ist nicht bloß auf Rechnung der größeren Dummheit des deutschen Volkes zu setzen, sondern auch auf die Pflege dieser Dummheit durch die Jesuiten und anderer Dunkelmänner. Beweis dafür ist auch, dass Pater Gaar wutentbrannt gegen den Dr. Tartarotti anrannte und die weltlichen und geistlichen Gewalten gegen den gemeingefährlichen Aufklärer hetzte, aber der Professor Dr. Graser in Roveredo leuchtete ihm in einer Schrift gründlich heim und die Bürgerschaft von Roveredo setzte Tartarotti, als er 1761 starb, in der Markuskirche daselbst ein Denkmal. Der fürstbischöfliche Generalvikar von Trient, ein Anhänger Gaars, ließ das Denkmal abbrechen. Aber die Kaiserin Maria Theresia ließ ihm auf Veranlassung ihres Gemahls, des Kaisers Franz I., eines Freimaurers, ein neues errichten mit der Inschrift: „Dem berühmten und um das Vaterland bestverdienten Mann“. Die Kaiserin versäumte auch nicht, dem Würzburger Fürstbischof ihr Missfallen auszudrücken. Aber auch der Sturm der Entrüstung, der in der ganzen Welt wegen der Hinrichtung der Nonne Renata über die Würzburger Klerisei hereinbrach, konnte die deutschen Jesuiten nicht wankend machen. Sie sind heute noch, was sie waren. Beweis dafür ist die 1. Auflage des in der neuesten Zeit erschienenen ABC-Buches von dem Jesuiten *Brors*, in dem er die

Hexenprozesse für berechtigt erklärte. (Näheres über diese Würzburger Tragödie und die Jesuiten findet der Leser in meinem Buch: Das verhexte Kloster. Nach den Akten dargestellt. 3. Auflage. Verlag von Gebrüder Memminger in Würzburg.)
Es gibt aber Ideen, die ewig Dauer haben und die gerade dann mit Macht wieder auftauchen und wirksam werden, wenn die Entwicklung des Volksgeistes gehemmt, die Freiheit des Denkens unterdrückt, der Fortschritt der Wissenschaft unterbunden, die Zeitenuhr mit Gewalt rückwärts gedreht wird. So ging es auch im 18. Jahrhundert. Der Sucht der einen, das Volk in Dummheit und damit sich selbst an der Macht zu erhalten, entsprach auf der anderen Seite der ***Eifer für die Aufklärung***. Je dichter die Vorhänge waren, womit die Sonnenstrahlen vom Eindringen in die Schulzimmer und Kirchen abgehalten werden sollten, desto mehr bemühten sich Widersacher, die Vorhänge zu zerreißen und der Sonne Eingang in die Gefängnisse des Geistes zu verschaffen. Es war ein wirklicher Kampf des Lichtes gegen die Finsternis, den die Aufklärer gegen die Dunkelmänner führten. Wohin jene tasteten, da trafen sie auf die spanischen Reiter des Jesuitenordens, womit sie alle Zugänge zur besseren Erkenntnis absperrten. Wer im Verdacht stand, eine andere Meinung zu haben, wer gar Miene machte, diese auszusprechen und mit besseren Gründen Wahrheit zu erweisen, der wurde verdächtigt, verschimpft, verfolgt, verfehmt und verdammt. Der nach Erlösung von diesen Handschellen, Scheuklappen, Fußketten und Galeerenkugeln trachtende und schmachtende ***Zeitgeist*** war es, der schließlich den Hauptrepräsentanten der ägyptischen Finsternis überwältigte. Übrigens gingen die ersten Verbote des Jesuitenordens keineswegs von protestantischen, sondern von katholischen Mächten aus und zwar hauptsächlich von solchen, in denen die Andersgläubigen schwere Verfolgungen zu erdulden hatten. In ihrer Herrschsucht hatten die Jesuiten nicht bloß in intime höfische Beziehungen, politische Treibereien und diplomatische Intrigen, sondern auch in der Absicht, den Welthandel an sich zu ziehen, trotz des warnenden Beispiels der Tempelherren in überseeische Handelsgeschäfte sich eingelassen, wodurch sie in allerlei Händel verstrickt wurden, die 1759 ihre Austreibung aus Portugal, 1764 aus Frankreich, 1767 aus Spanien und dem Königreich Neapel, 1768 aus Parma zur Folge hatten. Selbst im Ordensklerus entstanden ihm Feinde. Kapuziner und Franziskaner klagten die jesuitischen Missionare in China an, dass sie Jesus als Buddha darstellten und die christlichen Gebräuche und Lehren mit buddhistischen und bramanischen Elementen versetzten. Da sprach Papst Klemens XIV. die ***Aufhebung des Jesuitenordens*** aus.
Schon längere Zeit vorher hatte ein Teil des Weltklerus in den katholischen Ländern Deutschlands die Notwendigkeit einer Unterrichtsform einzusehen begonnen. Auch die Würzburger Fürstbischöfe aus dem Hause Schönborn hatten hierzu einige Anläufe genommen. Dann trat wieder eine Pause ein, als **Anselm Franz von Ingelheim** 1746 den Stuhl des Hl. Burkhard bestieg. Er war wohl ein sehr gelehrter, aber kränklicher Herr. Von seiner Einsicht spricht das an die Professoren der Universität erlassene Verbot, statt frei vorzutragen, den Studenten ihre Vorlesehefte zu diktieren. Sie sollten ihren Vorträgen bekannte Lehrbücher unterlegen, das sei für die Studenten besser und weniger zeitraubend. Im Übrigen verfiel er gleich anderen Fürsten seiner Zeit auf den Schwindelzauber der ***Rosenkreuzer***, eines nach Freimau-

rerart eingerichteten Geheimbundes, der den Stein des Weisen suchte, die Goldmacherkunst seinen Gläubigen vorgaukelte und zuletzt auch Jesuiten zu seinen Adepten zählte. Der gelehrte Fürstbischof wähnte, auf diesem Weg zu Reichtum zu gelangen, den er für seine ungemein zahlreichen Geschwister und Neffen bedurft hätte. Er unterhielt mit großen Kosten die von allen Seiten teils selbst herbeigekommenen, teils herbeigerufenen Laboranten, die alle Gauner und Betrüger waren und dem Fürsten viel Verdruss und Unheil zuzogen. Domprobst und Domdekan wie die Hofräte hinterbrachten dem Fürsten die Kunde von der Missstimmung der Bevölkerung, aber sie stießen auf taube Ohren, bis durch die Versuche der fremden „Professoren" ein Laboratorium samt einem ganzen Getreidelager in die Luft ging. Über diesen Schrecken starb der geprellte Fürstbischof 1749. Ihm folgte **Karl Philipp von Greiffenklau**, in dessen Regierungszeit der vielgenannte ***Hexenprozess*** gegen die Renata von Singer, Priorin des Klosters Unterzell, fiel. Seine ruhmlose Regierung endete mit dem Jahr 1755.
Auf diese zwei Fehlnummern folgte **Adam Friedrich Graf von Seinsheim** (1755 – 79), ein neuzeitlicher Regent, geistig begabt und gebildet, ein fortschrittlicher Schulfreund, eifriger Musik- und Theatergönner, freilich auch ein eifriger Sportsmann, der der Jagd leidenschaftlich huldigte. In seine Regierungszeit fällt die ***Aufhebung des Jesuitenordens***, die seinen modernen Ansichten entsprach. Der Fürstbischof hatte als Diplomat im Ausland die Bekanntschaft mit hochgebildeten und aufgeklärten Leuten gemacht, er selbst war in Wien der Freimaurerloge beigetreten, während seine nächsten Verwandten, darunter der Vorstand des kurfürstlich geistlichen Kollegiums in München, dem Illuminatenorden angehörten. Der Fürstbischof bemühte sich für Verbesserung des Schulwesens, trieb die Pfarrer zu eifriger Selbsttätigkeit in der Schule an, gründete in Würzburg ein Schullehrerseminar und ein Theater, entzog den Jesuiten ihr Lehrmonopol an der Universität, errichtete eine medizinische Fakultät und hinterließ als sprechendes Testament seines Geistes den Hofgarten zu Veitshöchheim bei Würzburg, der mit Recht in der Bevölkerung als ***Freimaurergarten*** bezeichnet wird. Wer ihn besucht, der wird durch die Anordnung der Wege und Plätze mit ihren klassischen Figuren und kunstvollen Gruppen unwillkürlich von einer geheimnisvollen Ahnung ergriffen und stellt sich die Frage: Was hat dieser Garten zu bedeuten, welcher Gedanke liegt ihm zugrunde, wie kam ein Kirchenfürst zu einer derartigen Vereinigung von Natur und Kunst, Mythologie und Philosophie, Religion und Ethik, Altertum und Moderne, ohne eine Spur vom damaligen Kirchentum und Christentum zu verraten? Wie kam der Kirchenfürst dazu, gerade an diesem Ort ein solches Gebilde aus dem Boden zu zaubern?
Das alte Höchheim, heute nach dem Kirchenpatron Veitshöchheim genannt, wo im Jahr 1246 Heinrich Raspe, Landgraf von Thüringen, von der päpstlichen Partei zum Gegenkönig wider den Hohenstaufen Konrad IV. gewählt und darum der „Pfaffenkönig" genannt wurde, war die Sommerresidenz der Würzburger Fürstbischöfe, idyllisch im Maintal am Fuße der Ravensburg gelegen, deren Herren im Jahr 1202 den Würzburger Fürstbischof Konrad Grafen von Querfurt, den früheren Reichskanzler der Hohenstaufischen Kaiser, ermordet hatten. Das Schloss Veitshöchheim diente zugleich als Jagdschloss, denn der Wald reichte bis an den Hofgarten heran.

Dieser war schon unter Fürstbischof Julius angelegt, aber seine heutige Gestalt erhielt er erst durch den Grafen Seinsheim, der 1755 den Befehl zur Ausstattung des Gartens gab. Die mythologischen Figuren, die aus der Barockzeit vorhanden waren, wurden nicht beseitigt, sondern in den neuen Rahmen in passender Weise eingestellt, wogegen die neuen Figuren und Gruppen im vornehmen Rokokostil ausgeführt wurden. Der aufgeklärte, kunstverständige Fürst gab zweifellos selbst seinen Werkmeistern – dem Hofgärtner Prokop Meier, den Hofbildhauern Peter Alexander Wagner und Auvera – die philosophischen Ideen an, die die Grundlage des Werkes bilden. Aus begreiflichen Gründen war die Bedeutung des vollendeten Werkes Niemanden, außer Eingeweihten, offenbar. So blieb das Geheimnis bis in dieses Jahrhundert gewahrt. Allerdings hatte schon der Ästhetikprofessor Fröhlich, der Gründer des Würzburger Konservatoriums, die Meinung ausgesprochen, dass dem eigenartigen Garten eine große Idee zugrunde liege. Wahrscheinlich hatte er diese Kenntnis im Verkehr mit dem Würzburger Stiftskapitular und Theologieprofessor Oberthür gewonnen, der Freimaurer war und in seiner Schrift über den Fürstbischof Seinsheim dessen Wollen und Wirken ins hellste Licht gerückt hatte. Ein Schüler Fröhlichs, der katholische Pfarrer Karch von Veitshöchheim, hat den Wink seines Lehrers zum Ausgangspunkt zweier Werke über den Hofgarten genommen. Er sieht in diesem die Idee des platonischen Philosophen Proklus dargestellt, der von 411 – 485 nach Christus in Konstantinopel gelebt hat und alles in der Natur auf eine übersinnliche Einheit – die All- oder Weltseele – zurückgeführt hat. Wer aber mit nüchternem Verstand die Schriften des zweifellos hoch gelehrten Pfarrers liest, muss am Schluss erklären, dass dieser den Schleier nicht gelüftet hat.
Erst durch die Mitteilungen, die mir durch meinen Freund, den Dozenten der Medizin und Reichstagsabgeordneten Dr. August Stöhr geworden sind, bin ich in den Stand gesetzt, das über dem Werk Seinsheim schwebende Geheimnis zu lüften. Ich erhielt nämlich durch jenen Kenntnis von Akten und Aufzeichnungen aus dem Besitz einer Juristenfamilie, die unter dem Fürstbischof Seinsheim und dessen Nachfolger hohe Staatsstellungen bekleidet hatte und in die intimsten Geheimnisse des Fürstenhofes eingeweiht war. Überdies deutet die Symbolik der Zahlen und Zeichen die sich in allen Teilen des Gartens vorfinden, dem Kenner an, wo er sich befindet. Schon beim Betrachten des Grundrisses fällt die Form auf, die ein längliches Viereck darstellt. Dieses Viereck zerfällt wiederum in drei große Rechtecke, wie denn überhaupt die ***Zahl Drei und das Dreieck*** häufig wiederkehrt. Drei Wege führen nach den im mittleren Rechteck stehenden Tempeln, die drei Türen und drei Fenster besitzen. Auch schmücken drei Rosen mehrere der Steinfiguren. Dann sind Dreiecke wie Vierecke und Kreise dargestellt durch Hecken und Bäume, endlich begegnet man den Pyramiden, der Schlange, den Mischkrügen, den Andreaskreuzen und anderen Wahrzeichen der so genannten schottischen Maurerei, die an die Überlieferung der Druiden und die Mysterien der Alten anknüpfte. Durch den Unverstand, die Knorzerei und Bigotterie des königlich bayerischen Hofes, der bischöflicher sein wollte als der Fürstbischof Seinsheim, wurde der hochinteressante Garten im vorigen Jahrhundert arg vernachlässigt, der Irrgarten ausgerottet und freimaurerische Symbole wie die fünfeckige leuchtende Sonne, die Apollo auf seiner Brust

trug, sowie der auf einer hohen Stange befestigte, über den Garten hinweg schimmernde Stern beseitigt. Auch die vergoldete, die Sonne vorstellende Kugel auf der Mythrasgrotte ist unter der bayerischen Regierung schwarz und finster geworden. Erst als in diesem Jahrhundert Oberst Graf Seinsheim königlicher Obersthofmarschall wurde, tat er in Erinnerung an seinen großen Ahnen manches zur Erhaltung des Gartens.

Die Figuren und Gruppen in den drei Abteilungen des Gartens versinnbildlichen nach der Auffassung des 18. Jahrhunderts die Mysterien der Alten. Von den zwei Balustraden, die das Schloss umgeben, stellt die innere mit den schönen Putten den von den ägyptischen Priestern hergestellten Kalender – den Tierkreis mit den Jahreszeiten – dar. Dieser Zeitmesser erinnert den Fürsten daran, seine Tage zur Erfüllung seiner Aufgaben gehörig zu nützen. die Aufgaben des leitenden Staatsmannes sind auf der äußeren Balustrade, die das Blumenbeet des Parterre gegen den übrigen Garten abschließt, mit mythologischen Figuren dargestellt. Merkur, der Götterbote, eröffnet von links nach rechts betrachtet die Reihe der Sinnbilder. Er hat Flügel am Hut und an den Füßen sowie einen Geldbeutel in der Hand als Sinnbild des Handels und Verkehrs, der eine der Voraussetzungen und Unterlagen für die Hebung der Volkswohlfahrt und der Staatsfinanzen bildet. Neben der Sorge für Handel und Wandel obliegt dem Staatsmann die Pflege der Landwirtschaft. Darum stellt die zweite Figur die Zeres dar, die Göttin der Fruchtbarkeit, des Ackerbaues, der Gärtnerei und der öffentlichen Ordnung, die nach dem Ausspruch der heiligen Theresia die Grundlagen jeglichen Wohlstandes bildet. Als Zeichen ihres Berufes trägt sie ein Blumenkörbchen in der Hand und einen Genius auf dem Arm, ihren Sohn Bachus, den Schutzgott der Winzer. Die dritte Aufgabe des Herrschers besteht in der Ausbreitung der Volksbildung. Das Sinnbild für dieses höhere Ziel ist die dritte Figur: die Muse Polihymnia, die den Kindern Weisheit lehrt in Liedern und Fabeln. Sie gibt ihnen durch Fingerzeichen den ersten Unterricht und vermittelt die Kenntnis des Diesseits. Deshalb hat sie an der Seite eine Erdkugel. Die vierte Figur links vor der Auffahrtstreppe stellt die Minerva, die Göttin der Wissenschaften und des Krieges, dar. Sie begrüßt den Beschützer der Wissenschaft und höheren Bildung, der zugleich der oberste Kriegsherr seines Landes ist, mit offenen Armen. Die andere Figur rechts von der Treppe stellt den Sonnengott Apollo, den Führer der Musen und Beschützer der Künste dar, deren Pflege schon durch die Freimaurerei, die sich selbst als „die königliche Kunst" bezeichnet, dem Fürsten obliegt. Apollo begrüßt den ankommenden Herrn ehrfurchtsvoll mit gebogenem Knie. Die übrigen Figuren stellen außer der Klio, der Muse der Geschichte, die Schutzgöttinnen der Dichtkunst, Tanzkunst, Musik und Himmelskunde – Thalia, Euterpe, Terpsichore und Urania – dar. Die sämtlichen im phantastisch bewegten Barockstil gehaltenen Figuren stammen von einem Vorgänger Seinsheims. Nur die Figur der Klio, die etwas kleiner ist, trägt den einfachen, ruhigen Charakter des klassischen Stils seiner Zeit und ist aus der Werkstätte des Hofbildhauers Wagner hervorgegangen. Mit erhobener Rechten mahnt die ernste Göttin den Fürsten, das Geheimnis zu würdigen, das durch die an sie angelehnte Sphinx mit der Mumie dargestellt wird und die orakelhafte Inschrift trägt:

Temporalis
Aeternitas 1. 2. 53
Nec Sepulcra
Legens Vereor
Ne Perdam
Memoriam.

Die Mumie stellt die Vergangenheit dar, aus der nicht bloß jeder Herrscher, sondern jeder Staatsmann und Politiker lernen soll. Wer aus der Geschichte lernt, der kann auch mit dem Stifter der Statue sagen, was die lateinische, schon oft falsch übersetzte Inschrift ausspricht: „Ich (die Geschichte) bin die Unsterblichkeit in der Zeit und durchforsche ohne Furcht die Gräber, damit ich mein Andenken nicht entschwinden lasse.“ Die Klio erinnert die Fürsten und Mächtigen daran, dass sie ihr Andenken nach ihrem Tode nicht verlöschen lässt.
Um Gutes von ihnen aus der Zeit in das Buch der Unsterblichkeit eintragen zu können, dürfen sie nur die Leitsätze der Freimaurerei befolgen, die auch denen der französischen Philosophen entsprechen. Gerade von diesen war die zweite Hälfte des 18. Jahrhunderts stark beeinflusst. Sie hatten auch in die höheren Kreise der deutschen Gesellschaft ihre Begeisterung für die antike Geistes- und Kunstrichtung übertragen. Schon der große Preußenkönig Friedrich II. hatte das Beispiel gegeben, indem er Voltaire und d'Alembert als Freunde behandelte. Auch der Fürstbischof Seinsheim war ein philosophisch gebildeter Mann und hatte schon als Student an der Universität Salzburg bei Verteidigung der von ihm aufgestellten Streitsätze durch Beredsamkeit und einen Schatz von Kenntnissen den Beifall und die Bewunderung der Gelehrten erworben. Er war aber auch Jurist und hatte als gewiegter Diplomat, Gesandter und Staatsmann zuerst in fürstlich würzburgischen, dann in kaiserlichen Diensten genügende Gelegenheit, durch die Bekanntschaft mit der wirklichen Welt der Tatsachen einen philosophischen Anachronismus, wie ihn der Pfarrer Karch in seinem Werk über Veitshöchheim vertrat, ebenso eine überschwängliche Phantasterei, von der auch stellenweise das Logenwesen jener Zeit erfüllt war, von sich und seinen Werken fernzuhalten.
Das Datum der Inschrift an der Figur der Klio bezeichnet wohl den Tag und das Jahr der Aufnahme des Grafen Seinsheim in die Loge zu den drei Kanonen in Wien am 1. Februar 1753. Diese war übrigens nicht die älteste in Österreich. Die erste Loge war schon 1725 zu Prag durch den Grafen Spork errichtet worden. Mit Wien und dem deutschen Kaiser Franz, dem Gemahl der österreichischen Kaiserin Maria Theresia, war der fürstbischöfliche Hofkammerpräsident und Kriegsrat Graf Seinsheim dadurch in nähere Berührung gekommen, dass er am 21. Mai 1751 zum wirklichen geheimen kaiserlichen Rat ernannt wurde und als solcher am 19. Januar 1752 den Eid in die Hände des Kaisers ablegte. Unter diesem Kaiser und durch ihn ist die mittelalterliche Finsternis, die auf Wien-Österreich und Deutschland lagerte, etwas gelichtet worden. War er doch schon als Herzog von Lothringen nicht unberührt von dem freien Geist der französischen Nachbarn geblieben, so dass es sein kirchliches Gewissen nicht beschwerte, als er am 24. Juni 1731 im Haag in den

Freimaurerbund sich aufnehmen ließ. Er war der erste Fürst des Festlandes, der den Fuß in die Loge setzte. Für die Freimaurerei selber war dieser Schritt alsbald von Bedeutung. Als am 28. April 1738 Papst Klemens XII. eine Bulle gegen die Freimaurerei erließ und daraufhin Dr. Crudeli in Florenz verhaftet wurde, veranlasste der Gemahl der Kaiserin, dem seit 1736 Toskana unterstellt worden war, die Freilassung des Gefangenen. Seinem Ansehen und seiner Verwendung ist es auch zuzuschreiben, dass die päpstliche Bulle in Wien nicht öffentlich bekannt gemacht wurde. Ebenso vertrat er seiner streng kirchlich gesinnten Gemahlin gegenüber fortwährend die Sache der Freimaurerei, sodass sie während der 40-jährigen Regierung dieser Kaiserin in Österreich trotz des von ihr erlassenen Verbotes stillschweigend geduldet war.

Die Aufnahme Seinsheims in die Loge zu den drei Kanonen war kein außergewöhnliches Ereignis. Sie war ja der natürliche Zufluchtsort aller derjenigen Männer geworden, auf denen die wissenschaftliche Rückständigkeit und die unerträgliche Geistestyrannei namentlich in den Ländern, wo die anmaßende Jesuitenherrschaft grassierte, wie ein Alp lastete. Der Freimaurerbund bot auch durch die Verschwiegenheit, die seinen Mitgliedern zur unverbrüchlichen Pflicht gemacht war, den nötigen Schutz gegen gemeine Denunziationen und die „heilige" Inquisition. Unter den Gebildeten der deutschen Nation brach sich das Empfinden und Bestreben Bahn, aus der heillosen Versumpfung und Verblödung herauszukommen und die große Kulturarbeit, die sich der Freimaurerbund zur Aufgabe gestellt hatte, zu fördern. Darum suchten nicht bloß die hervorragendsten Edelleute, Offiziere, Gelehrte, Schriftsteller, Dichter, Künstler, Beamte, Kaufleute u. a. die Loge auf, auch Angehörige des geistlichen Standes taten den gleichen Schritt in der gleichen Absicht, das Volk aus seiner tiefen Erniedrigung auf eine höhere Stufe der Bildung und Gesittung zu heben. So weist das Verzeichnis der Loge zu Münster in Westfalen ums Jahr 1799 trotz päpstlicher Bannbullen allein neun Bischöfe und außerdem zahlreiche Geistliche auf. Da der Kaiser selber der Großmeister der ersten hauptstädtischen Loge war, war es auch beinahe selbstverständlich, dass ihr die höheren Reichsbeamten ebenfalls beitraten. Also wurden auch die wirklichen kaiserlichen Räte Adam Friedrich von Seinsheim und Franz Ludwig von Erthal, der Nachfolger Seinsheims auf dem fürstbischöflichen Stuhl zu Würzburg und Bamberg, Mitglieder dieser Loge. Sie hatte die Eigentümlichkeit, dass sie von der so genannten schottischen Maurerei verschiedene Lehren und Einrichtungen herübernahm, so namentlich die durch den General Grafen von Schmettau propagierte Anlehnung des Ritus an die altgriechischen Mysterien und deren letzte Strebeziele: ***die Gottesverehrung und sittliche Kultur, die weltumspannende Natureinsicht, die vollendete Lebensweisheit***. Diese Ziele sind es, die den Säulen und Symbolen auf dem Logenteppich entsprechen, sie sind es auch, die wir in den drei Abteilungen des Gartens südwärts vom Schlosse bildlich dargestellt sehen.

Vom Schloss führt eine seitliche Treppe in den Garten. Die zwei Sphinxen auf derselben deuten dem Wanderer das Geheimnis an, das ihn in der ersten Abteilung von den ägyptischen Tempeln zu den orphischen Mysterien, dem Mythrastempel und den Eleusinischen Mysterien führt. Die letzteren sind an der östlichen Garten-

wand dargestellt. Dabei stoßen wir wieder auf den Begriff der ***Dreiheit***, der schon in der platonischen Philosophie eine so große Rolle spielte. Diese Dreiheit sehen wir zunächst verkörpert in drei Figuren:
Erstens der Demeter oder Zeres, der Göttin der Erde. Zweitens des Apollo oder Sonnengottes. Drittens des Poseidon oder Neptun, der die Wasser beherrschte. Erde, Sonne, Wasser waren die drei Elemente des tierischen und pflanzlichen Lebens. Sie gaben vor allem auch dem Menschen, was er für sein Dasein und seine Fortpflanzung benötigte. Darum verehrte er sie als die Segenspender, lernte sie aber auch bei Gewittern, Wolkenbrüchen, Überschwemmungen, Dürren, Erdbeben, vulkanischen Ausbrüchen, Hungersnot und Seuchen fürchten. Diese Ehrfurcht trieb ihn, dass er die Götter, die er sich nach seinem Ebenbild formte, durch Gebete und Opfer um ihre Gunst anflehte oder ihren Zorn zu versöhnen suchte. Aus diesen Wechselbeziehungen zwischen Mensch und Natur entstand die ***Gottesverehrung***, die ursprüngliche Naturreligion. Diese war durch die Phantasie der Menschen und den Geschäftsgeist der Priester zur sagenumsponnenen Vielgötterei erweitert worden, indem alle Einzelerscheinungen und Eigenschaften der Natur in ebenso viele Gottheiten höherer oder niederer Gattung zerlegt wurden. Diesem Polytheismus setzte die Philosophie den göttlichen Einheitsgedanken entgegen, den Pantheismus der das ganze All um- und zusammenfasste. Aber es ging nicht an, einen solchen Gedanken offen zu predigen, obschon er der Religion eine höhere Auffassung und Weihe verlieh. Das Volk hing so an seinen Göttern. Jedermann hatte ja zu den Volksgöttern noch seinen besonderen Hausgott, ein vielseitiger Aberglaube hatte den einfachen Glauben verdrängt. Es ging mit dem griechisch-römischen Heidentum wie mit anderen Religionssystemen. Der berühmte japanische Staatsmann Ito fasste in seiner Schrift über Europa diese Beobachtung in den Satz. „Gleich uns Japanern haben die Europäer zwei Religionen, eine für die Gebildeten, die andere für die Ungebildeten.“ Die Religion der Philosophen im alten Griechenland wurde nur den Mitgliedern der Mysterien vermittelt. Der vornehmste dieser Geheimbünde und Geheimkulte war der zu Eleusis bei Athen, daher die Bezeichnung Eleusinische Mysterien. Aufnahme in diesen Geheimbund fanden keine Fremdlinge, sondern nur unbescholtene freie Landsleute, und auch diese mussten verschiedene Prüfungen bestehen und lange Zeit waren, um in das engere Kollegium – das innerste Heiligtum – zugelassen zu werden. Absolute Verschwiegenheit über die darin vorgetragenen und nur den Eingeweihten bekannten Lehren war unverbrüchliche Pflicht, deren Verletzung mit dem Tode bedroht war. Die Wiener und andere Logen, auf die der genannte Graf Schmettau Einfluss gewonnen hatte, ahmten den Ritus und das Zeremoniell der antiken Mysterien nach. Dieses zerfiel in die drei Abstufungen: ***die Selbsterkenntnis, die Reinigung, die Heiligung.***
Die erste Stufe der Selbsterkenntnis finden wir in der Gruppe des Hofgartens dargestellt, welche die trauernde Najade unter den Tannenbäumen vorstellt. Aus der umgestürzten Urne läuft das Wasser: die verschüttete Unschuld. Vor ihr befindet sich Apollo, der schuldbewusst den Kopf zur Erde senkt, während die durch seine Schuld gefallene Nymphe den Dorn aus dem Fuße zieht. Gewissenserforschung, Schuldbekenntnis, Reue und Gelöbnis zu ernster und besserer Lebensführung muss-

ten vorangehen. Dann wurde der Weg zum Vorhof des eleusinischen Tempels in feierlicher Prozession unter Gesang angetreten und an dessen Quellen die Reinigung vollzogen. Dargestellt ist diese Partie im Garten durch 24 mit wilden Reben umrankten Tuffsäulen, welche die Ruinen des Zerestempels vorstellen. Große Wasserbecken mit Brausestrahlen zu den beiden Seiten und stufenförmige Kaskaden an der Mauer, deren Wasser in drei Becken sich ergießen, zeigen den Zweck des Ortes. Hier sah sich der Kandidat wie Herkules am Scheidewege vor die Wahl gestellt, ob er mit der Einführung in das religiöse Geheimnis auch seine moralische Führung von Flecken und Schlacken säubern wolle und könne. Im Gegensatz zu der heidnischen Volksansicht, dass das Fatum das Schicksal des Menschen vorausbestimme, betont nämlich die philosophische Lehre des antiken Mysteriums den freien Willen des Menschen, der sich seinen Weg durch eigenes Streben, Schaffen und Verdienst selber bahnen könne. Er hat auch nach maurerischer Meinung die Wahl zwischen dem guten und dem bösen Prinzip. Jenes ist in unserer großen Gruppe dargestellt durch das Sinnbild der weltumspannenden Liebe, das Götterbild Eros oder Amor, das die fromme Taube küsst. Das böse Prinzip ist dargestellt durch die grüne Schlange, die die Augen rollt.

Über den mittleren Wasserbehältern thront hoch oben Poseidon oder Neptun, der von alten Künstlern auch als Zeus oder Jupiter, als oberster der Götter, als der Weltbaumeister, der Inbegriff der drei maurerischen Kardinalstugenden – *Gut, Schön, Gerecht* – sowie alles dessen dargestellt wurde was war, ist und sein wird. Zeus-Poseidon ist der Repräsentant des Schöpfergeistes, der (um ein Bibelwort zu gebrauchen) über den Wassern schwebt. Der griechische Philosoph Plato hat ihn als den Nous (sprich Nus), als die allbeherrschende, alles durchdringende und umfassende göttliche Weltseele bezeichnet. Das Christentum hat diesen platonischen Gedanken als Logos, als das Wort, das Schöpferwort, das von Anfang an war, in die Glaubenslehre übernommen und als dritte Person in den Gottheitsbegriff und das Glaubensbekenntnis eingesetzt. In der platonischen Schule blieb aber der Nous oder Logos obenauf und bildet mit den Produkten des Schöpfergeistes – dem Stoff und der Kraft – eine Einheit. Der Stoff (die Hülle oder Materie) und die immer sich wieder erneuernde Naturkraft sind auf unserer Gruppe als zwei Flussgötter dargestellt, die Wasser und Segen spenden. Diese links und rechts von Zeus-Poseidon sitzenden Flussgötter bilden mit diesem sozusagen ein Dreieck, das Symbol der Gottheit in der Zeichensprache der alten Mysterien wie der neuzeitlichen Freimaurerei. Der Dreieinigkeitsgedanke der alten Philosophenschule ist in der ganzen großen Zeus-Poseidon-Gruppe durchgeführt.

Nach der Lehre Platos besteht nicht bloß die Schöpfungseinheit, die große Welt – der Makrokosmos – sondern auch ihr Abbild, die kleine Welt – der Mikrokosmos – oder der Mensch aus drei Bestandteilen, die eine Einheit bilden: nämlich aus einer männlichen und einer weiblichen Seele, die vom Nous, der Vernunft, dem Verstand, dem Geist regiert werden. Plato vergleicht diese Dreiheit mit einem Doppelgespann, das von einem Rosselenker geleitet und gezügelt wird. In unserer Gruppe sehen wir die männliche Seele dargestellt durch einen Faun, Pan und Silen, Liebesschalmeien blasend, um die weibliche Aufmerksamkeit auf sich zu lenken. Mit ihren ver-

schmitzten Gesichtern, länglichen Ohren, haarigen Bocksfüßen und lüsternen Augen sind sie die echten Vertreter der sinnlichen Begehrlichkeit, die nach der eben mit ihren Nymphen aus dem Bade steigenden Diana, die in Schönheit und Sinnenreiz strahlt, schmachtend hinüberlugen. Flankiert sind diese künstlerisch vollendeten Gruppen rechts durch die Zeres mit den Attributen des Ackerbaues (Getreidegarbe und Sichel) und die Pomona mit Früchten als Attributen des Gartenbaues. Da aber der Mensch nicht bloß Nahrung für den Leib bedarf, so ist links vom Dianabad auch Nahrung für den Geist dargestellt: Apollo unterrichtet die züchtige Venus-Urania in den schönen Künsten. Er ist hier der Repräsentant des Nous, der die Geisteskultur pflegt, während die Zeres und Pomona die Landeskultur als Ausfluss des Zusammenwirkens von Stoff und Naturkraft vorstellen.
Nachdem die Reinigung der in den Eleusinischen Bund aufzunehmenden Kandidaten vollzogen war, ging der feierliche Zug weiter zur dritten Stufe: ***der Heiligung***. Sie besteht in der Selbstbeherrschung, der Entsagung von schlimmen Gewohnheiten, der Unterdrückung der Leidenschaften, der Achtung vor der Unschuld, der Liebe zur Wahrheit. Dargestellt ist diese Stufe durch Kronos, den Gott der Zeit, die alles heilt und bessert. Die Sanduhr, die neben ihm am Boden liegt, ist das Symbol des ernsten Greises, der eben damit beschäftigt ist, dem übermütigen Liebesgott Amor die Flügel der Sinnenlust zu beschneiden. Vor ihm an der Buchenwand ist der Unschuld ein Denkmal gesetzt: die keusche Daphne wird, um den Nachstellungen des leidenschaftlichen Bedrängers zu entgehen, durch die Gnade der Gottheit in einen Lorbeerbaum verwandelt. Sie ist in dem Augenblick gedacht, wie ihre Zehen Wurzel im Boden fassen und die Finger der zum Himmel ringenden Hände Blätter ansetzen. Der Lorbeer ist die Pflanze der Sittenreinheit und der Wahrheit.
Weiter führt der Weg zu den vier Urnen oder Mischkrügen, die an der Vorderseite Scheiben tragen, die Spiegel, in die die Kandidaten vor ihrer endlichen Aufnahme in das Kollegium der Eingeweihten noch einmal die Augen zu versenken haben, um ihr Gewissen aufzufrischen und sich die vier Fragen vorzulegen haben, ob sie die Gebote befolgten, die an den Mysterien- und Orakeltempeln zu Eleusis und Delphi geschrieben waren:

1. **Hast du dich selbst erkannt?**
2. **Hast du dich von Schuld gereinigt?**
3. **Hast du dich selbst beherrschen und Maß zu halten gelernt?**
4. **Hast du die Liebe zur Wahrheit, Weisheit und Gerechtigkeit in dir aufgenommen?**

Wer in den vier Spiegeln sich besehen, seinen Blick tief in das Innere versenkt und noch einmal gehörig geprüft hat, der mag als ein gefestigter Charakter seinen Weg fortsetzen. Ohne den Freuden zu entsagen, die das Leben verschönern, mag er dann mit Mäßigung und Würde die Gaben genießen, die ihm der Gott des Weins und die Göttin der Liebe bieten. Diese sind dargestellt durch den mit Weinreben bekränzten Gott Dionysus oder Bacchus und die Göttin der verjüngten Persephone, das Sinnbild des sich immer wieder erneuernden Naturtriebes, mit dem Eros oder Amor an der Seite.

Nur noch wenige Schritte trennen uns vom eigentlichen maurerischen Heiligtum, dem ***Mythräum***, wegen seiner äußeren Verzierungen mit Muscheln und Schnecken, vom Volk das Schneckenhaus genannt. Die Mysterien des Mythras, die aus Persien stammen und die Lehren Zoroasters vermitteln, bildeten im römischen Reich einen Ersatz für die griechischen Mysterien, fanden allenthalben Eingang und durch die Armee Verbreitung bis in die entlegensten Provinzen. Dieser Kultus war nahe daran, die christliche Kirche zu verdrängen. Diese wurde nur dadurch siegreich, dass sie eine Reihe von Zeremonien und Gebräuchen aus dem Mythrasdienst übernahm. Noch heute findet man da und dort so genannten Mythrasgrotten, in denen die aufzunehmenden Mitglieder ihre Prüfungen zu bestehen hatten, bevor sie in die Geheimnisse und Bedeutung der Zoroasterschen Lehren aufgenommen wurden. Zu diesem Zweck war die Grotte in einem unteren finsteren und in einen oberen hellen Raum abgeteilt. Der äußere untere Teil ist mit Nischen, in denen die nun zerfallenen Tiere – Löwe, Adler, Rabe, Habicht u. a. – den Tierkreis und die verschiedenen Namen des Mythrasdienstes vorstellten. Die Innenwände des oberen und unteren Gemaches sind mit zahlreichen geheimen Zeichen geziert. Die Verbindung der Mythrasmysterien mit den eleusinischen war das Werk des bereits genannten Grafen Schmettau. Bekrönt ist das Dach des Mythräums mit einer Kugel, die einst vergoldet war und die Sonne vorstellte, denn der Mythrasdienst war ein der Aufklärung und Gesittung gewidmeter Lichtdienst, der ein höheres Ziel anstrebte, indem er dem Glauben an die Unsterblichkeit huldigte. Unter der Herrschaft der bayerischen Regierung ist die goldene Sonne allmählich ganz schwarz und finster geworden.
Wir treten aus dem Mythräum heraus und bemerken an der linken Buchenwand den göttlichen Knaben Ganymed, auf dem Adler des Jupiters reitend und den Becher der Weisheit denen kredenzend, die das Geheimnis des Gartens verstehen. Wir gelangen nun auf dem südlichen Weg zur großen Gruppe des ***Orpheus***, jenes gottbegnadeten Weisen und Dichters, der die Kultur von Ägypten nach Europa trug. An die ägyptische Zeit erinnert vor allem der Lindenhain, der als Schachbrett angelegt die Begründung der ***sittlichen Kultur*** durch die staatliche Ordnung und gesellschaftliche Gliederung der Stände darstellt, wie sie auch auf dem Schachbrett zum Ausdruck kommen. Die Gruppe des Orpheus stand ursprünglich in der Mitte vor dem Lindenhain, bis sie unter dem Prinzregenten Luitpold einem Wirtshausbau (!!) weichen musste. Erst einige Jahre vor der Revolution wurde durch den Einfluss des Hofmarschalls Grafen Seinsheim die Wirtsbude und damit die barbarische Schändung des vornehmen Gartens und des fürstlichen Kunstsinns beseitigt. An den Lindenhain schließt sich ein achteckiges Rondell an, das von einem aus großen Silberpappeln gebildeten Viereck überschattet wird. (Die anderen Bäume sind verständnislos erst im vorigen Jahrhundert hinzugesetzt worden.) In diesem Rondell stand auf einer Stange der leuchtende fünfeckige Stern, ein Sinnbild der alles übersehenden Gottheit. Außerhalb des Rondells stehen vier Steingruppen die in ebenso vielen Fabeln die deutschen Untugenden: die Fremdländerei, die Streitsucht, den Undank und dummen Stolz vorführen. Dieser Fabelring erinnert auch daran, dass Orpheus und seine Schüler die sittliche Erziehung durch Vortrag von Fabeln und Liedern betrieben haben.

Ein dunkler Weg, der die erste Abteilung hinter dem Rondell teilt, führte ursprünglich direkt zum ägyptischen Tierkreis am Schloss, bis in dessen Nähe ein Freilichttheater aufgebaut wurde. Auf dem restlichen Teile dieses Weges, der die orientalische Welt mit der griechischen verbindet, sind Tempelchen eingebaut, deren Dächer von Palmenschäften getragen werden, ein Hinweis auf den ägyptischen Ursprung der orphischen Lehre. Ein breiter Gang durchquert die zweite Abteilung und zeigt an der Außenseite die gewaltigen Figuren des Herkules und der Minerva als Träger der Kultur, Sitte und Geistesbildung, als Sinnbilder der Schönheit, Weisheit und Stärke. Die untere Hälfte der zweiten Abteilung enthält das ***Theater***, das nach altgriechischer Auffassung dem Volk die Überzeugung vermitteln sollte, dass jede böse Tat eine Sühne fordern und Strafe erhalte.
Die zweite Abteilung des Gartens dient der ***weltumfassenden Naturansicht***. Sie ist am oberen Weg beherrscht von ***Theseus***, einem anderen Herkules, der nach der Sage der Welt dic erste Gesetzgebung vorgeschrieben hat. In der Mitte der Abteilung ist ein großer Kreis, der die Welt mit den damals bekannten vier Erdteilen darstellt: Europa durch den deutschen Kaiser, Asien durch den türkischen Sultan, Amerika durch einen Indianer, Afrika durch einen Neger. In den verschiedenen Lauben sind der paradiesische Zustand, die ursprünglichen Beschäftigungen der Menschen, die Jahreszeiten, die Liebe und Ehe, Stadt und Land, teils in plastischen Gruppen, teils in Deckengemälden der runden Tempel dargestellt, zu denen drei Wege führen. Am Boden derselben ist der Stern angebracht.
Die dritte Abteilung zerfiel in zwei Abschnitte, von denen der untere durch einige kleine Seen und einen Irrgarten gebildet war, in dem jene Wesen sich zu bewegen pflegen und nicht mehr herausfinden, die aus dem Lande des Aberglaubens, der Unbildung und Unsitte sich nicht losmachen und darum nicht zu einer höheren Stufe des Menschentums sich erheben können. Sie bleiben an der Scholle gebunden wie nach der alten Sage Andromeda an den Felsen. Wer hingegen aus dem Irrgarten des Lebens den Weg in die Freiheit findet, von den niedrigen Leidenschaften sich losringt, nach Höherem und zur ***Vollkommenheit*** streben will, der findet in dem oberen Abschnitt dieser Abteilung seine Sinnbilder. Inmitten eines Sees erhebt sich eine hohe Felsengrotte, umgeben von Musen und bekrönt vom himmelanstrebenden Pegasus, dem Dichterpferd. Der See ist umgeben von den Göttern des Altertums, von plastischen Darstellungen der vier Jahreszeiten sowie von geheimnisvollen, lauschigen Gebüschen, in denen die Sinnbilder der alten Freimaurerei – Architektur, Bildhauerei, Malerei, Mathematik und Weltkunde – eine originelle künstlerische Gestaltung erfahren haben. Der Mensch, der durch das Streben nach höherer Bildung und Gesittung seinen Lebensweg und Lebenszweck verschönt und veredelt hat, wird von seinen Gedanken und Taten überlebt, wenn ihn Diana, die unten am Wege die Abteilung beherrscht, mit dem Todespfeil getroffen hat. Er zieht dann auf die Insel der Seligen ein, die im kleinen See dargestellt ist. Der Phönix auf der Insel, der sich nach dem Tode aus der Asche zu neuem Leben erhebt, ist das Sinnbild der ***Unsterblichkeit***. In dieser Nähe, in Gottes freier Natur, die er so sehr geliebt, wollte der Schöpfer des Gartens seine letzte Ruhestätte finden. In dieser Absicht hatte er sich in dem Garten, dort, wo der breite mittlere Weg durch das so genannte, mit

seinem Namenszug **A F** (Adam Friedrich) bekrönte Kaisertor abgeschlossen ist, eine gewölbte Gruft erbaut, die heute noch unversehrt ist. Das Domkapitel kannte seinen Wunsch, erfüllte ihn aber nicht. Seine Leiche wurde bei den anderen Fürstbischöfen im Dom beigesetzt. Aber sein Herz, das so warm für Fortschritt und Aufklärung geschlagen, pulsiert noch heute in der Gedankenwelt, die mit ihm eine neue bessere Zeit eingeleitet hat.

Beschäftigung, die nie ermattet,
Die langsam schafft, doch nicht zerstört,
Die zu dem Bau der Ewigkeiten
Zwar Sandkorn nur an Sandkorn reiht,
Doch von der großen Schuld der Zeiten
Minuten, Tage, Jahre streicht.

Schiller

IV. Die Goßen der Freimaurer

„*Beobachtungen ohne Brille*“ war eine Schrift betitelt, die im Jahr 1803 zu Bamberg erschien und ungeheures Aufsehen machte, da bekannt wurde, dass sie den russischen **Major von Tannenberg**, einen Freimaurer, der viele Jahre bei uns gelebt hat, zum Verfasser hatte. Der geistreiche Schriftsteller schilderte das Ergebnis seiner scharfen Beobachtungen, die er über Land und Leute in Deutschland und namentlich in Franken gegen Ende des 18. Jahrhunderts gemacht hatte. Während er die letzten Fürstbischöfe von Bamberg und Würzburg, die Herren von Buseck und Fechenbach, als unbedeutende, ihrer Stellung und Zeit nicht gewachsene Männer in dunklen Farben malte und in den Zuständen der Regierung und des Volkes einen krassen Rückschritt gegenüber ihrem Vorgänger auf beiden Bischofsstühlen, dem Freiherrn **Franz Ludwig von Erthal** feststellen konnte, bezeichnete er diesen ausdrücklich als Mitglied des Freimaurerordens. Unbestritten ist ja, dass er ein gelehrter, edeldenkender, herrschender Kopf und in allen Tugenden des Menschen, Regenten und Bischofs ein Muster für alle war. Seine hervorstechenden Verdienste, ausgebreiteten Kenntnisse, erprobte Rechtschaffenheit ebenso wie seine Fürstentalente und Menschenliebe wurden so allgemein anerkannt, dass selbst der Alte Fritz einen ausdrücklichen Befehl an sein Ministerium erteilte: sich in ihren Votis (Beschlüssen) und Benehmen der Reichsangelegenheiten ohne alle Einwendung nach der geäußerten Meinung des Fürsten Franz Ludwig zu richten. An dieser Lobrede ändert auch die Tatsache nichts, dass der Alte Fritz ein Freimaurer war, denn in Staatsangelegenheiten kannte er keine „Brüder“, sonst hätte er den Kaiser Josef III., der ebenfalls Freimaurer war, rücksichtsvoller behandelt. Tannenberg selbst fand die ideale Auffassung, die er damals in deutschen Logen antraf, im Leben des Fürstbischofs bestätigt. Er schrieb: „Franz Ludwig war aber auch in einem Orden initiiert (aufgenommen), wo Tugend, Menschlichkeit, Rechtschaffenheit und erhabene Gefühle obenauf sitzen, wo das Herz für die Freundschaft, für das Wohl der ganzen Menschheit am lautesten schlägt, wo die edelsten Gefühle am feurigsten glühen, wo der heißeste seelenvollste Erguss der Empfindungen ist, wo sich die Bruderhand nirgends fester und teilnehmender drückt, als in diesem Kreise guter herzlicher Menschen, die das edle schöne Bewusstsein ihrer Menschenwürde und Menschenpflicht, der Wunsch und Wille im Dienst der Menschheit ihr Glück, im Arm der Bruderliebe ihren Lohn zu finden, als Glieder einer Familie, als Brüder eines Bundes vereinigt … In diesen heiligen Hallen war es, wo er seine Gefühle veredelte, wo er jene Kenntnisse der Menschenrechte sammelte, die er mit freigebiger Hand, als seine Gefühle ihn zum Fürsten emporhoben, jedem angedeihen ließ, wo er das Verdienst kennen lernte, suchte, und niemals vergeblich suchte, sondern fand, es hervorzog und aufmunterte, wie das die Lehrer und Richter beweisen, die er anstellte. Er war es, der jene tugendvollen Geistlichen, die mit seltenen Rednertalenten begabt, mit Sanftmut des Herzens geschmückt, mit ausgezeichneten Kenntnissen aller Gattungen erfüllt waren, aus der Dunkelheit ihrer Benefizien hervorsuchte, ihnen die heilsamste, für sein Land und die Religion so nötigen als wohltätigen Entwürfe auszuarbeiten empfahl und sie mit frohem Herzen zum Besten aller befolgte." Diese seine Charakterschilderung begleitet der russische Offizier mit dem vielsagenden Ausruf: „Wenn jede Wahl eines Herrschers so glücklich ausfiele, wie sehr würden in kurzer Zeit die lauten und gerechten Klagen der unterdrückten Menschen- und Volksrechte gehoben werden!!!"

Franz Ludwig von Erthal war neben Julius Echter der größte Fürstbischof, der seit 1.000 Jahren den Herzogthron Frankens eingenommen hatte. Seine Regierungszeit (1779 – 1795) fiel leider nicht in eine aufsteigende, sondern in die absteigende, dem Untergang zuneigende Linie des alten Reiches. Er stammte aus einer uralten Familie des fränkischen Adels, die dem Land wie dem Reich, der Kirche wie dem Staat eine Anzahl tüchtige Männer geliefert hat. Franz war geboren 1730 zu Lohr am Main als Sohn des kurmainzischen Oberamtmannes Philipp Christoph und der Eva von Bettendorf, der Mutter von 10 Kindern. Von den Brüdern Franz Ludwigs war Lothar Franz kurmainzischer Minister unter seinem Bruder Friedrich Karl Erzbischof und Kurfürst von Mainz, der schon als Rektor der dortigen Universität und Hofratspräsident eine deutsche, von Rom unabhängige Nationalkirche angestrebt hatte und der raschen Aufhebung des Jesuitenordens nicht fremd gegenüber stand. Als Kurfürst führte er die Reform der Justiz und Verwaltung durch. Als die Revolutionsheere die deutschen Grenzen bedrohten, schlug sein Kriegsminister Oberst Angely die Einführung der allgemeinen Wehrpflicht vor, aber leider kam der Kurfürst nicht zur Ausführung dieser Maßregel, die dann erst im Jahr 1813 durch Scharnhorst aufgenommen wurde. Der Kurfürst musste fliehen und 1797 sogar Mainz samt dem linksrheinischen Gebiet an Frankreich abtreten, so dass ihm nur das kleine Fürstentum Aschaffenburg blieb, wo er starb. Franz Ludwig studierte Rechtswissenschaft in Würzburg, Theologie am Collegium Germanicum in Rom, machte Reisen durch Belgien, Frankreich und Österreich, trat zu Wien in die Reichshofratspraxis und 1763 als Mitglied in die Domkapitel zu Bamberg und Würzburg ein. Der Fürstbischof Adam Friedrich von Seinsheim ernannte ihn zum Präsidenten seiner weltlichen Regierung und schickte ihn auch als Gesandten nach Wien, wo Kaiser Josef II. sofort in ihm den richtigen Mann erkannte, um ihm das heikle Amt eines Visitators des Reichsgerichtes Wetzlar zu übertragen. Nach achtjähriger Tätigkeit, in der er sich durch seine Sachkenntnis, Rechtlichkeit und Strenge bei den Richtern wenig beliebt gemacht hatte, kehrte er nach Wien zurück. Der Kaiser ernannte ihn dann zu seinem Kommissar am Reichstag zu Regensburg, wo ihn 1779 die einhellige Wahl der Domkapitel zu Würzburg und Bamberg als Nachfolger Seinsheims traf. Erst jetzt erhielt er die Priesterweihe und durch seinen Bruder, den Kurfürsten von Mainz, die Bischofsweihe.

Das Ansehen des Reiches war tief gesunken. Unter den deutschen Fürsten hatte sich nur der Preußenkönig Friedrich II., **der Alte Fritz**, eine große Volkstümlichkeit errungen. Seine Taten im Krieg wie im Frieden brachten den Deutschen allenthalben wieder die Empfindung bei, dass sie nach außen hin noch eine Nation vorstellen, eine Meinung, die ihnen unter dem Kaiserzepter des Hauses Habsburg entschwunden war. Überall in deutschen Landen ertönten die preußischen Soldatenlieder, die des Königs Ruhm und Art priesen. Trotzdem dieser die französische Sprache, Literatur, Kunst, Sitte und Mode der deutschen vorzog, wurde er als der König verehrt, der dem deutschen Namen wieder zur Geltung in der Welt verholfen. Wie Friedrich II. hatte auch der Kaiser Josef II. die lebhafte Unterstützung des Freimaurerordens, dem sie beide angehörten. Aber jenem standen größere Vorteile zur Seite, vor allem der glanzvolle Ruhm des siegreichen Feldherrn. Auch konnte er sich als Staatsmann auf eine einheitliche und unbedingt ergebene Armee und ein zumeist deutsches, protestantisches und getreues Untertanenvolk stützen. Endlich hatte er die Jesuiten nicht zum Feinde, denn er ließ ihren Orden selbst nach dessen Aufhebung in der von ihm eroberten Provinz Schlesien weiter bestehen. Während der Preußenkönig, der im Preußischen Landrecht mit der Erklärung der Menschenrechte selbst der Französischen Revolution vorausgegangen war, allenthalben die höchste Anerkennung der Welt einheimste, wurde der Kaiser wegen seines Vorgehens gegen die Klöster und anderer Reformen vom Adel seines Reiches gehasst, vom Klerus vermaledeit, vom verhetzten Volk stellenweise als Gottseibeiuns angesehen. Trotzdem der Kaiser in seinen Staaten deutschem Wesen und Können den Vorzug gab, fand er auch im Deutschen Reich nicht entfernt die Achtung, die der durchaus verwelschte Preußenkönig beim deutschen Volk genoss. Seine französische Vorliebe fiel eben nicht auf, da alle Höfe und der Adel an dieser Sucht litten. Doch stach von den weltlichen und geistlichen Höfen Deutschlands, an denen mit der fremden Sprache vielfach auch die Pariser Sittenlosigkeit sich breit machte, der preußische Hof vorteilhaft durch Sparsamkeit und Einfachheit ab. Auch das deutsche Gelehrtentum, das lateinisch sprach, hatte gleich dem Beamtentum die Fühlung mit dem Volke verloren. Von diesen Ständen und ihren Untugenden hob sich die Majestät des Preußenkönigs wie ein Heros ab. Was er dachte, wollte und tat, wurde vom Volk beachtet, begrüßt, bewundert. So wurden seine Gedanken, Worte und Taten Ansätze zu einer neuen Gesundung und Erhebung des nationalen Bewusstseins. Der durch die Schuld seiner höheren Stände erlahmte Volksgeist fing wieder zu gären an. Hochbegabte Männer erstanden aus dem Volk und schlugen andere Saiten und neue Töne an. Deutsche Sprache, Dichtung, Kunst und Wissenschaft erlebten eine neue Auferstehung, die Nation fand in ihrem Niedergang nochmals eine Reihe führender Geistesaristokraten, die dem herabgekommenen Schrifttum und Kunstgeschmack, der Philosophie und Geschichtsschreibung neue Bahnen eröffneten. Es waren die großen Meister **Lessing, Herder, Wieland, Goethe und Schiller, Haydn, Vogler, Mozart und Beethoven, Kant, Fichte, Schelling und Hegel, Justus Möser, Spittler und Johannes von Müller**. Und diese Männer waren Freimaurer oder standen der Freimaurerei mindestens sehr nahe. Welch andere Vereinigung hat solche bahnbrechende Leuchten in gleicher Zahl aufzuweisen? Vielleicht die Sorte von Dunkelmännern, die es sich zur Aufgabe gemacht haben, die Aufklärung zu verdammen und selbst unsere Geistesheroen zu verteufeln?

Gegen die Behauptung Tannenbergs, dass der *Fürstbischof Franz Ludwig* ein Freimaurer war, wurde die Meinung ins Feld geführt, dass die Andacht, womit Franz Ludwig seine geistlichen Funktionen verrichtete, und der Ernst, womit er frivole Angriffe auf die Volksreligion ablehnte, nicht zum Wesen der Freimaurerei stimme. Wann hat die alte Richtung der Loge solche Eigenschaften je verboten oder unterbunden? Fand sich doch bei ihm nichts, was kriechender Demut oder heuchlerischer Frömmigkeit gleichsah. Ebenso wenig war er ein Freund der zersetzenden, falschen Aufklärung, die nicht aufbauend, sondern bloß einreißend und zerstörend wirkt. Die Aufklärung sollte erzieherisch wirken und das Selbstbewusstsein stärken. Als bei einer Vorstellung der neugeweihten Priester zwei Kapuziner mit hängenden Köpfen und zu Boden gesenkten Blicken die Reihe schlossen, ging er auf sie zu und befahl ihnen, die Köpfe zu erheben und freien Blickes ihn gerade anzusehen, das Gegenteil sei eines Mannes und Priesters unwürdig. Von dem Grundsatz ausgehend, dass er ***der erste Bürger und Diener seines Staates*** und dass das Land nicht für den Fürsten, sondern er für das Land da sei – erschöpfte er sich in unablässiger Sorge und Arbeit für das Wohl seiner Untertanen. Doch erblickte er das Mittel dazu nicht in der Duldung der Arbeitsscheu, die besonders in katholischen Städten und Ländern durch Bettel, Klostersuppen und Almosengeben unterstützt wurde. Obschon er die Rechtspflege und Polizei durch Einführung humaner Vorschriften verbesserte, so kannte er gegen das zahlreiche Gesindel, das Stadt und Land belästigte, keine Milde. Er verfügte, dass es binnen acht Tagen die Städte verlassen oder sich um Arbeit umsehen solle. Wer nicht im Lande heimatberechtigt war, wurde abgeschoben. Wer im Nichtstun verharrte, kam ins Arbeitshaus. Um Arbeitsgelegenheiten zu schaffen, suchte er auf alle Weise Handel und Gewerbe zu heben und machte dem Treiben des fremden Hausierer- und Schnorrertums, das den reellen Handel schädigte, den Garaus. Seine Armengesetzgebung war darauf berechnet, den Müßiggang zu bannen und die schlummernde Kraft zur Arbeitsamkeit anzuspornen. Arm und krank hielt er für das Traurigste, darum errichtete er in größeren Gemeinden Krankenhäuser, errichtete in Bamberg ein großes Spital und erweiterte das Juliusspital in Würzburg. In Verfolgung seiner sozialen Aufgaben errichtete er in seinen Hauptstädten Gesellen- und Dienstboten-Institute, die fast ein Jahrhundert segensreich wirkten und erst durch die neuen Sozialgesetze entbehrlich wurden. Der Fürstbischof war auch besorgt um das Wohl der Witwen und Waisen und gründete teils Witwen- und Waisenkassen, teils erstreckte sich seine Fürsorge auf die Verbesserung der bereits

bestehenden Waisenhäuser. Mit der Pflege des Armenwesens gingen die Bestrebungen des Fürsten aber auch auf Hebung des Medizinalwesens Hand in Hand.
In der Verwaltung von Staat und Kirche hielt er auf gute Ordnung, in der von ihm neu geregelten Justiz auf strenge Rechtlichkeit, Unparteilichkeit und rasche Erledigung. Seine Verordnungen, die gemäß dem Sprichwort „Eile mit Weile" reiflich überlegt waren, hatten den Vorzug, keiner Änderungen zu bedürfen und wirken teilweise selbst heute noch nach. Seine gesetzgeberische Tätigkeit zeichnete sich auch nicht durch vielen Verbrauch von Papier und Druckerschwärze aus. „Fest steht bei mir und unwandelbar der Grundsatz" – so äußerte Franz Ludwig – „dass ein Volk nicht durch Gesetze, sondern durch Erziehung gesittet wird." ... „Je mehr Gesetze, desto weniger Sittlichkeit." ... „Die Gesittung eines Volkes ist nicht das Werk der Gesetzgebung, sondern der ***Erziehung***." Darum genügte ihm die Erhebung des Schulwesens keineswegs, er forderte die Erziehung durch Schule *und* Elternhaus. „Die Schule kann nicht alles machen, die Eltern müssen mithelfen." Das rief er diesen auch in seinen ***Hirtenbriefen*** zu. Überhaupt unterscheiden sich diese vorteilhaft von den Hirtenbriefen anderer Bischöfe, die bloß über die Verderbtheit und Schlechtigkeit der Welt zu zetern wussten und alle Übel mit Fasten, Beten und Kirchenlaufen beschwören wollten. Franz Ludwig ermahnte nicht nur die Eltern zu vernünftiger Kindererziehung, sondern auch die Christen zur Betätigung humaner Werke und die Lehrer und Schüler zur Förderung besserer Erkenntnis, durch deren Unterdrückung und Beengung der Lerneifer und die Fortbildung leide. Das Nachgrübeln in Glaubenssachen und die alte scholastische Unterrichtsmethode waren nicht nach seinem Geschmack. Auch hielt er es in Predigten und Christenlehre nicht mit dem Pochen auf unfehlbare Behauptungen, die in der Heiligen Schrift keine Begründung haben. Er mahnte immer, bei der Wahrheit und dem einfachen Glauben zu bleiben. Als ***Grundlage der Gesittung und Ordnung*** in Familie, Gemeinde und Staat bezeichnete er die ***Arbeitspflicht und Arbeitsfreude***. Er hat darum „keinen höheren Wunsch als zu sehen: wie alle Hände beschäftigt, alle Werkstätten belebt, wie jedes Feld zeuget von Fleiß und Kultur, wie Handel und Wandel sich mehren, die Künste sich heben und verfeinern, die Wissenschaft Neues entdeckt und Altes ans Licht bringt. Das sind die Mittel, um der Not allenthalben zu steuern, dem Armen den Mut zu heben und den Reichen zur Hilfe anzuregen."
Öffentlich bekennt er, dass für ihn ***das Christentum keine bloße Lehre***, noch bloß mündliches Bekenntnis sei, sondern das Bestreben, Verstand und Gefühl, Willen und Charakter, Selbstverleugnung und Selbstbeherrschung zu stärken. Es sei falsch, einseitig zwischen dem Heiligtum der christlichen Religion und der ganzen übrigen Natur und Welt zu unterscheiden. Weder die Natur, noch die Vernunft mit ihrer herrlichen Gotteskraft können, weil beide göttliche Schöpfungen, mit der Offenbarung in Widerstreit stehen. Darum sei auch von der wissenschaftlichen Forschung nichts für Christentum und Religion zu befürchten. Der Fürstbischof war darum kein Freund der Verketzerung, sofern nur edler Wahrheitstrieb ohne Selbstsucht, ohne Dünkel, Rechthaberei oder unedle Leidenschaft sich kundgab. Während die katholischen Dunkelmänner allenthalben den Königsberger Philosophen mit seiner „Kritik der reinen Vernunft" verketzerten und selbst der protestantische Minister des Preu-

ßenkönigs Friedrich Wilhelm II. Prügel zum Scheiterhaufen für Kant trug, ließ Franz Ludwig den Benediktinerpater Maternus Reuß nach Königsberg reisen, um Kant zu hören, und ernannte ihn dann zum Professor, um Kantische Philosophie an der Universität Würzburg vorzutragen. Wie der Hochschule wandte er auch der Volksschule seine besondere Aufmerksamkeit zu. Er wurde noch zu seinen Lebzeiten als der ***größte Förderer des Schulwesens*** anerkannt und zwar nicht bloß in Deutschland, sondern auch im Ausland. Um tüchtige Volksschullehrer heranzubilden, erweiterte er das von seinem Vorgänger begründete Lehrerseminar in Würzburg und errichtete in Bamberg ein neues Lehrerseminar nebst einer Normalschule, in der die angehenden Lehrer in praktischer Weise im Umgang mit den Kindern für ihren Beruf sich vorbereiten sollten. Klar und deutlich sollte der auf Anschauung und Erfahrung begründete Unterricht sein. Er hielt es für Missbrauch, von den Kindern Kenntnisse zu verlangen, die sie nicht besitzen können. Die Lehrer sollten kein Spiel mit hohlen inhaltsleeren Begriffen treiben, den Geist nicht in dürrer unfruchtbarer Wüste herumführen, während das Gemüt leer ausgehe. Das gedankenlose Auswendiglernen und Herunterplappern war ihm ein Gräuel, das bloß die Faulheit der Lehrer und die Verdammung der Schüler beförderte. Denktätigkeit, Gemütsbildung, Erziehung – das sollten die Hauptziele der Schule sein. Er verwarf darum die bloß äußerliche Erziehung, die den Menschen bloß etwas glätte, nicht aber bilde. Die Bildung dürfe aber auch nicht zur *Ver*bildung führen, denn diese habe ähnliche Erfolge wie die *Un*bildung: sie ziehe nur den Pöbel groß. Er sorgte für gute und billige Lesebücher fürs Volk, merzte aus den Kalendern allen Aberglauben aus, hielt auf Verbesserung der Presse, gründete allerorten Arbeits- und Baumschulen und ermahnte in einem Hirtenbrief die Eltern, zum guten Werk durch häusliche Erziehung und gutes Beispiel beizutragen.

Bei der ***Reformation seiner Universitäten*** zu Würzburg und Bamberg hatte er an dem gesinnungsverwandten **Karl Theodor von Dalberg**, der als Mitglied des Illuminatenordens den bezeichnenden Namen des englischen Philosophen Baco von Verulam führte, von 1784 – 88 Rektor der Würzburger Universität war und dann Erzbischof und Kurfürst von Mainz, Fürstprimas des Rheinbundes und Großherzog von Frankfurt wurde, einen ausgezeichneten verständigen Mitarbeiter. Der Fürst gab auch die erste Anregung, alle Kollegien statt wie bisher in lateinischer, fortan in deutscher Sprache zu halten. Obschon hierüber die Ansichten der Fakultäten weit auseinander gingen, so brach er doch mit der deutschen Unterrichtssprache eine Bresche in das veraltete System. Er gab auch dem freisinnigen *Professor Franz Berg* den Auftrag, eine Schrift „über die Folgen der Denkfreiheit" zu verfassen. Berg führte darin aus: „***Die Bücherzensur*** ist nicht befugt, dem Fortschritt der Vernunft und der freien Prüfung der Wahrheit Schranken zu setzen. Die Philosophie kann selbst in Beziehung auf die Religion unter keinem anderen Gesetz stehen als jenem, welches die Vernunft gibt. Jede Einmischung von Gewalt hebt das Wesen der Philosophie auf. Wollte man aber sie, die man sich nicht unterwerfen kann, wirklich aufheben, so würde sich ihr Tod rächen. Es wäre so viel als der Vernunft Schweigen gebieten und allen Wissenschaften das Auge ausschlagen. Keine Universität kann ohne Philosophie, keine Philosophie ohne Freiheit bestehen."

Franz Ludwig legte für die Studenten einen Hauptton auf die ***allgemeine Bildung***. Die Mediziner vor Allen sollten keine bloßen Handwerker sein. Wie er von diesen ein längeres Studium der philosophischen Disziplinen forderte, so auch von dem Theologen das Studium der Naturwissenschaften. Er konnte sich auch nicht dazu verstehen, den jüngeren Theologen nach Jesuitenart das ***Lesen protestantischer Schriften*** zu untersagen. Dieser Vorschlag – so entschied der Fürst – mag für italienische Zustände passen, nicht aber für deutsche. Die Scheidewand, die ehedem zwischen Protestanten und Katholiken bestand und die noch zum Teil durch unerlaubte Mittel, wechselseitige Gehässigkeiten und unsittliches Schimpfen aufrechterhalten worden sei, sei ziemlichermaßen hinweg gerückt worden. Wenn auch häufig in diesen Büchern einzelne Dogmata der kathol. Kirche angefochten und bestritten würden, ließen sich gleichwohl selbst diese Bücher nicht ohne Nachteil der Wissenschaft verbieten. Und dieselben aus dem Umlauf bringen zu wollen, grenze beinahe an moralische Unmöglichkeit. – Allerdings wendet sich der Fürst gegen jene, die die Volksreligion angreifen, entstellen und untergraben wollen. Er wisse sich frei von aller parteiischen Abneigung gegen das Alte, ebenso frei von zärtlicher Vorliebe für das Neue, erkläre aber, dass er stets ein ***Beförderer der wahren und zweckmäßigen Aufklärung*** sein und bleiben werde, von deren Wohltätigkeit er vollkommen überzeugt sei. Ihm gelte nichts höher als dahin zu wirken, dass jeder Mensch dahin streben solle, Geist und Gemüt in einer Weise auszubilden, die ihn nicht mehr auf falsche, der wahren Aufklärung widerstrebende Grundsätze verfallen lasse. Diesen Absichten des Fürsten dienten vor allem mehrere unter seinen Auspizien erscheinende literarische Zeitschriften, die über die neuen schriftstellerischen Erscheinungen und wissenschaftlichen Forschungen Auskunft gaben. Außerdem errichtete er an seinen Hochschulen Naturalienkabinette, botanische Gärten, anatomische Anstalten, medizinische Kliniken, erweiterte die Bibliotheken und gründete das erste deutsche Polytechnikum, indem er die Universität Würzburg mit einer Zeichen-, Ingenieur- und Architektenschule ausstattete.
Anstelle der Jesuiten ernannte er an den Universitäten Bamberg und Würzburg geistliche und weltliche Hochschullehrer, die der alten Scholastik widersagten und durch ihre hervorragenden Kenntnisse Aufklärung und Fortschritt verbürgten. Auch bei Anstellung der Theologieprofessoren sah er auf diese Eigenschaften. Die Professoren Franz Berg, Onymus, Oberthür, Feder, Zirkel und der Regens des Priesterseminars Josef Vornberger waren lauter Männer, die zwar aus Jesuitenschulen hervorgegangen waren, aber keinen Jesuitengeist atmeten und in der Moraltheologie mehr auf die Pflege der Tugenden als die genaue Beschreibung der Laster sahen. Fast alle diese Lehrer waren geborene Franken. Der Fürst selbst war ja ein Franke, und er glaubte, dass sein Land und Volk genügend tüchtige Männer hervorbringe, man müsse sie nur heranziehen und an die rechten Stellen setzen. Darauf verstand sich der Fürst, denn er war ein weltkluger, erfahrener Menschenkenner und erzielte damit vorher niemals erreichte Erziehungserfolge. Denn er übertrug durch die im Geist der Duldung wirkenden Lehrer seinen eigenen Geist auf die jungen Geistlichen. Aus ihnen wuchs jener würdige alte Schlag von Priestern heran, die weder in Christenlehre und Beichtstuhl, noch auf der Kanzel und in Vereinen parteipolitische Hetzerei

trieben, noch auch die ehrlichen Andersdenkenden missachteten, darum aber allgemein geachtet und geehrt wurden. Der bekannte Pfarrer Anton Ruland, ein stolzer Franke, der bis in die siebziger Jahre des vorigen Jahrhunderts Oberbibliothekar in Würzburg war und in der Ständeversammlung der äußersten Rechten angehörte, wehrte sich deshalb in seiner 1836 erschienenen Schrift „Der fränkische Klerus und die Redemptoristen" heftig gegen die Wiederberufung der Jesuiten und Redemptoristen, weil man damit der fränkischen Geistlichkeit ein unverdientes Armutszeugnis ausstellen werde. „Blicken wir – so schrieb Ruland – auf den Klerus, der unter dem Fürsten Franz Ludwig lebte und herangebildet wurde, ein Klerus, auf den alle deutschen Lande mit Verehrung sahen und dem Frankreich und Italien seine Bewunderung nicht versagen konnte, und bedenken wir, wie dieser Klerus seine Mission in der sturmbewegten Zeit erfüllte, dann wird es deutlich und klar, wie derselbe im Geist und in der Wahrheit wirkte." Wie recht Ruland hatte, das erfuhren wir seit der Zeit, da die frühere Unduldsamkeit wieder bei uns einsetzte. Da mussten wir erleben, wie selbst Philosophie- und Geschichtsprofessoren in ihren Vorlesungen ausgeschnüffelt und in den klerikalen Volksblättern angepöbelt wurden, ja wir mussten mit ansehen, wie der ausgezeichnete Würzburger Kirchenhistoriker Schwab vom Katheder weggeekelt und sein unvergesslicher Kollege Schell buchstäblich zu Tode gehetzt wurde. Welche Wandlung seit hundert Jahren! Welcher Rückschritt seit dem Jahrhundert der Aufklärung!

Heutzutage spricht und schreibt man viel von der ***wissenschaftlichen Vorurteilslosigkeit***. Aber die war einmal. Mit welcher Vorurteilslosigkeit der Fürstbischof Franz Ludwig beispielsweise bei den Berufungen vorging, davon zeugt, um nur ein Beispiel zu erwähnen, jene des hernach so berühmt gewordenen Juristen **Michael Seuffert**. Dieser hatte 1786 unter den öffentlich zu verteidigenden Thesen seiner Doktorpromotion den Satz aufgestellt: „Jedem Volk steht das Recht zu, aus durchaus gerechten und klar zutage liegenden Gründen z. B. wegen Verletzung der Grundgesetze, den Fürsten der Majestätsrechte zu entkleiden und ihm den sonst schuldigen Gehorsam zu kündigen." Alles befürchtete, dass der Fürst den Aufruhrprediger zur Rechenschaft ziehen werde. Franz Ludwig hingegen nahm die Dissertation entgegen, empfing den jungen Gelehrten freundlich und schickte ihn auf die damals berühmteste Juristenfakultät nach Göttingen. Nachdem Seuffert dann noch einige Zeit am Reichskammergericht zu Wetzlar praktiziert hatte, berief ihn der Fürstbischof als Professor des Privatrechts nach Würzburg. In seiner 1790 erschienenen „Geschichte des deutschen Adels in den Erz- und Domkapiteln" tadelte Seuffert in scharfer Weise die ausschließliche Besetzung der Domherrenstellen mit Adeligen. In einer weiteren Schrift bekämpfte er die Ausdehnung der Jagdfrohnen über ganze Gebiete. Beide Schriften erregten großes Aufsehen und beim Adel begreiflichen Unwillen. Statt dass der Fürstbischof die von manchen gewünschte und erwartete Maßregel über den Professor aussprach, ernannte ihn der Fürst wegen seiner Tüchtigkeit zum Hofrat und Geheimen Referendar mit Beibehaltung seiner Professur. Der Fürst gewann an dem jungen Kabinettschef einen vorzüglichen Berater. Nach dem Sturz der geistlichen Herrschaft wurde Würzburg ein Großherzogtum und Seuffert unter dem Großherzog von Toskana Leiter der Justizverwaltung, fiel aber bei dem rückständigen Habsburger in Ungnade. Unter der bayerischen Regierung wurde er 1814 wieder angestellt und brachte es bis zum wirklichen Staatsrat. Hochgeachtet starb er 1829.

Der Fürstbischof kannte auch ***keine konfessionellen Vorurteile***. So behandelte er die in seinem Lande wirkenden protestantischen Pfarrer mit der gleichen Güte und Gerechtigkeit wie die katholischen. Als seinen Leibarzt, Leiter des Bamberger Spitals und Berater in medizinischen Angelegenheiten, stellte er sogar einen Juden an, den nachher so berühmt gewordenen **Dr. Adalbert Friedrich Markus**, der sich zwar taufen ließ, aber trotzdem von verschiedenen Seiten angefeindet wurde. Da aber Markus seine Stellen als Professor, Arzt und Medizinalrat zum Segen und Ruhm der studierenden Jugend, der leidenden Menschheit und der beiden Hochschulen vortrefflich ausfüllte, so deckte ihn der Fürst mit seiner Huld und Freundschaft, die auch dann nicht Schaden litt, als er selbst deshalb mit ***antisemitischen Schmähschriften*** bedacht wurde. Unter anderen Pasquillen wurde in Bamberg eine Flugschrift verbreitet, die ihn als „Rex Judaeorum“ (Judenkönig) auf einem Esel reitend darstellte. Neben Markus wurde auch der ausgezeichnete Jurist *Hornthal*, ebenfalls ein getaufter Jude, dem der Fürst die Möglichkeit wissenschaftlicher Ausbildung auf auswärtigen Hochschulen verschafft hatte, in den Schmähschriften unverdientermaßen mit Unflat beworfen. Als Markus in Bamberg eine Vereinigung zur Hebung der Geselligkeit gegründet hatte, erschien folgendes Avertissement: „Dem Publikum dient zur Nachricht, dass auf den kommenden Montag, den 7. Februar (1791) in dem Übelackerschen Hause auf dem dortigen schon bekannten Judensammelplatz ein Ball à la Naphtali von dem Ober-Rabbiner und Hochfürstlichen Speichellecker Markus eröffnet werden wird. Alle beschnittenen und unbeschnittenen Juden, Quacksalber, Bruchschneider und ausgediente Dompfaffen- H.... und alle und jede Anbeter des Bamberger Antichristes M. M. werden hierzu eingeladen, denen aber, die noch ihre Vorhäute haben oder sich von einem von dem auserwählten Volk Israels nicht anpr... lassen, sind ausgeschlossen. Gegeben Bamberg, den 3. Februar 1791.“

In anderen Pamphleten wurden außer Markus und Hornthal noch Professor *Gotthard* und andere Judenabkömmlinge und als ihr Beschützer der Fürstbischof als ***„Judenfreund und Christenfeind“*** genannt, der von „Seiner Exzellenz dem Ober-Rabbiner Hofbojazzo Markus eine Klistiere mit sehr gutem Effekt bekommen“ habe. Daran schloss sich der Aufruf: „Bürger, lasset von einem jüdischen Bettelhaufen euch, eure Mitbürger und ihre Kinder nicht beherrschen und misshandeln. Reget Euch!“ – Franz Ludwig richtete an Markus ein Schreiben, worin er das Schriftstück als „das größte und boshafteste Bubenstück“ bezeichnet, das während seiner Regierung sich zugetragen, zählt die Urheber, als welche bekannte und hervorragende Leute genannt wurden, zum Abschaum des menschlichen Geschlechtes und versichert: „Ich müsste der schwächste und kurzsichtigste Regent von der Welt sein, wenn ich mich durch solche äußerst schwarze Handlungen auch nur im Geringsten irre machen ließe und darum jemanden den Kredit entziehen wollte.“ Das schrieb der Fürst, der mit jüdischen Wucherern und Schelmen ebenso streng zu verfahren pflegte, wie mit anderen Spitzbuben. Aber die ehrlichen, strebsamen Männer schützte er und handelte nach dem Grundsatz: „Dem Tüchtigen freie Bahn“. Hinter dieser antisemitischen Hetze steckten auch geistliche Dunkelmänner, aber die angestellte Untersuchung konnte keinen überführen. Indessen war Franz Ludwig nicht bloß ein aufgeklärter, sondern auch ein selbstbewusster und tatkräftiger Staatsmann, der dem Unverstand und der Gemeinheit, die ihm hindernd in den Weg trat, eine eiserne Stirne bieten konnte. Er ließ sich durch Widerwärtigkeiten nicht von seinem Vorsatz abbringen, das Volk geistig zu befreien. Seine Feinde konnten seinen Ruf nicht schmälern noch sein Andenken beflecken. Der Kampf, den er mit der Dummheit zu bestehen hatte, hat nur seinen Ruhm und sein Verdienst erhöht.

Alle Neuerungen und Verbesserungen, die der Fürst dank seiner weisen Sparsamkeit in der Staatsverwaltung, ohne Belastung des Volkes mit erhöhten Steuern, durchführen konnte, erregten selbstverständlich immer wieder den ***Abscheu der Finsterlinge und Rückschrittler***, die dem Fürstbischof und seinen Ratgebern alle möglichen bösen Dinge nachredeten und in ihm geradezu den Vorbereiter des Umsturzes erblickten. Er aber erklärte ihnen kurzweg: „Diese Leute bilden sich ein, alles, was ihnen lieb ist, werde unverrückt in seinem Geleise bleiben, wenn man den Geisteskräften des Menschen die Fesseln anlege, in welchen sie sich noch vor 20 – 30 Jahren befanden. Indes sie gegen die Liberalität unserer Zeiten deklamieren, halten sie den älteren Zeiten, ihren Kenntnissen und Vorurteilen und manchmal ihren Leidenschaften eine Apologie (Verteidigung), und wähnen mit Einführung des alten Köhlerglaubens und der alten Furcht vor Inquisition nicht sowohl die Religion als sich selbst wieder mehr emporheben zu können.“ – Aus den Fehlern der alten Richtung, an denen diese selbst zugrunde ging, sog die Aufklärung ihre reichste Nahrung. Die weitgehende Bevormundung – das erlebten wir selbst in der neuesten deutschen Revolution – erzeugt ja schließlich etwas ganz anderes als Ergebenheit und Gehorsam. Das erkannte Franz Ludwig, darum warnte er: „Zu weit getrieben, verfehlt die Strenge ihres weisen Zwecks und allzu straff gespannt, zerspringt der Bogen.“ Wo ein Teil der Geistlichkeit dem politischen Absolutismus in die Hände arbeitet, wo Regierung und Geistlichkeit wie eine Versicherungsgesellschaft auf Gegenseitigkeit erscheint, wie das zuletzt in Preußen und Bayern der Fall war, da muss schließlich der politische und religiöse Radikalismus Purzelbäume schlagen. Das ist die Folge einer übertriebenen engherzigen Erziehung durch Schule und Kirche. Wenn der Dampf im Kessel zu sehr komprimiert wird, springt dieser. Der Fürstbischof bemerkt angesichts der Entwicklung der Dinge in Frankreich, „dass bei dem unwiderstehlichen Schwung, den der menschliche Forschungsgeist in neuerer Zeit genommen hat, und bei der an sich selbst wohltätigen und gemeinnützigen Aufklärung sich der Menschen ein Freiheitsdrang bemächtigt hatte, welcher durch Anwendung schwerster Zwangsmittel oder durch Gewalt schlechterdings nicht zurückgehalten werden kann, sondern aufgehalten auf der einen Seite, auf der anderen einen desto gefährlicheren Gang nimmt, sich in geheimen Gesellschaften dem Auge des Staates und der Kirche entzieht, und statt dass er durch kluge Leitung noch zum Guten gelenkt werden könnte, im Geheimen gefährlich wird.“

Das Volk der Franken war dem von den Dunkelmännern als Judenfreund, Illuminat und Freimaurer verdächtigten Landesfürsten besonders dafür dankbar, weil er im

Gegensatz zu früheren streitsüchtigen und rauflustigen Fürsten die ***Erhaltung des Friedens*** nach Innen und Außen als Hauptaufgabe eines Regenten erklärt hatte. Darum lehnte er auch den Beitritt zu dem vom Alten Fritz gegen Österreich gerichteten Fürstenbund ab. Als nach dem Tode Josefs II. dessen Bruder und Nachfolger Kaiser Leopold II., der ebenfalls Freimaurer war, den „lieben Bruder" Franz Ludwig um Hilfstruppen gegen die aufständischen Niederlande anging, entsprach dieser dem Ansuchen nur unter der Bedingung, dass die Niederlande wieder ihre früheren Freiheiten und Rechte erhalten. Auch lehnte er die angebotenen Subsidiengelder ab, weil er die von seinen Vorgängern und anderen Fürsten betriebene Seelenverkäuferei verachtete. Als nach Ausbruch der Französischen Revolution eine Verbindung der deutschen Fürsten gegen die Republik zustande kommen sollte, sprach er sich entschieden gegen die Einmischung in die inneren Angelegenheiten eines fremden Landes aus, es müsse jedem unabhängigen Volk überlassen werden, sich eine seinem Charakter angemessene Staatsverfassung zu geben. Diese Proklamierung des ***Selbstbestimmungsrechtes der Völker***, zumal durch einen geistlichen Fürsten, erregte die Aufmerksamkeit der ganzen Welt und die französische Nationalversammlung sprach ihren Dank durch den Beschluss aus, die Büste des seltenen Bischofs in ihrem Sitzungssaal aufzustellen. Auch war er neben Friedrich Schiller, dem Dichter des „Wilhelm Tell", der einzige Deutsche, dem in Anerkennung seiner hohen Verdienste um die Aufklärung und Volksbildung das französische Ehrenbürgerrecht verliehen wurde. Als aber die Franzosen Deutschland mit Krieg überzogen, bäumte sich in ihm der deutsche Patriot auf. Er trug allen Stiften und Klöstern auf, ihre Gold- und Silberschätze an die Münze in Würzburg abzuliefern, um Geld in die Kriegskasse zu bringen und bot den ganzen Heerbann zur Abwehr auf. Obschon schwer leidend und dem Tode nahe, erhob er am letzten Januar 1795 noch mal in einem Hirtenbrief gegen die französische Wut seine Stimme für Alldeutschland: „Wir sind ein kleines Volk, Geliebte, aber mächtig und stark in dem Bunde mit den benachbarten Völkern, mit denen wir ein Ganzes ausmachen! Diese und wir gehören zusammen; wir reden eine Sprache und leben in mehr als tausendjährigem Verein." Zehn Tage später starb er, tief betrauert von allen guten und verständigen Deutschen.
Über keinen einzigen deutschen Fürsten lautet das Urteil der Geschichtsschreiber so einhellig und günstig wie über Franz Ludwig von Erthal. Nur eine Sorte von Kritikern wirft heute noch Kotbomben nach seinem Sarg, nämlich die Erben der Dunkelmänner, die den Verlust ihrer früheren maßgebenden Stellung in Staat und Gesellschaft, Wissenschaft und Schule nicht verwinden können. Als im Jahr 1895 ganz Franken unter Teilnahme aller Stände, Konfessionen und Parteien sich rüstete den 100. Todestag seines gefeierten Landsmannes und besten Fürsten zu begehen, konnten sich die verbohrten Ungeister in seiner Vaterstadt Lohr die Gelegenheit nicht entgehen lassen, ihrem verbissenen Unmut über eine derartige Volkskundgebung Luft zu machen. Schon hatte auch dort ein Bürgerausschuss alle Vorbereitungen getroffen, um den Tag würdig zu begehen und einen bekannten auswärtigen Festredner hierzu gewonnen. Da druckte der „Lohrer Anzeiger" aus dem Nürnberger „Fränkischer Kurier" eine durchaus wahre Lebensbeschreibung des größten Sohnes

der kleinen Stadt ab und das genügte, um den bisher verhaltenen Groll der parteipolitischen Nachtwächter ins Kochen zu bringen. Als acht Tage vor der Feier im Festausschuss der Verlauf der Gedenkfeier endgültig festgelegt werden sollte, erschien plötzlich der gar nicht zum Ausschuss gehörige katholische Stadtpfarrer und Zentrumsabgeordnete *Sauer* und bat ums Wort. Er erzählte zuerst, dass er sich auf Ansuchen bereit erklärt habe, einen feierlichen Gottesdienst am Gedenktage zu halten, und dieses Versprechen auch nicht zurücknehmen wolle, dass er aber, wenn der Artikel im „Lohrer Anzeiger" früher erschienen wäre, auch dieses Versprechen nicht gegeben hätte und nunmehr seine weitere Mitwirkung am Fest ablehne. Franz Ludwig von Erthal sei hier in einer Weise geschildert, die, wenn dieses wirklich wahr wäre, jedem katholischen Christen geradezu verbieten müsste, an einer solchen Feier teilzunehmen; die Schilderung sei aber unrichtig und lediglich tendenziös gefärbt, was ja schon daraus hervorgehe, dass sie zuerst in einem freisinnigen Protestantenblatt wie dem „Fränkischen Kurier" erschienen sei. Bürgermeister Kessler, ebenfalls Zentrumsabgeordneter, unterstützte seinen Freund und Gesinnungsgenossen aufs kräftigste und brachte es endlich dahin, dass der ganze Ausschuss mit einer einzigen Ausnahme eine be- und wehmütige Erklärung unterschrieb, dass die Darstellung vom Wirken des Fürstbischofs Franz Ludwig von Erthal objektiv unrichtig sei. Einen Beweis für diese Behauptung hätte sicher kein einziger der Unterzeichner erbringen können. Aber als politische Schafe machten sie den Hammelsprung mit und blamierten dadurch die Vaterstadt des gescheitesten, gebildetsten und verdientesten Kirchenfürsten unsterblich. Um diese Blamage zu erhöhen, hintertrieben die beiden Zentrumsabgeordneten auch die Berufung des auswärtigen Festredners. Die zwei Auguren sind tot. Und das ist gut. Denn auch sie hätten im Weltkrieg nichts gelernt noch auch begriffen, dass die deutsche Revolution so wenig wie die russische die Folge der Aufklärung und Freimaurerei, sondern die Frucht jener Unkrauttat ist, die auf den Brachfeldern der Dunkelmänner gewachsen ist, denen selbst ein Fürstbischof wie Franz Ludwig kein Licht anzünden konnte. Sie sind wie sie waren. Trotzdem aber bleibt der Spruch wahr:

Nicht die Halbheit kann uns retten,
Ganze Männer braucht die Zeit.
Siegeslorbeer krönt nur wahre
Eintracht, Freundschaft, Einigkeit!

V. Die Verbreitung der Freimaurer

Die Jesuiten waren nicht die einzigen, die gegen die Freimaurerei wüteten. Andere ***Ordensgeistliche*** überboten sogar noch die Jesuiten. So predigten der Dominikaner Greinemann und der Kapuziner Schuff in der Fastenzeit des Jahres 1799 in der Reichsstadt Aachen und hetzten den leichtgläubigen Pöbel gegen die dortige Loge, indem sie die Freimaurerei des Atheismus, der Betrügerei und verschiedener Laster beschuldigten. Der Dominikaner predigte sogar, dass die Juden, die den Heiland kreuzigten, Freimaurer und Pilatus wie Herodes Vorsteher einer Loge gewesen

seien. Judas habe, bevor er seinen Meister verriet, sich in der Synagoge zum Maurer aufnehmen lassen. Als er dann hinging, um seinen Verrat auszuüben, habe er die 30 Silberlinge zurückgegeben und damit nichts weiter getan, als dass er die Taxe für die Aufnahme in den Freimaurerorden bezahlte. – Der Pöbel stürmte die Loge und misshandelte die Mitglieder. Selbst der Magistrat der Reichsstadt machte gegen die Loge mobil und verbot bei Strafe von 100 Gulden, im Wiederholungsfalle von 200 Gulden und unter Androhung des Stadtverweises allen Bürgern die Hergabe eines Lokales zur Abhaltung von Versammlungen. Die Loge ging den Großmeister Herzog Ferdinand von Braunschweig und den Bischof von Lüttich, der ebenfalls Maurer war, um Vermittlung an, die ein Jahr später Erfolg hatte. Anderwärts tauchten dafür neue Hassprediger und Lügenbeutel auf. Nur die großen Ereignisse, die im Gefolge der Französischen Revolution über Deutschland hereinbrachen, machten die Schreier zeitweise zahmer, obschon es nicht an Anklagen fehlte, die darauf abzielten, die deutschen Freimaurer in Verbindung mit den Jakobinern der Pariser Nationalversammlung und des Konvents zu bringen und sie des geheimen Einverständnisses mit dem Feinde zu beschuldigen, da ihre Grundsätze auf die nämliche Devise: „Freiheit, Gleichheit, Brüderlichkeit“ hinausgingen. Besonders die aus Frankreich flüchtigen Adeligen und Geistlichen suchten bei uns diese Anschuldigungen glauben zu machen, aber Franz Ludwig von Erthal, Fürstbischof von Würzburg und Bamberg, gab seinen Beamten die Weisung, die Flüchtlinge auf höfliche Art aus dem Lande hinaus zu bringen. Im Übrigen begnügte er sich damit, vor den für die französischen Freiheitsideen begeisterten Schwarmgeister zu warnen. Die größten unter diesen gingen aber nicht aus Freimaurerlogen, sondern aus fränkischen Klöstern hervor. Es genügt, an den Franziskaner **Eulogius Schneider**, den Benediktiner Johann Schad, den Prämonstratenser Meyer u. a. zu erinnern. Besonders der erste, der zuletzt Universitätsprofessor in Bonn und Straßburg, Herausgeber des Revolutionsblattes „Argus“ und Generalstaatsanwalt im Elsass war, hat sich als eifrigster Parteigänger des Umsturzes betätigt und schließlich unter Robespierres Diktatur seinen Übereifer auf der Guillotine bezahlt.
Eine schönere und erfolgreichere Rolle haben die Freimaurer **George Washington** und **Friedrich Wilhelm von Steuben** gespielt, jener als Führer im Freiheitskampf der Nordamerikaner gegen England, dieser als sein Generalstabschef. Steuben hatte als preußischer Offizier im Siebenjährigen Krieg sich ausgezeichnet, als Hauptmann seine Entlassung und Dienst beim Badischen Militär genommen, wo er von französischen Freimaurern, dem Minister Saint Germain und dem Dichter Beaumarchais, dem berühmten Verfasser des Lustspiels „Die Hochzeit des Figaro“, von dem Napoleon den Beginn der Revolution datierte, bestimmt wurde, nach Amerika zu gehen. Nach siegreich beendetem Krieg wurden vom Präsidenten Washington, dem bekannten Franklin und anderen Freimaurer-Genossen die allgemeinen ***Menschen- und Bürgerrechte***, die bereits im Preußischen Landrecht des Alten Fritz festgelegt waren, in die Verfassung der Vereinigten Staaten übernommen. Eine neue Auflage – wieder auf Antrag von Freimaurern wie des Grafen Mirabeau, des Abbé Sieyès u. a. – erlebten jene Rechte in der Französischen Revolution. Ihre Annahme ging der Beratung der Verfassung voran. Insoweit war also die Freimaurerei international und

kosmopolitisch. Der von ihr proklamierte Ausschluss der Politik aus den Verhandlungen verhinderte aber die Mitglieder nicht, ihr Streben nach sittlicher Veredelung speziell den Bedürfnissen ihres Vaterlandes zu widmen. Wohl gab es in Deutschland Logen, die auch in der Zeit der höchsten Not mit Eifer ihren Mitgliedern die Entsagung von der Politik aufnötigen wollten, aber gerade die besten unter ihnen erkannten, dass auch bei den Engländern jederzeit die patriotische Wirksamkeit vor der Parteipolitik geht. Sind doch auch freimaurerische Ideen Gemeingut von idealen Denkern außer der Loge geworden und gerade solche waren es, die im Verein mit patriotischen Freimaurern jene nationale Bewegung ins Leben riefen, die die Befreiung Deutschlands von der französischen Fremdherrschaft bezweckten. Unter diesen stehen der **General Fürst Blücher, der Philosoph Fichte, der große Staatsmann Freiherr vom Stein, der Minister v. Hardenberg, die Generäle Scharnhorst, Graf Tauentzien, von Boyen, Graf Henckel von Donnersmarck, von Kleist und ein Dutzend andere deutsche Männer, auch Schriftsteller, wie Max von Schenkendorf, Hippel, Ernst Moritz Arndt, Adalbert von Chamisso und Friedrich Rückert** voran. Welche Gesellschaft, welcher andere Orden, geistlich oder weltlich, kann von sich rühmen, in höchster Not des Vaterlandes eine ähnliche Zahl von wahrheits- und opfermutigen Patrioten gestellt zu haben? War auch der Freimaurerbund als solcher nicht daran beteiligt, so war es doch auch freimaurerischer Geist, der die einzelnen Mitglieder bestimmte, sich mit ihrer Person und Stellung, ihrem Können, Wollen und Vermögen, ihrem Glauben, ihrer Vaterlandsliebe, ihrer Hoffnung und ihrem heiligen Zorn in den Dienst der Allgemeinheit zu stellen und das große nationale Werk wieder aufzurichten, das durch die Schuld seiner Fürsten und Erzieher zerstört worden war. Aber wir glauben, was schon vor tausend Jahren der Dichter der Edda gesungen:

Es fallen die Helden;
Es stirbt ein jeder der Männer;
Eines weiß ich, das nimmer stirbt
Des Mannes Tat, der Großes gewirket im Leben!

Als Preußen im Jahre 1806 in der Schlacht bei Jena zusammenbrach, waren hervorragende Freimaurer die ersten, die die Ursachen der Katastrophe mit den richtigen Namen zeichneten und damit den Grund zur patriotischen und sittlichen Wiederaufrichtung der Nation legten. *Julius Haarhaus* hat zwei Jahre vor Beginn des Weltkrieges über die ***„Freimaurer zur Zeit der Befreiungskriege“*** im Verlag von Diedrichs in Jena ein treffliches Buch erscheinen lassen, das leider viel zu wenig gewürdigt wurde. Denn dieses Buch war eine Prophezeiung aus der Vergangenheit für die nächste Zukunft. Die Ursachen, die den Zusammenbruch des Reiches im Jahre 1918 herbeigeführt haben, waren ja im Großen und Ganzen keine anderen als die vom Jahre 1806. Auch damals hat man alle Schuld auf die königliche Regierung, die leitenden Staatsmänner und Diplomaten geschoben. Aber es war ungerecht, diese Ursache bei einzelnen Menschen und Ständen zu suchen.

„Wir haben *alle* schwer gesündigt,
Wir mangeln allesamt an Ruhm,
Man hat, o Herr, uns oft verkündigt
Der Freiheit Evangelium.
Wir aber hatten uns entmündigt,
Das Salz der Erde wurde dumm:
So Fürst als Bürger, so der Adel,
Hier ist nicht einer ohne Tadel – “

bekennt der Freimaurer Max von Schenkendorf. Selbstüberschätzung und geistige Trägheit waren die Übel, an denen alle krankten. „Unwissenheit und Aufgeblasenheit“ – sagt Ernst Moritz Arndt – „haben den letzten deutschen Staat zerstört und dazu jene Faulheit, das gefährlichste Laster der Sterblichen, die nichts Besseres will, als die Väter hatten und taten. Wer still steht, geht zurück. Wer auf Lorbeeren ruht, die er nicht brach, liegt nur auf einer schöneren Bärenhaut. Nur wer immer mehr tun will, als schon getan ist, wird das tun, was er kann.“ – „Fremd war der Sinn dieser preußischen Monarchie allem, was deutsch heißt, und ist es noch. Daher die Abneigung, ja fast der Abscheu der kleinen Staaten Deutschlands, wenn es heißt, der preußische Adler soll über ihren Toren seine mächtigen Fittiche ausbreiten. Der deutsche Sinn liebt das Gerechte, das Gleiche, dazu das Förmliche. In den unteren Regionen des Lebens ist er gern üppig und gutmütig fröhlich, ohne mit Polizei und Aufsicht so viel zu tun zu haben als im preußischen Staat, wo alles aristokratisch, streng und despotisch herrscht … Der norddeutsche Sinn an sich ist schon streng und spröde, despotisch angestrengt ist er dem waidlichen Süddeutschen noch viel fremder geworden und wenn ja noch etwas Gemeinsames zwischen dem Norden und Süden Deutschlands stand, so hat die preußische Monarchie es völlig aufgehoben. An deutsche Begeisterung und Teilnahme für diesen Staat war also nicht zu denken.“

Dass die deutschen Fürsten ein gut Teil der allgemeinen Schuld trugen, hat niemand unverblümter ausgesprochen als der Freiherr vom Stein im Jahre 1812, als der Preußenkönig Napoleon ein Hilfskorps stellte: „Nun kann man in Deutschland nichts mehr von einer Impulsion (Antrieb) von oben erwarten, denn hier sitzt überall Erbärmlichkeit auf den Thronen.“ Und als nach der Katastrophe Napoleons in Russland die russische Kaiserin, eine geborene Prinzessin von Württemberg, zu ihm sagte: „Wenn jetzt noch ein französischer Soldat durch die deutschen Grenzen entrinnt, so werde ich mich schämen, eine Deutsche zu sein“, entgegnete dieser berühmte Freimaurer mit einer Aufrichtigkeit, die seiner Wahrheitsliebe mehr Ehre macht als seiner Galanterie: „Eure Majestät haben sehr unrecht, solches hier auszusprechen, und zwar über ein so großes, treues, tapferes Volk, dem anzugehören Sie das Glück haben. Sie hätten sagen sollen: nicht des deutschen Volkes schäme ich mich, sondern meiner Brüder, Vettern und Genossen, der deutschen Fürsten. Hätten die deutschen Könige und Fürsten ihre Schuldigkeit getan, nimmer wäre ein Franzose über die Elbe, Oder und Weichsel, geschweige über den Dnjester gekommen.“

Wie die Fürsten auf ihr Gottesgnadentum, so pochte der Adel auf seine Privilegien, ohne zu bedenken, dass größere Rechte auch größere Pflichten auferlegen. Die Stimmen der Zeit richteten sich aber nicht gegen den Adel im Allgemeinen, sondern gegen die Auswüchse des Junkertums und gegen die einseitige Bevorzugung der Adeligen in der Beamtenschaft und im Heer. So schrieb Ernst Moritz Arndt: „Die Natur kennt keine Stammbäume und Geschlechtstafeln, sie teilt Tugend und Talente nicht nach Geschlechtern aus, und es ist ein seltener Stern, dass große Väter große Söhne zeugen." – Und der Weimarer Philanthrop Falk schrieb: „Wie die Sachen beschaffen sind, gibt es nur Ein Mittel, von dessen Anwendung Deutschland Heil und Rettung erwarten darf: mit Aufgebung des bisherigen Schlendrians der neuen Zeit und den neueren Formen herzhaft entgegenzutreten, so z. B. fürs erste in unseren Armeen jenen höchst schädlichen Wald von ritterlichen Stammbäumen, diesen wahrhaften Nachtschatten des bürgerlichen Verdienstes, ein wenig zu lichten; nicht aber wie bisher sein einziges Augenmerk darauf zu richten, aus allen vertrockneten Ästen alter Familien Stöcke für Rücken von bürgerlicher Abkunft zu verfertigen." – Noch schärfer drückte sich der Freiherr vom Stein aus: „Nicht durch Hunde, Pferde, Tabakspfeifen, starres Vornehmen wird der Adel den angesprochenen Platz im Staat sich erhalten, sondern durch Bildung, Teilnahme an allem Großen und Edlen, durch unerschütterliche treue Anhänglichkeit an Vaterland und an die Sache des Rechtes."
Die Erfolge Napoleons waren hauptsächlich darauf zurückzuführen, dass die Revolution, deren Erbe er war, alle Kräfte der Nation geweckt und aus den breitesten Schichten des Volkes meist befähigte Männer emporgehoben und an die Spitze der Verwaltung und der Armee gestellt hatte. Schon Graf Gneisenau, der spätere Generalstabschef Blüchers, verlangte, dass die Höfe dem Genie, wo es sich auch finde, eine Laufbahn öffnen und die Talente und Tugenden, von welchem Stande und Range sie auch seien, ermuntern und dem gemeinen Bürgerlichen die Triumphpforte aufschließen möchten, durch die bisher nur der Adelige gezogen sei. Aber die Höfe haben weder aus den Niederlagen noch aus den Freiheitskriegen etwas gelernt. Hätten sie im Weltkrieg nach den Meinungen der genannten Freimaurer gehandelt, so würden sie das Beispiel der Franzosen nachgeahmt und den Ersatz der Truppenoffiziere zum guten Teil aus den gedienten Unteroffizieren entnommen, statt die bewährten Offiziersaspiranten in den Unteroffiziersstand zurückzuversetzen, an ihre Stelle Grünschnäbel zu Offizieren zu ernennen, die Deckoffiziere der Marine von der Teilnahme an der Gesellschaft der anderen Offiziere auszuschließen und den adeligen Offizieren augenscheinliche Bevorzugung zukommen zu lassen; dann würde Deutschland kaum den gleichen schmachvollen Zusammenbruch erlebt haben wie Preußen nach der Schlacht von Jena. Damals erklärte der Hauptmann von Carnall, der die Schlacht mitgemacht hatte, am Silvesterabend 1806 in der Loge „Zu den drei Triangeln" in Glatz: „Umstände und Menschen, Eigendünkel und Übermut, unglückliche Sicherheit und in den entscheidenden Augenblicken Mangel an Übereinstimmung haben sich vereinigt, um den vormals glücklichen preußischen Staat an den Rand des Verderbens und, wenn nicht eine höhere Macht ins Mittel trete, unausbleiblich in den Abgrund zu stürzen."

„Das ist ein Schrei der Verzweiflung" – so schrieb Julius Haarhaus zwei Jahre vor dem Weltkrieg – „der aus den Tagen nach Jena zu uns herüberschallt". Aber der Schrei wurde nicht gehört. Und wie 1806 die nämlichen Offiziere, die vorher so verächtlich über Napoleon und seine Armee gesprochen hatten, nach Jena alles für verloren hielten und alle festen Plätze kampflos den Feinden überließen, nicht anders war der Ausgang des Weltkrieges. Freilich waren daran nicht einzig Offiziere schuld. Schuld war, wie der berühmte Philosoph Johann Gottlieb Fichte i. J. 1806 öffentlich bekannte, auch der durch minderwertiges Menschenmaterial in die Armee gekommene schlechte Geist. Schuld war ferner das Bürgertum mit seinem Mangel an Zivil- und Wahrheitsmut sowie seinem Überfluss an Leichtsinn und Genusssucht. Schuld war die allgemeine Selbstsucht und Verweichlichung, eine Masse von Erbärmlichkeit besonders auch in den so genannten gebildeten Ständen. Sie waren – sagt Fichte in seinen berühmten „Reden an die deutsche Nation" – verweichlicht durch langen Friedensgenuss, immer gewöhnt, den eigenen Vorteil als das Ziel ihres Strebens anzusehen, und so war der Gedanke an mutige Pflichterfüllung und Aufopferung für das Vaterland aus ihrer Seele gewichen. Schuld war endlich unsere Erziehung und Schule, die durch die Verziehung zur Einseitigkeit in den wissenschaftlichen wie in den geschäftlichen Berufen und durch die höchstmögliche Standesbildung, die höchstmögliche Standesabsonderung und Dünkelhaftigkeit gefördert und die höchstmögliche Ausbildung der Menschheit – den höchsten Zweck des menschlichen Daseins – gehemmt hat. Das betonte der mutige Universitätsprofessor und Freimaurer Fichte nach der Schlacht von Jena in seinen öffentlichen Reden an die deutsche Nation. 50 Jahre nach ihm hat Ferdinand Lassalle, der Begründer der deutschen Sozialdemokratie, in einer Schrift über Fichte auf dessen Reden hingewiesen, aber die Führer der deutschen Nation haben nichts daraus gelernt. Und wieder nach 50 Jahren kam der Weltkrieg mit seinen bösen Folgen, den Wirkungen unseres schlechten Gehörs, unseres scheelen Gesichts und unseres verbildeten Verstandes.

Was vor dem Krieg die Feudalen und ihre bürgerlichen Affen durch kastenmäßige Absonderung und maßlose Einbildung gesündigt, das ergänzten die Ultras durch eine ***planmäßige Volksversimpelung***. Ein Hauptmittel zu diesem Zweck bestand in der Verhetzung der Konfessionen, worin der Tiroler Denifle, ein gelehrter, aber einseitiger und gehässiger Dominikaner, mit seinen Schriften gegen Luther das Höchste leistete. Der Ruhm des Dominikaners ließ die Jesuiten nicht schlafen. Sie suchten jenen noch durch ihre leidenschaftliche Befehdung der Freimaurerei zu übertrumpfen. Das Unsinnigste, Unmöglichste und Unglaublichste wurde ihr aufgekreidet und in den Volkskreisen geglaubt, weil auch unsere Schule nicht der Aufklärung dienen durfte. Wehe den Lehrern, die gewagt hätten, gegen Aberglauben der geistlichen Schulaufsicht zu löcken. Sie mussten schweigen, wo die bessere Einsicht ihnen geboten hätte, der Jugend zu sagen, dass die von rückläufigen Tintenkulis und jesuitischen Popanzmalern aufgetischten Freimaurergeschichten lauter Übertreibung und Schwindel seien. Selbst auf unseren Hochschulen, die sich doch für die Leuchten der Wahrheit und Wissenschaft ausgaben, lastete ein Alp von Rücksichten gegen die Feinde einer wirklichen Volksbildung und Volkserziehung.

Man fürchtete die niedrige, gemeine, persönliche Kampfesart einer Presse, die jeden Lichtstrahl der modernen Wissenschaft mit ihrem Löschhorn zu unterdrücken suchte und nur darauf bedacht war, dass auf ihren Mistbeeten die dicksten Dummheitsspargeln gediehen.

Ehrlicherweise muss man aber auch gestehen, dass auf der anderen Seite der Wahrheitsmut in keinem Verhältnis mehr zu dem riesigen Fortschritt der Technik stand. Die Rücksichten nach oben verseuchten sogar die wirtschaftlich unabhängigen Kreise des Bürgertums. Der Mangel an Zivilmut unterband die Selbsterkenntnis auch in jenen Schichten, die diese als besondere Tugend pflegen sollten. Das Verhängnis musste kommen, die Schuld daran trifft alle.

Gewiss war auch dem Freimaurertum nicht Menschliches fremd. Es hat eine Summe von menschlichen Fehlern, Schwächen und Gebrechen aufzuweisen, es hat auch die schönste und beste Zeit einer wagemutigen und opfervollen, aber auch erfolgreichen und ersprießlichen Tätigkeit hinter sich. Wohl gab es schon Freimaurer, die die Loge als überlebt bezeichneten, weil ihre Hauptziele zum Teil Allgemeingut der zivilisierten Menschheit geworden sind. Aber soziale Gebilde, die bereits ein Alter von zwei Jahrhunderten überschritten haben und noch nicht abgestorben sind, haben ein zähes Leben. Immerhin verhehlen sich selbst eifrige Maurer nicht, dass die Loge ihren Inhalt und Bestand zeitgemäß auffrischen muss. Manche wollen den überlieferten Ballast des Zeremoniells der Werkmauer abschaffen und bemängeln auch die Symbolik der Zeichen und Formen, doch haben diese die Weihe eines ehrwürdigen Alters für sich.

Nicht nötig ist darum die Abschaffung der Sinnbilder (Winkelmaß, Zirkel, Kelle, Hammer und Senkblei, Bibel, Sonne, Halbmond, Erdkugel, Kubus, der fünfeckige Stern) und einiger anderer Zeichen, die den Logenteppich zieren, oder jene Embleme, die zur Ausstattung einer Meisterloge gehören: das Opferbecken, der Bienenkorb, das Konstitutionsbuch, das Schwert, das auf ein entblößtes Herz zeigt, das allsehende Auge, der Anker und der Bogen, das 47. Problem des Euklides (der pythagor. Lehrsatz), die Sanduhr und die Sense, der Spaten, der Sarg, der Totenkopf, die gekreuzten Totengebeine und der Zweig der Cassia, das Sinnbild der Unsterblichkeit. Was diese uralten Symbole, deren Deutung doch sicher keinem denkenden Menschen Schaden zufügen kann, verbrochen haben sollen, um ihre Abschaffung zu rechtfertigen, das ist kaum einzusehen. Ihr Dasein rechtfertigt sich durch ihr langes Leben. Übrigens sind das keine Geheimnisse. Selbst die Passworte sind nicht unbekannt geblieben. Wer mehr darüber wissen will, mag sich Bücher anschaffen, die im Chasalla-Verlag in Kassel, im Verlag Diederichs in Jena und in Findels Verlag in Leipzig erschienen sind. Von Geheimnissen kann bei diesen Dingen so wenig die Rede sein wie bei den Grundsätzen und Zielen, die der Maurerei eigen waren. Dass die Loge das Geheimnis der Auslese, Aufnahme, Verhandlungen und Unterhaltungen ihrer Mitglieder bewahrt und hierüber ihren Mitgliedern das Schweigegebot auferlegt, ist nicht eine besondere Eigenart der Freimaurerei allein, sondern wird auch von anderen Gesellschaften – so von Offizierskorps und Studentenverbindungen – beobachtet und am strengsten von dem den Freimaurern am feindlichsten gesinnten Orden der Jesuiten.

Wer die Geschichte und das Wesen der geheimen Gesellschaften kennt, wird dies nicht auffallend, noch unerklärlich oder unberechtigt finden. Die Jesuiten haben wahrlich keinen Grund, den Freimaurern daraus einen Strick zu drehen, weil sie nicht jedes neugierige alte Weib noch jeden zudringlichen Schnorranten in ihr Lokal eindringen lassen. Niemand hütet die Geheimnisse ihres Ordens strenger als die „Gesellschaft Jesu". Selbst wenn eines ihrer Mitglieder fahnenflüchtig wird, zu den Gegnern überläuft und den Orden oder die Kirche und das Papsttum, dessen Advokat doch jener ist, in der heftigsten Weise angreift, ahmen die Jesuiten die Freimaurer nach, die meist schweigen, wenn sie von einem entlaufenen oder ausgeschlossenen „Bruder" angepöbelt werden. Doch führen die Jesuiten auch heute noch einen heftigen Kampf gegen die Freimaurerei. Es liegt dies in ihrem System, das die Ecclesia militans vorstellt, das heißt die streitbare, kriegführende Kirche. Gleichwie Bernstein, Landauer, Levin und andere Führer der linkssozialen Dogmatik die „immerwährende Bewegung" als die taktische Hauptaufgabe ihrer Partei erklärten, nicht anders halten es die Jesuiten. Aber wie schon im 18. Jahrhundert die deutschen Jesuiten starr an veraltete Scholastik sich anklammerten und in wissenschaftlicher Beziehung sogar hinter den französischen Jesuiten zurückstanden, Gleiches ist trotz einiger bedeutender moderner Köpfe wie des Geschichtsprofessors Grisar und des Ameisenforschers Wasmann von den heutigen Jesuiten zu sagen.
Das größte Meisterstück in der Freimaurer-Verfolgung vollbrachte der Jesuit Pater Gruber, der sogar die Schriften des französischen Juden **Leo Taxil** über die Freimaurer und ihren angeblichen geheimen Teufelsdienst ins Deutsche übertrug. Die ihm ergebenen katholischen Zeitungen und Geistlichen stellten die Schauermärchen dem gläubigen Volke zum Glauben und Gruseln vor und trieben unzählige Hasen in die Küche des spekulativen Leo Taxil, der jahrelang seinen unglaublichen Schwindel ausüben und damit, da er auch die Unterstützung zahlreicher Bischöfe und Prälaten, die Freundschaft von Kardinälen und den Segen des Papstes genoss, auch das Endziel seiner Schelmerei – ein riesiges Einkommen erwerben konnte.
Die Freimaurer ließen jahrelang ganz ruhig eine Kotflut von Anfeindungen und Verleumdungen über sich ergehen, bis endlich hellsehenden deutschen Katholiken der grenzenlose Unfug zu dumm wurde. Der Theologieprofessor Dr. Hermann Schell in Würzburg nannte in seiner berühmten Schrift „Der Katholizismus als Prinzip des Fortschritts" den Aberglauben beim wahren Namen und das Hauptorgan der katholischen Partei, die „Kölnische Volkszeitung", sprach gegen den nach Trient einberufenen Antifreimaurerkongress, zu dem auch der gefeierte Leo Taxil erschien, seine Bedenken aus. Als Taxil sein blühendes Geschäft durch diese bösen Aufklärer bedroht sah, drehte er den Stiel um und enthüllte seine Gaukelei samt den schriftlichen Lobeserhebungen und Segenspenden, die ihm die höchsten Kirchenfürsten erteilt hatten. Wie er vorher die Dummköpfe von ganz Deutschland, so hatte er jetzt die Lacher der ganzen Welt auf seiner Seite und damit eine neue reichlich fließende Verdienstquelle. Ihre grenzenlose Wut ließen die blamierten Dunkelmänner an dem armen Schell aus, den sie durch maßlose Verdächtigung und Verfolgungen, besonders in den von Bischöfen und Domkapiteln als die allein echt katholische Presse in wiederholten Hirtenbriefen und von allen Kanzeln empfohlenen Zeitungsblättern,

buchstäblich zu Tode hetzten und dessen gleichgesinnte Anhänger als Modernisten in Rom verspitzelten. Solange der Weltkrieg dauerte, hatten unsere Freimaurer Schonzeit. Kaum war der Waffenstillstand unterzeichnet, ging der Feldzug gegen sie von neuem los. Bei der Suche nach den Schuldigen, die auf jeden verlorenen Krieg folgt, schoben die einen die Ursache des Zusammenbruchs auf die Offiziere, die anderen auf die Diplomaten, die Dritten auf die Alldeutschen und diese auf die Sozialdemokraten. Den Stein der Weisen aber haben wieder die Hintermänner der ultramontanen Presse entdeckt: sie schieben die Schuld am Weltkrieg auf die Freimaurer. Unter der Sündflut von Anklageschriften, die bis jetzt trotz des Papiermangels erschienen sind, hat das Buch ***„Weltfreimaurerei, Weltrevolution, Weltrepublik“*** von dem österreichischen Nationalrat Dr. Friedrich Wichtl die größte Beachtung und Verbreitung gefunden. Hier trifft das Wort Bodenstedts zu:

Sprich gut von anderen – und die gute Kunde
Bleibt für die Hörer nur ein leerer Schall.
Sprich schlecht – und jedes Wort aus deinem Munde
Weckt tausendstimmigen Widerhall.

Wichtl beschuldigt die Freimaurerei, dass sie mit dem Weltkrieg auch die Revolutionierung und Demokratisierung der Staaten und die Schaffung einer Weltrepublik anstrebe. „Man fragt, zu welchem Zweck diese ganze Umwälzung? Die Antwort ist: Um eine Weltplutokratie, eine mächtige Geldaristokratie, zu schaffen, die, von völkischen Widerständen unbekämpft, die Ausbeutung aller Menschen über die Landesgrenzen hinweg desto leichter betätigen kann. (Für Weltplutokratie könne man auch Völkerbund sagen.) Wer sind die Herren dieser Weltplutokratie?“ Wichtl weist auf die angelsächsische Rasse hin. „Die Herren der neuen Weltrepublik sind jene 300 Unverantwortlichen, jene Börsengewaltigen, von denen der Berliner Judenfürst Rathenau schon vor einigen Jahren sagte, dass sie die Welt regieren. Sie sind zum größten Teil Angelsachsen, wenn auch mancher nur dem Namen, nicht der Rasse nach.“

Der Verfasser hat offenbar für die Republik nicht viel übrig. Er meint: „Für Deutsch-Österreich wäre ihm allerdings die Republik lieber als eine schlechte Monarchie. Eine gute Monarchie hingegen, mit einem befähigten, gut beratenen, klugen, arbeitsfreudigen, tüchtigen, verlässlich deutschen Kaiser an der Spitze wäre mir tausendmal lieber als eine Willkür- und Advokatenrepublik unter einem „Maurerfürsten“ vom Schlage eines Eisner, Lenin, Radek und Kohn.“ – Von diesen gehörte aber keiner jemals dem Freimaurerbunde an. Herr Wichtl hätte hier für seine Ansicht besser und treffender den berühmten französischen Freimaurer und Schriftsteller Voltaire, einen ehemaligen Jesuitenschüler zitieren können, der am Ende seines langen Lebens, nachdem er noch als Achtziger den Beginn der Revolution erlebt hatte, angesichts der Entartung des Mob den Ausspruch tat: „Lieber unter einem Löwen aus gutem Hause als unter zweihundert Ratten meinesgleichen!“ – Übrigens datiert der Untergang Österreichs so wenig wie der Zusammenbruch Deutschlands von der Freimaurerei. Ich habe dies dem Herrn Dr. Wichtl in einer Abhandlung bewiesen, die ich im Jahr 1919 in der Bayerischen Landeszeitung veröffentlicht habe. Sie lautet:

Das Titelblatt von Wichtls Buch zeigt drei Särge, auf dem einen steht Hohenzollern, auf dem anderen Wittelsbach, auf dem dritten Habsburg. Am mittleren Sarg ist das Evangelium Johannis aufgeschlagen, auf das die alten Freimaurer bei der Aufnahme schwuren, dann die freimaurerischen Abzeichen Zirkel, Winkelmaß, Kelle und Hammer. Hinter den Särgen stehen Meister vom Stuhl und andere Freimaurer, angetan mit ihren Schürzen und Abzeichen, die ihre blanken Degen gegen die Särge gezückt haben. Über ihnen leuchtet die lichtspendende Sonne mit dem Sechseck, einer Nachbildung des Drudenfußes, einem Wahrzeichen der alten Bauhütten der mittelalterlichen Werkmaurer. Eingerahmt ist das Bild von zwei Säulen, an deren Fuß je ein Totenkopf liegt, auf dem ein Leuchter mit einem brennenden Licht steht.

Der unkundige Leser wird fragen: Warum führen die Freimaurer Degen? Das war einmal und kommt nicht bloß daher, weil die Begründer der modernen Freimaurerei Lords und andere vornehme Leute waren, die zum Degentragen berechtigt waren, sondern auch daher, weil die Logen der Geistesmaurer aus der Zunft der früheren Werkmaurer entstanden sind, die in England Free-masons, in Frankreich Francmaçons (das heißt Freimaurer) hießen. Nun darf man sich unter den Mitgliedern der mittelalterlichen Bauhütten keine heutigen Maurergesellen vorstellen. Mitglieder der alten Zunft, die man die Bauhütte, auch Johannis- oder Lukas-Bruderschaft nannte, waren die Architekten, Baumeister, Steinmetz-, Maurer- und Zimmermeister, Bildhauer und die übrigen bei den größeren Bauten beschäftigten Künstler einschließlich der Kunstmaler und Glaser, unter denen man aber nicht die heutigen Glaser, sondern die Glasmaler verstand. Um Mitglied der Bauhütte zu werden, mussten befähigte Knaben eine lange und strenge Lehrlingszeit durchmachen und bei den Meistern der Bauhütte in die Schule gehen. Die Bauhütte war ein eigenes Haus, das bei jedem Kirchen- oder sonstigen größeren Bau errichtet wurde und als Eingang eine Türe hatte, deren Gewände von zwei Säulen gebildet waren, die den Sturz trugen.

Von der Würzburger Dombauhütte, die in der Zeit des 30-jährigen Krieges verfiel, sind die zwei Säulen erhalten und im Dom rechts vom Eingang am so genannten Marienchörlein Tilman Riemenschneiders aufgestellt. Sie sind äußerst kunstvoll gearbeitet, mit verschiedenen Windungen und Zierraten ausgestattet. Die eine Säule trägt den Namen Jachin, die andere den Namen Boas, ähnlich den zwei Säulen, die den Eingang zum Heiligtum des Tempels Salomonis bildeten. Die zwei Säulen im Würzburger Dom sind schon öfter in Gips abgeklatscht worden und genaue Nachbildungen davon in verschiedenen Freimaurerlogen, sogar in Holland, England und Amerika anzutreffen. Die ursprünglichen Säulen gehörten, wie die übrigen Einrichtungsgegenstände, der Bauhütte zu den Lehrmitteln für den Anschauungsunterricht der Zöglinge. Hatten diese ihre Lehrzeit abgeschlossen und die Gesellenprüfung bestanden, so wurden sie auf jahrelange Wanderschaft geschickt. Jeder bekam sein eigenes Werkzeichen, so dass wir heute noch an den Werkzeichen, die an den Steinen der Dome, Rathäuser, Brücken und anderen Bauten eingemeißelt sind, die Wege

und Aufenthaltsorte verfolgen können, die einzelne Gesellen und Meister auf ihren Wanderungen eingeschlagen haben.
Die Gesellen hatten gleich den Meistern ihre besonderen Grußformeln, Schlagworte, Erkennungszeichen, Griffe und Sprüche, die ein eigenes Studium, besondere Aufmerksamkeit und Sorgfalt in der Entfernung, im Gebrauch und der Bewahrung erheischten. Als äußerliches Abzeichen der Zunft, die mit jener der Buchdrucker in allen Ländern Europas zur ersten Gilde zählte, wurde von den Meistern und den ebenbürtigen Künstlern der Degen getragen, wie ihn nur die Ritter, die Juristen und Studenten tragen durften. Als infolge der Kriege und Wirren des 17. und 18. Jahrhunderts das Bauhandwerk mit der Baukunst ganz darnieder ging, versanken die deutschen Bauhütten in Trümmer. Nur in England erhielten sich einzelne dadurch, dass sie zu ihrer Erhaltung reiche und vornehme Lords, Gelehrte und Großkaufleute gleichsam als Ehrenmitglieder aufnahmen und sie in ihre Lehren, Geheimnisse und Gebräuche einweihten. Zu diesen gehörten auch außer den Abzeichen, Symbolen und Kleidungsstücken die Degen, die auch noch heute in verschiedenen Logen im Aufnahme-Zeremoniell der Kandidaten eine Rolle spielen.
Ich musste dies der Besprechung des genannten Buches voranschicken, weil der Verfasser es unterlassen hat, das schauerliche Titelbild näher zu erklären. Herr Dr. Wichtl sagt uns nur, dass die heutigen Bauhütten der Freimaurer Logen genannt werden und dass diese Organisation samt Zubehör aus England stammt, wo sie im ersten Viertel des 18. Jahrhunderts ihren Ausgangspunkt genommen hat, als die Geistesmaurer die Erbschaft der Bauhütten von den aussterbenden Werkmaurern übernommen hatten und fortsetzten. Im Jahre 1717 schlossen sich vier Logen in London und Westminster zu einem Verband (Großloge) zusammen und wählten sich einen Großmeister. Gleichzeitig kam es zu einer Neugestaltung in Kultus und Verfassung. Mit dem Namen Freimaurer behielten sie das Wappen ihrer Vorgänger, das Signal des Geheimnisses (Zeichen, Wort und Griff) bei, ebenso die mythische Urgeschichte, die im Wesentlichen eine Geschichte der Baukunst ist. Die Satzungen wurden ausgestaltet und in der neuen Form in Druck gelegt (1723).
Die englische Freimaurerei hatte aber keineswegs, wie es der Verfasser darstellen will, revolutionäre, sondern konservative Absichten und Ziele. Sie war bestrebt, eine Verständigung und Vereinigung der intelligenten und patriotischen Bürger, Edelleute und Gelehrten zustande zu bringen, um den fortwährenden inneren Wirren und Kämpfen um die Macht, die durch konfessionelle Gegensätze noch verschärft worden waren, ein Ende zu machen und dem Königtum, das an das Haus Oranien und dann an die Dynastie Hannover übergegangen war, eine Stütze zu geben. Daher führt die Wissenschaft der Freimaurerei auch den Namen „die königliche Kunst“, weniger von der königlichen Gunst, deren sich die alten Bauhütten stellenweise zu erfreuen gehabt haben. Der Verfasser führt zwar eine Stelle an, nach der die englischen Freimaurer „die Empörung in gewissen Fällen als eine heilige Pflicht“ erklärt haben. Diese Kundgebung ist aber lediglich eine Zeitungsauslassung des *„Freemason's Chronicle“* vom Jahr 1875. Übrigens haben ihre Gegner, die Jesuiten, die Empörung gegen Fürsten, die ihnen nicht zu Willen waren, ja sogar den Tyrannenmord als zulässig gebilligt.

Der Verfasser ist auch im Irrtum, wenn er unter den Pflichten des Freimaurers, die die ältesten Statuten aufführen, außer dem Gehorsam gegen das Sittengesetz und der Duldsamkeit nur das Bekenntnis zu jener Religion nennt, in der *alle* Menschen übereinstimmen, das heißt in dem Entschluss, „gute und treue Männer von Ehre und Rechtschaffenheit zu sein, mögen sie sich auch durch Nationalität und Glaubensbekenntnis noch so sehr voneinander unterscheiden". – Dieser Angabe des Verfassers widerspricht die Geschichte der englischen Freimaurerei, die vom Anfang ihres Bestehens auf *Rasse* und *christliche* Religion gesehen und diese ausdrücklich von ihren Mitgliedern mit dem „Glauben an Gott und Unsterblichkeit" gefordert hat. Die ersten und vornehmsten Logen von England beharren heute noch auf diesem Standpunkt und nehmen Persönlichkeiten anderer Rasse und Religion nur ausnahmsweise nach den Grundsätzen strenger Auslese und Musterung auf. Die Engländer sind eben keine internationalen Mischmaschpolitiker, sondern selbstbewusste Engländer.
Der österreichische Nationalrat Dr. Friedrich Wichtl erklärt zwar in seinem Buch, er sei kein Klerikaler oder Ultramontaner, aber er baut sein ganzes Gebäude hauptsächlich auf das Werk des Jesuiten und Taxilbruders Herman Gruber gegen die Freimaurerei auf, der aus Zeitungsartikeln, Schriften, Pamphleten aller Art das Mögliche und Unmögliche über die Freimaurer zusammengekratzt hat. Wenn wir nach der nämlichen Methode gegen die Jesuiten schreiben wollten, könnten wir sogar aus glaubwürdigen Geschichtswerken und authentischen Aktenstücken viel schlimmere Dinge zusammentragen. Wir können mit gutem Gewissen behaupten, dass wir keiner Loge angehören, aber wir haben uns durch ernste historische Studien und vielseitige Erfahrungen in verschiedenen Ländern so viel Vorurteilslosigkeit zugelegt, dass wir selbst die Jesuiten nicht schwärzer anstreichen als sie sind und dass wir weder an die Schauerromane noch Schreckmännchen glauben, die über sie erfunden und verbreitet wurden. Ebenso halten wir es mit den Freimaurern, denen man ebenso wie den Jesuiten ohne Gefahr das Unglaubliche aufbinden kann, weil beide Organisationen auf Anschuldigungen und Nachreden nur höchst selten etwas zu erwidern pflegen. Dieses, ihr Verhalten, zwingt also einen ernsten Beurteiler zu größerer Vorsicht, als sie der Deutschösterreicher Dr. Wichtl beobachtet. Man darf eben als Geschichtsschreiber – und auch der politische Tagesschriftsteller soll ein solcher sein – nicht Sherlock Holmes-Romane schreiben, die die unbefangenen und harmlosen Gemüter zum Gruseln bringen.
Herr Dr. Wichtl führt an, dass die Freimaurerei sich rasch von England aus über den Kontinent verbreitet hat, aber wegen Staatsgefährlichkeit bald verboten wurde, so 1731 im Königreich Neapel, 1734 in Polen, 1735 in den österreichischen Niederlanden, im Kirchenstaat, in Spanien und Bayern usw. Die rasche Verbreitung ist indessen ein Beweis, dass sie einem Bedürfnis entgegenkam, denn alle die genannten Staaten hatten veraltete, verzopfte, versumpfte und verfaulte Zustände, die selbst vom aufgeklärten Absolutismus so weit entfernt waren, dass sie als einem finsteren und blöden Despotismus verfallen gelten konnten. Kein Wunder, dass in solchen Ländern das bisschen Licht, das die Freimaurerei aufstecken konnte, von der übrig gebliebenen Intelligenz gerne begrüßt wurde und dass allenthalben auch gebildete katholische Geistliche nach dem Brett haschten, das die geheimnisvolle Inschrift

„Geistesbefreiung“ trug. Andererseits ist es wohl kein Zufall, dass in Preußen die Duldung der Freimaurer mit der Regierung des Alten Fritz zusammenfällt, der als Staatsmann und Feldherr sein Land zu einem vorher nie geahnten Ansehen erhoben hat.
Ja selbst in Österreich stellt die gleichzeitige Regierung der Kaiserin Maria Theresia, die den Freimaurer Franz von Lothringen zum Gemahl hatte, sowie ihres Sohnes, des Kaisers Josef II., jene Periode der Habsburgischen Geschichte dar, da die Monarchie politisch, militärisch, wirtschaftlich und geistig eine aufsteigende Linie beschrieb. Als nach dem Tode Josefs II. und seines Bruders Leopold II. die Freimaurerei verboten wurde und die Mystik das Hirn des Kaisers Franz I. umschleierte, brach mit der heiligen Allianz die ägyptische Finsternis, die Revolution von 1848, der Niedergang der Kaisermacht, die Zersetzung der Monarchie und schließlich der Zusammenbruch des Ganzen mit naturgesetzlicher Notwendigkeit herein. Diese Entwicklung wäre mit und ohne Freimaurerei und wahrscheinlich auch ohne Weltkrieg, wenn auch etwas später, gekommen und war auf die Dauer nicht aufzuhalten. Wir Reichsdeutschen nehmen sie darum hin als die Erfüllung eines unvermeidlichen Geschickes und fragen uns nur, wie es kam, dass vom Zusammenbruch nur jene Reiche betroffen wurden, deren Regenten und Staatsmänner keine Freimaurer waren, während die sieghaften Staaten nach eigenem Bekenntnis Dr. Wichtls von Freimaurern regiert werden?!
Herr Dr. Wichtl weist uns auch nach, dass in England die Freimaurerloge schon 1912 225.000 Mitglieder zählte und dass König Eduard VII., der im Verfolg der britischen Weltpolitik die Einkreisungspolitik gegen Deutschland betrieben hat, ein eifriger Freimaurer war. Wir können aber nicht sehen, dass England unter dem Einfluss der Freimaurer schlecht gefahren ist. Im Gegenteil! Herr Dr. Wichtl gesteht selbst zu, dass es unter diesem Einfluss schon lange vorher Weltmacht geworden war, während Deutschland unter dem Einfluss der Gegner des Freimaurertums auf den Hund kam. Auch bei uns haben alle verständigen Leute die Geschäftsreisen des Königs Eduard (zwar mit Misstrauen, aber) mit dem stillen Wunsch begleitet: Wenn doch auch unser Kaiser Wilhelm II. mehr englischer Praktiker und weniger deutscher Romantiker und lieber ein Freimaurer als ein Mystiker wäre, der sich einbildet, als Stellvertreter Gottes im persönlichen Verkehr mit diesem zu stehen. Wir haben es selbst während des Krieges offen ausgesprochen, dass der Admiral Müller, der Rasputin des Kaisers, den unglücklichsten Einfluss auf diesen ausübte. Ein freimaurerischer Staatsmann oder General, der seinen gesunden Menschenverstand nicht durch phantastischen Spiritismus und mystische Geistesseherei verseucht hatte, hätte sicher nicht solches Unheil angestiftet, denn er hätte dem Kaiser den Wahn korrigiert, sein eigener Kanzler und Feldherr zu sein.
Der Präsident Wilson von Amerika, der mächtigste Weltregent, hatte im Weltkrieg den Staatssekretär Lansing und den Obersten House, zwei Freimaurer, als seine intimen Berater. Und sie haben dem ehemaligen Professor, der als Idealist verschrien war, wahrlich besser geraten als die Nichtfreimaurer Bethmann, Michaelis, Staatssekretär Jagow und Konsorten unserem Kaiser. Nordamerika zählt eine halbe Million Freimaurer ohne die Odd Fellows, Druiden und anderen Logen, die mit

Recht oder Unrecht ebenfalls zu den Freimaurern gezählt werden. Herr Dr. Wichtl selbst hebt hervor, dass in den Vereinigten Staaten nahezu alles, was Namen, Rang und Ansehen besitzt, dem Freimaurerbunde angehört. Während aber die Habsburgische Monarchie, einst die erste Macht in Europa, trotz des Verbotes der Freimaurerei unter feudal-jesuitischer Herrschaft im Zeitraum von 100 Jahren dem Nieder- und Untergang verfiel, ist die Vereinigte Staaten-Republik im gleichen Zeitraum zur zweitgrößten Erdenmacht, zum reichsten Lande emporgestiegen, das im Friedensschluss ein neues Völkerrecht vorzuschreiben sich anschickte. Und alle Reichsdeutschen – auch die Nichtfreimaurer – erhofften gerade von der Einsicht und dem Einfluss des Freimaurers Wilson, dass Deutschland nicht zum leiblichen und geistigen Hungertode verurteilt, sondern vor dem wirtschaftlichen und politischen Untergang bewahrt werde. Alle anderen Herrscher, auch der Papst mit seinen italienischen Kardinälen wollten oder konnten uns nicht vor dem Fegfeuer und der Hölle retten, die uns der Marschall Foch und sein General Noudent, zwei ultramontan gesinnte Nichtfreimaurer, zugedacht haben.
Richtig ist, dass die Freimaurerlogen von Italien und Frankreich die dortigen Revolutionen vorbereitet haben und auch die größten Hetzer zum und im Weltkrieg waren. Aber die deutschen Logen können mit gutem Gewissen versichern, dass sie keine derartige Politik getrieben haben. Allerdings haben sie ihre Abgesandten zu den freimaurerischen Weltkonferenzen geschickt, aber man hat nie von ihnen gehört, dass sie dort die Weltrepublik ausgerufen haben. Das haben von jeher die deutschen Sozialdemokraten getan, aber sie wurden im Weltkrieg von den Genossen aller anderen Länder im Stich gelassen. Die italienischen und französischen Patrioten unter den Freimaurern hingegen, die ihr Vaterland größer machen wollten, haben ihren Zweck erreicht, während jene Reiche, die von Nichtmaurern geleitet wurden – Deutschland, Österreich, die Türkei und Russland – verkrachten.
In seinem Buch über die Freimaurerei kommt Dr. Wichtl auch auf die Formalitäten beim Eintritt in die Loge, namentlich auf das Gelübde der Verschwiegenheit, zu sprechen, bei dessen Erklärung in manchen Logen eine altertümliche peinliche Eidesformel wiederholt werden muss. Der Verfasser scheint einen besonderen Wert auf derartiges und anderes Zeremoniell zu legen, das man übrigens auch bei Gesellschaften von Nichtfreimaurern antrifft. Das Schweigegebot selbst ist wohl ein gutes Erziehungsmittel, das auch sonst im Leben der Deutschen, im geschäftlichen wie im sozialen Leben mehr beobachtet werden sollte, denn es ist eine alte Erfahrung, dass deutsche Männer häufig redseliger und schwatzhafter sind als Frauen. Was uns Dr. Wichtl noch über die inneren Einrichtungen der Loge, die Gebräuche und Sinnbilder erzählt, ist allen Gebildeten und namentlich jenen wohlbekannt, die die Geschichte der mittelalterlichen Werkmaurer kennen. Die in Würzburg unter dem Schutz der Kirche bestandene Lukasbruderschaft hatte ungefähr die nämlichen Gebräuche, Schlagworte, Zeichen und Symbole wie die heutige Loge. Sie waren eben ein Gemeingut aller Bauhütten von England bis nach Oberitalien, von Flandern bis nach Polen und von Schweden bis nach der Schweiz. Die Bauhütten waren eben, wie die Künste und die katholische Kirche, international.

Der Verfasser Dr. Wichtl erwähnt auch die Geheimgrade in gewissen ausländischen Logen. Die so genannten schottischen Logen zählen gar 33 solche Geheimgrade. Diese Gliederung ist aber nichts als der Auswuchs menschlicher Eitelkeit. In Amerika ist das maurerische Zeremoniell vielfach zu einem wahren Hokuspokus ausgeartet. In den regelrechten deutschen Logen ist man aber von den Irrwegen der Rosenkreuzer-Logen, die, nebenbei bemerkt, von den Jesuiten beherrscht und als Mittel zu ihren Zwecken benutzt wurden, zur Einfachheit und zur alten Einteilung in Lehrlinge, Gesellen und Meister zurückgekehrt, die allesamt durch Unterordnung und Selbsterkenntnis zur sittlichen Veredlung und Vollendung streben sollen. Das waren auch die Grundsätze der keltischen Druiden, der altgriechischen Philosophen und jüdischen Essäer, bei denen Jesus in die Schule gegangen sein soll. Wenn man die inneren geistigen Zusammenhänge in der Entwicklungsgeschichte des Geistes und der Religion kennt, wundert man sich weder über die Erscheinung der Freimaurerei, noch über deren menschliche Mängel und Auswüchse, die wir auch in der Kirchengeschichte in noch viel stärkerem Ausmaß treffen.
Herr Dr. Wichtl behandelt dann in einem eigenen Kapitel „Freimaurerei und Christentum“. Es ist richtig, wenn er über französische Logen sagt, dass sie den Glauben an Gott und Unsterblichkeit aus ihren Statuten und Ansprachen ausmerzen. Als die Großloge von Frankreich dies tat, brachen die englischen und die deutschen Logen ihre Beziehungen zu dem französischen „Grand Orient“ ab. Viele deutsche Logen schwören heute noch beim „Allmächtigen Baumeister der Welt“, oder dem „Dreifach großen Baumeister des Weltalls“ und in der Unterweisung der Lehrlinge durch die Meister kehrt der uralte Werkspruch wieder: „Ohne Gottes Gunst all Bau’n umsunst“. Die deutschen Logenredner halten auch den idealen Glauben an die Unsterblichkeit fest. Wohl gibt es unter den Maurern auch Andersgläubige, die nicht an alle Dogmen glauben, die ihnen zu glauben vorgestellt werden. Das kommt aber sogar bei Leuten vor, die allsonntäglich in die Kirche laufen und äußerlich die gläubigen Christen markieren. Die freimaurerische Zeitschrift „Herold“ bezeichnet andererseits den Ultramontanismus als den Feind, der gebrochen werden soll; dieses Ziel beruht jedoch auf Gegenseitigkeit, denn die Jesuiten predigen die gleiche Vernichtung nicht bloß für die Freimaurer, sondern auch für die Protestanten. Aber sie leben noch alle und mehren sich.
Die italienischen Freimaurer, die unter Leitung von Mazzini, Garibaldi und Cavour die Einigung Italiens betrieben, haben sogar dem Papsttum den Tod angekündigt und alle Logen der ganzen Welt zum Kampf gegen den römischen Stuhl aufgefordert. Aber auch dieser besteht noch immer und mit der Beseitigung seiner weltlichen Macht ist sogar sein moralisches Ansehen noch erheblich gestiegen. Papst Pius IX., der zwar kein Mann von hoher wissenschaftlicher Bildung war, aber gelegentlich treffende Witze zu machen verstand, meinte sogar einmal, als ein deutscher Prälat gegen Garibaldi loszog: „Beruhigen Sie sich, ich fürchte mir nicht vor dem alten Guiseppe (Josef), er ist im Grunde doch ein guter Kerl“. Ebenso wie der Papst sprach manchmal auch Garibaldi von Pius IX. Die beiden Italiener kannten eben besser einander als die deutschen Diplomaten vor dem Weltkrieg ihre welschen Kollegen. Wenn gar italienische Freimaurer von „Satan dem Großen“ als dem

modernen Weltenregierer reden, so sollte Herr Dr. Wichtl angesichts der Zustände, die nicht bloß in Österreich und Ungarn sondern auch in Deutschland herrschen, über die italienischen Bocksprünge so wenig staunen wie darüber, dass der zum Bürgermeister von Rom erwählte Freimaurer Nathan den Religionsunterricht in den Schulen abgeschafft hat. Gleiches war auch in neuester Zeit sogar im frommen Lande Bayern unter der Regierung von Nichtfreimaurern angekündigt worden. In Rom hatte die Maßregel wenigstens das Gute, dass die dortigen bequemen Geistlichen nun selber um den Religionsunterricht sich kümmern müssen.

Mit Nathan dem Römer kommen wir zu dem Kapitel „Freimaurerei und Judentum", dem Herr Dr. Wichtl eine besonders eifrige Beachtung schenkt. Wir bemerken aber gleich, dass Nathan kein Vollblutjude, sondern ein Bastard ist, nämlich ein Sohn Mazzinis aus einer ungesetzlichen Verbindung mit einer Jüdin namens Nathan. Sein Vorfahre als Großmeister der italienischen Logen war der Jude Lemmi. Dass in Italien, wo die Zahl der jüdischen Einwohner nicht besonders groß ist, Juden an der Spitze der ersten Logen stehen, kommt daher, dass der italienische Adel, der früher alle hervorragenden Stellen in den bedeutenden Gesellschaften und Städten inne hatte, geistig degeneriert ist oder mit der hohen Klerisei eine Art Lebens- und Unfallversicherung auf Gegenseitigkeit geschlossen hat. Diese wird aber bei der bald kommenden sozialen Revolution in Italien völlig verkrachen, wenn auch die dortigen Freimaurer im großkapitalistischen Interesse den Großgrundbesitz nicht an seine armen Bebauer aufteilen lassen wollen. Diese Aufteilung wird aber trotzdem kommen.

In Deutschland sind die Freimaurer im Allgemeinen keine grundsätzlichen Gegner dieser sozialen Maßregel, die bei uns kein solch dringendes Gebot der Gerechtigkeit und Menschlichkeit ist wie in Italien, Spanien, Rumänien, Ungarn, Böhmen und Russland. Auch die jüdischen Freimaurer in Deutschland nehmen hierbei keine Rücksicht auf jene jüdischen Großkapitalisten, die große Landgüter und Jagdgebiete in ihren Besitz gebracht haben. Allerdings standen auch bei uns Juden an der Spitze der revolutionären Umwälzung, aber die Eisner, Landsberg, Cohn, Levien, Landauer usw. sind so wenig Freimaurer wie die russischen Bolschewisten Lenin, Trotzki, Radek und Konsorten. Die Juden, die in der deutschen Freimaurerei eine Rolle spielen, neigen mehr zur feudalen Aristokratie als zur blutroten Demagogie. Übrigens ist die Zahl der Juden in den meisten deutschen Logen eine sehr beschränkte.

Herr Dr. Wichtl beurteilt als Deutsch-Österreicher die Freimaurerei offenbar zu stark nach den Bildern und Figuren, die die ungarischen und tschechischen Logen stellen. Wir geben gerne zu, dass diese ebenso wie jene in romanischen Ländern und Serbien revolutionäre Politik getrieben haben, aber wenn der Verfasser in den deutschen Logen republikanische Brutnester sucht, so vergreift er sich an Unschuldigen. Im Großen und Ganzen war die deutsche Maurerei von jeher monarchistisch gesinnt, vor allem die von der alten Berliner Großloge abhängigen Organisationen. Gab es auch unter ihnen solche Mitglieder, die theoretisch zu republikanischen Ansichten neigten, so duldete es ihre preußische Erziehung, Stellung und Umgebung nicht, dass sie ihre antimonarchischen Gesinnungen vor dem versammelten Volk offenbarten. Die Frankfurter Logen allerdings, an deren Spitze bei Kriegsausbruch Bruder

Kohn stand, waren von anderer Qualität und schon international angesteckt, aber der Austritt zahlreichen Logen aus dem unter Kohns Direktorium stehenden „Eklektischen Bunde“ widersagt der Anschauung von einer revolutionären Verseuchung der deutschen Freimaurerei. (Kohn selbst ist übrigens kein Jude. D. V.) Überhaupt war diese niemals dem Radikalismus zugetan. Daran hinderte sie schon die soziale Zusammensetzung in der Vergangenheit, da früher nicht bloß die Könige von Preußen und andere Sprösslinge alter Dynastengeschlechter, sondern auch adelige Fürstbischöfe wie die Würzburger Graf Seinsheim und Franz Ludwig von Erthal ihr zugehörten.
In späterer Zeit bis in unsere Tage saßen meist nur Mitglieder der besitzenden und sozial gehobenen Stände in den Logen und auf den Meisterstühlen. Die deutschen Logen bewahrten sozusagen eine standesgemäße Ausschließlichkeit, die freilich nicht zur Erhöhung ihres Geistespegels beitrug und bei all ihren gemeinnützigen und wohltätigen Bestrebungen ihren Einfluss zurückdämmte. Nicht ganz mit Unrecht wurden denn auch bei den großen Freimaurerkongressen die deutschen Brüder von den französischen und italienischen Maurern mehr oder minder zart daran erinnert, dass sie eigentlich noch sehr rückständig seien und den Zeitgeist nicht erfassen könnten. Sie konnten eben nicht aus ihrer Haut fahren. Das deutsche Bürgertum, aus dem sich die Freimaurerei größtenteils rekrutiert, war eben schon zufrieden, wenn es seine königliche Ruhe hatte. Diese Art seiner Politik hat es fertig gebracht, dass es bei Errichtung der Republik von der Mitregierung und Mitberatung der öffentlichen Angelegenheiten völlig ausgeschaltet schien.
Herr Dr. Wichtl schreibt zwar dem Freimaurertum im Allgemeinen zu, dass es die Weltrevolution herbeigeführt habe, um die Weltrepublik zu errichten. Die deutsche Freimaurerei ist aber unschuldig daran. Und diese Unschuld ist heute beinahe zu beklagen. Denn hätte unser Freimaurertum seine Macht und Mittel anders gebraucht und nach dem Beispiel seiner romanischen und angelsächsischen Brüder seine Verbindungen und Einflüsse auf das Ausland und dessen Presse erstreckt, statt hinter verschlossenen Türen Biedermeierei und Hurrapatriotismus zu treiben, dann wäre es vielleicht eher imstande gewesen, entweder den Krieg oder den Gewaltfrieden zu verhüten, der uns von dem der Freimaurerei nicht nahe stehenden General Foch aufgezwungen wurde.
Unser österreichischer Stammesbruder Dr. Wichtl kommt zu dem Schluss, dass der französischen, italienischen, serbischen Freimaurerei eine Hauptschuld am Weltkrieg zukommt, dass es aber den Freimaurern nicht um einen Weltkrieg mit seinen furchtbaren Verheerungen und Verwüstungen zu tun war, sondern um eine Weltrevolution, die ihre Ideale, vor allem den Sturz der europäischen Dynastien und die Einführung der Weltrepublik verwirklichen sollte. Herr Dr. Wichtl findet nun, dass das Friedensprogramm Wilsons den freimaurerischen Zielen entspricht. Neu ist aber auch dieses Programm nicht, denn es ist schon (Vergleiche den Abschnitt „Illuminaten“) in den Hauptzügen vor mehr als 130 Jahren von dem bayerischen Bruder „Spartakus“, dem Gründer des freimaurerischen Illuminatenordens Dr. Adam Weishaupt, der wie Wilson Universitätsprofessor war, aufgestellt worden. Ob es verwirklicht werden wird, das wird selbst Wilson nicht behaupten wollen.

Jetzt – schreibt Dr. Wichtl – ist aber der Tag gekommen, den die Freimaurer so lange erwarteten, so heiß ersehnten. Der Tag, von dem der Franzose Frankolin beim Freimaurerkongress 1889 in Paris gesagt hat, dass „alle Enterbten befreit, alle Ungerechtigkeiten gesühnt, alle Vorrechte beseitigt, alle vergewaltigten Länder ihr Selbstbestimmungsrecht wieder erhalten sollten“. Damit, meint Dr. Wichtl, wäre das „glanzvolle Zukunftsideal“, das den Freimaurern vorschwebte, erreicht. Wir Bayern hätten gar nichts dagegen, wenn dies so wäre, und wir würden dann den Freimaurern für das ganze Sündenregister, das ihnen Dr. Wichtl aufbindet, eine Generalabsolution samt einem vollkommenen Ablass auf ein weiteres Jahrhundert erteilen.

Nur Eines wundert mich bei allen Angriffen wider das Freimaurertum, dass die Wichtl, Gruber und wie sie alle heißen, den seit einem Jahrhundert wieder erstandenen Druidenorden in Ruhe lassen, obschon auch er ein internationaler Geheimbund ist, viele Hunderttausend Mitglieder zählt und ebenfalls eine ähnliche Lehre hat. Es wäre allerdings sonderbar, wenn Jesuiten oder andere Anhänger christlich-deutscher Kirchen den Druidenorden ebenso wie den Freimaurerorden als eine Ausgeburt der Hölle anschwärzen würden. Denn der Name Kirche (schweizerisch Kylche) ist ein Taufzeugnis. Er stammt nicht etwa von dem griechischen Wort Küriake ab – bei uns gab es nie griechische oder orientalische Missionare – sondern von dem Worte Kyrch oder Kerk, dem Tempelsteinkreis, in dem die Druiden ihre Versammlungen und Gottesdienste abgehalten haben. Nach der Lehre des Druidenordens beruht das Glück auf einem veredelten Menschentum. „Der Wert eines Menschen ist unabhängig von religiösen und politischen Dogmen, unabhängig von materiellem Reichtum, unabhängig von Rang und Stand, den der Einzelne in der Gesellschaft einnimmt. Die Mitglieder, die sich untereinander Brüder nennen, achten die Konfession eines Jeden als privates Eigentum und erwarten, dass jeder ein guter Bürger seines Vaterlandes sei. Die Bruderliebe soll sich betätigen im Verkehr der Brüder, in der Fürsorge für die Kranken und notleidenden Brüder bis an das Grab, und in der Sorge für die Witwen und Waisen der Brüder noch über das Grab hinaus. Die Druiden fördern das Edle und Gute auch außerhalb des Ordens, soweit die ideellen und materiellen Mittel des Ordens solches gestatten; sein weiteres und höchstes Ziel ist die Mitarbeit an der Erziehung des Menschengeschlechtes überhaupt.“ In einem vor mir liegenden Druidenbuch eines Deutsch-Amerikaners steht als Motto der Spruch unseres Dichters Schiller:

Festen Mut in schweren Leiden,
Hülfe, wo die Unschuld weint,
Ewigkeit geschworenen Eiden,
Wahrheit gegen Freund und Feind.
Männerstolz vor Königsthronen, –
Brüder, gält es Gut und Blut, –
Dem Verdienste seine Krone,
Untergang der Lügenbrut!

Der moderne Druidenorden hat wie der alte drei Grade: der Ovatengrad als derjenige der Erkenntnis und des Wissens, der Bardengrad als der des Gefühlslebens und der

Druidengrad als derjenige des Wollens. Die Arbeitsstätten des Ordens werden Haine genannt. Das Ritual des Ordens ist alt, aber in moderne Formen gekleidet. Im Gegensatz zu anderen geheimen Gesellschaften mit mehr oder minder starren Systemen unterscheidet sich der Druidenorden durch seine ebenso einfachen wie bedeutungsvollen Formen, die den Sitten und Gebräuchen des modernen gesellschaftlichen Lebens angepasst sind. Ausgeschlossen von den Versammlungen sind konfessionelle und parteipolitische Zänkereien. Duldsamkeit, Wohltätigkeit, Sittlichkeit, Veredlung, Bruder- und Vaterlandsliebe sind die leitenden Beweggründe des deutschen Druidenordens. Die größte Mitgliederzahl hat der Orden in Amerika und in England, doch besteht auch in Deutschland eine größere Anzahl von werktätigen Hainen. Als Organ besteht die 1898 von Christian Schuh gegründete Deutsche Druidenzeitung. Ihr jetziger Schriftleiter, Hans Peters, wohnt in Kiel, Hasteldieksdammerweg 48.
Der zahlreichste Geheimorden ist wohl der der Odd Fellows in den Vereinigten Staaten, der mehr als anderthalb Millionen Mitglieder zählt und dort in mancher Beziehung einen größeren Einfluss ausübt als selbst die Freimaurer und Dutzende von anderen Geheimbünden, die dort ein vielseitiges Dasein führen, ohne dass sie solchen wüsten Angriffen und Verfolgungen ausgesetzt sind wie bei uns die Freimaurer. Dieser Unterschied mag darin seine Erklärung finden, dass die Grundlage der ersten Verfassung der Vereinigten Staaten die Glaubensfreiheit zur Grundlage des staatlichen Zusammenlebens erhob, während bei uns ein Jahrhundert lang der Glaubenszwang und deren Vertreter das öffentliche Leben beherrschten. Unter dieser Überlieferung leidet Deutschland wie Österreich noch heute und ihr verdanken auch Erscheinungen wie das Buch Wichtls ihre Verbreitung. Deutschland ist zwar heute dem Namen nach eine Republik wie Amerika, aber dass zum Republikaner auch die Meinungsfreiheit gehört, das geht selbst radikalen Parteipolitikern nicht in den Sinn. Die Jesuiten sind nicht die einzigen, die es nicht ertragen können, dass andere nicht nach ihrer anerzogenen Schablone denken.
Gute Gedanken lassen sich aber durch alle Angriffe, Verlästerungen, Verleumdungen und Verfolgungen nicht ausmerzen. Sie feiern immer wieder eine Auferstehung. Dafür zeugt die Geschichte des Druidenordens, der nun auch nach dem Vorgang Amerikas und Englands auch in anderen Ländern germanischer Rasse, zumal in Deutschland, eine wachsende Verbreitung gefunden hat. Über die im deutschen Druidenorden herrschende Sinnesart gibt der Vorschlag eines Druiden Auskunft, der meinte, man sollte am Eingang eines Druidenheims den Spruch des heiligen Bernhard anbringen, den er seinem Kloster gewidmet hat:

Latein:	Deutsch heißt das:
Bonum est hic esse.	Gut ist es sein in diesem Heim.
Nam homo vivit hic purius	Denn der Mann lebt hier reiner,
Quiescit securius	Ruht sorgenloser,
Cadit rarius	Fällt seltener,
Resurgit facilius	Steht leichter wieder auf,
Incedit cautious	Schreitet sicherer einher
Moritur fidentius.	Und sieht zuversichtlicher dem Tod entgegen.

Anhang: Verzeichnis der Logen und der Versammlungen des deutschen Druiden-Ordens (V. A. O. D.)

Aus der Ausgabe 1927/28 von Br. Edwin Plasnick, Aue im Erzgeb.

Altenburg (Thür.): **Zur alten Burg**. Ernststr. 15.
1. und 3. Montag im Monat. Ernst Häußer, Zwickau, Parkstraße 12.

Altona (Elbe):
1) **Artus**. Behnstr. 30 * Freitag. Rob. Prinz, Altona (Elbe), Gr. Johannesstr. 66.
2) **Fingal**. Behnstr. 30.
Dienstag. W. Hollwanger, Hamburg 25, Borgfelder Str. 30.
3) **Graf Blücher**. Behnstr. 30.
Donnerst.. L. Heidenreich, Altona, Roonstr. 18.
4) **Wolfg. Goethe**. Behnstr. 30. * Mittw.. F. Vogt, Hamburg 22, Wagnerstr. 58.
5) **Gorch Fock**. Behnstr. 30.
Montag. R. Sommer, Altona, Wilhelmstraße.

Anklam: **Judica zum Heil**. Logenheim, Stettiner Str. 22.
Mittwoch. Max Bartelt, Anklam, Am Schülerberg 14.

Annaberg (Erzgeb.): **Barbara Uttmann**. Lindengarten, Adam-Ries-Straße 3/5.
Montag. Martin Geißler, Annaberg, Geyersdorfer Str. 2.

Aue (Erzgeb.): **Glückauf**. Hotel Burg Wettin, Bahnhofstr. 25.
Mittwoch. Edwin Plasnick, Aue (Erzg.), Goethestraße 10.

Aschaffenburg: **Spessart**. Gesellschaftshaus Frohsinn, Weißenburger Straße.
Montag. Gustav Röder, Aschaffenburg, Äußere Glattbacher Straße 61.

Augsburg: **Fuggerhain**. Lutzstraße 6. * Jeden 2. Freitag. Max Denk, Frickingerstraße 9 II.

Bad Doberan (Meckl.): **Pribislav**. * Mittwoch. R. Hamke, Bad Doberan.

Bad Nauheim: **Zu den drei Sprudeln**. Restaurant Schweizerhaus.
Dienstag. Heinrich Etzel, Bad Nauheim, Reinhardstraße 6.

Barth: **Barthica zur Wahrheit**. Burgrestaurant, Tredin Nr. 2.
Donnerstag. Karl Worm, Barth, Lange Straße 26.

Bautzen: **Zu den 3 Steinen**. Gasthaus Goldener Adler, Hauptmarkt 4.
Montag. Kurt Lahode, Bautzen, Nouartstraße 16.

Beierfeld (Erzgeb.): **Zur Feierschicht**. Hotel Erzgebirgischer Hof.
1. und 3. Montag im Monat. Karl Veitel, Bermsgrün bei Schwarzenberg.

Bergen (Rügen): **Rugard zur Höhe**. Hotel Prinz von Preußen.
Mittwoch. Gottfried Godglück, Bergen (Rügen).

Berlin N 54:
1) **Dodona**: Kl. Auguststraße 14.
Mittwoch. Willi Drößler, Berlin O 37, Romintener Straße 4.
2) **Columbus**. Kl. Auguststraße 14.
Dienstag. Franz Schulze, Berlin SW 61, Waterlooufer 1.
3) **Zu den 7 Sternen**. Kl. Auguststraße 14.
Freitag. Alfred Huß, Berlin W 57. Kurfürstenstraße 7.
4) **Zur Eintracht**. Kl. Auguststraße 14.
Donnerstag. Peter Leufen, Berlin O 34, Bromberger Str. 9.
5) **Zur Treue**. Kl. Auguststraße 14.
Montag. Walter Tesch, Berlin-Pankow. Bingstraße 1.
6) **Baldur zum Frieden**. Kl. Auguststraße 14.
Donnerstag. Ernst Bock, Berlin SW 19, Kommandantenstraße 22.
7) **Melantius**. Kl. Auguststraße 14.
Montag. Oskar Jacob, Berlin SW 19, Alte Leipziger Straße 10.
8) **Zur goldenen Sichel**. SW 47 Möckernstraße 68.

Dienstag. Gustav Seifert, Berlin O 112. Lenbachstraße 12.

9) **Arminius**. Kl. Auguststraße 14.
Freitag. Bruno Schlegel, Berlin W 35, Am Karlsbad 1a.

10) **Faust**. Kl. Auguststraße 14.
Dienstag. Bernhard Stahlschmidt, Berlin N 54, Neue Schönhauser Straße 14.

Berlin-Lichtenberg:

1) **Waldeck**. Knorrpromenade 2.
Mittwoch. Felix Lenz, Berlin-Lichtenberg, Irenenstraße 5.

2) **Kronprinzen**. Knorrpromenade 2.
Dienstag. Theodor Buchholz, Berlin-Karlshorst, Gundelfingener Straße 4.

3) **Vesta**. Knorrpromenade 2.
Montag. Paul Schelanske, Berlin C 2, Klosterstraße 99.

Berlin-Neukölln:

1) **Kaiser Wilhelm**. Goethestraße 7.
Donnerstag. Jahn Winsch, Berlin-Neukölln, Hohenzollernplatz 1.

2) **Ordensmeister**. Goethestraße 7.
Dienstag. Rudolf Bosse, Berlin-Neukölln, Kaiser Friedrich-Straße 17.

3) **Berolina**. Goethestraße 7. * Freitag. Paul Lene, Berlin SO 16, Engelufer 30.

4) **Beethoven**. Goethestraßc 7.
Mittw. Max Wahl, Berlin SO 36, Str. 42, Nr. 1.

Berlin-Schöneberg:

1) **Merlin zur Freundschaft**, Hauptstraße 44.
Mittwoch. Erich Hasse, Berlin-Steglitz, Am Fenn 1.

2) **Odin**. Hauptstraße 44.
Donnerstag. Paul Wiechert, Berlin-Friedenau, Hauptstraße 71.

Berlin-Spandau:

Zur Wahrheit. Neumeisterstraße 5.
Donnerstag. Artur Völkel, Berlin-Charlottenburg, Neidenburg-Allee 49.

Berlin-Steglitz:

Theodor Körner. Bornstraße 1.
Dienstag. Richard Salomon, Berlin-Steglitz, Fichtestraße 3.

Bernburg:

Fürst Wolfgang. Sedanplatz 6.
Dienstag. Oskar Meier, Bernburg, Grönererstr., Beamtenhaus der Heilanstalt.

Bochum:

Herologe. * Donnerstag. Hans Überdick, Weitmar bei Bochum, Oststraße 10.

Brandenburg a. H.:

Roland. Wilhelmsdorfer Str. 74.
Dienstag. Fritz Borowy, Brandenburg a. H., Hauptstraße 8.

Braunschweig:

1) **Heinrich der Löwe**. Druidenheim, Kasernenstraße 7.
Mittwoch. Fritz Ruthmann, Braunschweig, Kaiser-Wilhelm-Straße 69.

2) **Herzog Oels**. Druidenheim, Kasernenstraße 7.
Dienstag. Henry Zerries, Braunschweig, Helmstedter Straße 75.

3) **Brunonia zur Wahrheit**. Druidenheim, Kasernenstraße 7.
Donnerstag. Wilhelm Strübing, Braunschweig, Helenenstraße 12.

Bremen:

1) **Weser**. Logenhaus, Humboldtstraße 30.
Montag. Charles Charbonnier, Bremen, Altonaer Straße 20 II.

2) **Wingolf**, Logenhaus, Humboldtstraße 30.
Mittwoch. Rolf Schwitters, Bremen, Lerchenstraße 31.

3) **Zum Gral**. Logenhaus, Humboldtstraße 30.
Donnerstag. Georg Lindemann, Bremen, Treseburger Straße 3.

Bremerhaven:

Walhalla. Bürgermeister-Smidstr. 53 II.
Dienstag. Christian Goltermann, Wesermünde, Ludwigstraße 4.

Breslau:

1) **Friedrich III**. Schweidnitzer Straße 37.
Freitag. Leopold Schwertner, Breslau, Malteserstraße 18.

2) **Vier Säulen**. Schweidnitzer Straße 37.
Montag. Oswald Schubert, Breslau, Freiburger Straße 14.

3) **Holtei**. Schweidnitzer Straße 37.
Donnerstag. Georg Jezierski, Breslau, Zehnerstraße 14.

Bütow: **Stern im blauen Ländchen**. Logenheim, Sepnitzstraße 1.
Donnerstag. Dr. Karl Mückley, Bütow, Kirchenstraße 10.

Buxtehude: **Norma**. Bahnhofshotel. * Mittwoch. Edmund Diesel, Buxtehude-Altkloster.

Celle: **Ernst der Bekenner**. Allerklub. * Montag. Ludwig Döpke, Celle, Blumlage 43a.

Chemnitz:
1) **Hertha**. Langestraße 11 I. * Montag. Willy Hertel, Chemnitz, Dietzelstr. 52.
2) **Hans Sachs**. Langestraße 11.
Dienstag. Dr. Gottlieb Sandel, Chemnitz, Dresdener Straße 44.

Cöthen: **Siebenbrünnen**. Rest. Felsenkeller, Ringstraße.
Dienstag. Otto Helbing, Cöthen, Baasdorfer Straße 6.

Cuxhaven:
1) **Nordsee**. Nordersteinstraße 10, Hotel zur Börse.
Freitag. L. Mauß, Cuxhaven, Schillerstraße 45.
2) **Licht zur Wahrheit**. Nordsteinstr., Hotel zur Börse.
Montag. O. Müller, Cuxhaven, Altenwalder Chaussee 16.

Cüstrin N: **Markgraf Hans**. Plantagenstraße 13.
Mittwoch. Gust. Schostag, Cüstrin N, Landsberger Straße 11.

Darmstadt: **Philipp der Großmütige**. Schulstraße 3.
Montag. Georg Heyl, Darmstadt, Wilhelminenstraße 31.

Demmin: **Freundestreue**. Hotel Stadt Potsdam.
Montag. Oskar Günther, Demmin, Baustraße 65.

Dessau: **Anhalt Treue**. Leopoldstr. 17/18 I.
Donnerstag. Josef Schmidt, Dessau, Marienstraße 16 II.

Dortmund:
1) **Rote Erde**. Rosental 9. * Dienstag. Gustav Andernach, Saarbrücker Str. 28.
2) **Westfalentreue**. Rosental 9.
Donnerstag. W. Breitgoff, Dortmund, Ostwall 51.
3) **Zum Freistuhl**. Rosental 9. * Freitag. Dr. Wilhelm Faubel, Ostwall 4.

Dresden-A.:
1) **Elbtal**. Humboldtstraße 5.
Dienstag. Rob. Großmeyer, Dresden-A., Räcknitzstraße 1.
2) **Zur Mistel**. Humboldtstraße 5.
Mittwoch. Georg Stöckert, Dresden-A., Röthnitzer Straße 28.
3) **Goethe**. Humboldtstraße 5.
Freitag. Rudolf Tilg, Dresden, Schlüterstraße 19.
4) **Kant**. Humboldtstraße 5.
Donnerstag. Walter Just, Dresden-A., Elsasser Straße 3.

Düsseldorf:
1) **Siegfried**. Sternstraße 32. * Donnerstag. Gustav Kluge, Golzheimer Platz 9.
2) **Avalun**. Sternstraße 32. * Freitag. Karl Trust, Oststraße 119.

Eibenstock (Erzgeb.): **Zur Eibe**. Bielhaus. * Montag. Oskar Göhler, Eibenstock, Vodelstraße 6.

Elberfeld: **Bergisch Land**. Kölner Straße 58.
Freitag. Heinrich Kobbe, Elberfeld, Charlottenstraße 73.

Elmshorn: **Elveshörn**. Logenhaus, Kaltenweide 75.
Montag. Rudolf Maaßen, Elmshorn, Friedensallee 100.

Erfurt: **Drei Gleichen**. Gartenstraße 63.
Freitag. Max Kirchhof, Erfurt, Gustav-Adolf-Straße 9.

Essen: **Hammer**. Kirdorfstraße 24. * Mittw. Wilhelm Benningkoff, Irmgardstraße 26.

Esslingen (Neckar): **Schwabentreue**. Augustinerstr. 22. [Handschriftlicher Vermerk]
Montag. Adolf Suppan, Entengraben 6.

Flensburg:
1) **Nordstern**. Logenhaus, Südergraben 39.
Freitag. Emil Detlefsen, Flensburg, Adelbyer Kirchenweg 8.
2) **Nordmark**. Logenhaus, Südergraben 39.

Montag. Christian Henningsen, Flensburg, Bremer Straße 4.
3) **Bruder Hermann**. Logenhaus, Südergraben 39.
Dienstag. Ernst Hartramph, Flensburg, Mathildenstraße 15.
4) **Nordische Treue**. Logenh., Südergraben 39.
Mittwoch. Albert Böhrnsen, Flensburg, Große Straße 29.

Forst (N.-L.): **Bieberstein**. Hotel Textil am Bahnhof.
Donnerstag. Albert Schimmack, Forst (N.-L.), Berliner Straße 66.

Frankenhausen (Kyffh.): **Barbarossa**. Kurhaus Frankenburg.
Max Krebs, Frankenhausen (Kyffh.), Klosterstraße 8.

Frankfurt a. M.: **Wilhelm Meister**. Marienstraße 17.
Donnerstag. Adolf Herms, Frankfurt am Main, Metzlerstraße 37.

Frankfurt a. O.: **Kleist**. Gr. Oderstr. 30 I.
Dienstag. Willi Richter, Frankfurt a. O., Gurschstraße 10.

Friedeberg (N./M.) **Deutschmeister.** Heyderstraße 1.
Donnerstag. Karl Littmann, Friedeberg N./.M., Kaiserstr. 12.

Gelsenkirchen: **Schwarzer Diamant**. Restaurant Heinrich Thiemeyer, Schalker Markt 10.
Mittwoch. Aug. Warm, Vereinsstr. 64.

Genthin: **Bismarck**. Am Markt 13. * Donnerstag. Wilhelm Kähne, Genthin, Bahnhofstr. 7.

Gera: **Hermann zur treuen Wacht**. Hotel Goldene Sonne.
Donnerstag. Otto Burkhardt, Gera, Humboldtstraße 8.

Gießen: **Kattentreue**.

Glauchau: **Irene**. Turnerstraße 20 I, Schankhaus Bauhütte.
1. und 3. Dienstag. Willy Engelmann, Glauchau, Kratzstraße 39.

Gleiwitz (Oberschl.): **Stern im Osten**. „Schützenhaus", Neue Weltstraße 55.
Dienstag. Gustav Nölscher, Gleiwitz, Löschstraße 13.

Gotha: **Gustav Freytag**. Schützenberg 6.
Montag. Rich. Neuland, Gotha, Alexandrinenstraße 2a.

Görlitz: **Zur Säule an der Landeskrone**. „Brauner Hirsch", Untermarkt.
Mittwoch. Otto Eckhardt, Görlitz, Steinstraße 1.

Greifenberg (Pom.): **Königstuhl im Regahain**. Hotel Bismarck, Am Markt.
Donnerstag. Wilhelm Voegler, Greifenberg (Pom.), Bismarckstraße 43.

Greifswald: **Hilda zum Hain**. Kurhaus, Parkanlagen I.
Freitag. Friedrich Hollnagel, Greifswald, Wilhelmstraße 25.

Grimmen: **Greif zur Wahrheit**. Rest. „Zur Traube".
1., 3. und 5. Mittwoch im Monat. Paul Hoff, Grimmen, Domstraße 42.

Großenhain i. Sa.:
1) **Zur heiligen Flamme**. Gastwirtschaft Logenheim.
Donnerstag. Hermann Bauer, Großenhain i. Sa., Herrmannstraße 10.
2) **Deutsche Hoffnung**. Gastwirtschaft Logenheim, I. Stock links.
Mittwoch. Ernst Böhm, Großenhain, Hindenburgstraße 26/28.

Guben (N.-L..): **Zur Hoffnung**. Engelmannsberg.
Mittwoch. Theodor Krüger, Guben (N.-L.), Lindengraben 4.

Hagen (Westf.): **Wittekind**. Ratskeller. * Freitag. Paul Trepper, Birkenhain 5.

Halle (Saale):
1) **Händel**. Gr. Ulrichstraße 10.
Donnerstag. Paul Schmidt, Halle a. S., Raffineriestraße 28a.
2) **Burg Giebichenstein**. Logenheim „Mars la Tour", Gr. Ulrichstr. 10.
Mittwoch. Max Schulze, Halle, Ludwig-Wucherer-Straße 6.

Hamburg:
1) **Germania**. Beim Strohhaus 80/82.
Montag. H. Spilcker, Hamburg 25. Beim Gesundbrunnen 28.

2) **Hansa**. Beim Strohhaus 80/82.
Donnerstag. M. Sörens, Hamburg 23, Marienthaler Str. 27.
3) **Brudertreue**. Beim Strohhaus 80/82.
Mittwoch. Karl Lichte, Hamburg, Auenstraße 37.
4) **Albis**. Beim Strohhaus 80/82.
Freitag. Heinrich Kruse, Hamburg, Valentiuskamp 10.
5) **Hammonia**. Beim Strohhaus 80/82.
Montag. Joh. Schmidt, Hamburg 30, Neumünster Straße 6.
6) **Ossian**. Beim Strohhaus 80/82.
Dienstag. W. Funk, Hamburg 30, Eppendorfer Weg 133.
7) **Heinr. Fricke**. Beim Strohhaus 80/82.
Dienstag. H. Borchers, Altona-Bahrenfeld, Juliusstraße 12.
8) **Alster**. Beim Strohhaus 80/82.
Mittwoch, R. Denker, Hamburg 23, Mittelstr. 1.
9) **Simon v. Utrecht**. Beim Strohhaus 80/82.
Donnerstag. O. Paul, Hamburg 22, Hamburger Straße 94.

Hanau a. M.: **Brüder Grimm**. Auheimer Weg 25.
Mittwoch. Fritz Frickel, Frankfurt a. M., Langstraße 23.

Hannover:
1) **Eos**. Logenheim, Bergmannstraße 4.
Donnerstag. Wilhelm Bühmann, Hannover, Roonstraße 13.
2) **Marschner**. Logenheim, Bergmannstr. 4.
Mittwoch. Friedrich Fredecke, Hannover, Hegelbläch 6.
3) **Alfadur**. Logenhaus, Bergmannstr. 4.
Montag. Hans Feld, Hannover, Halkettstraße 2.
4) **Zum Sterne Merlins**. Logenhaus, Bergmannstraße 4.
Dienstag. Hans Leinhos, Harnischstraße 2.
5) **Johann Duve**. Logenhaus, Bergmannstraße 4.
Freitag. Julius Kaminski, Hannover, Emmerberg 5.

Harburg (Elbe):
1) **Teutonia**. Lindenstr. 21a (Thüringer Hof).
Mittwoch. A. Weber, Harburg (Elbe), Bremer Str. 60.
2) **Johann Gottl. Fichte**. Lindenstraße 21a, Thüringer Hof.
Montag. E. Berkhahn, Harburg (Elbe), Postweg 10.

Heide i. Holstein: **Marsentreue**. Schumacherort 2.
Mittw., W. Schölermann, Heide i. H., Markt 9.

Heilbronn (Neckar): **Neckar**. Bergstraße 30a.

Helgoland: **Fosite**. Gastwirtschaft Nordseeluft. * Montag. C. Lührs, Helgoland, Melkersweg. * Freitag. Dr. Karl Frey, Allee 36.

Hettstedt: **Sonnenwende**. Markt 5. * Mittwoch. Philipp Wochner, Hettstedt, Markt 5.

Hildesheim: **Zum Kehrwieder**. Lindener Braustübl, Osterstraße 60.
Montag. Andreas Klapp, Ostertor 6.

Husum: **Friesentreue**. Thomas-Hotel, Großstr. 12/14.
Montag. Carl Carstens, Husum, Neustadt 26.

Kempten: **Algovia**. Lindauer Straße R 1/I.
Jeden 1. und 3. Mittwoch. Peter Herz, Frühlingsstraße 5.

Jarmen: **Tor zur Bruderliebe**. Logenheim, Neuer Markt 9.
Mittwoch. Georg Falk, Jarmen, Speicherstraße 12.

Innsbruck: **Hain Tirol**. Gastst. Maria Theresia. * Dienstag. Josef Swinty, Erlerstraße 4.

Itzehoe: **Sturia**. Logenhaus, Wilhelmstraße 7. * 1. und 3. Sonnabend im Monat, sonst Donnerstag jeder Woche. Georg Krumm, Itzehoe, Kasernenstraße 6.

Kiel:
1) **Holstentreue**. Logenhaus, Karlstraße 10.

Donnerstag. Herm. Osbahr, Kiel-Hassee, Wulfsbrook 38.
2) **Heimattreue**. Logenhaus, Karlstraße 10.
Mittwoch. Ernst Castagne, Chemnitzstraße 17.
3) **Holstenart**. Logenheim, Karlstraße 10.
Dienstag. Hans Lüdtke, Kiel, Knooper Weg 140c.

Königslutter: **Kaiser Lothar**. Stadtkeller.
Samstag. Heinrich Siedler, Königslutter, Braunschweiger Straße 1.

Königswusterhausen: **Zur Burg Wustrow**. Karlstraße 1. * Mittwoch nach dem 1. und 15. Max Krüger, Zeuthen i. Mark, Oldenburger Straße 1.

Königswusterhausen: **Deutsche Eichen**. Karlstraße 1. * Donnerstag nach dem 1. und 15. Gustav Pahl, Königswusterhausen, Hindenburgstraße 1.

Konstanz (Baden): **Bodensee**. Blarerstraße 20. * Montag. Michel Lemper, Turnierstr. 18.

Landsberg a. W.: **Hindenburg**. Richtstraße 58, Hotel Vater.
Freitag. Eduard Bartsch, Landsberg a. W., Richtstraße 32.

Landshut: **Trausnitz**. Brauerei Ainmiller. * Dienstag. Ludwig Kainz, Gries 48a.

Landeshut (Schles.): **Rübezahl**. Schlossweg 3. * Mittwoch. Alfred Vogt, Landeshut (Schl.), Markt 4.

Langenbielau (Schles.): **Graf Moltke**. „Hotel zur Post", Reichenbacher Straße 84.
Freitag. Gustav Laaß, Langenbielau, Gartenstraße 4d.

Lauenburg (Pom.): **Stern zur Löwenburg**. Verwiebs Hotel Königlicher Hof, Salvatorkirchplatz.
Donnerstag. Dr. Wilhelm Bartz, Lauenburg (Pom.), Paradenstraße 23.

Lauscha (Thür.): **Waldloge**, Zum Fridolin. * Donnerst. Dr. Rich. Schulz, Lauscha, Bahnhofstr. 24.

Leipzig:
1) **Humboldt**. Pfaffendorfer Straße, Zoologischer Garten.
Mittwoch. Max Richter, Leipzig O 40, Reitzenhainer Straße 43.
2) **Steinring**, Pfaffendorfer Straße, Zoologischer Garten.
Dienstag. Gustav Steyer, Leipzig W 31, Brockhausstraße 29.
3) **Richard Wagner**. Pfaffendorfer Straße, Zoologischer Garten.
Donnerstag. Max Fischer, Leipzig C 1, Prendelstraße 8.

Liegnitz: **Herzog Heinrich**. „Goldener Baum", Burgstr. 35.
Freitag. Alfred König, Liegnitz, Burgstraße 62.

Löbau i. Sa.: **Am Berg**. Äußere Bautzener Straße, 2995 Abt. A.
Mittwoch. Rich. Berthold, Löbau, Bahnhofstraße 25.

Lörrach (Baden): **Johann Peter Hebel**. Hotel Storchen.
1. und 3. Samstag. Heinrich Jucker, Turmringen bei Lörrach.

Lübeck:
1) **Teutates**. Marlesgrube 76, Druidenhaus.
Donnerstag. M. Rosenquist, Lübeck, Hüxstraße 118.
2) **Ostara**. Marlesgrube 76, Druidenhaus.
Freitag. F. Solveen, Lübeck, Hauptbahnhof.
3) **Zur Lübschen Ehr**. Marlesgrube 76, Druidenhaus.
Mittwoch. H. Lühr, Lübeck, Lachswehrallee 37.

Lüneburg: **Sülfmeister**. Logenheim im Ratskeller.
Montag. Wilh. Schöll, Lüneburg, Springintgut 21.

Luckenwalde: **Zur märkischen Erde**. Friedrichstraße 21, Hotel Stadt Magdeburg.
Am 2. und 4. Montag. Paul Hempel, Luckenwalde, Neue Bussestraße 18.

Magdeburg:
1) **Kaiser Otto**, Sachsenring 7 (Eingang Poltestraße).
Dienstag. Walter Loof, Magdeburg, Ludolfstraße 13 I.
2) **Otto von Guericke**. Sachsenring 7 (Eingang Poltestraße).
Montag. Alfred Ruthe, Magdeburg, Kühleweinstraße 24.

Mainz: **Hain getreuer Eckart**. Neutorstraße 14.

Montag. Karl Fresenius, Mainz-Mombach, Hauptstraße 57.

Malchin (Meckl.): **Obotriten**. Stelitzer Str. 6.
Sonnabend. A. Stibbe, Malchin (Meckl.), Steinstraße 5.

Mannheim: **Druidentisch**. Hotel National. * Montag.

Mansfeld: **St. Georg**. Ratskeller.
Dienstag. Karl Kessler, Bahnhof Leimbach bei Mansfeld.

Misdroy: **Pommerntreue**. „Kaffeehaus Fromann", Strandstraße 9.
Dienstag. Eduard Raetz, Misdroy, Seestraße 5.

München:
1) **Bavaria**. Wurzerstraße 8, Logenheim.
Dienst. Karl Keck, Jahnstraße 15 II r.
2) **Monachia**. Wurzerstraße 8, Logenheim.
Donnerstag. Hans Trudinger, Leopoldstraße 104 IV.
3) **Schiller**. Wurzerstraße 8, Logenheim. * Mittw. Karl Küther, Zieblandstr. 33.
4) **Parsifal**. Wurzerstraße 8, Logenheim.
Freitag. Julius Röver, Schyrenstr. 7 II.
5) **Wittelsbach**. Wurzerstraße 8, Logenheim.
Montag. Josef Wildmoser, Rosenheimer Straße 124.

Nebel a. Amrum: **Knut-Jungbohn**. Schulhaus. * Montag. Dr. B. Noltenius, Norddorf a. Amrum.

Neubrandenburg: **Burg zur Einigkeit**. Tivoli, Beguinen-Straße.
Freitag. Willi Wiese, Neubrandenburg, Kl. Wollweberstraße 21.

Neumünster: **Morvin**. Logenheim, Parkstraße.
Mittwoch. Wilh. Kall, Tungendorf bei Neumünster, Tungendorfer Straße.

Neusalz a. O.: **Friedrich der Große**. „Deutsche Reichshalle", Berliner Straße 59.
Dienstag. Albert Hoffmann, Tschiefer bei Neusalz a. O.

Niebüll: **Nordfriesia**. Logenhaus, Westersteig. * Freitag. Wilhelm Moseberg, Niebüll.

Nordenham-Atens: **Berwulf**. Logenheim. * Donnerstag. Karl Wilke, Vinnenstr. 26.

Nordhausen: **Johannes**. Hohensteinerstraße 19.
Mittwoch. Walter Eggert, Nordhausen, Gartenstraße 12.

Nürnberg:
1) **Burg Hohenzollern**. Lindenaststraße 8 I, Logenheim.
Dienstag. Ludwig Schmitt, Rieterstr. 11/9
2) **Hain zur Erkenntnis**. Lindenaststraße 8, Logenheim.
Donnerstag. Samuel Müller Arndtstraße 4 II.
3) **Nibelungentreue**. Lindenaststraße 8, Logenheim.
Freitag. Karl Hölbe, Mathildenstraße 31.

Oppeln: **Piasten**. „Café Kaiserkrone".
Freitag. Paul Splettstoeßer, Oppeln, Große Strehlitzer Straße 5.

Pasewalk: **Drei Greifen**. Hotel Edelweiß, Prenzlauer Straße 1.
Donnerstag. Willy Wähner, Pasewalk, Grünstraße 26.

Peine:
1) **Lessing**. Druidenheim, Hindenburgstraße 1.
Montag. Rudolf Nahlfes, Peine, Hohenzollernstraße 17.
2) **Gunzelin**. Druidenheim, Hindenburgstraße 1.
Dienstag. Martin Schöne, Peine, Breite Straße 57.

Petershagen: a. Ostbahn **Märkische Treue**, Bellevuestraße 14/15.
Mittwoch. Wilhelm Schmöker, Petershagen a. Ostbahn, Bruchmühlenstraße 26.

Pforzheim: **Schwarzwald**. Westl. Karl-Friedrich-Str. 28.
Freitag. Paul Wocke, Friedenstraße 42.

Pirna (Elbe): **Zum Schild Wettin**. Marktplatz 13.
Donnerstag. Paul Wachsmuth, Pirna, Gartenstraße 27.

Potsdam: **Königin Luise.** Hoditzstraße 4.
Donnerstag. Karl Bullert, Nowawes, Lützowstraße 58.

Prenzlau: **Gerechtigkeit.** Hotel Preußischer Hof, Vincentstraße.
Freitag. Hubert Dettmann, Prenzlau, Bergstraße 7.

Putbus (Rügen): **Rügentreue.** Hotel Deutsches Haus.
Dienstag. Wilhelm Kliefoth, Putbus (Rügen).

Pyritz: **Stern am Weizacker.** Logenheim, Soldiner Str.
Donnerstag. Georg Schrödter, Pyritz, Bergstraße 15.

Rendsburg:
1) **Reinholdsburg.** Logenh., Gerhardstr. 2.
Donnerstag. Claus Ehlers, Rendsburg, Moltkestraße 10 I.
2) **Gerhard der Große.** Logenheim, Gerhardtstraße 2.
Dienstag. H. Stabel, Rendsburg, Meynstraße 23.

Reutlingen:
1) **Achalm.** Nürtingerhofstraße 12.
Mittwoch. Fritz Hammer, Reutlingen, Plante 18.
2) **Friedrich List.** Nürtingerhofstraße 12.
Samstag. Wilhelm Fuchs, Reutlingen, Karlsstraße 39.

Ribnitz (Meckl.): **John Brinckmann.** Logenheim in der Bürgerhalle.
Donnerstag. P. Thrams, Ribnitz, Damgartener Chaussee.

Riesa (Elbe): **Zum Anker.** Hotel Höpfner, Bismarckstraße 13.
Mittwoch. Alfred Helemann, Riesa, Lauchhammerstraße 17.

Rostock (Meckl.): **Fritz Reuter.** Eselföter Str. 5.
Sonnabend, A. Heidenreich, Rostock, Eselföter Str. 26.

Sagard (Rügen): **Jasmund zur Treue,** Hotel Fürstenkrone.
Donnerstag. Ernst Eichblatt, Marlow bei Sagard (Rügen).

Saßnitz (Rügen): **Hertha zur Hoffnung.** Hotel Kaiserhof.
Montag. Paul Leßhaft, Saßnitz (Rügen), Villa Svea.

Schleswig: **Chemnitz-Bellmann.** Logenh., Lollfluß 96b.
Mittwoch. Hermann Herz, Schleswig, Hornbrunnen 8.

Schönebeck:
1) **Editha.** Breiter Weg 55/56.
Mittwoch. Gustav Hafften, Schönebeck, Steinstraße 16.
2) **Armin zur Treue.** Breiter Weg 55/56.
Dienstag. Paul Reyer, Schönebeck a. E., Steinstraße 35.

Schwäbisch Hall: **Comburg.** Hotel Adler. * Mittw. Christian Keefer, Schw. Hall, Marktstraße 4.

Schwerin (Meckl.): **Wenden.** Salzstr. 4 (Dabelsteins Gastwirtschaft).
Freitag. F. Brusch, Schwerin (Meckl.), Steinstr. 4.

Sonneberg (Thür.): **Jutta.** Schönbergstraße 10.
Mittwoch. Rudolf Weimershaus, Sonneberg, Georgstraße 15.

Stade: **Wigmodi.** Klubhaus. * Montag. F. Lange, Stade, Hauptbahnhof.

Stargard (Pomm.): **Herzog Barnim.** Logenheim, Wilmsstraße 17.
Freitag. Wilhelm Reisener, Stargard, Holzmarktstraße 26.

Stettin:
1) **Pommerania,** Druidenheim, Schlutowstr. 3.
Mittwoch. Franz Girr, Stettin, Auguststraße 5.
2) **Drei Ringe.** Logenheim, Schlutowstr. 3.
Donnerstag. Paul Kruse, Stettin, Schnellstraße 10.
3) **Hain zum Frieden.** Logenheim, Schlutowstr. 3.
Dienstag. Georg Bode, Stettin, Fritz-Reuter-Weg 50.

Stolp: **St. Georg zur Treue.** Kaufmannswallhaus, Am Wall, Ecke Bahnhofstraße.
Freitag. Friedrich Wilhelm Dircksen, Stolp, Bahnhofstraße 5.

Stralsund:	1) **Strela zur Treue**. Logenheim, Semlower Straße 18. Sonnabend. Karl Stahlberg, Stralsund, Peter-Blome-Straße 16. 2) **Baltica zum Frieden**. Logenheim, Badenstraße 35. Donnerstag. Hermann Hingst, Stralsund, Barther Straße 52. 3) **Hansentreue**. Logenheim, Badenstraße 35. Freitag. Otto Draeger, Stralsund, An der Fährbrücke 1a.
Stuttgart:	1) **Eberhard**. Untere Birkenwaldstraße 40a. Montag. Fritz Hornig, Hauptstätterstr. 57. 2) **Schubart**. Untere Birkenwaldstraße 40a. Dienstag. Albert Häußer, Stuttgart, Ludwigsburger Straße 17a. 3) **Wilhelm Hauff**. Untere Birkenwaldstraße 40a. Mittwoch. Hermann Walter, Stuttgart, Moltkestraße 58.
Swinemünde:	**Wiking zur guten Fahrt**. Logenheim, Wikinger Hof. Montag. Gustav Rothe, Swinemünde, Herrendörferstraße 3.
Treptow a. Toll.:	**Treptowia zur Einkehr**. Hotel Deutsches Haus, Oberbaustraße. Dienstag. Paul Tabbert, Treptow a. T., Feldstraße 25.
Uelzen:	**Löwenwolt**. Keglerheim Drei Linden. 2. u. 4. Dienstag eines Monats. Heinrich Peters, Uelzen, Gartenstraße 54a.
Uetersen (Holstein):	**Ueterst-End**. Lau's Gasthof, Kirchenstraße 27. Dienstag. Peter Hennings, Uetersen, Parkstraße 3.
Ulm (Donau):	**Uhland**. Donaustraße 8 I. Samstag. Eugen Hummel, Ulm (Donau), Peter-Schmid-Straße 9.
Unna i. W.:	**Stern am Hellweg**. Hotel Kunert. Freitag. W. Kolter, Unna i. Westf., Nordring 23.
Verden:	**Sachsentreue**. Hotel Germania. Samstag. Conrad Bohnsack, Verden, Burgberg 12A.
Waldenburg-Altwasser: (Schles.)	**Schlesiertreue**. Charlottenbrunnerstraße 1 II. Montag. Karl Birke, Waldenburg, Poststraße 21.
Warnemünde: (Meckl.)	**St. Christophorus**. Am Strom 107/108. Café Bechlin. Montag. O. Kasdorf, Warnemünde, Poststraße 1.
Weimar:	**Karl August**. Schießhaus. * Montag. Franz Elsner, Weimar, Herbststraße 26.
Wiesbaden:	**Taunus**. Tagt z. Zt. Hotel „Weiße Lilie", Häfnergasse 8. Mittwoch. Georg Friedmann, Dotzheim bei Wiesbaden, Wiesbadener Straße 71.
Wilhelmshaven:	1) **Jade**. Knorrstraße 13 II. Mittwoch. Wilhelm Erhorn, Wilhelmshaven, Roonstraße 130. 2) **Veritas**. Knorrstraße 13 II. Dienstag. Adolf Hofmann, Rüstringen, Herbertstraße 4.
Wilster:	**Auf der Wurt**. Lübbes Gasthof, Schmiedestraße 35. 1. und 3. Freitag im Monat. Hermann Schröder, Wilster, Neue Burger Straße.
Witten:	**Ruhrtal**. Hotel Borgmann. * Samstag. W. Hermanens, Bochum, Feldstraße 1.
Wittenberg: (Bez. Halle)	**Wilhelm Viktoria**. Lutherstraße 3/4 I. Freitag. Clemens Stitz, Wittenberg, Mittelstraße 27.
Wittenberge: (Bez. Potsdm.)	**Freya**. Bismarckstraße 14. Zur deutschen Eiche. A. Utermöhl, Wittenberge (Bez. Pdm.), Chausseestr. 5.
Woldenberg: (N./M.)	**Treudeutsch im Osten**. Richtstr. 47, Hotel Prinz von Preußen. Montag. Franz Unnasch, Woldenberg N./M., Wilferstaedtstraße.
Wolfenbüttel:	**Zur Bundestreue**. Logenhaus im Schloss. Donnerstag. Wilhelm Salfeld, Wolfenbüttel, Blücherstraße 27.

Wolgast: **Burg der Eintracht.**
Preußischer Hof, Bahnhofstraße 1. * Mittwoch. Ernst Wiese, Wilhelmstr. 62.

Wollin: **Vineta.** Georgenstraße 1. * Mittwoch. Otto Kätzmer, Wollin, Oberstraße.

Würzburg: **Burg Marienberg.** Harfenstraße 9.
Donnerstag. Willi Hitzler, Oberdürrbacher Straße 2 I.

Wyk a. Föhr: **Uthlande.** Logenhaus, Johannisstraße.
Montag. Egon Petersen, Wyk a. Föhl, Sandwall 70.

Zeitz:
1) **Kosmos.** Steinsgraben 31. * Mittwoch. Carl Schmidt, Zeitz, Kalkstr. 6.
2) **St. Michael.** Steinsgraben 31.
Dienstag. Arthur Wolff, Zeitz, Tröglitserstraße 14.

Zerbst: **Servesta.** Anhalter Hof, Markt 13.
Mittwoch. Arthur Köthmann, Zerbst, Neue Brücke 33.

Zürich: **Arnold Winkelried,** Malergasse 3.
Freitag. Julius Scheel, Zollikon b. Zürich, Seestraße 17.

Zwickau: **Osterland.** Moritzgrabenweg 8.
Montag. Max Rämisch, Zwickau, Römerplatz 9.

Oberste Ordens-Beamte:

HEGE: Br. Hugo Wiese, Hamburg 31, Lappenbergsallee 3. UEGE: Br. Paul Uhlmann, Leipzig, Stephanstr. 6. RGrSchrf: Br. Ernst Meyer, Hamburg 19, Bismarckstr. 6. RGrSchm: Br. Anton Setterl, München, Innere Wienerstr. 18.

Gl Hansa (32 Logen)

EGE: Dr. Hans Erichsen, Altona (Elbe), Kl. Gärtnerstr. 68; Gschrf Hermann Riefe, Altona, Kl. Gärtnerstr. 169; Gschm Hermann Wagenfeld, Harburg Moorstr. 12.

Altona 5
Bad Doberan
Buxtehude
Cuxhaven 2
Hamburg 9
Harburg 2
Helgoland
Lübeck 3
Lüneburg
Malchin i. Meckl.
Rostock
Ribnitz i. Meckl.
Schwerin
Stade
Warnemünde
Wittenberge, Bez. Potsd.

Gl Brandenburg (34 Logen)

EGE: Hugo Metzner, Berlin-Tempelhof, Berliner Str. 4; Gschrf August Wolff, Berlin-Friedrichsfeld, Berliner Str. 34; Gschm Max Lindemann, Berlin-Schöneberg, Helmstraße 10.

Berlin 10
Berlin-Steglitz
Berlin-Lichtenberg 2
Berlin-Neukölln 4
Berlin-Schöneberg 2
Berlin-Spandau
Brandenburg
Cüstrin-N
Forst i. L.
Frankfurt a. O.
Friedeberg i. M.
Guben i. L.
Königswusterhausen 2
Landsberg a. W.
Luckenwalde
Petershagen a. Ostbahn
Potsdam
Woldenberg i. M.

Gl Saxonia (25 Logen)

EGE: Jul. Mehnert, Leipzig S 3, Scharnhorststr. 24; Gschrf Bernh. Köhler, Leipzig-R., Hohenz.-Str. 17/III; Gschm Otto Burghardt, Dresden-A., Am See 26.

Altenburg	Eibenstock	Löbau i. Sa.
Annaberg	Gera-Reuß	Pirna a E.
Aue	Glauchau	Riesa
Bautzen	Großenhain 2	Schwarzenberg (Beierfeld)
Chemnitz 2	Lauscha i. Thür.	Sonneberg i. Thür.
Dresden 4	Leipzig 3	Zwickau i. Sa.

Gl Bayern (14 Logen)

EGE: Dr. med. Adolf Wachter, München, Rosenheimer Str. 113 II; Gschrf Peter Bürger, München, Linprunstr. 78/I; Gschm Adolf Böhme, München, Skellstr. 9a III.

Augsburg	Kempten	Nürnberg 3
Innsbruck	Landshut a. Isar	Würzburg
	München 5	Zürich

Gl Rheinland-Westfalen (12 Logen)

EGE: Leo Dummlert, Düsseldorf, Bahnstr. 2; Gschrf Walter Thurm, Essen, Kirdorfstr. 24; Gschm Theodor Krause, Bochum, Reichshof 13.

Bochum	Elberfeld	Hagen i. Westf.
Dortmund	Essen	Unna i. Westf.
Düsseldorf 2	Gelsenkirchen	Witten

Gl Provinz Sachsen (21 Logen)

EGE: Otto Patz, Magdeburg, Gr. Diesdorfer Str. 237; Gschrf Emil Heiß, Schönebeck. E. Markt 16; Gschm Carl Selle, Nordhausen, Hohensteiner Straße 16.

Bernburg	Gotha	Schönebeck a. Elbe 2
Cöthen i. A.	Halle a. S. 2	Weimar
Dessau	Hettstedt	Wittenberg, Bez. Halle
Erfurt	Magdeburg 2	Zeitz 2
Frankenhausen	Mansfeld	Zerbst
Genthin	Nordhausen	

Gl Schleswig-Holstein (20 Logen)

EGE Theodor Möller, Kiel, Krusenrotter Weg 40, Haus Poggfred; Gschrf Max Fiebig, Kiel, Bellmannstr. 16/III; Gschm N. H. Schmidt, Heide i. Holstein, Gr. Westerstraße 15.

Elmshorn	Kiel	Schleswig
Flensburg 4	Nebel a. Amrum	Uetersen (Hollstein)
Heide i. Holst.	Neumünster i. Holst.	Wilster
Husum	Niebüll	Wyk a. Föhr
Itzehoe	Rendsburg 2	

Gl Schlesien (11 Logen)

EGE: Gustav Vorweg, Breslau 16, Uferzeile 14/I; Gschrf Georg Tiße, Breslau 1, Hummerei 18/I; Gschm Paul Pinkert, Breslau 2, Tauntzienstr. 46/II.

Breslau 3
Gleiwitz, Ob.-Schl.
Görlitz
Landeshut i. Schl.
Langenbielau
Liegnitz
Neusalz a. O.
Oppeln
Waldenburg, Schl.

Gl Niedersachsen (23 Logen)

EGE: Rudolf Rahlfes, Berufsschuldirektor, Peine, Hohenzollernstr. 17; Gschrf Wilhelm Kamm, Stadtbürodirektor, Peine, Goethestr. 15; Gschm Karl Keitel, Kaufmann, Braunschweig, Adolfstraße 31.

Braunschweig 3
Bremen 3
Bremerhaven
Celle
Hannover 5
Hildesheim
Königslutter
Nordenham
Peine 2
Uelsen
Verden
Wilhelmshaven 2
Wolfenbüttel

Gl Schwaben (12 Logen)

EGE: Alfons Schwaier, Stuttgart, Falbenhennenstr. 12/I; Gschrf Paul Dieterich, Feuerbach-Stuttgart; Gschm. L. Kornmaier, Esslingen (Neckar) Dammstr. 14.

Esslingen a. N.
Heilbronn a. N.
Konstanz a. B.
Lörrach
Mannheim (Druidentisch)
Pforzheim
Reutlingen 2
Schwäbisch-Hall
Stuttgart 3
Ulm a. D.

Gl Rhein-Main-Gau (8 Logen)

EGE: Emil Steger, Darmstadt; Moserstr. 11; Gschrf Albert Theuerjahr, Darmstadt, Heidelberger Str. 6; Gschm Christian Litzinger, Bierstadt b. Wiesbaden, Wiesbadener Str. 19.

Aschaffenburg
Bad Nauheim
Darmstadt
Frankfurt, Main
Gießen
Hanau, Main
Mainz
Wiesbaden

Gl Pommern (30 Logen)

EGE: Carl Schröder, Stargard (Pom.), Stettinerstraße 40; Gschrf Bertold Beske, Stargard (Pom.), Zartziger Str. 32a; Gschm Emil Hartmann, Greifswald, Knopfstraße 35.

Anklam
Barth
Bergen a. Rügen
Bütow, Bez. Köslin
Demmin
Greifswald
Greifenberg
Grimmen
Lauenburg i. Pomm.
Misdroy
Neubrandenburg
Jarmen
Pasewalk
Prenzlau
Puttbus a. Rügen
Pyritz
Sagard a. Rügen
Saßnitz a. Rügen
Stargard
Stettin 3
Stolp
Stralsund 3
Swinemünde
Treptow a. Toll.
Wollin
Wolgast

Verwendete Schriften

Die Schriften von Römern und Griechen des Altertums, die Mitteilungen über die Druiden enthalten, sind folgende:

Julius Caesar de bello Gallico.
Pomponius mela de situ orbis.
Cicero de divinatione
Tacitus Germania – Annales – Historia – Agricola
Plinius Naturalis Historia
Lucanus Pharsalia
Suetonius Tiberius
Appianus Romanae Historiae
Tertullianus de animo – Apologiticus adversus gentes
Valerius Maximus Factorum dictorumque memorabilium libri IX
Juvenalis Satirae
Festus de verborum Significatu
Papinius Statius Silvarum libri IX
Diogenes Laertius de vitis clarorum philosophorum
Clemens Alexandrinus Stromatum
Dio Cassius Historia Romana
Aurelius Victor de Caesaribus
Origines Philosophumena – Contra Celsum
Lactantius Institutiones divinae
Diodorus Siculus Bibliotheca historica
Strabo Rerum geographicarum libri XVII
Plutarchus de superstitione – De virtutibus mulierum – Oraculorum defecta – De facie in ore Lunae
Athenaeus Deipnosophisticarum libri XV
Vopiscus Vitae Aureliani et Numeriami
Aelius Lampridius Alexander Severus
Ausonius Professores
Macrobius Saturnalia
Eusebius Praeparatio Evangelica
Solini Polyhistor

Die von mir benützten englischen und französischen Werke sind folgende:

Davies: The mythology und Rites of the Druids
Sharon Turner: History of Anglo-Saxons
Toland: History of Druids
Tylor: Primitive culture
Hastings: Encyclopedic of religion
Thomas Stephens: The literature of the Kymry
Higgins: The celtics Druids
J. Smith: Gallic antiquities
Salomon Reinach: Cultes, mythes et religions
Du Cange: Glossarium
Picot: Histoire des Gaulois
Baudeau: Memoire à consulter pour les anciens Druides
Dechelette: Manuel d'archéologie celtique

D'Arbois: Cycle mythologie d'Irlandais
Sabbathier: Histoire des moeurs
S. Meuck: La Palestine
Revue celtique

Die von mir hauptsächlich benützten deutschen Werke sind folgende:

Sepp: Heidentum, Judentum, Christentum
Mone: Geschichte des Heidentums
Brosi: Die Kelten und Athelvetier
Eckermann: Mythologie 3. Band: Die Kelten
Diefenbach: Die Kelten
Ritter: Geschichte der Gallier
San Marte: Die Sagen von Merlin – Die Arthussage – Dichtungen von Wolfram von Eschenbach
Holder: Keltischer Sprachschatz
Sattler: Gomryd Grammatik der keltisch-walischen Sprache
Walter: Geschichtliche Altertümer – Das alte Wales
W. Mannhardt: Wald- und Feldkulte
Lang: Ritual und Religion
Carus: Geschichte der Philosophie
Röth: Geschichte der abendländischen Philosophie
Ersch und *Gruber*: Enzyklopädie
Ratzel: Völkerkunde
Quitzmann: Die heidnische Religion der Bajuwaren
Kurtz: Kirchengeschichte
Hauck: Enzyklopädie der protestantischen Theologie
Mommsen: Römische Geschichte
Karpeles: Allgemeine Geschichte der Literatur
Schauberg: Symbolik
Creuzer: Symbolik
Schürer: Geschichte des jüdischen Volkes im Zeitalter Christi
Kautzsch: Die Apokryphen
Engel: Deutsche Literaturgeschichte
Lindemann: Deutsche Literaturgeschichte

Andere Werke, die von mir benützt wurden, sind im Text erwähnt. Wollte ich noch die Menge der Schriften über Judentum, Frankenland, Freimaurerei und Geheime Gesellschaften, die ich im Laufe zweier Menschenalter gelesen, hier anführen, würde der Verlag wegen des Papierverbrauchs und der Kostenrechnung Einspruch erheben. Wer hierüber noch etwas wissen will, möge sich an den Verfasser wenden. Den Vorständen der Staatsbibliotheken und Archive, die mir gerne Hilfe geleistet haben, spreche ich für den Anteil, den sie am Erfolg meines Buches haben, meinen gebührenden Dank aus.

Ich hab getan, wozu mein Geist mich hat getrieben,
Ich habe manchen Tag an diesem Buch geschrieben,
Drum mag's dem Leser wohl gefallen oder nicht,
Genug, ich hab erfüllt nur meine Botenpflicht.

(Aus dem Rosengarten des persischen Dichters Saadi, gestorben 1291)

Schonungen am Main, 8. Oktober 1920
A. Memminger

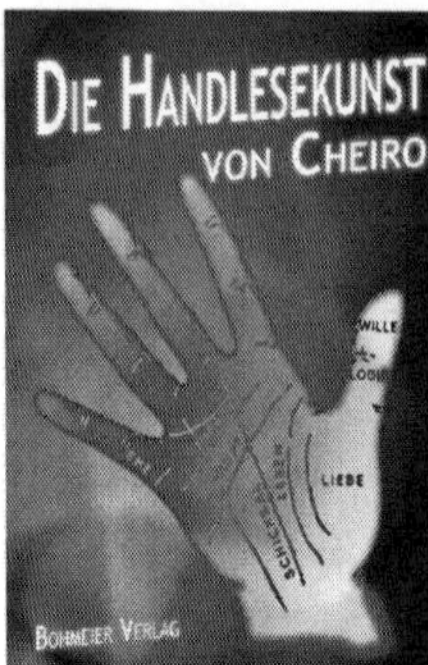
Die Handlesekunst
von Cheiro
Bohmeier Verlag

High werden ohne Drogen
Ein Bewusstseinserweiterndes Handbuch
von Frederick E. Dodson

Krafttiere
Die unsichtbaren Begleiter
Bohmeier Verlag

Das Geheimnis der Dualseelen,
Seelengefährten und Seelengeschwister
von Sandra Ruzischka
Bohmeier Verlag

Des Teufels Apokryphen
Zu jeder Geschichte gibt es zwei Seiten
von John A. De Vito
Bohmeier Verlag

Sternentore
Die rätselhafte sechste Dimension

Die Entsäuerung des Körpers
in 10 Schritten
Der ultimative Jungbrunnen und Schlankmacher!
Das Säure-Basen-Gleichgewicht
Anleitung zur Ausschwemmung krankmachender Säure
Bohmeier Verlag
von Patrizia Pfister

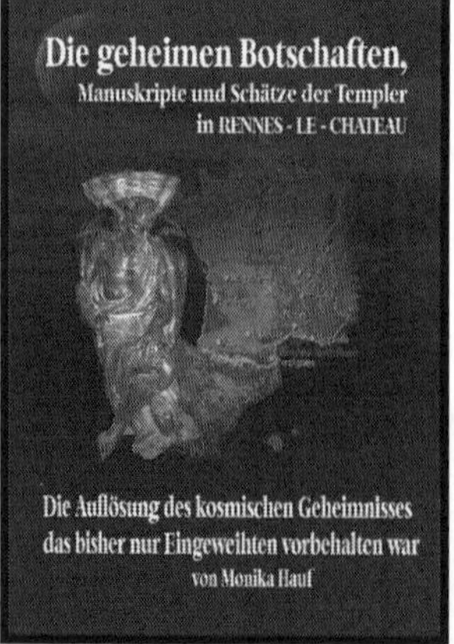
Die geheimen Botschaften,
Manuskripte und Schätze der Templer
in RENNES - LE - CHATEAU
Die Auflösung des kosmischen Geheimnisses
das bisher nur Eingeweihten vorbehalten war
von Monika Hauf

Das Buch der
Werwölfe
von Sabine Baring-Gould
Bohmeier Verlag

Küchenmagie
von Sor. Conata
Bohmeier Verlag